公務員試

過去問攻

ト 9

TAC公務員講座 編

マクロ経済学

TAC出版

TAC PUBLISHING Group

はしがき

本シリーズのねらい――「過去問」の徹底分析による効率的な学習を可能にする

合格したければ「過去問」にあたれ。

あたりまえに思えるこの言葉の、ほんとうの意味を理解している人は、じつは少ないのかもしれません。過去問は、なんとなく目を通して安心してしまうものではなく、徹底的に分析されなくてはならないのです。とにかく数多くの問題にあたり、自力で解答していくうちに、ある分野は繰り返し出題され、ある分野はほとんど出題されないことに気づくはずです。ここまできて初めて、「過去問」にあたれ、という言葉が自分のものにできたといえるのではないでしょうか。

頻出分野が把握できたなら、もう合格への道筋の半分まで到達したといっても過言ではありません。時間を効率よく使ってどの分野からマスターしていくのか、計画と戦略が立てられるはずです。

とはいえ、教養試験も含めると20以上の科目を学習する必要がある公務員試験では、過去問にあたれといっても時間が足りない、というのが実状ではないでしょうか。

そこでTAC公務員講座では、みなさんに代わり全力を挙げて、「過去問」を徹底分析し、この『過去問攻略Vテキスト』シリーズにまとめあげました。

網羅的で平板な解説を避け、不必要な分野は思いきって削り、重要な論点に絞って厳選収録しています。また、図表を使ってわかりやすく整理されていますので、初学者でも知識のインプット・アウトプットが容易にできるはずです。

『過去問攻略Vテキスト』の一冊一冊には、“無駄なく勉強してぜったい合格してほしい”という、講師・スタッフの思いが込められています。公務員試験は長く孤独な戦いではありません。本書を通して、みなさんと私たちは合格への道を一緒に歩んでいくことができるのです。そのことを忘れないでください。そして、必ずや合格できることを心から信じています。

2019年7月　TAC公務員講座

●—— 第２版（大改訂版） はしがき

長年、資格の学校 TAC の公務員対策講座で採用されてきた『過去問攻略Ｖテキスト』シリーズが、このたび大幅改訂されることになりました。

◆より、過去問攻略に特化

資格の学校 TAC の公務員講座チームが過去問を徹底分析。合格に必要な「標準的な問題」を解けるようにするための知識を過不足なく掲載しています。

『過去問攻略Ｖテキスト』に沿って学習することで、「やりすぎる」ことも「足りない」こともなく、必要かつ充分な公務員試験対策を進められます。

合格するために得点すべき問題は、このテキスト１冊で対策できます。

◆より、わかりやすく

執筆は資格の学校 TAC の公務員講座チームで、受験生指導に当たってきた講師陣が担当。受験生と接してきた講師が執筆するからこそ、どこをかみ砕いて説明すべきかがわかります。

読んでわかりやすいこと、講義で使いやすいことの両面を意識した原稿づくりにこだわりました。

◆より、使いやすく

・本文デザインを全面的に刷新しました。
・「過去問 Exercise」などのアウトプット要素も備え、知識の定着と確認を往復しながら学習できます。
・TAC 公務員講座の講義カリキュラムと連動。最適な順序でのインプットができます。

ともすれば 20 科目以上を学習しなければならない公務員試験においては、効率よく試験対策のできるインプット教材が不可欠です。『過去問攻略Ｖテキスト』は、上記のとおりそのニーズに応えるべく編まれています。

本書を活用して皆さんが公務員試験に合格することを祈念しております。

2022 年８月　TAC 公務員講座

●――〈マクロ経済学〉はしがき

本書は、地方上級・国家一般職・国家専門職・裁判所職員一般職の公務員試験の合格に向けて、過去問（過去に出題された問題）を徹底的に分析して作成されています。過去問の分析を通じてわかることは、特定の分野から繰り返し出題されていることです。ですので、試験対策として頻出箇所を優先的に学習する必要があります。そのような受験学習のために、本書を利用するにあたって留意すべきことを示します。

1．実践を重視して学習する

本書は、経済学や数学にどちらかといえば不慣れな学習者を想定し、状況をわかりやすく説明するために多くのページを割いています。

ただし、特に、択一式（マークシート）の試験においては、どれだけきちんと経済学の理論を理解しても、1問は1点分にしかなりません。一言一句を理解・暗記するのではなく、問題を解くのに必要な情報を身につければそれでよいといえます。逆に、問題を解くことなしに理解するのは難しいともいえます。

問題を解く手順を実践しながら経済学を理解していく、という具合に実践を重視することを意識して学習しましょう。

2．重要事項に注目する

メリハリをつけて学習できるように、本文中の重要事項は**ゴシック体**で強調表記してあります。さらに初学者にとって理解の基礎となるような重要なキーワードなどは**赤字ゴシック体**にしています。

3．インプットとアウトプットの往復

上でも述べたとおり、公務員試験では過去問を通じた学習がとても有効です。そのため本書では、各節の末尾に「過去問 Exercise」を配し、その節の学習内容を使った演習ができるようにしてあります。

また、その前段階として「重要事項 一問一答」や本文中の例題を通して、インプットとアウトプットを往復しながら学習できるよう配慮しています。知識や解答テクニックの吸収と、その実践をバランスよく繰り返しながら、学習効果を上げていきましょう。

2022年8月　TAC公務員講座

本書の使い方

本書は、本試験の広範な出題範囲からポイントを絞り込み、理解しやすいよう構成、解説した基本テキストです。以下は、本書の効果的な使い方ガイダンスです。

本文

★★★

3 デフレ・ギャップとインフレ・ギャップ

本節では、45度線モデルを使って経済の状態を評価し、デフレ（デフレーション）やインフレ（インフレーション）の兆候を捉えます。また、政府支出や租税を変更して完全雇用を実現する方法を示します。

●アウトライン
その節のアウトラインを示しています。これから学習する内容が、全体の中でどのような位置づけになるのか、留意しておくべきことがどのようなことなのか、あらかじめ把握したうえで読み進めていきましょう。

1 45度線モデルと完全雇用

望ましい景気水準の一つに、**完全雇用**(Full employment)が実現する国民所得が挙げられる。**完全雇用は、働きたい人が全員雇用されている状態**を表す。

45度線モデルにおける完全雇用は国民所得を使って表す。完全雇用が実現する国民所得の水準を**完全雇用国民所得**といい、Y_F（定数）で表す。

例1

完全雇用国民所得Y_Fが示されている。財市場の均衡（点E）において、この経済は完全雇用を実現している。

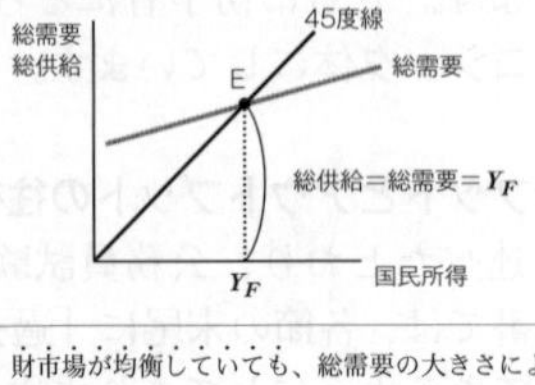

上記とは異なり、財市場が均衡していても、総需要の大きさによっては、完全雇用が実現しない場合もある。

以下、財市場の均衡とは別に、完全雇用国民所得の水準を基準として、総需要と総供給を比較する[1]。ここで、次の関係が成り立つ。

均衡国民所得≠完全雇用国民所得

⟺ 完全雇用国民所得で求めた総需要≠総供給

[1] 完全雇用国民所得と同義のものとして、「潜在的なGDP」ということがある。「潜在的な」は、「完全雇用であれば」と考えてよい。また、前述の通り、ここでの国民所得はGDPとしても構わない。

●脚注
試験とは直接関係しないものの、学習にあたって参考にしてほしい情報を「脚注」として適宜示しています。

96 第2章 財市場の分析

●重要度
各種公務員試験の出題において、この節の内容がどの程度重要かを示しています。どれも繰り返し出題されているテーマでありますが、特殊なものを除いて、頻出度をもとに表示していますので、学習にメリハリをつけるための目安として利用してください。

㈹★☆☆ ←――→ ★★★㈫
重要度

第2章 財市場の分析

2 デフレ・ギャップ

与えられた**完全雇用国民所得において、総需要が総供給を下回る場合、その差をデフレ・ギャップという。**

例2

国民所得が完全雇用国民所得Y_Fのとき、総供給は45度線上の点Eまでの高さ(Y_Fに等しい)で表され、他方、総需要は点Fまでの高さで表される。このとき、デフレ・ギャップがEFだけ発生している。

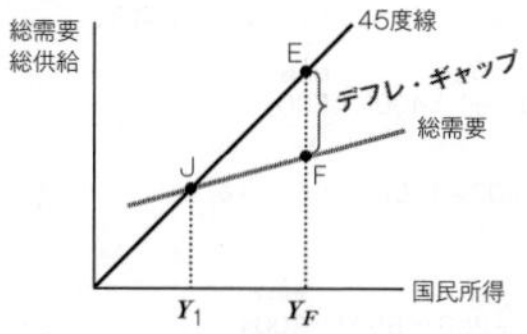

均衡国民所得はY_1であり(点J)、**完全雇用を実現するには総需要が不足している**(景気が悪く、失業者が存在する)。一般に、総需要の不足によって景気が後退すると物価下落(デフレーション)が生じるため、EFをデフレ・ギャップと呼ぶ(ただし、図や計算では、実際に物価が下落することを考えなくてよい)。

なお、デフレ・ギャップ自体は、国民所得(横軸)ではなく、垂直方向で定義されることに注意しよう(45度線上の点Eを使うが、総供給は完全雇用国民所得に等しいから、完全雇用国民所得と総需要を比較している)。

●例
具体的な例を示しながら、わかりやすく解説しています。

発展
直接的な出題はあまり見られないものの、理解を深めるのに役立つ説明や、ハイレベルな論点について扱っています。

3　デフレ・ギャップとインフレ・ギャップ　97

(※図はいずれもサンプルです)

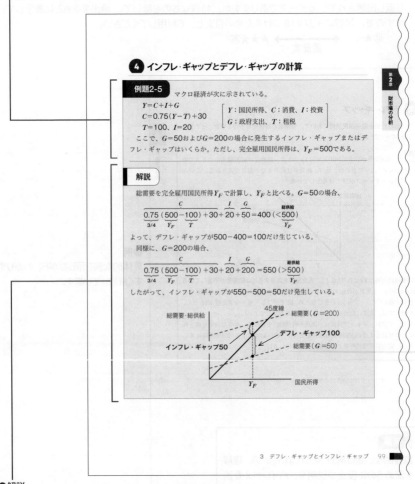

例題

●問題

ここまでの学習内容を身につけられているかをチェックするための、TACオリジナル問題です。まずは自分で考えてみましょう。

第2章 財市場の分析

4 インフレ・ギャップとデフレ・ギャップの計算

例題2-5 マクロ経済が次に示されている。

$Y=C+I+G$

$C=0.75(Y-T)+30$

$T=100$、$I=20$

［Y：国民所得、C：消費、I：投資
G：政府支出、T：租税］

ここで、$G=50$および$G=200$の場合に発生するインフレ・ギャップまたはデフレ・ギャップはいくらか。ただし、完全雇用国民所得は、$Y_F=500$である。

解説

総需要を完全雇用国民所得Y_Fで計算し、Y_Fと比べる。$G=50$の場合、

$$\overbrace{\underbrace{0.75}_{3/4}(\underbrace{500}_{Y_F}-\underbrace{100}_{T})+30}^{C}+\overbrace{20}^{I}+\overbrace{50}^{G}=400\ (<\overbrace{\underbrace{500}_{Y_F}}^{総供給})$$

よって、デフレ・ギャップが500−400=100だけ生じている。

同様に、$G=200$の場合、

$$\overbrace{\underbrace{0.75}_{3/4}(\underbrace{500}_{Y_F}-\underbrace{100}_{T})+30}^{C}+\overbrace{20}^{I}+\overbrace{200}^{G}=550\ (>\overbrace{\underbrace{500}_{Y_F}}^{総供給})$$

したがって、インフレ・ギャップが550−500=50だけ発生している。

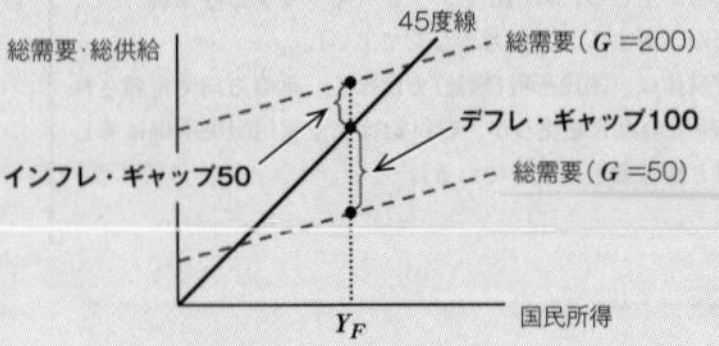

3 デフレ・ギャップとインフレ・ギャップ 99

●解説

問題を解いていく様子を具体的に示しています。必要に応じて図解や式変形についても細かく示しています。場合によっては複数の解法を示していますが、計算方法は一例に過ぎないので、自分に合った方法で解答してかまいません。

重要事項一問一答

節の最後に、学習内容を総復習できる一問一答を設けています。

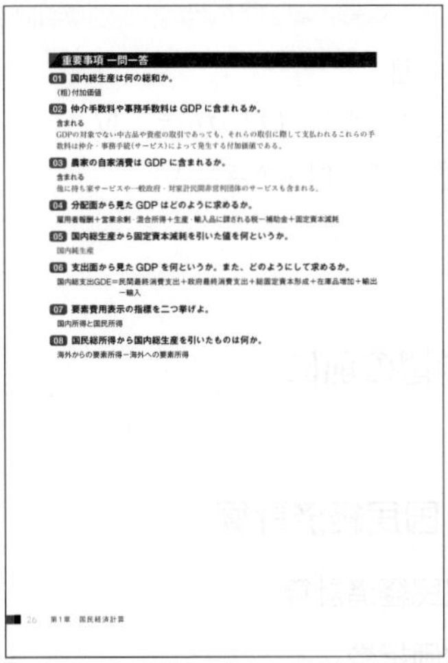
重要事項 一問一答

01 国内総生産は何の総和か。

(粗)付加価値

02 仲介手数料や事務手数料は GDP に含まれるか。

含まれる

GDPの対象でない中古品や資産の取引であっても、それらの取引に際して支払われるこれらの手数料は仲介・事務手続(サービス)によって発生する付加価値である。

03 農家の自家消費は GDP に含まれるか。

含まれる

他に持ち家サービスや一般政府・対家計民間非営利団体のサービスも含まれる。

04 分配面から見た GDP はどのように求めるか。

雇用者報酬＋営業余剰・混合所得＋生産・輸入品に課される税－補助金＋固定資本減耗

05 国内総生産から固定資本減耗を引いた値を何というか。

国内純生産

06 支出面から見た GDP を何というか。また、どのようにして求めるか。

国内総支出GDE＝民間最終消費支出＋政府最終消費支出＋総固定資本形成＋在庫品増加＋輸出－輸入

07 要素費用表示の指標を二つ挙げよ。

国内所得と国民所得

08 国民総所得から国内総生産を引いたものは何か。

海外からの要素所得－海外への要素所得

26 第1章 国民経済計算

過去問Exercise

節の学習の最後に、過去問を使った問題演習に取り組んでみましょう。

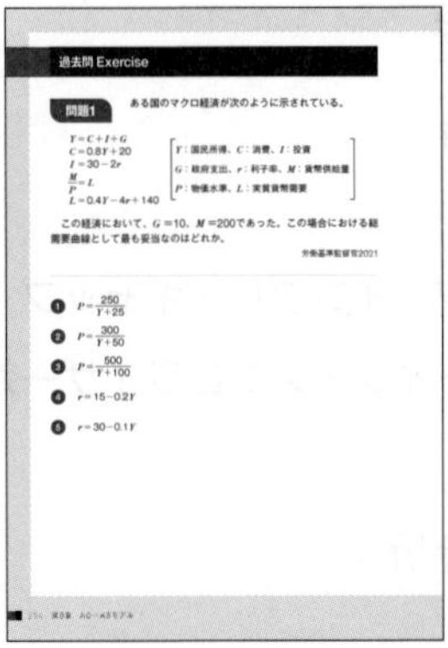
過去問 Exercise

問題1 ある国のマクロ経済が次のように示されている。

$Y=C+I+G$
$C=0.8Y+20$
$I=30-2r$
$\frac{M}{P}=L$
$L=0.4Y-4r+140$

［Y：国民所得、C：消費、I：投資
G：政府支出、r：利子率、M：貨幣供給量
P：物価水準、L：実質貨幣需要］

この経済において、$G=10$、$M=200$であった。この場合における総需要曲線として最も妥当なのはどれか。

労働基準監督官2021

1. $P=\frac{250}{Y+25}$
2. $P=\frac{300}{Y+50}$
3. $P=\frac{500}{Y+100}$
4. $r=15-0.2Y$
5. $r=30-0.1Y$

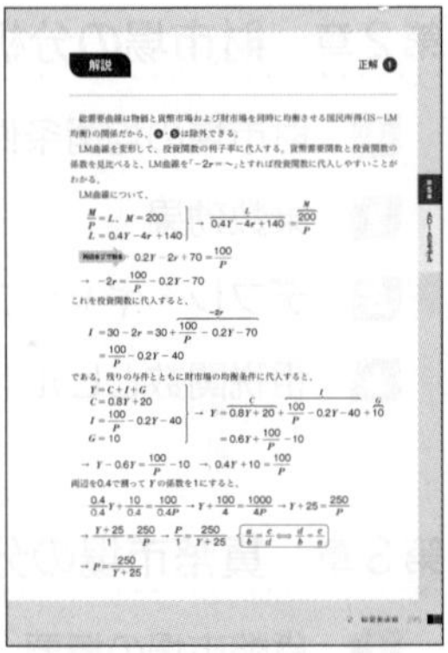
解説 正解 1

LM曲線について、

$\frac{M}{P}=L$、$M=200$
$L=0.4Y-4r+140$ → $0.4Y-4r+140=\frac{200}{P}$

→ $0.2Y-2r+70=\frac{100}{P}$

→ $-2r=\frac{100}{P}-0.2Y-70$

これを投資関数に代入すると、

$I=30-2r=30+\frac{100}{P}-0.2Y-70$
$=\frac{100}{P}-0.2Y-40$

である。残りの与件とともに財市場の均衡条件に代入すると、

$Y=C+I+G$
$C=0.8Y+20$
$I=\frac{100}{P}-0.2Y-40$
$G=10$ → $Y=0.8Y+20+\frac{100}{P}-0.2Y-40+10$
$=0.6Y+\frac{100}{P}-10$

→ $Y-0.6Y=\frac{100}{P}-10$ → $0.4Y+10=\frac{100}{P}$

両辺を0.4で割って Y の係数を1にすると、

$\frac{0.4}{0.4}Y+\frac{10}{0.4}=\frac{100}{0.4P}$ → $Y+\frac{100}{4}=\frac{1000}{4P}$ → $Y+25=\frac{250}{P}$

→ $\frac{Y+25}{1}=\frac{250}{P}$ → $\frac{P}{1}=\frac{250}{Y+25}$ $\left(\frac{a}{b}=\frac{c}{d} \Longleftrightarrow \frac{d}{b}=\frac{c}{a}\right)$

→ $P=\frac{250}{Y+25}$

CONTENTS

第9章　経済成長

序章

学習の前に

本章ではマクロ経済学の特徴について簡単に述べておきます。

1 マクロ経済学とは

マクロ経済学は、家計や企業、あるいは市場を一国レベルでひとまとめに考える分野である。ミクロ経済学では個々の主体の行動基準(企業の利潤最大化など)を軸に考えるが、マクロ経済学ではこれらの行動基準は示されずに話が進んでいく。

このため、トピックごとに、少なくとも概要については暗記して進める必要が出てくる。ただし、ミクロ経済学と同様に、あるいはミクロ経済学以上に「習うより慣れよ」という学習方針が当てはまる。

2 出題パターン

マクロ経済学の出題には、いくつかのパターンが見られる。

- 統計ルール(国民経済計算など)
- 経験則(フィリップス曲線など)
- 考え方の相違(〜派、〜仮説など)

一つ目にまず、ミクロ経済学では触れられない統計データに関する話題が含まれる(数学分野の統計学の出題ではない)。上に掲げた最初の２項目が該当する。

ニュースなどで見聞きする「第２四半期のGDP(速報値)は…」、「先月の消費者物価指数は…」、「日銀によると…」などの経済指標は、国際基準で決められたルールに基づきデータが集められ公表されている。このうち、データとして「どんなものを測るか」、「どのように測るか」に関するものがマクロ経済学の出題となる(実際の数値などは通常、時事問題の分野に入るので本書では扱わない)。

統計データに付随して、経験則からの出題が見られる。これらは実際に見つかった関係に関するものであり、どうしてそうなるのかを説明する考え方も併せて暗記する必要が出てくる。

異なる考え方について、誰の考えか、そこから得られる結論は何か、ということも覚える必要が出てくる。

3 ケインズ

現代のマクロ経済学(学部レベル)はケインズなしには語れない。考え方の違いについて大雑把に「ケインズか否か」に大別できるといえるだろう(ただし、ケインズ以外の考え方もそれぞれを覚える必要がある)。

ケインズの考えは、ケインズ経済学(ケインズ派)としてまとめられ、一本の筋道に従って展開される。ケインズ経済学を一通り覚えてしまえば、他の考え方は対比する形で覚えることが可能になる。

以下、ケインズ経済学における考え方を市場の違いとともに簡単に述べておく。

なお、統計ルールで学習したことが少なからず反映されてはいるが、理論を展開するモデルでは、統計ルールはかなり無視される(省略され、簡略化される)。

1 財市場の分析(45度線分析、45度線モデル)

この世に存在する財・サービスをたったの一文字「財」で一括りにする。あらゆる財・サービスの生産活動はこの財市場において行われ、あたかも一種類しかない「財」を取引するかのように表す(数学モデルなので、実際に一種類しかないと考えてもよい)。

財市場は、景気や雇用・失業を考える上で最も重要な市場であり、ケインズ経済学の中のいくつかのモデルの中に何度も登場する。他の市場については「〜の需要」と種類が明記されるが、財市場については単に「総需要」ということがほとんどであるのはこのためだろう。

45度線分析では、家計などの消費の重要性が強調され、また、政府の行う財政政策を考える。

2 貨幣市場の分析

貨幣について、貨幣の「市場」を想定して考える。貨幣は取引の支払いとして用いられ、また、安全な資産として保有される。資産としては債券も登場し、ケインズ経済学の学習において、貨幣市場を考察するということは、自動的に債券の市場も学習することを意味する。

また、金融システムについて中央銀行と銀行の役割を学習し、中央銀行の行う金融政策について考える。

3 財市場と貨幣市場の同時均衡(IS－LM分析)

上記で学習した財市場と貨幣市場(債券市場)を併せて考えることによって、財政政策と金融政策の効果を調べることができるようになる。ケインズ経済学の一つのハイライトであり、最も出題頻度が高い。

まずはIS－LM、分析までの基本事項を押さえるとよい。なお、この部分では、計算問題と知識問題(図を含む)の両方が出題されるが、計算問題については45度線分析での学習が大いに役に立つだろう。

4 労働市場

ケインズ経済学は、経済の需要面を強調する学問である。景気がよく、財の需要が多ければ、供給を増やすために雇用が増えて失業が減る。

ただし、労働自体は財の供給面(財の生産)を担うものであり、実質的にここで初めて財の供給(総供給と呼ばれる)について考える。

また、ケインズはそれまでの経済学(古典派経済学)を批判する形で登場したため、労働市場を考えるときに、初めてケインズと異なる考え方(古典派)を、ケインズ経済学と対比する形で学習する。

5 AD－AS分析

1 ～ 3 で学習する財市場と貨幣市場(債券市場)は、再び財の「総需要曲線」という形で再編される(総需要AD)。

これに対して 4 で登場する労働市場は、財の「総供給曲線」(総供給AS)という形に転換される。

ここまで来ると、貨幣市場(債券市場)と労働市場も含めて、再度、財市場を考えることになる。

6 海外との財の貿易

5 を学習したあと、しばらくしてから、再びケインズ経済学を学習する。基本的には海外との財の貿易(輸出入)を考慮しただけだから、特に、45度線分析を学習したあとでは、とても簡単に学習が進む(IS－LM分析にも同様に財の貿易が組み込まれる)。

7 海外との資産取引と為替レート

マンデル＝フレミング・モデルは、IS－LM 分析に資本(債券)の国際的な取引を考慮したものであり、IS－LM 分析がある程度わかれば(実際には)それほど難しくない。

4 考え方の違い

異なる考え方(学説)を問う出題が見られる。これらについては二つのタイプに分かれる。

1 古典派（新古典派）、ケインズ派、マネタリスト

互いに対比されやすい三つの学説である。

二分すると、ケインズとそれ以外ということになるが、ケインズ以外(古典派の後継)については、古典派(新古典派)、マネタリストの区別が必要になる。また、マネタリストと比較する形で合理的期待理論が登場する(「古典派の後継」だけでは試験は乗り切れない)。

ケインズ経済学の後継として、ニューケインジアンと呼ばれるグループがあるが試験ではほぼ出題がない。

ケインズ、古典派、マネタリスト、合理的期待理論の他に、財政学で学ぶサプライサイド経済学なども存在するが、本書ではあくまでマクロ経済学としての出題に絞って学習する。

2 その他

上記 1 で括り切れない考え方も登場する。主に、消費に関するものと投資に関するものであり、～派ではなく、誰の何という説かを覚える必要があるが、それほど多くはない。

5 数学の基礎知識について

最後になるが、「傾き」や「微分」などの数学的な基礎知識はミクロ経済学を参照するとよいだろう。

第 1 章

国民経済計算

本章では、国民経済計算における代表的な経済指標を学びます。生産活動によって生み出されたお金は経済を血液のように循環しています。

★★★

1 国民経済計算

企業などの生産活動によって生み出された付加価値は、生産活動に貢献した者への給与などの形で、家計・企業・政府に分配されます。分配された付加価値を使って、家計・企業・政府は財・サービスを購入します。このような付加価値の循環を学習します。

1 国内総生産

各国は、国民経済計算SNA(System of National Accounts)として、一国の経済活動を「この1年間で500兆円を稼いだ」といったデータにまとめ公表している。

このような経済活動の記録を見ることで、生産によってどれだけ稼いだか、消費はどれくらい行われたか、みんなの給料はどれくらいだったかなどを知ることができる。

これらのデータを記録する場合、まず金額(価値)で表す(これを名目の値という)。経済的な価値がどこで生み出され、どこに行き、何になるのかの全体像を記録する。

1 三面等価の原則

一国の経済において、生産によって生み出された価値は(生産面)、所得として分配され(分配面)、消費や投資などとして支出される(支出面)。

約束事として、これらの価値は恒等的に等しいものとする(三面等価)。

例えば、1か月の労働の成果として30万円の所得を稼いだとする。30万円分の価値を生み出したのに45万円もらうのは不自然だし、10万円しかもらえないのもおかしい(20万円が別の誰かに支払われたのかもしれない)。経済全体でも、生産した価値がその貢献に応じて所得として分配されると考える。

また、経済全体で考えた場合、分配された所得は、家計の消費や企業の設備拡張などに使われる。これが支出面である。

このようにして、三面等価は成り立つはずのものとして原則化されている。

なお、誰でも多少のお金を紛失することはあり、紛失したお金は誰にも見つからず今もひっそりとどこかに落ちたままかもしれない。経済全体で考えると結構な金額になりそうだが、逐一、紛失した理由ごとに分類しても意味がないので、他の諸事情も含めて「三面等価は恒等的に成り立つ」と約束してしまう。

2 国内総生産 GDP（生産面）

① フロー変数とストック変数

データは、1年間・四半期などの**一定期間に変化した数量を計測するフロー変数か、一時点において残っている数量を計測するストック変数**として表される。

以下で見る国内総生産などはフローを測り、預金残高などの残高(残存量)はストックを測る。

② 付加価値の計算

国内総生産GDP (Gross Domestic Product)は、一定期間に国内で新たに生産され、市場で取引された財・サービスの付加価値(粗付加価値)を合計したものである。

生産者は、原材料などを仕入れ、加工・組立てなどを経て、新たな価値を付加して販売する(市場取引を行う)。

以下、冒頭の定義に含まれる概念を一つずつ検討して意味を考える。

例1

製粉業者は、農家から小麦を仕入れ、加工した小麦粉をパン屋に販売している。小麦のように、別の生産物(小麦粉)を生産するために利用される財を**中間投入物**(中間財)という。

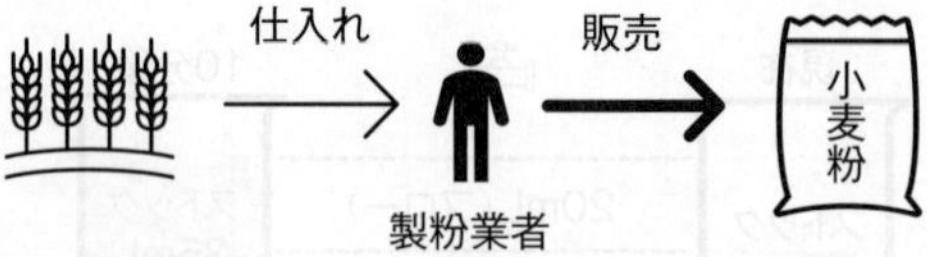

製粉業者が仕入れた小麦の代金が5万円(中間投入額)、製造した小麦粉の生産額(産出額、販売額)が8万円であったとすると、生産額[1]から中間投入額を引いた大きさを、この製粉業者が生み出した付加価値という。

製粉業者の付加価値 = 生産額8万円 − 中間投入額5万円 = 3万円

小麦を製粉することによって、パンが作りやすくなる。これが、製粉業者が小麦に付け加えた価値である(小麦からいきなりパンを作るのは難しい)。

製粉業者は、生産した小麦粉をパン屋に販売し、代金を受け取る。受け取った代金のうち、一部は小麦の支払いに充てる(中間投入額)。

残った金額(付加価値)は、従業員などに所得として分配する(三面等価のうち、生産面と分配面の関係)。

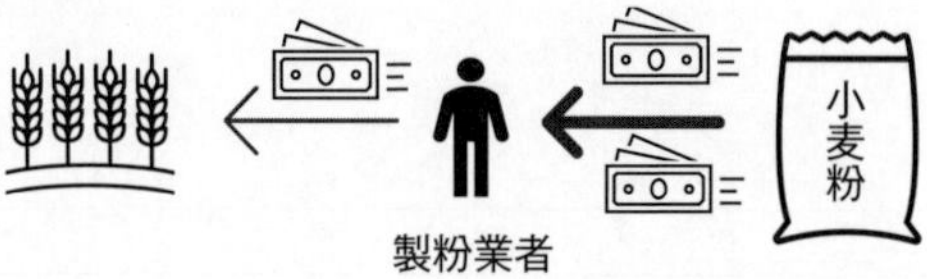

以下、職員や従業員に対する給料の支払いがある場合、付加価値が生み出されていると考えてよい。

1　この範囲の用語にはやたらと「総」が付くことが多い。製粉業者が複数いれば、製粉業全体の生産額という意味で、総生産額などとするが、合計という意味でしかない。これに対して、国内総生産の場合には、他と区別すべき理由があるため（後述）、注意が必要である。

③ 付加価値の総和

例えば、次の経済を考える。単純化のため、農家は何も中間投入することなく、製粉業者に5万円分の小麦を販売したとする。製粉業者は、5万円分の小麦を中間投入して生産した小麦粉を、パン屋に8万円分販売し、パン屋は、8万円分の小麦粉を中間投入して生産したパンを、家計に12万円分販売したとしよう。

	生産額		中間投入額		付加価値
農家	5万円	−	0円	＝	**5万円**
製粉業者	8万円	−	5万円	＝	**3万円**
パン屋	12万円	−	8万円	＝	**4万円**

三つの生産者から成る経済における国内総生産GDPは、

農家の付加価値5 ＋ 製粉業者の付加価値3
＋ パン屋の付加価値4 ＝ 12万円

である（付加価値の総和）。

各生産者の生産額の合計25万円と付加価値の合計12万円は異なることに注意しよう。例えば、製粉業者の生産額8万円には、農家に対する支払い5万円が入っており、生産額を単純に足し合わせると（5 ＋ 8 ＝ 13万円）、農家の付加価値（5万円）が二重に計算されてしまう［5 ＋ (5 ＋ 3) ＝ 13万円］。

付加価値を合計すると、このような二重計算をうまく回避することができる。

なお、各生産者の生産額の合計から、中間投入額の合計を引けば、付加価値の合計（GDP）と一致する。

$$\underbrace{(5-0)}_{\text{付加価値}}+\underbrace{(8-5)}_{\text{付加価値}}+\underbrace{(12-8)}_{\text{付加価値}}=\underbrace{(5+8+12)}_{\text{生産額合計}}-\underbrace{(0+5+8)}_{\text{中間投入額合計}}=12$$

④ 最終的な財・サービスの需要とGDP

国内総生産GDPは、生産活動において発生した付加価値を計測する。生産された財・サービスは、中間投入されるか(**中間需要**)、あるいは家計の消費などのように、最終的に需要される(**最終需要**)。最終的に需要される財・サービスを**最終生産物**(**最終財**)という。

上記の例では、小麦は製粉業者の中間投入物、小麦粉はパン屋の中間投入物であり、パンだけが最終生産物である。

パン(最終生産物)の生産額(販売額)は12万円であり、上記の国内総生産GDPに一致する。つまり、各生産者が生み出した付加価値は、その財・サービスを最終的に需要する者が全額を負担することになる。

例2

家計が12万円分のパンをすべて最終需要したとする。家計が支払う12万円のうち、5万円は農家の生み出した付加価値、3万円は製粉業者の生み出した付加価値、4万円はパン屋の生み出した付加価値である。

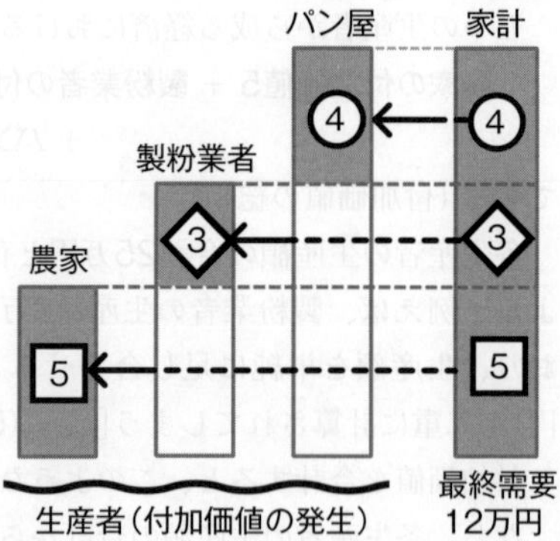

多種類の最終生産物が生産される場合、国内で生産された各最終生産物の生産額の総額が、一国のGDPに一致する。

3 GDP計算上の注意点

① 中古品に付加価値はない

中古品は、新品として販売されたときにすでにその付加価値が計算されているから、中古品自体に付加価値はない。ただし、新品同様、中古品の販売サービスには付加価値があり、購入者が支払う代金に含まれる。

② 土地・株式などの売却益

所有する土地・株式などの資産を売却したとき、購入時より値上がりしていれば利益を得る。これを**売却益**(**キャピタル・ゲイン**)という。これらは財・サービスの生産活動によって生み出された価値ではないから、**資産の売却益はGDPにカウントしない**。

ただし、これらの資産の販売サービスは付加価値を生み出すから、**仲介手数料・事務手数料はGDPにカウントされる**。

③ 通常の市場取引でないもの

GDPを求める場合、市場で取引された財・サービスを対象とし、その市場価値を計算するが、市場取引されていないにもかかわらず、例外的にGDPに含むものがある。

実際には市場取引されていない財・サービスについて、あたかも市場取引されたかのように擬制して(みなして)**、GDPの一部として計算する**ことを**帰属計算**という。

(ア) 農家の自家消費

例えば、米農家が家族で食べる分の米を出荷せず、自分で消費したとする(これを**自家消費**という)。このとき、米農家が生産した付加価値には、自家消費分が含まれる(あたかも、一度出荷して、店頭で買ったかのように計算する)。

これに対して、生業として農業を営む農家とは異なり、(同じように市場取引せず自家消費するものの)**家庭菜園の場合は帰属計算を行わない**。

(イ) 持ち家サービス

所有する家(持ち家)に住んでいる場合、自分で自分に住居を貸し、賃貸業(住居サービスの生産)を営んでいるものとみなす。このとき、適用される住宅賃貸料を**帰属家賃**という(市場における同等の賃貸物件を参考にする)。

(ウ) 一般政府、対家計民間非営利団体によるサービス

一般政府(国・地方、社会保障基金など)や対家計民間非営利団体(私立学校なども含む)が、警察・消防・教育などのサービスを提供しても、市場取引を行う生産者とはみなされず、一般の企業のように儲けを出さない(後述の営業余剰・混合所得がない)。ただし、儲けを出さないからといって、付加価値が発生しないわけではない[2]。

一般政府や対家計民間非営利団体が供給するサービスも付加価値を生み出したものとしてGDPに算入する(これらが供給するサービスの市場価値を推定するのは難しいため、支払われた給料などを生み出した付加価値として計算する)。

(エ) 帰属計算しないもの

(専門業者でなく)家族などによる家事・育児などは帰属計算しない(家庭内の無償労働の類とされる[3])。

もちろん、専門業者が行うクリーニング(洗濯)や清掃、調理、保育などは、(帰属計算ではなく)通常の市場取引としてGDPにカウントされる。

---

2 帰属計算の代表例として、試験では農家の自家消費、持ち家サービスが重要である。ただし、マンキュー(2017)や武野(2014)などは、警察などもこれに含めている。

3 完全に無償でない場合でも、経済的に意味のない価格で取引されるから市場取引とみなさない(誰かが洗濯を手伝って小遣い・お駄賃を得ても、無償労働の類とする)。

2 分配面から見たGDP

各生産者が生み出した付加価値は、生産に貢献した対価(見返り)として分配される。国民経済計算においては、生産されたGDP (付加価値の総和)は、家計、企業、政府に分配され、所得になると考える。

1 雇用者報酬と営業余剰・混合所得

生産者が生み出した付加価値は、労働や資本ストック、土地など、生産活動に使われた生産要素の提供者に対して、報酬として支払われる(分配される)。

① 雇用者報酬

賃金・俸給(現物支給を含む)などとして、雇い主から労働サービスの提供者に支払われ、主に家計の所得となるものを**雇用者報酬(雇用者所得)**という[4]。

② 営業余剰・混合所得

資本を提供した法人企業に支払われる報酬を**営業余剰**という。法人企業は、この中から利子・配当、賃貸料などを支払う。

個人企業の場合、雇用者報酬として分配されたのか、営業余剰として分配されたのか見分けがつきにくい面があるため、**混合所得**としている。

なお、試験では、これらは分離した形で出題されず、一つの項目、つまり、**営業余剰・混合所得(または、単に営業余剰)**として出題される[5]。

③ 国内所得

雇用者報酬と営業余剰・混合所得は、生産活動への報酬として支払われる所得であり、**要素所得**と呼ばれる。また、これらの和を**国内所得DI**(Domestic Income)という。

雇用者報酬 ＋ 営業余剰・混合所得 ＝ 国内所得

生産者側(支払う側)から見れば、雇用者報酬も営業余剰・混合所得も、生産要素の利用にかかった費用であるため、国内所得(および各項目)を**要素費用表示**と呼ぶ。

---

4 後述の産業連関表では雇用者所得と呼ぶため、一部の試験ではこちらで書かれている。以下、同様のものがいくつか存在するので、カッコ内に併記する。

5 改訂前の国民経済計算には混合所得という言葉がなく、単に、「営業余剰」とされていた。したがって、「営業余剰」で出題された場合には、「混合所得」はどこにも記載されない。

2 国内純生産

国内総生産GDPに対して、国内純生産NDP(Net Domestic Product)という指標がある[6]。

① 固定資本減耗

生産活動は、粗付加価値(付加価値)を生み出す一方で、同時に、摩耗・破損などによって生産設備など(固定資本という)の価値を損なう。この目減り分を**固定資本減耗**(げんもう)という(**減価償却**、**減価償却費**とすることもある[7])。

② 国内純生産

国内総生産GDPから固定資本減耗を引いたものを国内純生産NDPという。

国内総生産GDP − 固定資本減耗 ＝ 国内純生産NDP

国内総生産GDPが粗付加価値の総和であるのに対して、国内純生産NDPは、損なわれた価値を差し引いた**純付加価値**の総和である。

粗付加価値の総和(GDP) − 固定資本減耗 ＝ 純付加価値の総和(NDP)

3 分配面から見たGDP

① 生産・輸入品に課される税と補助金

要素費用表示の数値に対して、市場価格は税込で評価(計算)される。消費税や輸入関税などが代表例であり、国内の財・サービスの価格に転嫁される(価格に上乗せされる)。これらを**生産・輸入品に課される税**(**間接税**)と一括りにして表す[8]。

生産・輸入品に課される税とは逆に、政府から生産者に対して交付される**補助金**は、市場価格を低下させる。

なお、生産・輸入品に課される税(間接税)から補助金を引いた値を純間接税とすることがある。

---

6 「Gross」は「粗・総」、「Net」は「純」という日本語に対応する。また、Netは、食品の場合、正味と訳され、容器などを除く内容量を表すのに使われている。国民経済計算においても、何かを除いたものに使う。

7 固定資本には、建物、構築物、知的財産生産物（研究・開発（R＆D）やコンピュータソフトウェアを含む）等も含む（生産に固定されて使用されるという意味）。また、固定資本減耗と企業会計における減価償却費はやや異なる評価（計算）をするが、試験では同じとしてよい。

8 いわゆる付加価値税（日本の消費税）、輸入関税、酒税、たばこ税など。所得税・法人税などは生産・輸入品に課される税には含まれない。

② 市場価格表示

要素費用表示の数値に対して、**生産・輸入品に課される税を足し、補助金を引いた数値を市場価格表示**と呼ぶ。

③ 国内純生産

要素費用表示である雇用者報酬と営業余剰・混合所得の和に、生産・輸入品に課される税を足し、補助金を引くと、国内純生産NDPに一致する。

国内所得（要素費用表示）

雇用者報酬＋営業余剰・混合所得

純間接税

＋生産・輸入品に課される税 − 補助金 ＝ 国内純生産NDP

よって、国内純生産NDPは市場価格表示である。

④ 分配面から見たGDP

国内純生産NDPに固定資本減耗を加えた値は国内総生産GDPに等しい。

国内所得（要素費用表示）

雇用者報酬＋営業余剰・混合所得＋純間接税＋固定資本減耗

国内純生産NDP

＝国内総生産GDP

このように求めたものを分配面から見たGDPという（国内総所得ということがある）。分配された要素所得から求めた値だが、三面等価の原則より、国内総生産GDP（生産面）に一致する。

また、国内純生産NDP（市場価格表示）に固定資本減耗を加えたものだから、国内総生産GDPもまた市場価格表示である[9]。

9　厳密には、固定資本減耗も要素費用表示に分類されるが、試験では通常問われない。

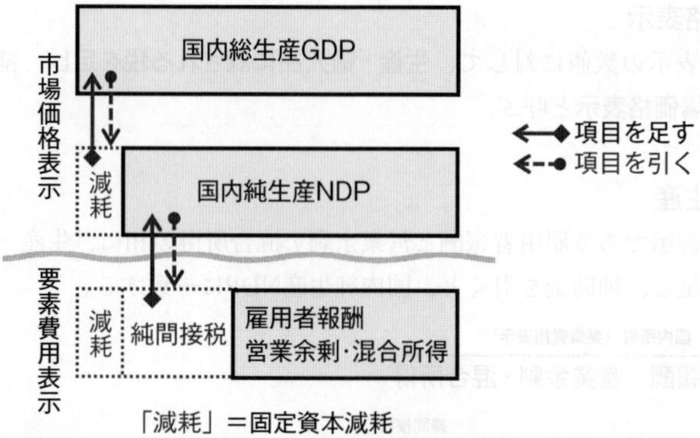

「減耗」＝固定資本減耗
「純間接税」＝生産・輸入品に課される税－補助金

例題1-1 次の資料から、この経済の国内総生産を求めなさい。

固定資本減耗	90
雇用者報酬	100
生産・輸入品に課される税	40
輸出	60
営業余剰・混合所得	200
補助金	20
輸入	10

解説

ここでは輸入は必要ない。国内所得は、

雇用者報酬100＋営業余剰・混合所得200＝300

であり、純間接税は、

生産・輸入品に課される税40－補助金20＝20

であるから、これらと固定資本減耗を合計して、国内総生産（分配面）を求めることができる。

国内総生産＝国内所得300＋純間接税20＋固定資本減耗90
＝410

3 支出面から見たGDP

国内で生み出された付加価値(生産面＝供給面)は、所得として分配され(分配面)、最終財として国内で需要されるか、海外へ輸出される。

ここでは、誰が何の用途で需要したかを、こうした支出面から考える(支出面＝需要面)。

1 国内総支出GDE

国内で生産された最終生産物に対する需要を、家計、企業、政府などの支出から計算したものを国内総支出GDE(Gross Domestic Expenditure)という。

2 国内総支出の各項目

国内総支出GDEは、以下の項目の和である[10]。

国内総支出GDE ＝ 民間最終消費支出 ＋ 政府最終消費支出
＋ 総固定資本形成 ＋ 在庫品増加 ＋ 純輸出

① 民間最終消費支出と政府最終消費支出

民間部門(家計と対家計民間非営利団体)および一般政府の最終消費支出から成る、最終財に対する消費支出である。

大きな分類では、最終消費支出のみ民間と政府を分ける。

② 総固定資本形成と在庫品増加

これらは最終消費支出とは区別され、経済学において投資に分類されるものに相当する(1年を超えて繰り返し生産に使用されるようなもので、設備投資、住宅投資、在庫投資、公共投資などが該当)。

総固定資本形成(国内総固定資本形成)は、住宅や住宅以外の建物(学校、病院、工場など)、社会資本(道路、橋、ダムなど)、機械・設備、知的財産生産物(研究・

---

10 模式的に表すと、国内で供給される財・サービス(生産物)の販売額は、国内生産額(国内生産物の販売額)と輸入額(外国生産物の販売額)からなる。これらに対する需要は、中間投入(中間需要、中間消費)と最終消費などから成り、海外からの需要として輸出額がある(海外については、中間投入・最終消費などの区別はしない)。したがって、

国内生産額＋輸入額＝中間投入額＋最終消費支出＋総資本形成＋輸出額

→ 国内生産額－中間投入額＝最終消費支出＋総資本形成＋輸出額－輸入額

左辺は付加価値の総和(生産面から見たGDP)であり、右辺が国内総支出GDEである。

開発（R＆D）やコンピュータソフトウェアを含む）などを対象としており、在庫品増加は、原材料、製品（完成品）、半製品、国の原油備蓄などを対象とする。

なお、総固定資本形成と在庫品増加（在庫変動）を合わせて総資本形成という。

③ 純輸出

国内で生産された財・サービスのうち、海外への輸出から、海外からの財・サービスの輸入を引いたものである。

純輸出 ＝ 輸出 − 輸入

例題1-2　次の資料から、この経済の国内総支出を求めなさい。

民間最終消費支出	200	輸出	20
政府最終消費支出	100	輸入	50
在庫品増加	40		
総固定資本形成	60		

解説

国内総支出は、

民間最終消費支出200 ＋ 政府最終消費支出100

＋ 総固定資本形成60 ＋ 在庫品増加40 ＋ 輸出20 − 輸入50 ＝ 370

である。

4 国内概念と国民概念

1 国内概念

国内総生産GDPや国内純生産NDP、国内所得はいずれも、生産活動の場が国内領土(Domestic)であるものを対象としている。外国人(自国の非居住者)が一時的に国内で行った生産活動であっても国内で付加価値を生み出しているから、国内総生産GDPに含まれる[11]。

これに対して、国民(自国の居住者)が海外で一時的に行った生産活動は、国内で付加価値を生み出していないため、国内総生産GDPに含まれない。

国内であろうと海外であろうと、そこで生み出された付加価値は、生産活動に参加した労働などの生産要素に対して分配される。

以下、付加価値が分配されたときに、それが国民(居住者)か、外国人(非居住者)かで２種類に分類する。

① 海外への要素所得の支払い

付加価値は要素所得として分配される。このとき、国内で生み出された付加価値は、国内の生産活動に用いられた生産要素に対して支払われるから、国民かどうかを問わない(居住者にも非居住者にも分配される)。

国内の生産活動に関わった外国人に対して分配される要素所得を**海外への要素所得の支払い(海外への要素所得、海外への所得)**と呼ぶ。つまり、**国内総生産GDPには海外への要素所得の支払いが含まれる**。

② 海外からの要素所得の受取り

国民(居住者)が海外で生産活動を行った場合、そこで発生した付加価値(外国のGDP)が要素所得として、その生産活動に関わった国民(居住者)にも分配される。これを**海外からの要素所得の受取り(海外からの要素所得、海外からの所得)**という。

外国の生産活動で発生した付加価値が分配されたものだから、**海外からの要素所得の受取りは国内総生産GDPには含まれない**。

---

11 国民経済計算は国連の基準に従うため、「国民」にあたるかどうかは、国籍ではなく居住者かどうかで決まる。この場合の居住者とは、一定期間（１年など）以上その国で暮らしている者を指す。

2 国民概念

生産活動の場とは関係なく、国民(居住者)が得る所得となるものを表した経済指標がある。国民概念についても三面等価の原則が成立する。

① 国民総所得

国民(居住者)が一定期間に行った生産活動によって得る所得を**国民総所得GNI**(Gross National Income)といい、以前は国民総生産GNP(Gross National Product)と呼ばれていたものに相当する。

国民総所得GNIは、国内総生産GDPに海外からの要素所得を加え、海外への要素所得を差し引いた数値として計算される。

国民総所得GNI = 国内総生産GDP
＋海外からの要素所得 − 海外への要素所得

国内総生産GDPは市場価格表示だから、国民総所得GNIも市場価格表示である。なお、「海外からの要素所得−海外への要素所得」を、「海外からの純要素所得」とすることがある。

② 国民純所得

国内純生産NDPに海外からの要素所得を加え、海外への要素所得を差し引いた数値を**国民純所得NNI**(Net National Income)という(以前、国民純生産と呼ばれていたものに相当する)。

国民純所得NNI = 国内純生産NDP
＋ 海外からの要素所得 − 海外への要素所得

また、国民純所得NNIは、国民総所得GNIから固定資本減耗を引いたものに等しい。

国民純所得NNI = 国民総所得GNI − 固定資本減耗
→ 国民総所得GNI = 国民純所得NNI ＋ 固定資本減耗

国民純所得NNIを「国民所得(市場価格表示)」ということがある。

③ 国民所得

国内所得(雇用者報酬と営業余剰・混合所得の和)に、海外からの要素所得を加え、海外への要素所得を差し引いた数値を**国民所得NI** (National Income)という。

国民所得NI = 国内所得 + 海外からの要素所得 − 海外への要素所得

国内所得は要素費用表示だから、国民所得NIも要素費用表示である。

また、国民所得NIは、国民純所得NNIから、生産・輸入品に課される税を引き、補助金を加えたものに等しい。

国民所得NI = 国民純所得NNI − 生産・輸入品に課される税 + 補助金

→　国民純所得 NNI = 国民所得 NI + 生産・輸入品に課される税 − 補助金

よって、国民純所得NNIは市場価格表示である。

なお、「国民所得(市場価格表示)」(国民純所得NNI)と区別して、国民所得を「国民所得(要素費用表示)」ということがある。

④ 相関図

これまで登場した概念と相互の関係は次のようにまとめることができる。国内と国民の二つのビル(三階建)があり、各階を結ぶ通路がある。

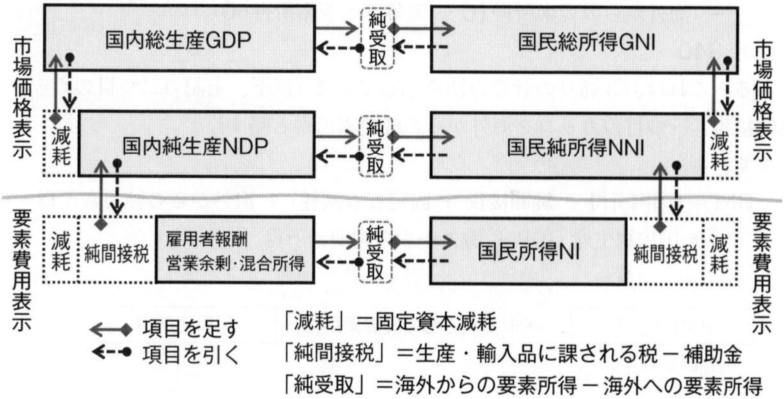

例題1-3　次の資料から、この経済の国民総所得を求めなさい。

雇用者報酬	100
営業余剰・混合所得	200
生産・輸入品に課される税	40
補助金	60
固定資本減耗	90
海外からの要素所得	10
海外への要素所得	40

解説

国民総所得GNIは、

（雇用者報酬100 ＋ 営業余剰・混合所得200）

＋（生産・輸入品に課される税40 － 補助金60）

＋ 固定資本減耗90

＋（海外からの要素所得10 － 海外への要素所得40）

＝ 340

である。これは、３通りの計算方法を示している（以下、上記の二つ目のカッコを純間接税、三つ目のカッコを海外からの純要素所得と略す）。

まず、

GNI＝（国内所得 ＋ 純間接税 ＋ 固定資本減耗）＋ 海外からの純要素所得

＝ 国内総生産 GDP ＋ 海外からの純要素所得

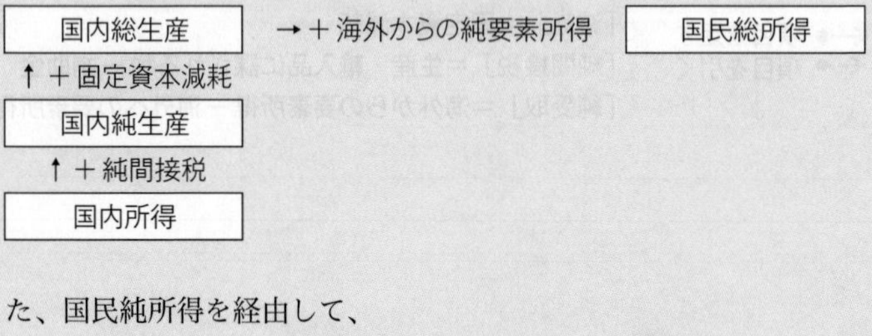

また、国民純所得を経由して、

GNI＝［（国内所得 ＋ 純間接税）＋ 海外からの純要素所得］＋ 固定資本減耗

＝［国内純生産 ＋ 海外からの純要素所得］＋ 固定資本減耗

＝ 国民純所得 ＋ 固定資本減耗

としてもよい。

国民総所得
↑ ＋固定資本減耗
国内純生産 →＋海外からの純要素所得 国民純所得
↑ ＋純間接税
国内所得

さらに、国民所得を経由して、

GNI ＝［(国内所得 ＋ 海外からの純要素所得) ＋ 純間接税］＋ 固定資本減耗
＝［国民所得 ＋ 純間接税］＋ 固定資本減耗
＝ 国民純所得 ＋ 固定資本減耗

としてもよい。

国民総所得
↑ ＋固定資本減耗
国民純所得
↑ ＋純間接税
国内所得 →＋海外からの純要素所得 国民所得

以上より、どの経路を辿っても全く同じ結果になるので、好きな経路を選んで解けばよい。

重要事項 一問一答

01 国内総生産は何の総和か。

(粗)付加価値

02 仲介手数料や事務手数料はGDPに含まれるか。

含まれる

GDPの対象でない中古品や資産の取引であっても、それらの取引に際して支払われるこれらの手数料は仲介・事務手続(サービス)によって発生する付加価値である。

03 農家の自家消費はGDPに含まれるか。

含まれる

他に持ち家サービスや一般政府・対家計民間非営利団体のサービスも含まれる。

04 分配面から見たGDPはどのように求めるか。

雇用者報酬＋営業余剰·混合所得＋生産·輸入品に課される税－補助金＋固定資本減耗

05 国内総生産から固定資本減耗を引いた値を何というか。

国内純生産

06 支出面から見たGDPを何というか。また、どのようにして求めるか。

国内総支出GDE＝民間最終消費支出＋政府最終消費支出＋総固定資本形成＋在庫品増加＋輸出－輸入

07 要素費用表示の指標を二つ挙げよ。

国内所得と国民所得

08 国民総所得から国内総生産を引いたものは何か。

海外からの要素所得－海外への要素所得

過去問 Exercise

問題1 次のA～Eの記述のうち、国内総生産（GDP）に含まれるものの組合せとして、妥当なのはどれか。

特別区Ⅰ類2018

A 土地や株式の取引における仲介手数料

B 保有資産の価格が変動することによって得られるキャピタル・ゲイン

C 警察、消防、国防といった政府が提供する公共サービス

D 農家が自分で生産したものを市場に出さないで自分で消費する農家の自家消費

E 掃除、洗濯、料理といった主婦又は主夫による家事労働

1. A、B、D
2. A、C、D
3. A、C、E
4. B、C、E
5. B、D、E

解説

正解 ❷

A ◯　土地・株式自体ではなく、それらを売買するための仲介サービスという付加価値に対する代金が仲介手数料である。

B ×　キャピタル・ゲインは含まない(生産活動とは無関係)。

C ◯　職員には給料が支払われるが、これは生産活動によって生み出された付加価値から支払われる。なお、対家計民間非営利団体についても同様であり、これらの組織に共通なのは、民間企業(営利組織)のように、営業余剰を生み出さないことである。

D ◯　農家の自家消費や持ち家サービスは、帰属計算によってGDPに計上される。

E ×　家庭内の無償労働はGDPに計上しない。

問題2

ある国の経済状況をあらわす統計資料として次のような資料があるとき、国内総生産に占める輸出の割合として、最も妥当なものはどれか。ただし、統計上の不突合はないものとする。

裁判所一般職2021

雇用者所得	310
営業余剰・混合所得	220
間接税	40
補助金	30
固定資本減耗	60
民間最終消費支出	290
政府最終消費支出	80
国内総固定資本形成	140
在庫品増加	10
輸入	10

1. 10%
2. 15%
3. 20%
4. 25%
5. 30%

解説

正解 2

輸出（未知数）を含むのは、国内総支出GDEである。資料を使って表すと、

GDE ＝ 民間最終消費支出290 ＋ 政府最終消費支出80
＋ 国内総固定資本形成140 ＋ 在庫品増加10 ＋ 輸出 － 輸入10

→ 輸出 ＝ GDE － 510…(1)

三面等価の原則から、GDEは、分配面から見た国内総生産GDP（以下、分配面）に等しい。与えられた資料を用いて、

分配面 ＝ 雇用者所得310 ＋ 営業余剰・混合所得220 ＋ 間接税40
－ 補助金30 ＋ 固定資本減耗60
＝ 600…(2)

これを上記の(1)のGDEに代入すると、輸出は次の通りである。

輸出 ＝ GDE － 510 ＝ 600 － 510 ＝ 90…(3)

求めるのは、GDPに占める輸出の割合だから、(3)を(2)で割って、

$$\frac{輸出}{GDP} = \frac{90}{600} = 0.15 = 15\%$$

なお、三面等価の原則は恒等的に成立するものであるが、実際の統計処理においては推計方法の違いにより、「統計上の不突合」が発生する（本質的な意味は誤差と同じ）。ただし、本問にあるように、試験では「統計上の不突合はない」と指定される（指定が明記されない場合も、統計上の不突合はないものとして扱う）。

問題3　我が国のある年における国民経済計算（SNA）の「国内総生産勘定（生産側及び支出側）」に掲載されている項目の数値が、以下のように与えられているとする。このとき、国内総生産（GDP）の数値はいくらか。ただし、「在庫品増加」「補助金」「生産・輸入品に課される税」はゼロとする。また、「統計上の不突合」はゼロとする。

財務専門官・労働基準監督官2020

政府最終消費支出：　120
雇用者報酬：　320
固定資本減耗：　120
総固定資本形成：　140
民間最終消費支出：　350
財貨・サービスの輸入：　100
財貨・サービスの輸出：　110
営業余剰・混合所得：　180

1　580

2　600

3　610

4　620

5　640

解説

正解 4

分配面から見たGDPは(以下、分配面)、

分配面 = 雇用者報酬320 + 営業余剰・混合所得180
+ 生産・輸入品に課される税0 − 補助金0 + 固定資本減耗120
= 620

なお、支出面から見ると、国内総支出GDEは、

GDE = 民間最終消費支出350 + 政府最終消費支出120
+ 総固定資本形成140 + 在庫品増加0
+ 財貨・サービスの輸出110 − 財貨・サービスの輸入100
= 620

となって、上記と一致する。

問題4

ある経済の国民経済計算（SNA）の「国内総生産勘定（生産側及び支出側）」に掲載されている数値が以下のように与えられているとする。このとき、国内総生産（GDP）の数値はいくらか。ただし、「統計上の不突合」はゼロであるとする。

国家一般職2016

政府最終消費支出	120
在庫品増加	−5
雇用者報酬	298
固定資本減耗	122
総固定資本形成	129
民間最終消費支出	356
財・サービスの輸入	115
補助金	4
生産・輸入品に課される税	50
財・サービスの輸出	96
営業余剰・混合所得	115

1. 457
2. 476
3. 535
4. 581
5. 586

解説

正解 ④

分配面から見たGDPは(以下、分配面)、

分配面 ＝ 雇用者報酬298 ＋ 営業余剰・混合所得115
＋ 生産・輸入品に課される税50 － 補助金4 ＋ 固定資本減耗122
＝ 581

また、国内総支出GDEは、

GDE ＝ 民間最終消費支出356 ＋ 政府最終消費支出120
＋ 総固定資本形成129 ＋ 在庫品増加(－5)
＋ 財・サービスの輸出96 － 財・サービスの輸入115
＝ 581

となって、上記と一致する。

問題5

次の表は、ある国の経済活動の規模を表したものであるが、この場合における国民総生産、国民純生産及び国民所得を示す値の組合せとして、妥当なのはどれか。

特別区Ⅰ類2014

雇用者所得	250
営業余剰	90
固定資本減耗	100
間接税	40
補助金	5
海外からの要素所得の受取り	20
海外への要素所得の支払い	10

	国民総生産	国民純生産	国民所得
1	475	375	330
2	475	385	350
3	485	375	340
4	485	385	330
5	485	385	350

解説

正解 ❺

国民所得は、雇用者所得と営業余剰を足し、さらに、海外からの要素所得の受取り(以下、受取り)を加えたものから、海外への要素所得の支払い(同、支払い)を引いたものである。

国民所得 = 雇用者所得250 + 営業余剰90 + 受取り20 − 支払い10 = 350

❷・❺がこれに該当し、国民純生産はどちらも385である。

確認のため、国民所得に間接税を足し、補助金を引き、国民純生産を求めると、

国民純生産 = 国民所得350 + 間接税40 − 補助金5 = 385

国民総生産は、国民純生産に固定資本減耗を足したものである。

国民総生産 = 国民純生産385 + 固定資本減耗100 = 485

慣れてしまえば、国民総生産と国民純生産の差が固定資本減耗だから、初めに❷・❸を除外しておいてもよい。

★★★

2 物価指数

本節では、統計的な指数（index、指標）の一つとして物価指数を学びます。指数化することで異なる時点を容易に比較できるようになります。併せて、名目 GDP と実質 GDP の違いも学習します。

❶ 物価指数

1 生計費

消費者にとっての物価水準は、生計費(生活費)に関連したものである。生計費はスーパーでさまざまな商品を買ったときの金額に例えられる。平均的な家計が一定期間に消費した財・サービスを一つのバスケット(買い物カゴ)に詰め込んで、レジで精算したときの金額が生計費である。

例1

平均的な家計が、2000年に消費したA財とB財の価格と数量が示されている。

	A財価格	A財数量	B財価格	B財数量
2000年	30円	60個	120円	15個

家計はこの２財しか消費しないとすると、2000年の生計費(生活費)は、

$$\overbrace{\underset{\text{価格}}{30} \times \underset{\text{数量}}{60}}^{\text{A財}} + \overbrace{\underset{\text{価格}}{120} \times \underset{\text{数量}}{15}}^{\text{B財}} = 3{,}600 \text{（円）}$$

これは、A財60個とB財15個をバスケットに入れたときの支払い(バスケット1個分の値段)である。

2 物価指数

2020年の生計費は2000年と比較して、どのくらい変わっているだろうか。

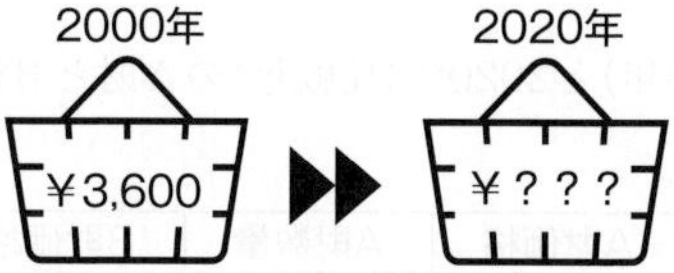

生計費は、価格と数量の積(金額)を、複数の財・サービスについて合計したものだから、例えば、価格が下がっていても、数量がそれ以上に増えていれば生計費は増加するし、また、価格が上がった状況で数量があまり減らない場合にも、同じように生計費が増加する。

物価指数(price index)は、**数量の変化を取り除き、価格の変化だけを計測する。**数量の変化を取り除くのに最も簡単な方法は、数量を一定とすることである。つまり、数量を一定として、2000年の価格と2020年の価格を使った生計費を比較することで、財・サービスの価格の変化だけを取り出すことができる。

ここで、一定とする数量を2000年(基準年と呼ぶ)とするか、2020年(比較年と呼ぶ)とするかで方式が二つに分かれる。

ラスパイレス方式は、**基準年と同じ数量を比較年にも消費した**ものとして、基準年と比較年の生計費を比較する。

これに対し、**パーシェ**方式は、**比較年と同じ数量を基準年にも消費した**ものとして、基準年と比較年の生計費を比較する。

また、どちらの方式も、**基準年の物価指数を100**(または1)として、比較年の物価指数を算出して比較する。**比較年の物価指数が100**(または1)**より大きければ、物価が上昇した**と考え、また、**100**(または1)**より小さければ、物価が下落した**と考える。

① ラスパイレス物価指数

比較年のラスパイレス物価指数は、基準年の数量を使って生計費が何倍になったかを表す。

例2

2000年（基準年）と2020年（比較年）のA財とB財の価格と数量が示されている。

	A財価格	A財数量	B財価格	B財数量
2000年	30円	60個	120円	15個
2020年	60円	50個	60円	50個

ラスパイレス方式は、基準年の数量を使った2020年（比較年）の生計費

2020年（比較年）＝60円×60個＋60円×15個＝4,500円

が、基準年の数量を使った2000年（基準年）の生計費

2000年（基準年）＝30円×60個＋120円×15個＝3,600円

の何倍かを求める。つまり、比較年のラスパイレス物価指数は、

$$\frac{\overbrace{\text{比較年価格} \times \text{基準年数量}}^{\text{A財}} + \overbrace{\text{比較年価格} \times \text{基準年数量}}^{\text{B財}}}{\underbrace{\text{基準年価格} \times \text{基準年数量}}_{\text{A財}} + \underbrace{\text{基準年価格} \times \text{基準年数量}}_{\text{B財}}} \times 100$$

$$= \frac{60 \times 60 + 60 \times 15}{30 \times 60 + 120 \times 15} \times 100 = 125$$

となり、基準年の100から25％の物価上昇（インフレーション）が起きている（基準年の1.25倍になった）[1]。

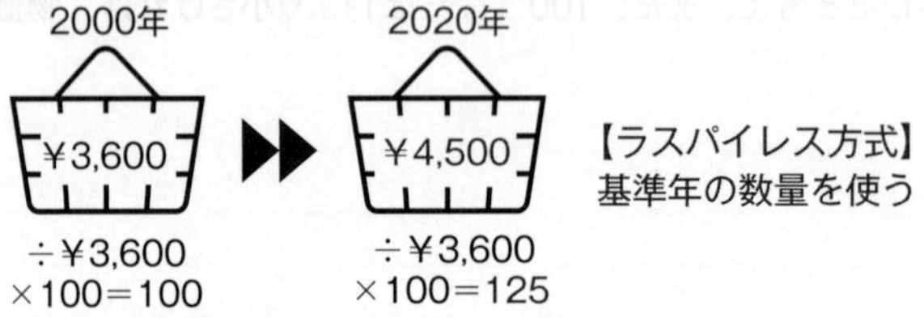

1 厳密には、物価の継続的な上昇をインフレーション（インフレ）、物価の継続的な下落をデフレーション（デフレ）という。ただし、試験では（時事を除く）、継続的かどうか明らかでなくてもインフレ／デフレということが多い。

② パーシェ物価指数

比較年のパーシェ物価指数は、**比較年の数量を使って生計費が何倍になったか**を表す。

例3

2000年（基準年）と2020年（比較年）のA財とB財の価格と数量が示されている。

	A財価格	A財数量	B財価格	B財数量
2000年	30円	60個	120円	15個
2020年	60円	50個	60円	50個

パーシェ方式は、比較年の数量を使った2020年（比較年）の生計費

2020年（比較年）＝60円×50個＋60円×50個＝6,000円

が、比較年の数量を使った2000年（基準年）の生計費

2000年（基準年）＝30円×50個＋120円×50個＝7,500円

の何倍かを求める。つまり、**比較年のパーシェ物価指数は、**

$$\frac{\overbrace{\text{比較年価格}\times\text{比較年数量}}^{\text{A財}}+\overbrace{\text{比較年価格}\times\text{比較年数量}}^{\text{B財}}}{\underbrace{\text{基準年価格}\times\text{比較年数量}}_{\text{A財}}+\underbrace{\text{基準年価格}\times\text{比較年数量}}_{\text{B財}}}\times 100$$

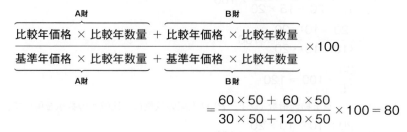

$$=\frac{60\times 50+60\times 50}{30\times 50+120\times 50}\times 100=80$$

となり、**基準年の100から20%の物価下落（デフレーション）が起きている（基準年の0.8倍になった）。**

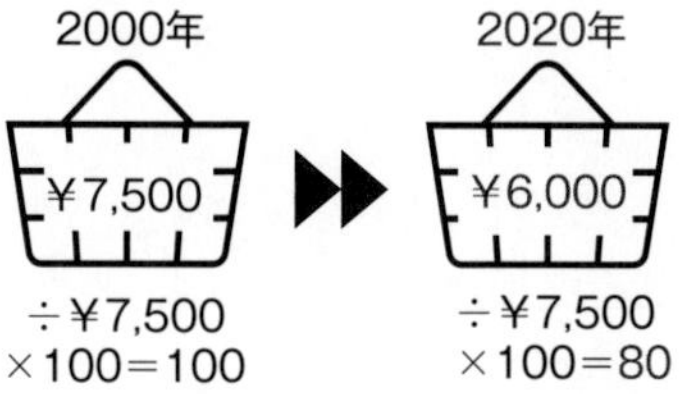

【パーシェ方式】
比較年の数量を使う

例題1-4

2015年と2020年における価格および数量が次に与えられている。2015年を基準年として、2020年におけるラスパイレス型とパーシェ型の物価指数は、それぞれいくらか。ただし、基準年の物価指数はいずれも100である。

	A財		B財	
	価格	数量	価格	数量
2015年	10	20	15	20
2020年	20	10	10	20

解説

ラスパイレス物価指数（以下、L）は、基準年の数量を用いて比較年の生計費を基準年の生計費で割ったものに100をかけて算出される。

$$L = \frac{20 \times 20 + 10 \times 20}{10 \times 20 + 15 \times 20} \times 100$$

$$= \frac{(20 + 10) \cdot 20}{(10 + 15) \cdot 20} \times 100$$

$$= \frac{30}{25} \times 100 = 120$$

となり、パーシェ物価指数（以下、P）は上記の数量に、比較年の数量を用いて、

$$P = \frac{20 \times 10 + 10 \times 20}{\underbrace{10 \times 10}_{5 \times 20} + 15 \times 20} \times 100$$

$$= \frac{(10 + 10) \cdot 20}{(5 + 15) \cdot 20} \times 100$$

$$= \frac{20}{20} \times 100 = 100$$

2 実際の物価指数

1 ラスパイレス物価指数で表すもの

① 消費者物価指数

消費者物価指数CPI(Consumer Price Index)は、世帯が日常的に購入する食料品、衣料品、家賃、通信料など500品目以上の財・サービスの小売段階の価格(消費税を含む)の動きを総合して表す(上記の生計費と同じ仕組み)。

総務省統計局によって作成され、西暦年の末尾が0と5の年を基準年として、5年ごとに改定される。

② 企業物価指数

企業物価指数CGPI(Corporate Goods Price Index)は、企業間で取引される財全般(採用品目は約1,200)に関する変動を測定する。消費者物価指数と異なり、サービスを含まない。

企業間で取引されるサービスに関する価格変動は、企業向けサービス価格指数SPPI(Services Producer Price Index)として測定される(約140品目)。なお、英語名については、CSPI(Corporate Services Price Index)から変更された。

これらは日本銀行が作成し、5年ごとに基準年を改定している。

2 パーシェ物価指数で表すもの

GDPデフレーターは名目GDPを実質GDPで割ったものであり、パーシェ物価指数である。

$$\text{比較年のGDPデフレーター} = \frac{\overbrace{\text{各財の(比較年価格×比較年数量)の和}}^{\text{比較年の名目GDP}}}{\underbrace{\text{各財の(基準年価格×比較年数量)の和}}_{\text{比較年の実質GDP}}} \times 100$$

名目GDPはその時点の価格と数量を使って求めるのに対し、実質GDPを求める場合には価格を不変とする。つまり、**比較年の実質GDPは各財の価格を基準年と同じとして求めたものである。**

なお、比較年のGDPデフレーターの求め方を覚えることができれば、分母子に**比較年の数量が使われていることがわかる**。つまり、**パーシェ物価指数は比較年の数量を用いて**(「ウェイトとして」、という)算出されることが確認できる(名目値も実質値も比較年のGDPを使う)。もう一方のラスパイレス物価指数は基準年の数量を使うしかない(比較年の数量を使えばパーシェ方式と同じになって意味がない)。

あるいは次のように覚えてもよい。比較年の物価指数を求めるのに、比較年の数量を使うのは自然に思える。この自然さを持つのがパーシェ物価指数であり、比較年の物価指数なのに基準年の数量を使う不自然さがあるのがラスパイレス物価指数である[2](「自然さが少ないから、ラスパイレス」とでもしておこう)。

例4

国内で生産された2種類の最終財A財とB財から成る経済において、2020年と2021年の価格と数量が次に示されている。

	A財価格	A財数量	B財価格	B財数量
2020年	50	20	30	50
2021年	100	10	50	50

2021年の名目GDPは、2021年の価格と数量を使って求められる。

$$2021年の名目GDP = 100 \times 10 + 50 \times 50 = 3{,}500$$

2020年を基準とする2021年の実質GDPは、基準年の価格に比較年の数量をかけた値を合計したものである。

$$2021年の実質GDP = 50 \times 10 + 30 \times 50 = 2{,}000$$

よって、2021年のGDPデフレーターは、2020年を100として、

$$\frac{2021年の名目GDP}{2021年の実質GDP} \times 100 = \frac{3{,}500}{2{,}000} \times 100 = 175$$

である。2020年(基準年)のGDPデフレーターは100だから、2021年(比較年)のGDPデフレーター(物価指数)は75%上昇したことがわかる。

[参　考]

なお、2020年(基準年)の実質GDPは、2020年(基準年)の名目GDPに等しい(∵基準年の価格を使って計算)。

2　物価指数に関する厳密な議論は、家計であれば効用最大化に基づいている。この場合、真の物価指数を定義できるが、この値と比較して、ラスパイレス方式は高めに、パーシェ方式は低めになる。「真の物価指数を使えばいいのではないか」という疑問が湧くが、人々の効用関数を正確に知ることはできない。物価指数の算出方式は他にもいくつかあるが、消費者物価指数などにラスパイレス方式を採用するのは、「実務的な簡便さ」というのが大きな理由らしい。

例題1-5 2015年と2020年のＡ財とＢ財に関する価格と産出量(数量)が次に示されている。2015年の価格を用いた2020年の実質GDPおよび2020年のGDPデフレーターはいくらか。

	A財価格	A財数量	B財価格	B財数量
2015年	100	50	120	40
2020年	200	20	100	50

解説

2015年の価格を使って、2020年の実質GDPを求めると、

$$\overbrace{100}^{2015年} \times \underbrace{20}_{2020年} + \overbrace{120}^{2015年} \times \underbrace{50}_{2020年} = 8{,}000$$

また、2020年の価格を使って、2020年の名目GDPを求めると、

$$\overbrace{200}^{2020年} \times \underbrace{20}_{2020年} + \overbrace{100}^{2020年} \times \underbrace{50}_{2020年} = 9{,}000$$

であるから、2020年のGDPデフレーターは、

$$\frac{2020年の名目GDP}{2020年の実質GDP} \times 100 = \frac{9{,}000}{8{,}000} \times 100 = 112.5$$

となり、GDPデフレーターは2015年と比較して、12.5%上昇している。

重要事項 一問一答

01 基準年の数量をウェイトとして算出される物価指数は何方式か。

ラスパイレス方式

02 比較年の数量をウェイトとして算出される物価指数は何方式か。

パーシェ方式

03 ラスパイレス物価指数を使ったものにはどんなものがあるか。

消費者物価指数、企業物価指数

04 パーシェ物価指数を使ったものにはどんなものがあるか。

GDPデフレーター

05 比較年の実質GDPに用いられる価格はいつのものか。

基準年の価格（不変価格表示）

06 基準年の物価指数を100として比較年にインフレが起きたとき、物価指数はどんな大きさになるか。

100を超える

過去問 Exercise

問題1 下の表は、ある国におけるA財、B財、およびC財の価格と消費量について、2017年と2018年を比較したものである。この表に基づいて計算されたラスパイレス物価指数の値として妥当なものはどれか。ただし、簡単化のため、この国の経済はこの3つの財のみから成り立っているとする。また、基準年は2017年とし、基準年の物価指数は100とする。

裁判所一般職2019

	A財		B財		C財	
	価格	消費量	価格	消費量	価格	消費量
2017年	50	8	200	10	150	4
2018年	40	5	180	5	70	10

1. 60
2. 70
3. 80
4. 90
5. 100

解説

正解 3

ラスパイレス物価指数は、基準年に買った財の組合せを比較年にも買った場合に、支出額が基準年の何倍になるかを示したものである。基準年の物価指数は100だから、最後に100をかける。

$$\frac{40\cdot 8+180\cdot 10+70\cdot 4}{50\cdot 8+200\cdot 10+150\cdot 4}\times 100=\frac{40(8+45+7)}{50(8+40+12)}\times 100$$
$$=\frac{4}{5}\cdot\frac{60}{60}\times 100=80$$

問題2　ある国の経済は、工業製品と農産物のみから成り立っており、それらの2000年（基準年）と2014年における生産量と価格は以下の表のとおりであった。このとき、パーシェ指数を用いて計算した場合の2000年（基準年）に対する2014年のGDPデフレーターの数値（指数）はいくらか。

労働基準監督官2015

	工業製品		農産物	
	生産量	価格	生産量	価格
2000年（基準年）	50個	60万円/個	120トン	20万円/トン
2014年	60個	70万円/個	70トン	30万円/トン

1. 103
2. 108
3. 117
4. 126
5. 131

解説

正解 4

パーシェ型の物価指数は、比較年の数量をウェイトとして用いる。選択肢から、最後に100をかける。ここでは、各財について、価格×生産量で表し、また、価格はいずれも単位が万円なので考えなくてよい(分母子で約分される)。

$$\frac{70\cdot 60+30\cdot 70}{60\cdot 60+20\cdot 70}\times 100=\frac{100(42+21)}{100(36+14)}\times 100$$
$$=\frac{63}{50}\times 100=126$$

★★★

3 産業連関表

前節までとは異なり、本節では中間投入も含んだ生産過程を、複数の産業をまとめた形式で学習します。各産業は互いの生産物を中間投入しながら付加価値を生み出し、中間財や最終財として需要します。

1 産業連関表

1 中間投入と付加価値

ここで学習する産業連関表は、各産業の生産や消費の様子を表す。第1節で学習した付加価値(粗付加価値)をタテ方向(列)に記述する。

例1

A産業は生産過程において、自身[1]の生産物を20、B産業の生産物を30、C産業の生産物を40ずつ中間投入し、150だけ生産物を産出したとする。

投入		A産業
中間投入	A産業	20
	B産業	30
	C産業	40
付加価値		60
総投入額		150

計150

このとき、A産業が生み出した付加価値は、総産出額150から、中間投入90(合計)を引いた60である。

言い換えると、中間投入に付加価値を加えたものが総産出額であり、産業連関表では、総投入額と書く(そのまま、総産出額とする場合もある)。

中間投入 ＋ 付加価値 ＝ 総投入額

1 例えば農業を考えると、種子や苗を生産する業者も、これらを仕入れて花卉や米を生産する業者も同じ農業に分類されるから、同一の産業は自身の生産物を中間投入しうる。

2 中間需要と最終需要

産出されたA産業の生産物は、中間財か最終財として需要される。

例2

A産業の生産物を中間財として、A産業が20、B産業が50、C産業が60ずつ需要し、最終財として家計などが20だけ需要したとすると、次式が成り立つ。

中間需要 ＋ 最終需要 ＝ 総産出額

産出	中間需要			最終需要	総産出額
	A産業	B産業	C産業		
A産業	20	50	60	20	150

計150 → 総産出額

例1と例2の表を一つにまとめると、A産業に関する投入および産出を行と列に記述した産業連関表が部分的にできあがる。

投入＼産出		中間需要 A産業	中間需要 B産業	中間需要 C産業	最終需要	総産出額
中間投入	A産業	20	50	60	20	150
	B産業	30				
	C産業	40				
付加価値		60				
総投入額		150				

列方向では、「総産出額」を「総投入額」に改めたから、列の和である総投入額と行の和である総産出額は、必然的に一致する。

3 産業連関表と国内総生産

例3

三つの産業A、B、Cから成る経済の産業連関表が次に表されている。

投入＼産出		中間需要 A産業	中間需要 B産業	中間需要 C産業	最終需要	総産出額
中間投入	A産業	20	50	60	20	150
中間投入	B産業	30	20	60	60	170
中間投入	C産業	40	70	0	70	180
付加価値		60	30	60		
総投入額		150	170	180		

各産業それぞれについて、投入方向(タテ)の和である総投入額と、産出方向(ヨコ)の和である総産出額は必ず一致する。

また、三つの産業の付加価値の総和として国内総生産GDPを求めることができる。

$$60 + 30 + 60 = 150$$

国内総生産GDPはまた、最終需要の総和として求めることもできる。

$$20 + 60 + 70 = 150$$

例題1-6 三つの部門から成る次の経済の国内総生産の値はいくらか。

投入＼産出		中間需要			最終需要	総産出額
		A産業	B産業	C産業		
中間投入	A産業	0	50	10	40	**ア**
	B産業	20	**イ**	30	**ウ**	200
	C産業	40	70	0	10	**エ**
付加価値		**オ**	30	80		

解説

総投入額が示されていないことに注意しよう。また、**ウ**か**オ**がわかれば、国内総生産を求めることができる。

A産業について、総産出額**ア**は、中間需要と最終需要の和に等しい。

(0 + 50 + 10) + 40 = **ア** → **ア** = 100

これはA産業の総投入額に等しいから、

(0 + 20 + 40) + **オ** = 100 → **オ** = 40

他産業の付加価値は明示されているから、付加価値の総和として国内総生産を求めると、

40 + 30 + 80 = 150

である。

なお、最終需要の総和を求めるには、**ウ**を求める必要がある。B産業の行列に着目して、まず、列の和(総投入額)と総産出額を一致させて、

(50 + **イ** + 70) + 30 = 200 → **イ** = 50

次に、行について、**イ** = 50を用いて、

(20 + 50 + 30) + **ウ** = 200 → **ウ** = 100

最後に、最終需要の総和としての国内総生産を求めて、

40 + 100 + 10 = 150

❷ 投入係数 発展

産業連関表では、投入方向(列)について、中間投入と付加価値を総産出額(総投入額)で割った値は、総産出額にかかわらず、一定である(固定係数という)。金額単位でなく、物的単位(トンなど)でも成立する。

例4

Ａ産業は、Ａ産業自身の生産物を10、Ｂ産業の生産物を50、Ｃ産業の生産物を20、それぞれ中間投入し、総産出額が100であった(単位：億円)。

このとき、総産出額1円あたり、

Ａ産業の生産物を$10 \div 100 = 0.1$

Ｂ産業の生産物を$50 \div 100 = 0.5$

Ｃ産業の生産物を$20 \div 100 = 0.2$

だけ中間投入している。これを投入係数という。

Ａ産業の総産出額が150になると、Ａ産業は、

Ａ産業の生産物を$0.1 \times 150 = 15$

Ｂ産業の生産物を$0.5 \times 150 = 75$

Ｃ産業の生産物を$0.2 \times 150 = 30$

ずつ中間投入する。

重要事項 一問一答

01 産業連関表をタテ方向に見たとき、総投入額は何の和で表されるか。

中間投入と付加価値

02 産業連関表をヨコ方向に見たとき、総産出額は何の和で表されるか。

中間需要と最終需要

03 一つの産業について、必ず一致するのは何と何か。

総投入額と総産出額

04 産業連関表において総産出額が変わっても固定されているのは何か。

投入係数（1単位当たりの中間投入）

過去問 Exercise

問題1 次の表は、封鎖経済の下で、すべての国内産業がA、B及びCの３つの産業部門に分割されているとした場合の単純な産業連関表であるが、表中のア～カに該当する数字の組合せとして、妥当なのはどれか。

特別区Ⅰ類2011

投入＼産出		中間需要 A産業	中間需要 B産業	中間需要 C産業	最終需要	総産出額
中間投入	A産業	20	30	50	**ア**	**イ**
	B産業	40	40	20	60	160
	C産業	**ウ**	30	110	60	**エ**
付加価値		100	**オ**	90		
総投入額		230	**カ**	270		

	ア	イ	ウ	エ	オ	カ
1	130	220	60	260	60	160
2	120	220	60	270	50	150
3	120	220	60	260	50	150
4	130	230	70	270	50	160
5	130	230	70	270	60	160

解説

正解 ❺

各産業の行列末尾について、総投入額と総産出額は一致するから、

イ = 230、**エ** = 270、**カ** = 160

よって、この時点で正解は❹・❺に絞られ、また、どちらも、**ア** = 130、**ウ** = 70であるから、残りは**オ**を確定すればよい。

オを確定するには、B産業の総投入額と総産出額を一致させるか、または、付加価値の総和と最終需要の総和がGDPであることを利用すればよい。

後者より、

$\underset{\text{ア}}{130} + 60 + 60 = 100 + \text{オ} + 90 \rightarrow \text{オ} = 60$

第2章

財市場の分析

本章では、ケインズ経済学の出発点として財市場の分析を学習します。45度線モデルや乗数効果など、ケインズ経済学に特有の論点を扱います。

1 財市場の均衡条件

本章からマクロ経済学の基本的な枠組みであるケインズ経済学について学びます。本節では中心的な役割を担う消費関数と財市場について見ていきます。本節の直接の出題は少ないですが、次節以降、要となる考え方です。

1 総供給と総需要

1 概　要

一国の財・サービスをまとめて扱う。さまざまな商品を詰め込んだバスケットが生産され、消費や投資として需要されるが、あたかも１種類の財・サービスが取引されているように見える。逆に、財は１種類しかないと割り切っても何の支障もない[1]。

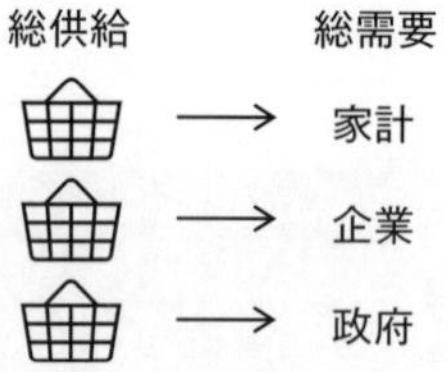

このバスケット１個の値段が物価であり、当面の間、物価は一定とする。この場合、総供給や総需要などの項目は金額で考えてもよいし、数量で考えてもよい（便宜的に物価は1で一定と考えてもよい）。

1　海外の教科書では次のように説明されることがある。ここでの財は自由に形を変えられる紙粘土のようなもの（正確にはパテ）で、家計が購入した場合には食品・雑貨などに形が変わり、企業が購入した場合には機械設備などに形が変わる。要するに、通常マクロ経済学で財市場を考える場合には、ミクロ経済学のように自動車の市場、たまねぎの市場、…と個別の市場を考える必要はなく、一つの財（さまざまな商品が詰め込まれたバスケット）が供給され、需要されると考える。ミクロ経済学では「●●の需要」と表していたが、ここでは単に「総需要」として財の総需要を表す。総供給も同様である。

2 財の総供給

ケインズ経済学は需要面(総需要)に重点を置くため、当面、生産に関しては大雑把に捉えて学習する。

ここでは、総供給(付加価値)は国民に分配されて国民所得Yに(無条件に)一致するとし、しばらく生産活動の詳細は考えない[2]。

総供給$=Y$…(1)

例えば、今年、500兆円の付加価値が生み出されたとすると、給料、配当などの形で従業員や株主などに分配され、その合計額はやはり500兆円になる。

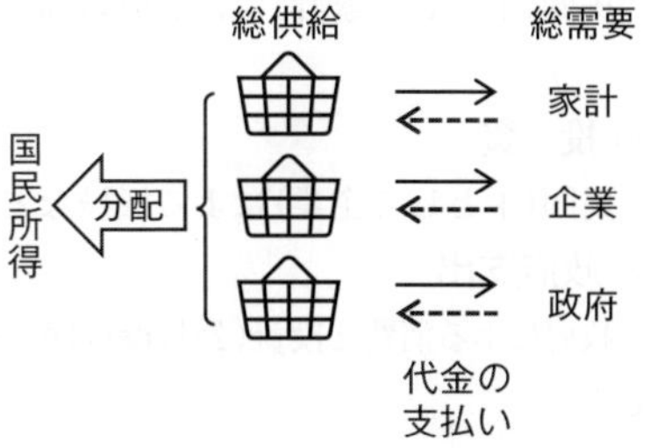

縦軸に総供給、横軸に国民所得Yをとり、総供給(1)を描くと、原点から出る(原点を通る)傾き1の直線として描かれる。これは横軸に対して45度の直線だから、45度線モデル(45度線分析)と呼ぶ。

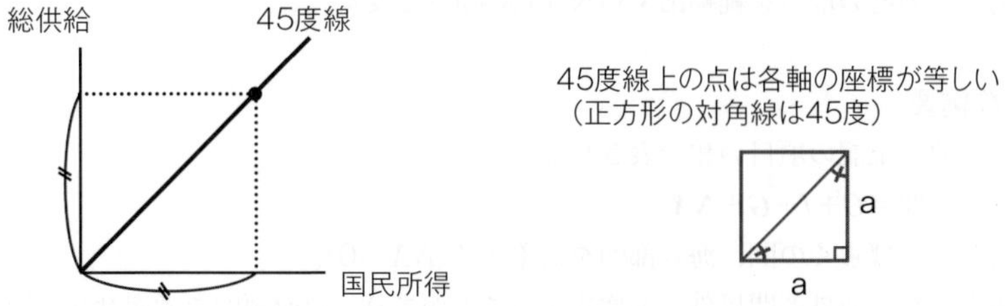

三面等価のうち、生産面と分配面(所得面)については自動的に成り立つと考えているとしてもよい[3]。

---

2 第1章とは異なり、国内総生産や国民総所得など、細かい区別は行わない。つまり、海外からの純要素所得や固定資本減耗などは考慮せず、もっぱら国民所得と呼ぶ(問題文によって「YはGDP」とするが、そのときには一貫してGDPと呼ぶ)。

3 統計と理論は同じものを対象としていても扱い方が異なるので無理に関連づける必要はない。例えば、ピッチャーが投げたボールの速さをどう計測するかということと(統計の取り方)、時速160キロでボール(物体)が進む仕組みを考えること(質量と重力の関係などを考える物理学)は同じでなくてよい。「ボール」、「時速」という共通した言葉が登場するだけ。第2章からは仕組みを考える。

3 財の総需要

生産された財またはその付加価値は、民間部門、政府部門、海外部門によって最終的に需要される。

① 消　費

民間(主として家計)による財の購入を**消費*C***(Consumption)で表す。

② 投　資

民間(主として企業)による機械などの購入を**設備投資*I***(Investment)で表す[4]。

③ 政府支出

政府による消費と投資(公共投資)を一括して**政府支出*G***(Government expenditure)で表す。

④ 海外部門

海外との財の取引を**純輸出*NX***(Net eXport)で表す。

⑤ 総需要

総需要は上記の項目の和で表される。

総需要$=C+I+G+NX$

ただし、しばらくの間、海外部門を捨象する($NX=0$)。

もちろん、海外部門以外にも捨象することがあり、政府部門を考慮せず、政府支出がない場合もある(問題の指定に従えばよい)。

4　第１章の国内総支出（統計）の場合、在庫品増加には売れ残り（意図せざる在庫）が含まれるが、数学的なモデルにおいては含まれない。

2 財市場の均衡条件

ミクロ経済と同様に、マクロ経済学でも総供給と総需要が一致するとき財市場が均衡するという。つまり、**財市場の均衡条件**は、

$Y=C+I+G$ ［Y：国民所得、C：消費、I：投資、G：政府支出］

で表される。ただし、**左辺は総供給**、**右辺は総需要**を表す。

45度線モデルにおける均衡では、総供給と総需要を一致させるように国民所得が決まる。総供給については前提として国民所得に一致しているから、あとは総需要について考えればよい。

以下で詳しく見る通り、均衡条件に国民所得の関数を代入することで、ケインズ経済学における45度線モデルが意味を持つようになる。

3 消費関数

初めに、45度線モデルにおいて最も重要な消費関数の性質を見ていく。

1 消費関数

ケインズ経済学において、**民間の消費Cは国民所得Yの増加関数**として表される[5]。例えば、租税・税収をT（Tax)として、

$$C=\underbrace{0.8}_{(+)}(Y-T)+20$$

と書け、消費関数の右辺の定数項20は、**基礎消費**または**独立消費**と呼ばれる。

租税が$T=50$であれば、次のように表される。

$$\left.\begin{array}{l} C=0.8(Y-T)+20 \\ T=50 \end{array}\right\} \rightarrow C=0.8(Y-\underbrace{50}_{T})+20$$

5　例えば、yがxの増加関数の場合、xが増加するとyも増加し、また、xが減少するとyも減少する。

2 可処分所得と貯蓄

国民所得から租税を除いた$Y-T$を可処分所得という。これは、国民が自由に使うことができる所得であり、その使い途は消費Cと貯蓄S (Saving)である。つまり、

$$Y-T=C+S$$

と定める[6] (可処分所得の定義と考えてよい)。

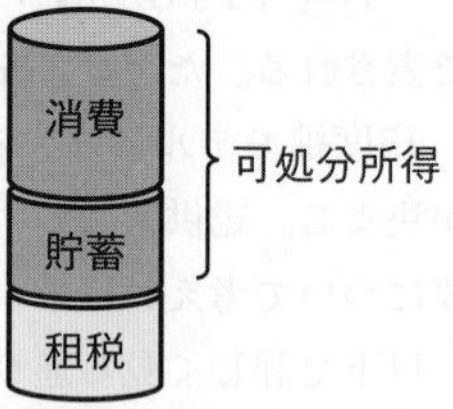

消費関数を見ると、**消費は可処分所得の増加関数**でもある。

$$C=\underbrace{0.8}_{(+)}\underbrace{(Y-T)}_{\text{可処分所得}}+20$$

3 消費と貯蓄

消費関数と可処分所得の定義を用いて、貯蓄関数を求めることができる。例えば、具体的な式を用いると、

$$\left.\begin{aligned} C&=0.8(Y-T)+20 \\ Y-T&=C+S \end{aligned}\right\} \begin{aligned} &\rightarrow\ Y-T=\overbrace{[0.8(Y-T)+20]}^{C}+S \\ &\rightarrow\ S=(Y-T)-[0.8(Y-T)+20] \\ &\qquad\ =0.2(Y-T)-20 \end{aligned}$$

よって、貯蓄関数もまた国民所得および可処分所得の増加関数である。

なお、これらの関数を使って消費と貯蓄の和を求めると、可処分所得に一致する。

$$\left.\begin{aligned} C&=0.8(Y-T)+20 \\ S&=0.2(Y-T)-20 \end{aligned}\right\} \rightarrow\ \begin{aligned} C+S&=\overbrace{[0.8(Y-T)+20]}^{C}+\overbrace{[0.2(Y-T)-20]}^{S} \\ &=Y-T \end{aligned}$$

---

6 租税を右辺に移項すると、国民所得が、消費、貯蓄、租税のいずれかに分配されることを示す。
$Y-T=C+S\ \rightarrow\ Y=C+S+T$

4 限界消費性向と限界貯蓄性向

消費関数および貯蓄関数を、それぞれ可処分所得で微分すると(どちらも可処分所得の1次式であり、微分すると係数に一致する)、

$$C=0.8(Y-T)+20 \quad \rightarrow \quad \frac{\Delta C}{\Delta(Y-T)}=0.8$$

$$S=0.2(Y-T)-20 \quad \rightarrow \quad \frac{\Delta S}{\Delta(Y-T)}=0.2$$

つまり、可処分所得が1円増えたとき、消費は0.8円、貯蓄は0.2円増加し、前者を**限界消費性向**、後者を**限界貯蓄性向**という。定義から、**限界消費性向と限界貯蓄性向の和は常に1である。**

$c+s=1$ ［c：限界消費性向、s：限界貯蓄性向］

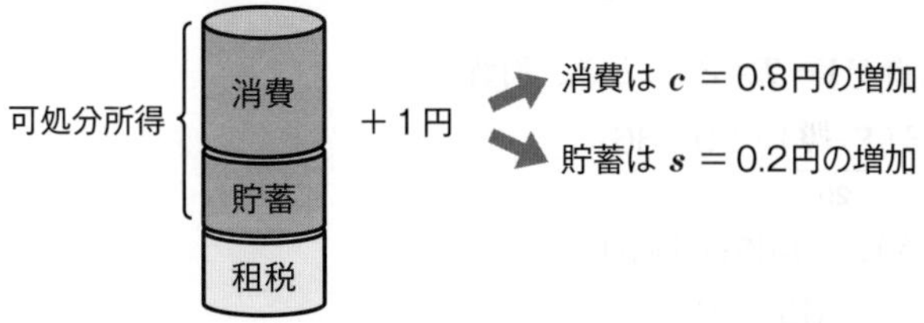

以下、$1-c$をメインに扱うが、いつでも、$s=1-c$であることを思い出せるようにしておこう。

5 平均消費性向と平均貯蓄性向

消費Cと貯蓄Sの和は可処分所得$Y-T$に等しく、両辺を可処分所得で割ると、

$$C+S=Y-T \quad \rightarrow \quad \frac{C}{Y-T}+\frac{S}{Y-T}=1$$

となる。ここで、左辺の各項は、可処分所得1円あたりの消費と貯蓄を表しており、それぞれを、**平均消費性向**、**平均貯蓄性向**と呼ぶ。平均消費性向および平均貯蓄性向の和もまた、常に1である。

6 消費関数のグラフ

縦軸に消費C、横軸に可処分所得$Y-T$を取り、消費関数を描くと、傾きが限界消費性向c($0<c<1$)の直線で表される。消費関数の縦軸切片は、基礎消費(独立消費)に一致する。

以下、可処分所得を一つの変数$(Y-T)$とすることに注意しよう。

例1　消費関数$C=0.8(Y-T)+20$は、縦軸切片が基礎消費20、傾きが限界消費性向0.8（可処分所得の係数）の直線で表される。

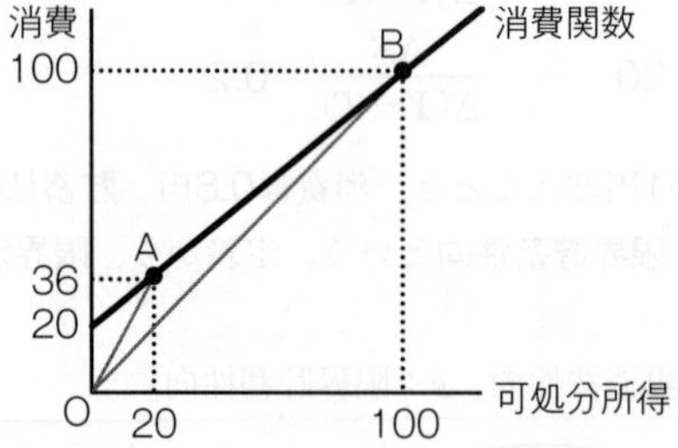

可処分所得が$Y-T=20$のとき、消費は、

$$C=0.8\underbrace{(Y-T)}_{20}+20=36$$

であり（点A）、平均消費性向は、

$$\frac{C}{Y-T}=\frac{36}{20}=\frac{9}{5}$$

である（補助線OAの傾き）。また、可処分所得が$Y-T=100$に増えると、消費は、

$$C=0.8\underbrace{(Y-T)}_{100}+20=100$$

に増加するが（点B）、平均消費性向は減少する（補助線OBの傾き）。

$$\frac{C}{Y-T}=\frac{100}{100}=1$$

❹ 均衡国民所得の決定（45度線モデル）

1 財市場の均衡

財市場を均衡させる国民所得（均衡国民所得）を求めよう[7]。

例2

マクロ経済が次に示されている。

$$Y=C+I+G$$
$$C=0.8(Y-T)+20$$
$$T=50、I=30、G=40$$

［ Y：国民所得、C：消費、I：投資 G：政府支出、T：租税 ］

与件をすべて均衡条件（第1式）に代入して均衡国民所得を求める。

$$Y=\overbrace{\underbrace{0.8}_{c}(Y-\underbrace{50}_{T})+20}^{C}+\overbrace{30}^{I}+\overbrace{40}^{G}$$

$$=\overbrace{\underbrace{0.8}_{c}Y-40+20}^{C}+\overbrace{30}^{I}+\overbrace{40}^{G}$$

$$=\underbrace{0.8}_{c}Y+50$$

左辺に右辺第1項を移項してまとめる。

$$Y=\underbrace{0.8}_{c}Y+50 \rightarrow Y-\underbrace{0.8}_{c}Y=50$$

$$\rightarrow (1-\underbrace{0.8}_{c})Y=50 \rightarrow \underbrace{0.2}_{1-c}Y=50\cdots(\#)$$

$$\rightarrow \frac{2}{10}Y=50 \rightarrow \frac{1}{5}Y=50$$

両辺を5倍して、

$$5\times\frac{1}{5}Y=5\times50 \rightarrow Y=250$$

となる。

計算上は両辺を5倍してYを求めるが、文字式のままで考えると$1-c=0.2$で両辺を割ることになる。(#)より、

7　今後、市場が増えると、その都度、均衡国民所得の内容が異なる。用語というよりは、どの市場が均衡する状態を考えているのかに注意しよう。

(#) $\underbrace{0.2}_{1-c}Y=50 \quad \rightarrow \quad Y=\frac{1}{\underbrace{0.2}_{1-c}}\cdot 50$

両辺に0.2の逆数をかけていると考えてもよい。

(#) $\frac{1}{\underbrace{0.2}_{1-c}}\times\underbrace{0.2}_{1-c}Y=\frac{1}{\underbrace{0.2}_{1-c}}\times 50 \quad \rightarrow \quad Y=\frac{1}{\underbrace{0.2}_{1-c}}\cdot 50$

ところで、

$$\frac{1}{\underbrace{0.2}_{1-c}}=1\div\frac{2}{10}=1\times\underbrace{\left(\frac{10}{2}\right)}_{\frac{1}{1-c}}=5$$

だから、これらは皆同じ計算である。このあと、文字式で表すことが多くなるが、右辺に

$$\frac{1}{1-c}=\frac{1}{\underbrace{0.2}_{1-c}}$$

が現れるのはこのような計算による。

さて、求めた均衡国民所得を使って、実際に総供給と総需要が一致するか確認してみよう。第1式の左辺が総供給、右辺が総需要だから、それぞれ、

総供給$=Y=250$

総需要$=\overbrace{\underbrace{0.8}_{c}(\underbrace{250}_{Y}-\underbrace{50}_{T})+20}^{C}+\overbrace{30}^{I}+\overbrace{40}^{G}=250$

となって、確かに一致する。

2 45度線の図

上記の例を使って図示しよう。均衡条件$Y=C+I+G$について、左辺は総供給($Y^S=Y$と置く)、右辺は総需要$C+I+G$である[8]。

縦軸に総供給と総需要を、横軸に国民所得を取って、総供給と総需要のグラフを描く。このうち、総供給は原点を通る傾きが1の直線(45度線)で描かれる。

与件を総需要に代入し、国民所得の関数として表すと傾きが限界消費性向$c=0.8$に等しい直線として描かれる。

$$C+I+G=\overbrace{\underbrace{0.8}_{c}(Y-\underbrace{50}_{T})+20}^{C}+\overbrace{30}^{I}+\overbrace{40}^{G}$$

$$=\overbrace{\underbrace{0.8}_{c}Y-40+20}^{C}+\overbrace{30}^{I}+\overbrace{40}^{G}$$

$$=0.8Y+50$$

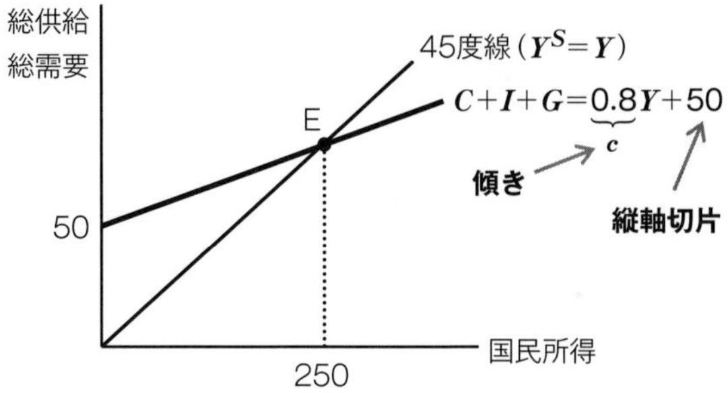

交点Eにおける国民所得$Y=250$は、財市場を均衡させる(45度線と総需要の交点)。

3 有効需要の原理

図のように、総需要(直線)の位置が決まると国民所得の大きさが決まる(総需要のうち限界消費性向や投資など国民所得以外の値が与えられると国民所得が決まる)。「景気(国民所得の大きさ)は総需要によって決まる」ことをケインズの**有効需要の原理**という。

---

8 総供給をS、総需要をY^DやDと置いてもよい。

重要事項 一問一答

01 海外部門を捨象する（省略する）と財市場の均衡条件はどう表せるか。

国民所得が総需要＝消費＋投資＋政府支出に一致

02 可処分所得は何の和に等しいか。

消費と貯蓄

03 可処分所得が1円増加したとき増加する消費の大きさを何というか。

限界消費性向

04 和が常に1となるものは何か。

限界消費性向と限界貯蓄性向の和、平均消費性向と平均貯蓄性向の和

05 基礎消費を正として、可処分所得が増加すると平均消費性向はどうなるか。

減少する

2 乗数効果

本節では45度線分析で最も重要となる乗数効果について学習します。国民所得を決定する総需要が増加すると、国民所得はその何倍にも増加することを確認します。

1 政府支出の増加と政府支出乗数

1 国民所得の増加と消費の増加

前節で例に挙げたマクロ経済をもとに考える。

$Y=C+I+G$ …(1)
$C=0.8(Y-T)+20$ …(2)
$T=50$、$I=30$、$G=40$

［Y：国民所得、C：消費、I：投資、G：政府支出、T：租税］

ここで、政府支出が10だけ増加したとしよう。

［第1ラウンド］

政府支出の増加は、均衡条件(1)の右辺を増加させる。(1)で等号が成り立つとき、左辺の国民所得も同じだけ増加する。

$$(1)\quad \underset{+10}{Y} = C + I + \underset{+10}{G}$$

例えば政府が10兆円の公共事業を発注すれば、それを受注した複数の企業が合計で10兆円を手に入れる。話を単純化すれば、これらの企業の従業員の所得は10兆円増加する。これが国民所得の増加分である。

［第2ラウンド］

国民所得が10増加すると、消費もまた増加する。ただし、限界消費性向が$c=0.8$のため、消費は8しか増えない。

$$(2)\quad \underset{+8}{C} = 0.8(\underset{+10}{Y}-T)+20 \quad\rightarrow\quad (1)\quad \underset{\substack{+10\\+8}}{Y} = \underset{+8}{C} + I + \underset{+10}{G}$$

消費が8増加すると、(1)の右辺の消費が増加するため、再び、左辺の国民所得も同じだけ増加する。

公共事業の例では、所得の増えた従業員は、そのうち8兆円を外食・レジャー・買い物など消費に使い、残りの2兆円を貯蓄する。このとき、消費先の店舗は売上が8兆円増加し、店舗従業員の所得が8兆円増加する。

このように、公共事業自体は10兆円しか増えないものの、誰かの所得の増加は、**消費の増加を通じて**別の誰かの所得を増加させ、所得は合計18兆円も増加している。

[第3ラウンド]

国民所得が8兆円増加すると、再び、消費が増加する。

$$(2)\ \underset{\substack{+8\\+6.4}}{C}=0.8(\underset{\substack{+10\\+8}}{Y}-T)+20$$

これにより、さらに国民所得が増加する。

$$(1)\ \underset{\substack{+10\\+8\\+6.4}}{Y}=\underset{\substack{+8\\+6.4}}{C}+I+\underset{+10}{G}$$

[第4ラウンド以降]

消費増加の程度は、限界消費性向が1より小さいため徐々に小さくなる($c=0.8$)。よって、消費の増加がいずれゼロとなって、このプロセスが終了する[1]。

$$(1)\ \underset{\substack{+10\\+8\\+6.4\\\vdots\\0}}{Y}=\underset{\substack{+8\\+6.4\\\vdots\\0}}{C}+I+\underset{+10}{G}\qquad(2)\ \underset{\substack{+8\\+6.4\\\vdots\\0}}{C}=0.8(\underset{\substack{+10\\+8\\\vdots\\0}}{Y}-T)+20$$

政府支出は初めに10増加するだけである。にもかかわらず、国民所得の増加は連鎖的に消費を増やし、さらに国民所得が増加する。

$$\Delta Y=10+8+6.4+\cdots+0\ (>10)$$

この連鎖的な効果によって、国民所得の増加は政府支出の何倍にも及ぶ。これを乗数効果と呼ぶ。

---

1 試験で問われることはほとんどないが、この過程を乗数プロセスという。

2 最終的な国民所得の増加

前節の **例2** では、

$$Y=\overbrace{\underbrace{0.8}_{c}(Y-\underbrace{50}_{T})+20}^{C}+\overbrace{30}^{I}+\overbrace{40}^{G} \quad\rightarrow\quad Y=\overbrace{\underbrace{0.8}_{c}Y+50}^{C+I+G} \quad\rightarrow\quad Y=250$$

であった。これを当初の状態とする。ここで政府支出が当初の40から増加して50になったとする（政府支出の増加$\Delta G=50-40=10$）。

総需要$C+I+G$は傾き（限界消費性向$c=0.8$）を一定としてちょうど$\Delta G=10$だけ増加する。

$$\begin{aligned}C+I+G&=\overbrace{\underbrace{0.8}_{c}(Y-\underbrace{50}_{T})+20}^{C}+\overbrace{30}^{I}+\overbrace{(40+\underbrace{10}_{\Delta G})}^{G}\\&=\underbrace{0.8}_{c}Y-40+20+30+40+\underbrace{10}_{\Delta G}\\&=\overbrace{\underbrace{0.8}_{c}Y+50}^{\text{当初の総需要}}+\underbrace{10}_{\Delta G}\ (=0.8Y+60)\end{aligned}$$

このとき、均衡国民所得は50増加して300となる（$\Delta Y=50$）。

$$Y=\overbrace{\underbrace{0.8}_{c}Y+50}^{\text{当初の総需要}}+\underbrace{10}_{\Delta G} \quad\rightarrow\quad \underbrace{0.2}_{1-c}Y=50+\underbrace{10}_{\Delta G}$$

両辺を5倍

$$Y=\underbrace{5}_{\frac{1}{1-c}}(50+\underbrace{10}_{\Delta G})=\underbrace{250}_{\text{当初の}Y}+\overbrace{\underbrace{50}_{\frac{1}{1-c}\Delta G}}^{Y\text{の増加}}=300$$

以上を、国民所得の増加を求める問題の解法の一つと捉えてよい。ただし、

$$\overbrace{\underbrace{50}_{\frac{1}{1-c}\Delta G}}^{Y\text{の増加}} \quad\rightarrow\quad \Delta Y=\frac{1}{1-c}\Delta G=\frac{1}{1-0.8}\cdot 10=50$$

であるから、この部分だけわかればよい。

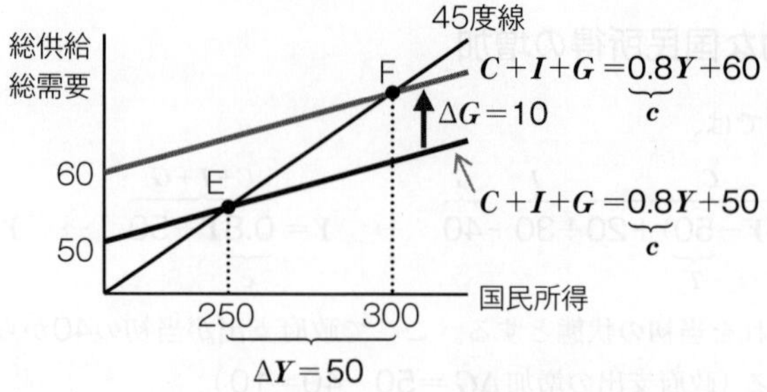

図では総需要(直線)と総供給の交点を示すため、総需要(直線)を実際よりもかなり横に寝かせて描いている。このせいで、縦軸の縮尺がかなり不正確になってしまう。これを回避するため、以下、不要な箇所では縦軸切片を描かないことにする。

3 政府支出乗数

以上の結果を計算によって求める。上記で示したように、「変化すると指定されたもの(政府支出)」と「国民所得」および「国民所得の関数(消費)」のみが変化する。これらを□で囲って示す。ただし、変化のきっかけである政府支出は赤文字で示す。

以下の方法と「有効需要の原理」での計算を比較して、変化しない部分については考慮しなくてよいことを確認するとよい(長々と計算しなくてよい)。

例1

次のマクロ経済において、政府支出Gが10だけ増加すると、国民所得Yと消費Cが増加する(□で囲った部分)。ただし、投資I、限界消費性向c、租税T、基礎消費は一定である。

$$\boxed{Y} = \boxed{C} + I + \boxed{G} \cdots (1)$$

$$\boxed{C} = \underbrace{0.8}_{c}(\boxed{Y} - T) + 20 \cdots (2)$$

$$\left(= \underbrace{0.8}_{c}\boxed{Y} - \underbrace{0.8}_{c}T + 20\right)$$

[Y：国民所得、C：消費、I：投資
G：政府支出、T：租税]

□部分を増加分(ΔY、ΔC、ΔG)に書き換える。□部分以外は不変だから、

$$\left.\begin{array}{l} (1)\ \Delta Y = \Delta C + \Delta G \\ (2)\ \Delta C = \underbrace{0.8}_{c}\Delta Y \\ \quad \Delta G = 10 \end{array}\right\} \rightarrow (1)\ \Delta Y = \overbrace{\underbrace{0.8}_{c}\Delta Y}^{(2)\,\Delta C} + \overbrace{10}^{\Delta G}$$

これをΔYについて解けばよい(慣れるとこの1行で計算が済む)。

$$\Delta Y = \underbrace{0.8}_{c}\Delta Y + \underbrace{10}_{\Delta G} \rightarrow \underbrace{0.2}_{1-c}\Delta Y = \underbrace{10}_{\Delta G} \rightarrow \Delta Y = \underbrace{5}_{\frac{1}{1-c}} \cdot \underbrace{10}_{\Delta G} = 50$$

$$\therefore \Delta Y = \frac{1}{1-c}\Delta G$$

国民所得の増加ΔYが、政府支出の増加ΔGの何倍になるかは、限界消費性向cの値に依存して決まる。

政府支出の増加ΔGの係数(限界貯蓄性向$s=1-c$の逆数)を**政府支出乗数**といい、**政府支出が1単位増加したときの国民所得の増加**を表す。

$$\Delta Y=\frac{1}{1-c}\Delta G \quad \rightarrow \quad \frac{\Delta Y}{\Delta G}=\frac{1}{1-c}\ (>1)\ (\because 0<c<1)$$

なお、**限界消費性向cが大きいほど政府支出乗数は大きい**(∵ 消費の増加が大きい)。例1 で見た通り、増えた所得が消費に使われることによって、国民所得が政府支出増加の何倍も大きくなる。限界消費性向が大きいほど、消費の増加も大きいから、国民所得の増加も大きくなる。

実際に数値計算すると、

$$c=0.2 \quad \rightarrow \quad \frac{1}{1-c}=\frac{1}{0.8}=\frac{5}{4}=1.25$$

$$c=0.5 \quad \rightarrow \quad \frac{1}{1-c}=\frac{1}{0.5}=2$$

$$c=0.75 \quad \rightarrow \quad \frac{1}{1-c}=\frac{1}{0.25}=4$$

[参　考]

以下のように考えてもよい。限界消費性向cが大きくなると、限界貯蓄性向sが小さくなる。

$$c\uparrow \quad \rightarrow \quad s\downarrow=1-c\uparrow$$

これらの和は常に1で一定だから、一方が増えると他方は減る。

よって、政府支出乗数は限界貯蓄性向の逆数だから、限界消費性向が大きくなると、政府支出乗数の分母が小さくなり、分数(政府支出乗数)が大きくなる。

$$c\uparrow \quad \rightarrow \quad \frac{1}{1-c\uparrow}\uparrow\left(=\frac{1}{s\downarrow}\uparrow\right)$$

② 投資乗数

例えば、企業が「この先、景気が良くなる」と思えば、生産量を増やすために設備投資を増やして、生産力を増強する[2]（工場を増やしたり、性能の良い機械を新たに購入したりする）。

例2

投資が増加すると、国民所得と消費が連鎖的に増加する。

$$\boxed{Y}=\boxed{C}+\boxed{I}+G\cdots(1)$$

$$\boxed{C}=\underbrace{0.8}_{c}(\boxed{Y}-T)+20\cdots(2)$$

［Y：国民所得、C：消費、I：投資
G：政府支出、T：租税］

国民所得の増加を求めると、

$$\left.\begin{array}{l}(1)\ \Delta Y=\Delta C+\Delta I\\(2)\ \Delta C=\underbrace{0.8}_{c}\Delta Y\end{array}\right\}\rightarrow\ (1)\ \Delta Y=\overbrace{\underbrace{0.8}_{c}\Delta Y}^{(2)\Delta C}+\Delta I\ \rightarrow\ \underbrace{0.2}_{1-c}\Delta Y=\Delta I$$

$$\rightarrow\ \Delta Y=\underbrace{5}_{\frac{1}{1-c}}\cdot\Delta I\ \left(=\frac{1}{1-c}\Delta I\right)$$

よって、**投資乗数**は政府支出と同じであり、**投資が1単位増加したときの国民所得の増加**を表している。上記を変形して、

$$\Delta Y=\frac{1}{1-c}\Delta I\ \rightarrow\ \frac{\Delta Y}{\Delta I}=\frac{1}{1-c}\ (>1)$$

もちろん、限界消費性向cが大きいほど、投資乗数も大きく、国民所得の増加が大きくなる。

投資増加による効果と政府支出増加による効果が同じであることを次のようにして確認することができる。

例えば、当初、$T=50$、$I=30$、$G=40$であり、投資が20増加したとする。総需要は、

$$C+I+G=\overbrace{0.8(Y-\underbrace{50}_{T})+20}^{C}+\overbrace{30+20}^{I}+\overbrace{40}^{G}=0.8Y+70$$

2　厳密に言えば、ここでの投資は民間の投資だから、家計による住宅の購入（住宅投資）も含まれる。ただし、試験ではもっぱら企業による設備投資を念頭に考えてよい（後述の各投資理論も参照のこと）。

となるが、これは政府支出が同じだけ増加したときの総需要と同じであり、見た目上は、赤文字の20を右にずらしたもので表せる。

$$C+I+G=\overbrace{0.8(Y-\underbrace{50}_{T})+20}^{C}+\overbrace{30}^{I}+\overbrace{40+20}^{G}=0.8Y+70$$

よって、45度線の交点も全く同じである（基礎消費が20増えても同じ）。

3 租税乗数

政府が租税を増やすと（増税すると）、可処分所得が減少する。消費は可処分所得の増加関数だから、消費も減少し、国民所得も連鎖的に減少してしまう。

1 増税の効果

例3

政府が増税すると、初めに消費関数の右辺、次いで消費、国民所得が変化する。

$$\boxed{Y}=\boxed{C}+I+G\cdots(1)$$
$$\boxed{C}=\underbrace{0.8}_{c}(\boxed{Y}-\boxed{T})+20\cdots(2)$$

［Y：国民所得、C：消費、I：投資
G：政府支出、T：租税］

国民所得の増加を求めると、

$$\left.\begin{array}{l}(1)\ \Delta Y=\Delta C\\(2)\ \Delta C=\underbrace{0.8}_{c}(\Delta Y-\Delta T)\end{array}\right\}\rightarrow\ (1)\ \Delta Y=\overbrace{\underbrace{0.8}_{c}(\Delta Y-\Delta T)}^{(2)\Delta C}=\underbrace{0.8}_{c}\Delta Y-\underbrace{0.8}_{c}\Delta T$$

$$\rightarrow\ \underbrace{0.2}_{1-c}\Delta Y=-\overbrace{0.8}^{c}\Delta T\ \rightarrow\ \Delta Y=-\frac{\overbrace{0.8}^{c}}{\underbrace{0.2}_{1-c}}\Delta T=-4\Delta T\left(=-\frac{c}{1-c}\Delta T\right)$$

(2) を見ると、可処分所得$Y-T$の租税Tの符号はマイナスであり、可処分所得には限界消費性向$c=0.8$がかけてあるから、**租税乗数**は**政府支出乗数**に**「$-c$」**をかけたものに等しい。

$$\frac{\Delta Y}{\Delta T}=-c\cdot\frac{1}{1-c}=-\frac{c}{1-c}$$

なお、45度線の図においては、任意の国民所得の水準について総需要が減って、下方にシフトする(全体的に下がる)。

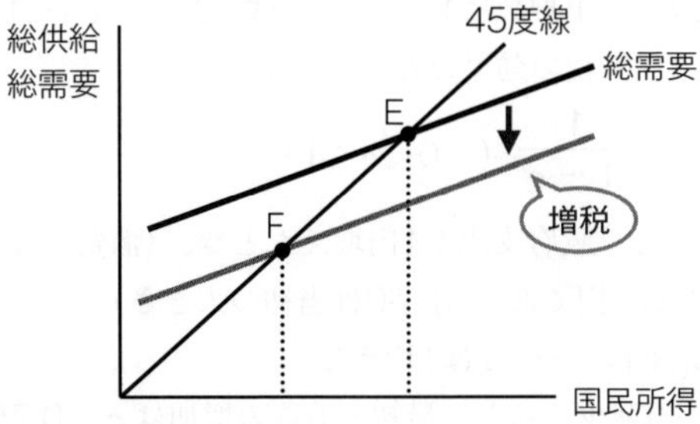

2 政府支出増加と減税の比較

増税すると($\Delta T>0$)、国民所得は減少し、減税すると($\Delta T<0$)、国民所得は増加する。景気を良くしたい場合、政府には常に、政府支出を増加させるか、減税するかの選択肢がある(または、これらを組み合わせる)。

例題2-1 限界消費性向を$c=0.75$とする。政府支出を1億円増加させたときの国民所得の増加と、1億円の減税による国民所得の増加を比較せよ。

解説

政府支出乗数に政府支出の増加($\Delta G=1$)をかけると、国民所得の増加は、

$$\Delta Y=\frac{1}{1-c}\Delta G=\frac{1}{\underbrace{1-0.75}_{0.25=1/4}}\cdot 1=4\cdot 1=4\ (\text{億円})$$

である。

また、租税乗数に租税の増加($\Delta T=-1$)をかけると、

$$\Delta Y=-\frac{c}{1-c}\Delta T=-\frac{\overbrace{0.75}^{3/4}}{\underbrace{1-0.75}_{1/4}}(-1)=-3\cdot(-1)=3(\text{億円})$$

政府支出増加と同額の減税では、前者の方が国民所得を増やす効果が大きい。租税乗数の絶対値は、政府支出乗数に1より小さい数($0<|-c|<1$)をかけたものだから、同額の場合には、減税の効果の方が小さくなる。

$$|-c|\times\frac{1}{1-c}<\frac{1}{1-c}\quad(\because 0<c<1)$$

これを式で確認すると、政府支出が1円増えたとき、(消費の連鎖が起こる前の)最初の国民所得の増加は1円である(添字0は当初の大きさ)。

$$Y=C_0+I_0+(G_0+1)\quad\rightarrow\quad Y\text{は1増える}$$

これに対して租税が1円減少すると、最初の消費の増加は$c=0.75$円である。基礎消費を20で一定とすると、

$$C=\underbrace{0.75}_{c}\,[Y_0-(T_0-1)]+20=\underbrace{0.75}_{c}(Y_0-T_0+1)+20$$

$$=\underbrace{0.75}_{c}\,(Y_0-T_0)+20+0.75\quad\rightarrow\quad C\text{は0.75増える}$$

よって、最初の国民所得の増加も$c=0.75$円にとどまる。

$$Y=(C_0+0.75)+I_0+G_0\rightarrow\quad Y\text{は0.75増える}$$

国民所得が増加するとどちらも同じように限界消費性向$c=0.75$で消費と所得の増加の連鎖が起こるから、唯一の違いは初めの国民所得の増加である。

なお、限界消費性向cが大きい場合、租税乗数(絶対値)も大きい。

$$c=0.2\ \rightarrow\ \left|-\frac{c}{1-c}\right|=\frac{0.2}{0.8}=\frac{1}{4}$$

$$c=0.8\ \rightarrow\ \left|-\frac{c}{1-c}\right|=\frac{0.8}{0.2}=4$$

4 複数の変化

これまでは、政府支出、投資、租税のどれか一つの変化の効果を見てきた。ここでは、同時に二つ変わる場合を考える。

1 任意の変化

変化する二つのものに条件がないケースを以下の例題で確認しよう。

例題2-2 次のマクロ経済で、民間投資が30増加し、また、追加的な公共投資により政府支出を10だけ増加させたとき、国民所得はどれだけ増加するか。

$Y=C+I+G$
$C=0.8(Y-T)+20$
$T=50、I=30、G=50$

［Y：国民所得、C：消費、I：投資
G：政府支出、T：租税］

解説

変化のきっかけが複数になったことに注意すると、

$\boxed{Y}=\boxed{C}+\boxed{I}+\boxed{G}\cdots(1)$

$\boxed{C}=0.8(\boxed{Y}-T)+20\cdots(2)$

□部分を増加分で表し、国民所得の増加を求める。

(1) $\Delta Y=\Delta C+\Delta I+\Delta G$
(2) $\Delta C=\underbrace{0.8}_{c}\Delta Y$
$\Delta I=30$
$\Delta G=10$

$\rightarrow$ (1) $\Delta Y=\overbrace{\underbrace{0.8}_{c}\Delta Y}^{(2)\Delta C}+\overbrace{30}^{\Delta I}+\overbrace{10}^{\Delta G}$

$\rightarrow$ $\Delta Y-\underbrace{0.8}_{c}\Delta Y=\underbrace{30}_{\Delta I}+\underbrace{10}_{\Delta G}$

$\rightarrow$ $\underbrace{0.2}_{1-c}\Delta Y=\underbrace{30}_{\Delta I}+\underbrace{10}_{\Delta G}$

両辺を$\frac{1}{1-c}$倍 $\Delta Y=\underbrace{5}_{\frac{1}{1-c}}\cdot\underbrace{30}_{\Delta I}+\underbrace{5}_{\frac{1}{1-c}}\cdot\underbrace{10}_{\Delta G}=200$

したがって、投資乗数と政府支出乗数を使って、

$$\Delta Y=\frac{1}{1-c}\Delta I+\frac{1}{1-c}\Delta G\left(=\frac{\Delta I+\Delta G}{1-c}\right)$$

を求めるのと同じである。

$$\Delta Y=\frac{\Delta I+\Delta G}{1-c}=\frac{30+10}{1-0.8}=\frac{40}{0.2}=200$$

[参　考]

45度線の図においては、総需要(直線)が投資増加と政府支出増加の分だけ上方にシフトする。

総需要は、

$$C+I+G=\overbrace{0.8(Y-\underbrace{50}_{T})+20}^{C}+\overbrace{30+\underbrace{30}_{\Delta I}}^{I}+\overbrace{50+\underbrace{10}_{\Delta G}}^{G}$$

$$=0.8Y+60+\underbrace{30}_{\Delta I}+\underbrace{10}_{\Delta G}$$

ここで、増加部分(赤文字)を除いた、$C+I+G=0.8Y+60$が当初の総需要である。

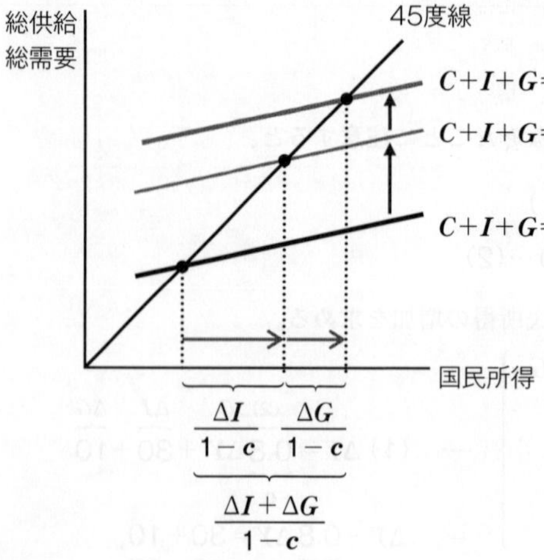

例題2-3

次のマクロ経済で、税収を15増やし、政府支出を10だけ増加させたとき、国民所得はどれだけ増加するか。また、財政収支(税収と政府支出の差)はどうなるか。

$Y=C+I+G$

$C=0.8(Y-T)+20$

$T=50$、$I=30$、$G=50$

[Y：国民所得、C：消費、I：投資、G：政府支出、T：税収]

解説

変化のきっかけが複数になったことに注意すると、

$$\boxed{Y}=\boxed{C}+I+\boxed{G}\ \cdots(1)$$

$$\boxed{C}=0.8(\boxed{Y}-\boxed{T})+20\cdots(2)$$

□部分を増加分で表し、国民所得の増加を求める。

$$\left.\begin{array}{l}(1)\ \Delta Y=\Delta C+\Delta G\\ (2)\ \Delta C=\underbrace{0.8}_{c}(\Delta Y-\Delta T)\\ \\ \Delta T=15、\Delta G=10\end{array}\right\}\ \rightarrow\ (1)\ \Delta Y=\overbrace{\underbrace{0.8}_{c}(\Delta Y-\underbrace{15}_{\Delta T})}^{(2)\,\Delta C}+\overbrace{10}^{\Delta G}$$

$$\rightarrow\ \underbrace{0.2}_{1-c}\Delta Y=-\underbrace{0.8}_{c}\cdot\underbrace{15}_{\Delta T}+\underbrace{10}_{\Delta G}\ \xrightarrow{\text{両辺を}\frac{1}{1-c}\text{倍}}\ \Delta Y=-\overbrace{\underbrace{0.8}_{c}\cdot\underbrace{5}_{\frac{1}{1-c}}\cdot\underbrace{15}_{\Delta T}}^{60}+\underbrace{5}_{\frac{1}{1-c}}\cdot\underbrace{10}_{\Delta G}$$

$$=-10$$

これは、租税乗数と政府支出乗数を使って、

$$\Delta Y=-\frac{c}{1-c}\Delta T+\frac{1}{1-c}\Delta G\ \left(=\frac{\Delta G-c\Delta T}{1-c}\right)$$

を求めるのと同じことである。

また、税収と政府支出が双方増えるが、財政収支（$T-G$）は、

$$\left.\begin{array}{l}\Delta T=15\\ \Delta G=10\end{array}\right\}\ \rightarrow\ \Delta T-\Delta G=15-10=5$$

だけ増加する。当初は、

$$T=G(=50)\ \rightarrow\ T-G=50-50=0$$

で財政収支が均衡していたから、変化後には5の黒字となる。

2 均衡予算乗数

租税(税収)と政府支出を同額変化させた場合も、全く同じように考えることができる。

例4 次のマクロ経済で、政府支出と租税を同時に10だけ増加させたときの国民所得の増加を求める。

$$Y=C+I+G$$
$$C=0.8(Y-T)+20$$
$$T=50、I=30、G=50$$

［Y：国民所得、C：消費、I：投資、G：政府支出、T：租税］

政府支出と租税が変わると、連鎖的に国民所得、消費が変化する。

$$\boxed{Y}=\boxed{C}+I+\boxed{G}\cdots(1)$$
$$\boxed{C}=\underbrace{0.8}_{c}(\boxed{Y}-\boxed{T})+20\cdots(2)$$

与件「政府支出と租税を同時に10だけ増加」と、□部分に注意して、

$$\left.\begin{array}{l}(1)\ \Delta Y=\Delta C+\Delta G\\(2)\ \Delta C=\underbrace{0.8}_{c}(\Delta Y-\Delta T)\\\Delta T=\Delta G=10\cdots(3)\end{array}\right\}\rightarrow\ (1)\ \Delta Y=\overbrace{\underbrace{0.8}_{c}(\Delta Y-\underbrace{\Delta G}_{(3)\Delta T})}^{(2)\Delta C}+\Delta G$$
$$=\underbrace{0.8}_{c}\Delta Y-\underbrace{0.8}_{c}\Delta G+\Delta G$$

$$\rightarrow\ \underbrace{0.2}_{1-c}\Delta Y=\underbrace{0.2}_{1-c}\Delta G\cdots(4)\ \rightarrow\ \Delta Y=\Delta G\underbrace{=\Delta T=10}_{(3)}$$

したがって、**政府支出と租税を同じだけ増加させると、国民所得はそれらと同額しか増加しない**(均衡予算乗数定理という)。つまり、

$$\Delta Y=1\cdot\Delta G=1\cdot\Delta T$$

より、**均衡予算乗数は1である。**

(4)を見ると、**限界消費性向cの大きさに関係なく定理が成り立つ**ことがわかる($0<c<1$のどの値でも、約分されて1になる)。

なお、一般に、均衡予算は財政収支が均衡することを指しており、政府の税収T(租税)と支出G(政府支出)が等しい。ただし、均衡予算乗数定理は、税収の増加と政府支出の増加が一致すれば成立する(当初、財政収支が均衡しているかどうかは条件に入らない)。

[参　考]

初めに政府支出を増加させ、同じ大きさの増税を行うと考えると、総需要(直線)は10だけ上方にシフトし、その後、8だけ下方にシフトする。

$$C+I+G=\overbrace{0.8\,[\,Y-(\underbrace{50+\overbrace{10}^{\Delta T}}_{T})\,]+20}^{C}+\overbrace{30}^{I}+\overbrace{50+\overbrace{10}^{\Delta G}}^{G}$$

$$=\overbrace{0.8Y+60}^{\text{当初}}+\underbrace{10}_{\Delta G}+\underbrace{(-8)}_{-0.8\Delta T}$$

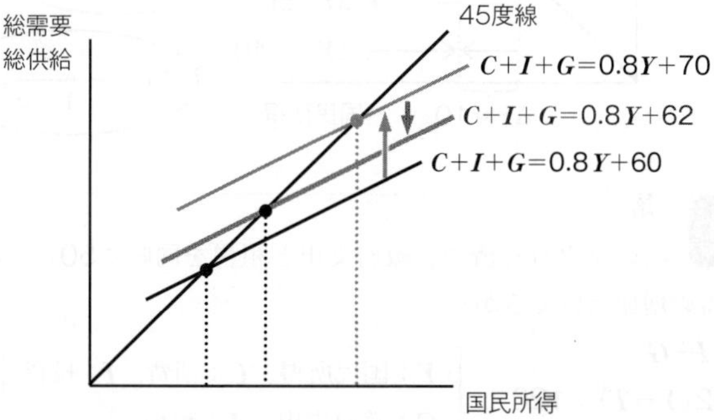

したがって、政府支出増加10により増えた国民所得が、増税10によって減少し、合計では10しか増加しない。

以上を計算で確認する。国民所得について、政府支出と租税が増加すると、

$$\left.\begin{array}{l}\Delta Y=\Delta C+\Delta G\\ \Delta C=c\,(\Delta Y-\Delta T)\end{array}\right\}\ \rightarrow\ \Delta Y=\overbrace{c\,(\Delta Y-\Delta T)}^{\Delta C}+\Delta G$$

$$\rightarrow\ (1-c)\,\Delta Y=1\cdot\Delta G-c\Delta T$$

$$\rightarrow\ \Delta Y=\frac{1}{1-c}\Delta G-\frac{c}{1-c}\Delta T=\frac{1\cdot\Delta G-c\cdot\Delta T}{1-c}$$

ここで、$\Delta T=\Delta G$より、ΔTをΔGで置き換え、赤文字を約分すれば、

$$\Delta Y=\frac{1\cdot\Delta G-c\cdot\overbrace{\Delta G}^{\Delta T}}{1-c}=\frac{(1-c)\,\Delta G}{1-c}=\Delta G\,(=\Delta T)$$

となって、均衡予算乗数定理は、複数の変化（政府支出 G と租税 T）が起こったときの特殊ケース（$\Delta G=\Delta T$）であることが確認できる。

例題の数値を使うと、

$$\Delta Y=\frac{1}{1-\underbrace{0.8}_{c}}\cdot\underbrace{10}_{\Delta G}-\frac{\overbrace{0.8}^{c}}{1-\underbrace{0.8}_{c}}\cdot\underbrace{10}_{\Delta T}=50-40=10$$

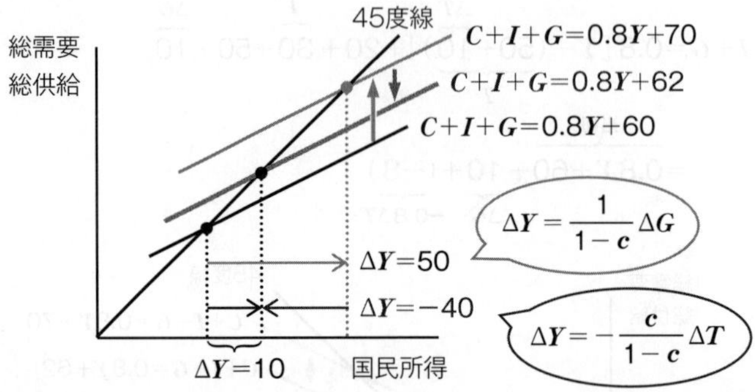

例題2-4　次のマクロ経済で、政府支出と租税を同時に50だけ増加させたときの国民所得の増加はいくらか。

$Y=C+I+G$
$C=0.82(Y-T)+120$
$T=70$、$I=30$、$G=10$

［Y：国民所得、C：消費、I：投資
G：政府支出、T：租税］

解説

均衡予算乗数定理が成り立つから、国民所得は50増加する。

重要事項 一問一答

01 政府支出乗数はどう表せるか。

1から限界消費性向を引いたものの逆数、限界貯蓄性向の逆数

02 投資乗数を表せ。

1から限界消費性向を引いたものの逆数、限界貯蓄性向の逆数

03 租税乗数を表せ。

政府支出乗数にマイナス限界消費性向をかけたもの

04 政府支出と租税を同じだけ増やしたときの乗数を何というか。

均衡予算乗数

過去問 Exercise

問題1 閉鎖経済の下で、政府が3兆円の減税を実施した場合、乗数理論に基づいて計算したときの国民所得の増加額はどれか。ただし、限界消費性向は0.6とし、その他の条件は考えないものとする。

特別区Ⅰ類2018

1. 1兆2,000億円
2. 1兆8,000億円
3. 2兆円
4. 4兆5,000億円
5. 7兆5,000億円

解説

正解 ④

限界消費性向だけを使って減税の効果を調べる。3兆円の減税によって、国民所得は、

$$\Delta Y = \underbrace{-\frac{\overbrace{0.6}^{c}}{1-\underbrace{0.6}_{c}}}_{\text{租税乗数}}\underbrace{(-3)}_{\Delta T} = \frac{0.6}{0.4}\cdot 3 = \frac{3}{2}\cdot 3 = \frac{9}{2} = 4.5$$

兆円だけ増加する。

また、財市場の均衡条件を$Y=C+I+G$、消費関数を$C=0.6(Y-T)$などとして、国民所得の増加を求めてもよい(計算省略)。

問題2　封鎖経済の下で、政府支出が2兆円増加され、投資が4,000億円増加された場合、乗数理論に基づいて計算したときの国民所得の増加額はどれか。ただし、限界消費性向は0.75とし、その他の条件は考えないものとする。

特別区Ⅰ類2012

1. 1兆8,000億円
2. 2兆4,000億円
3. 3兆2,000億円
4. 7兆2,000億円
5. 9兆6,000億円

解説

正解 5

政府支出乗数と投資乗数は同じものだから、単位を兆円として、

$$\Delta Y = \overbrace{\frac{1}{1-\underbrace{0.75}_{3/4}}}^{\text{政府支出乗数}} \cdot \underbrace{2}_{\Delta G} + \overbrace{\frac{1}{1-\underbrace{0.75}_{3/4}}}^{\text{投資乗数}} \cdot \underbrace{0.4}_{\Delta I} = 4(2+0.4) = 4 \cdot 2.4 = 9.6$$

また、$Y=C+I+G$、$C=0.75Y$などとして求めてもよい（租税はゼロとしたが、一定であれば何でもよい）。

問題3 封鎖経済の下で、政府支出を100億円増加し、それを同額の増税で賄う場合、均衡予算乗数の定理に基づいて計算したときの国民所得の変化に関する記述として、妥当なのはどれか。ただし、租税は定額税であり、限界消費性向は0.8とし、その他の条件は考えないものとする。

特別区Ⅰ類2015

1. 国民所得は、100億円増加する。
2. 国民所得は、400億円増加する。
3. 国民所得は、500億円増加する。
4. 国民所得は、100億円減少する。
5. 政府支出の増加は、増税と相殺され、国民所得は変化しない。

解説

正解 ❶

均衡予算乗数定理が成立する場合、国民所得は政府支出の増加および増税と同じだけ増加する（乗数は1）。

なお、自分で適当な式を組んで解いてもよい（それほど時間はかからない）。限界消費性向は0.8だから、

$$\left.\begin{array}{l} \boxed{Y}=\boxed{C}+I+\boxed{G} \\ \boxed{C}=0.8(\boxed{Y}-\boxed{T}) \\ \boxed{G}=\boxed{T} \end{array}\right\} \rightarrow \Delta Y=\overbrace{0.8(\Delta Y-\underbrace{\Delta G}_{\Delta T})}^{\Delta C}+\Delta G \rightarrow 0.2\Delta Y=0.2\Delta G$$

より、$\Delta Y=\Delta G(=100)$である。

第2章 財市場の分析

★★★

3 デフレ・ギャップとインフレ・ギャップ

本節では、45度線モデルを使って経済の状態を評価し、デフレ（デフレーション）やインフレ（インフレーション）の兆候を捉えます。また、政府支出や租税を変更して完全雇用を実現する方法を示します。

1 45度線モデルと完全雇用

望ましい景気水準の一つに、**完全雇用**(Full employment)が実現する国民所得が挙げられる。**完全雇用は、働きたい人が全員雇用されている状態を表す。**

45度線モデルにおける完全雇用は国民所得を使って表す。完全雇用が実現する国民所得の水準を**完全雇用国民所得**といい、Y_F（定数）で表す。

例1

完全雇用国民所得Y_Fが示されている。財市場の均衡(点E)において、この経済は完全雇用を実現している。

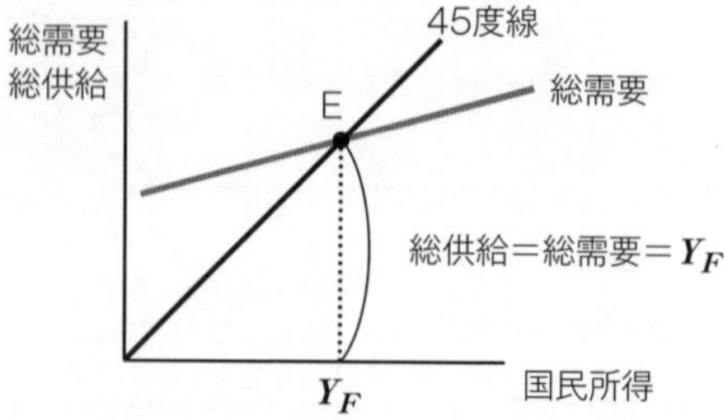

上記とは異なり、財市場が均衡していても、総需要の大きさによっては、完全雇用が実現しない場合もある。

以下、財市場の均衡とは別に、完全雇用国民所得の水準を基準として、総需要と総供給を比較する[1]。ここで、次の関係が成り立つ。

均衡国民所得≠完全雇用国民所得

⟺　完全雇用国民所得で求めた総需要≠総供給

1　完全雇用国民所得と同義のものとして、「潜在的なGDP」ということがある。「潜在的な」は、「完全雇用であれば」と考えてよい。また、前述の通り、ここでの国民所得はGDPとしても構わない。

❷ デフレ･ギャップ

与えられた**完全雇用国民所得において、総需要が総供給を下回る場合、その差を**デフレ･ギャップという。

例2

国民所得が完全雇用国民所得Y_Fのとき、総供給は45度線上の点Eまでの高さ(Y_Fに等しい)で表され、他方、総需要は点Fまでの高さで表される。このとき、デフレ・ギャップがEFだけ発生している。

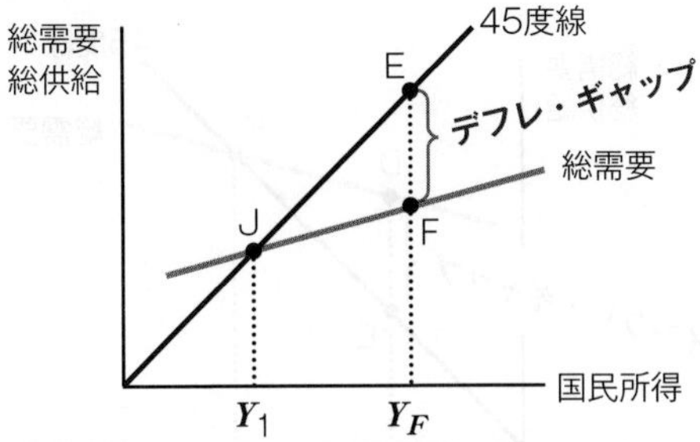

均衡国民所得はY_1であり(点J)、**完全雇用を実現するには総需要が不足している**(景気が悪く、失業者が存在する)。一般に、総需要の不足によって景気が後退すると物価下落(デフレーション)が生じるため、EFをデフレ・ギャップと呼ぶ(ただし、図や計算では、実際に物価が下落することを考えなくてよい)。

なお、デフレ・ギャップ自体は、国民所得(横軸)ではなく、垂直方向で定義されることに注意しよう(45度線上の点Eを使うが、総供給は完全雇用国民所得に等しいから、完全雇用国民所得と総需要を比較している)。

❸ インフレ・ギャップ

デフレ・ギャップとは逆に、**完全雇用国民所得において、総需要が総供給を上回る大きさをインフレ・ギャップという。**

例3

需要が旺盛で総需要が上方に位置する場合、完全雇用国民所得Y_Fの下、総供給(点E)よりも、総需要が大きく(点D)、インフレ・ギャップがDEだけ発生している。

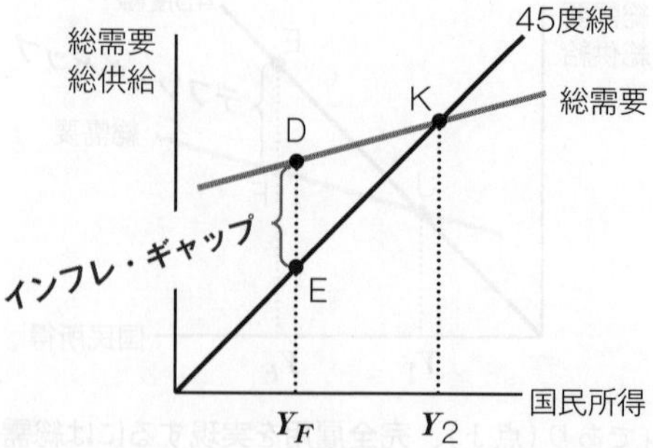

デフレ・ギャップが発生する場合とは逆に、**需要が旺盛**なため、均衡国民所得Y_2は(点K)、完全雇用国民所得水準を超えている。**景気が過熱しているため、一般に、物価上昇(インフレーション)が生じる兆候と捉えられる**(賃上げしてでも人手を集めたい状態)。

※ なお、均衡国民所得Yと完全雇用国民所得Y_Fとの差$Y-Y_F$、または、その割合($Y-Y_F$)/Y_FをGDPギャップ(需給ギャップ)と呼ぶ(後者については、GDPギャップ率ということもある)。

4 インフレ・ギャップとデフレ・ギャップの計算

例題2-5 マクロ経済が次に示されている。

$Y=C+I+G$

$C=0.75(Y-T)+30$

$T=100$、$I=20$

［Y：国民所得、C：消費、I：投資
G：政府支出、T：租税］

ここで、$G=50$および$G=200$の場合に発生するインフレ・ギャップまたはデフレ・ギャップはいくらか。ただし、完全雇用国民所得は、$Y_F=500$である。

解説

総需要を完全雇用国民所得Y_Fで計算し、Y_Fと比べる。$G=50$の場合、

$$\overbrace{\underbrace{0.75}_{3/4}(\underbrace{500}_{Y_F}-\underbrace{100}_{T})}^{C}+30+\overbrace{20}^{I}+\overbrace{50}^{G}=400\,(<\overset{\text{総供給}}{\underbrace{500}_{Y_F}})$$

よって、デフレ・ギャップが500−400＝100だけ生じている。

同様に、$G=200$の場合、

$$\overbrace{\underbrace{0.75}_{3/4}(\underbrace{500}_{Y_F}-\underbrace{100}_{T})}^{C}+30+\overbrace{20}^{I}+\overbrace{200}^{G}=550\,(>\overset{\text{総供給}}{\underbrace{500}_{Y_F}})$$

したがって、インフレ・ギャップが550−500＝50だけ発生している。

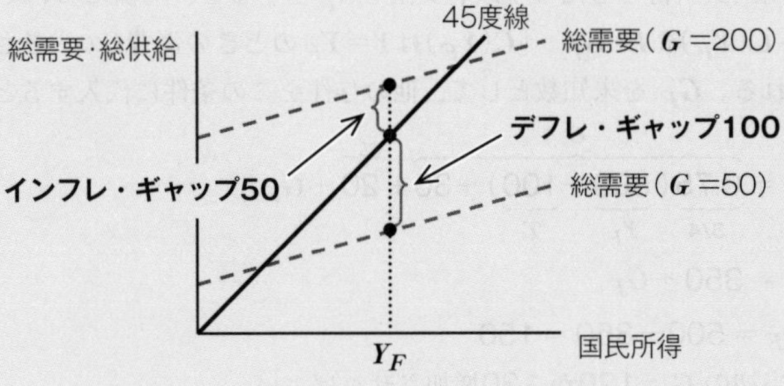

5 インフレ／デフレ・ギャップの解消と完全雇用の実現

政府が租税や政府支出を変更することを政府の財政政策という。乗数効果でも登場したが、ここでは、完全雇用の実現(完全雇用国民所得の実現)という政策目標を置いたうえで、必要な財政政策を考える[2]。

インフレ／デフレ・ギャップを解消するということは、均衡国民所得を完全雇用国民所得に一致させることに他ならない。

1 政府支出の変更

例題2-6 マクロ経済が次に示されている。

$Y=C+I+G$

$C=0.75(Y-T)+30$

$I=20$、$T=100$

$G=120$、$Y_F=500$

［Y：国民所得、C：消費、I：投資、G：政府支出
T：租税、Y_F：完全雇用国民所得］

この経済におけるデフレ・ギャップを解消するために政府支出をいくら増やせばよいか。

解説

［解法1］　国民所得が Y_F になる政府支出を求める

完全雇用国民所得をもたらす政府支出をG_Fとすると、均衡において、

$Y_F=C(Y_F)+I+G_F$　［$C(Y_F)$は$Y=Y_F$のときの消費Cの大きさ］

が満たされる。G_F を未知数として、他の与件をこの条件に代入すると、

$$\underbrace{500}_{Y_F}=\overbrace{\underbrace{0.75}_{3/4}(\underbrace{500}_{Y_F}-\underbrace{100}_{T})+30}^{C}+\overbrace{20}^{I}+G_F$$

$$=350+G_F$$

$\rightarrow$　$G_F=500-350=150$

よって、当初の $G=120$から30増加させればよい。

2　もちろん、財政政策だけでなく、基礎消費や投資、ここでは省略されている純輸出の変化によっても完全雇用国民所得が実現されうる。

［解法2］　デフレ・ギャップ（総需要の不足）を求める

総需要を完全雇用国民所得で評価する（計算する）と、

$$\overbrace{\underbrace{0.75}_{3/4}(\underbrace{500}_{Y_F}-\underbrace{100}_{T})+30}^{C}+\overbrace{20}^{I}+\overbrace{120}^{G}=470\,(<\underbrace{500}_{Y_F})$$

よって、デフレ・ギャップが30発生している。

（他の条件がなければ[3]）政府支出の変更のみでデフレ・ギャップを解消するには、デフレ・ギャップの大きさだけ政府支出を増加させればよい。

$$\overbrace{\underbrace{0.75}_{3/4}(\underbrace{500}_{Y_F}-\underbrace{100}_{T})+30}^{C}+\overbrace{20}^{I}+\overbrace{120+\underbrace{30}_{\Delta G}}^{G}=470+\underbrace{30}_{\Delta G}\,(=\underbrace{500}_{Y_F})$$

同様に、（他の条件がなければ）政府支出の変更のみでインフレ・ギャップを解消するには、インフレ・ギャップの大きさだけ政府支出を減少させればよい。

なお、［解法1］との関連を示すと、

$$G_F=\overbrace{120+\underbrace{30}_{\Delta G}}^{G}=150$$

である。よって、（他の条件がなければ）［解法1］を使って、

$$\overbrace{150}^{G_F}-\overbrace{120}^{当初のG}$$

をデフレ・ギャップとしてよい。

［解法3］政府支出乗数を使う

政府支出乗数を使う場合、

$$\Delta Y=\frac{1}{1-c}\Delta G \quad\rightarrow\quad \Delta G=(1-c)\Delta Y$$

を解く。ここで、国民所得の増加ΔYは、目標となる完全雇用国民所得と政府支出変更前の均衡国民所得の差である。したがって、この解法ではまず当初の均衡国民所得を求める必要がある。

3　他の条件とは、例えば、後述の均衡予算の維持（$T=G$）など。

与件を使って、当初の均衡国民所得を求めると、

$$Y=\overbrace{0.75(Y-\underbrace{100}_{T})}^{C}+30+\overbrace{20}^{I}+\overbrace{120}^{G}\ \rightarrow\ \underbrace{0.25}_{1/4}Y=95\ \rightarrow\ Y=380$$

与件も併せて、

$$\left.\begin{array}{l}\Delta Y=\underbrace{500}_{Y_F}-380=120\\ \Delta G=(1-c)\,\Delta Y\\ c=0.75\end{array}\right\}\rightarrow\ \Delta G=\underbrace{0.25}_{1-c}\cdot\underbrace{120}_{\Delta Y}=30$$

このように、政府支出乗数を使った方法は間接的な解法であり、やや手数がかかる。以下では、初めの二つの解法を用いる。

[参　考]

上記の三つの解法を視覚的に示すと以下のようになる。

完全雇用国民所得が与えられると、45度線上の点Eがすぐ決まる。[解法1]は、総需要(直線)がこの点を通るときの政府支出G_Fを求め、当初のG_0との差を求めた。[解法2]では、当初の総需要(直線)上の点Fまでの高さを求め、これと点Eとの垂直差(デフレ・ギャップ)を求めた。

[解法3]は点Dにおける国民所得Y_0を求めた上で、乗数効果によるΔYを使って、ちょうど、$Y_0+\Delta Y=Y_F$となるようなΔGを求めた。

計算する際の国民所得については、初めの二つの解法ではY_Fしか使わないが、最後の解法ではY_0とY_Fの両方を使っている。[解法3]がやや遠回りに感じるのはこのせいである。

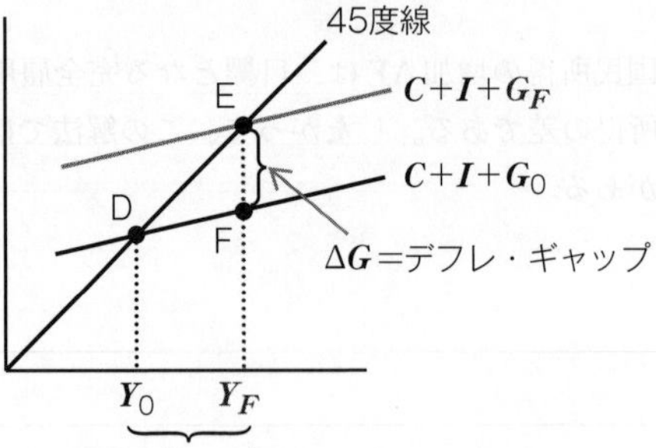

2 租税の変更

租税の大きさを変えることによっても、完全雇用国民所得を実現することができる。

例題2-7 次のマクロ経済におけるデフレ・ギャップを解消するためにどれだけ減税すればよいか。

$Y=C+I+G$

$C=0.75(Y-T)+30$

$I=60$、$T=40$

$G=25$、$Y_F=400$

［Y：国民所得、C：消費、I：投資、G：政府支出
T：租税、Y_F：完全雇用国民所得］

解説

［解法1］　国民所得が Y_F になる租税を求める

求める租税を T_F とすると、

$$\underbrace{400}_{Y_F} = \overbrace{\underbrace{0.75}_{3/4}(\underbrace{400}_{Y_F}-T_F)+30}^{C}+\overbrace{60}^{I}+\overbrace{25}^{G}$$

$$=\frac{3}{4}\cdot 400-\frac{3}{4}T_F+115$$

$$\rightarrow\quad 400-\frac{3}{4}\cdot 400=115-\frac{3}{4}T_F$$

$$\rightarrow\quad \underbrace{100}_{\frac{1}{4}\times 400}=115-\frac{3}{4}T_F \quad\rightarrow\quad \frac{3}{4}T_F=115-100$$

$$\rightarrow\quad T_F=\frac{4}{3}(115-100)=20$$

当初の $T=40$ と比較して、20だけ減税すればよい。

［解法2］　デフレ・ギャップを求める

完全雇用国民所得で総需要を評価すると、

$$\overbrace{\underbrace{0.75}_{3/4}(\underbrace{400}_{Y_F}-\underbrace{40}_{T})+30}^{C}+\overbrace{60}^{I}+\overbrace{25}^{G} = \overbrace{(300-30)+30}^{C}+\overbrace{85}^{I+G}$$

$$= 385(<\underbrace{400}_{Y_F})\cdots(\#)$$

より、デフレ・ギャップが**15**発生している。

ここで、減税すべき大きさを$\Delta T(<0)$とすると、変化後の租税$T=40+\Delta T$を代入して、

$$\overbrace{\underbrace{0.75}_{3/4}[\underbrace{400}_{Y_F}-(\underbrace{40+\Delta T}_{T})]+30}^{C}+\overbrace{60}^{I}+\overbrace{25}^{G}=\underbrace{400}_{Y_F}$$

が成り立てばデフレ・ギャップが解消される。

左辺を展開すると、

$$\overbrace{\underbrace{0.75}_{3/4}(\underbrace{400}_{Y_F}-40-\Delta T)+30}^{C}+\overbrace{60}^{I}+\overbrace{25}^{G}=\underbrace{400}_{Y_F}$$

$$\rightarrow \overbrace{\underbrace{0.75}_{3/4}(\underbrace{400}_{Y_F}-40)-\underbrace{0.75}_{3/4}\Delta T+30}^{C}+\overbrace{60}^{I}+\overbrace{25}^{G}=\underbrace{400}_{Y_F}$$

$$\rightarrow \underbrace{\overbrace{\underbrace{0.75}_{3/4}(\underbrace{400}_{Y_F}-\underbrace{40}_{\text{当初の}T})+30}^{\text{当初の}C}+\overbrace{60}^{I}+\overbrace{25}^{G}}_{(\#)385}-\underbrace{0.75}_{3/4}\Delta T=\underbrace{400}_{Y_F}$$

$$\rightarrow -\underbrace{0.75}_{3/4}\Delta T=\underbrace{400}_{Y_F}-\underbrace{385}_{(\#)}=15$$

となる。つまり、租税の変更のみでデフレ・ギャップ15を解消するには、

$$\Delta T=\frac{15}{-\underbrace{0.75}_{3/4}}=-\frac{4}{3}\cdot 15=-20$$

だけ租税を変える必要がある（減税20）。つまり、**デフレ・ギャップ15を限界消費性向0.75で割った大きさだけ減税すればよい。**

租税乗数（絶対値）は政府支出乗数をc倍したものであった$(0<c<1)$。上記では$c=0.75$であり、減税してもその効果は75％にとどまるから、総需要の不足（デフレ・ギャップ15）を解消するには、デフレ・ギャップの

$$\frac{1}{c}=\frac{1}{0.75}=\frac{4}{3}\ (>1)$$

倍の減税が必要になる。

3 均衡予算の維持

条件が変わると注意が必要になる。

例題2-8 マクロ経済が次に示されている。

$Y=C+I+G$

$C=0.8(Y-T)+40$

$T=50$、$I=20$

［Y：国民所得、C：消費、I：投資、G：政府支出、T：租税］

ただし、当初、政府は均衡予算を実現している。

均衡予算を維持したまま、完全雇用国民所得400を達成するには、政府支出をいくら増やす必要があるか。

解説

［解法1］ 完全雇用国民所得をもたらす政府支出を求める

均衡予算の維持($T=G$)に注意する。均衡において、

$$\underbrace{400}_{Y}=\overbrace{0.8(\underbrace{400}_{Y}-\underbrace{G}_{T})+40}^{C}+\overbrace{20}^{I}+G$$

となる政府支出 G を求めればよい（添字 F は省略）。

同類項をまとめて、

$$0.2\cdot\underbrace{400}_{Y}=0.2G+60$$

両辺を5倍 $$\underbrace{400}_{Y}=G+5\cdot 60\ \rightarrow\ G=100$$

よって、当初の $G=50(=T)$ から(∵均衡予算)、政府支出を50増やせばよい（租税も同時に50増える）。

[解法2]　デフレ・ギャップを求める

当初、$G=50(=T)$であることに注意して、総需要を完全雇用国民所得で評価すると、

$$\overbrace{0.8(\underbrace{400}_{Y}-\underbrace{50}_{T})+40}^{C}+\overbrace{20}^{I}+\overbrace{50}^{G}=(320-40)+40+20+50$$

$$=390\ (<\underbrace{400}_{Y})\ \cdots(*)$$

よって、国民所得Yが完全雇用国民所得400のとき、総需要は10だけ不足する(デフレ・ギャップが10発生)。

これを解消するために政府支出を増やすが、同時に租税も増えることに注意すると、総需要

$$\overbrace{0.8[\underbrace{400}_{Y}-\underbrace{(50+\Delta T)}_{T}]+40}^{C}+\overbrace{20}^{I}+\overbrace{50+\Delta G}^{G}$$

$$=\overbrace{0.8(400-50)+40+20+50}^{(*)390}-0.8\Delta T+\Delta G$$

が完全雇用国民所得400に一致すればよい。つまり、最後の二つの項がデフレ・ギャップ10に一致すればよい。

$$-0.8\Delta T+\Delta G=10$$

ここで、均衡予算を維持すると($\Delta T=\Delta G$)、

$$-0.8\underbrace{\Delta G}_{\Delta T}+\Delta G=10\ \rightarrow\ 0.2\Delta G=10\ \rightarrow\ \Delta G=50$$

このように、デフレ・ギャップを使って解く場合には条件に注意しなければならないが、試験対策では「基本問題なら、『必要な政府支出増加＝デフレ・ギャップ』だ」と即応したい。逆に言えば、「基本問題」に相当する条件を覚えてしまえばよい(45度線モデルかつ政府支出と同時に変化するものがないケース)。

重要事項 一問一答

01 完全雇用のもとで実現する国民所得を何というか。

完全雇用国民所得

02 完全雇用国民所得と完全雇用国民所得で評価した総需要の差が正のとき、この差を何というか。

デフレ・ギャップ

03 完全雇用国民所得で評価した総需要と完全雇用国民所得の差が正のとき、この差を何というか。

インフレ・ギャップ

過去問 Exercise

問題1　ある国の経済において、マクロ経済モデルが次のように表されているとする。

$Y=C+I+G$
$C=56+0.6(Y-T)$
$I=100$、$G=60$、$T=60$

［Y：国民所得、C：民間消費、I：民間投資、G：政府支出、T：租税］

このモデルにおいて、完全雇用国民所得が525であるとき、発生しているデフレ・ギャップと完全雇用を実現するために必要な政府支出の増加の値の組合せとして、妥当なのはどれか。

特別区Ⅰ類2016

	デフレ・ギャップ	政府支出
❶	30	30
❷	30	50
❸	30	75
❹	75	30
❺	75	75

解説

正解 ❶

関数は消費関数のみであり、均衡予算などの条件のない基本形である。この場合、デフレ・ギャップと同じだけ政府支出を増やせば完全雇用を実現できるから、❶・❺のどちらかが正解となる。

総需要を完全雇用国民所得525で評価すると、

$$\overbrace{56+0.6(\underbrace{525}_{Y}-\underbrace{60}_{T})}^{C}+\overbrace{160}^{I+G}=495\,(<525)$$

となって、デフレ・ギャップは525－495＝30である。よって、政府支出を30増加させればよい。

なお、国民所得が525のときの政府支出を求め、当初の値G＝60からの増加分をデフレ・ギャップとして解答してもよい。

問題2　45度線分析の枠組みで考える。ある国のマクロ経済が以下のように示される。

$Y=C+I+G$

$C=50+0.8Y$

［Y：国民所得、C：消費、I：投資、G：政府支出］

ここで、$I=150$、$G=200$であるとする。

いま、この経済のデフレ・ギャップが20であるとき、現在の均衡国民所得は、完全雇用国民所得をどれだけ下回っているか。

国税専門官・財務専門官2020

❶ 25

❷ 50

❸ 75

❹ 100

❺ 150

解説

正解 ❹

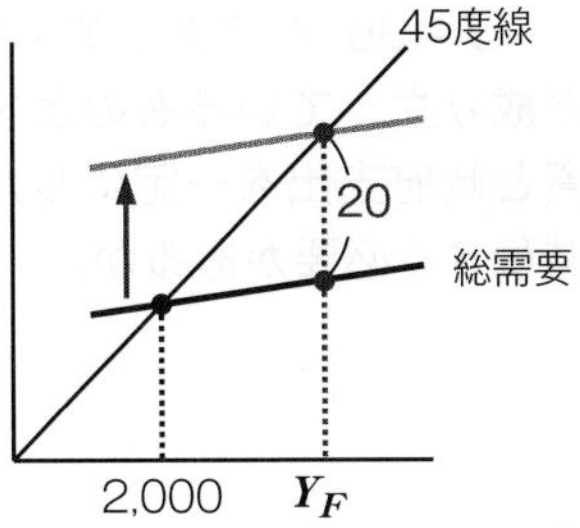

完全雇用国民所得ではなく、デフレ・ギャップの値が与えられているから、これを先に考える。

完全雇用国民所得をY_Fとして、Y_Fで評価した総需要に不足分20（デフレ・ギャップ）を加えるとY_Fになる(あるいは、Y_Fと、Y_Fで評価した総需要の差が20)。したがって、

$$\overbrace{50+0.8Y_F}^{C}+\overbrace{150}^{I}+\overbrace{200}^{G}+20=Y_F \rightarrow 420=0.2Y_F \rightarrow Y_F=2{,}100$$

あとは現在の均衡国民所得を求めればよい。

$$Y=\overbrace{50+0.8Y}^{C}+\overbrace{150}^{I}+\overbrace{200}^{G} \rightarrow 0.2Y=400 \rightarrow Y=2{,}000$$

よって、現在は100だけ下回っている。

なお、状況がよくわからない場合でも、現在の均衡国民所得をまず求め、選択肢の数値を使って完全雇用国民所得を計算し、与件のデフレ・ギャップが発生するかどうかを確かめればよい。

例えば❶を試すと、上記より、現在はY=2,000だから、完全雇用国民所得は2,000+25=2,025となる。このとき、総需要は、

$$\overbrace{50+0.8\cdot\underbrace{2{,}025}_{Y_F}}^{C}+\overbrace{150}^{I}+\overbrace{200}^{G}=1{,}620+400=2{,}020\ (<\underbrace{2{,}025}_{Y_F})$$

よって、デフレ・ギャップは5しか発生しない。

問題3　ある国のマクロ経済について、国民所得をY、消費をC、投資をI、政府支出をG、租税をTとすると、

$Y=C+I+G$
$C=0.8(Y-T)$
$I=30$、$G=30$、$T=30$

が成り立っているものとする。完全雇用国民所得が200であるとき、投資と政府支出を一定にしたままで完全雇用を達成するためには、いくら減税する必要があるか。

国税専門官・財務専門官2013

1. 1
2. 5
3. 10
4. 15
5. 20

解説

正解 ②

国民所得が完全雇用国民所得200に一致するときの租税を求める。$Y=200$として、総需要がこれに一致するような租税Tを求めると、

$$\overbrace{0.8(\underbrace{200}_{Y}-T)}^{C}+\overbrace{30}^{I}+\overbrace{30}^{G}=\underbrace{200}_{Y} \rightarrow 220-0.8T=200$$

$$\rightarrow 220-200=0.8T$$

$$\rightarrow T=20\div\frac{8}{10}=20\cdot\frac{5}{4}=25$$

よって、租税を30から25に減らせばよい（減税5）。

なお、基本形の出題だから、デフレ・ギャップを限界消費性向0.8で割った大きさだけ減税するとしてもよい。

$$\overbrace{0.8(\underbrace{200}_{Y}-\underbrace{30}_{T})}^{C}+\overbrace{30}^{I}+\overbrace{30}^{G}=196(<\underbrace{200}_{Y}) \rightarrow \frac{\overbrace{200-196}^{\text{デフレ・ギャップ}}}{0.8}=4\cdot\frac{5}{4}=5$$

問題4

ある国のマクロ経済が次のように示されている。

$$Y = C + I + G$$
$$C = 60 + 0.8(Y - T)$$
$$I = 60、G = 100、Y_F = 750$$

ここで、Yは国民所得、Cは民間消費、Iは民間投資、Gは政府支出、Tは税収、Y_Fは完全雇用国民所得を表す。この経済において、完全雇用を達成するためには、民間投資を追加的にいくら増加させる必要があるか。

ただし、政府部門は均衡予算を維持するものとする。

国税専門官・労働基準監督官2010

1. 10
2. 20
3. 30
4. 40
5. 50

解説

正解 ❶

均衡予算($T=G$)に注意しつつ、均衡において、$Y=750(=Y_F)$となる民間投資の大きさを求める。

$$Y=\overbrace{60+0.8(Y-T)}^{C}+I+\underbrace{T}_{G}$$

最後の項を左辺に移項

$$Y-T=60+0.8(Y-T)+I$$

両辺の可処分所得$Y-T$を一つにまとめると、

$$I=0.2(Y-T)-60$$

ここで、$Y=750\ (=Y_F)$、$T=100(=G)$として、

$$I=0.2(\underbrace{750}_{Y}-\underbrace{100}_{T})-60=70$$

よって、民間投資を10増加させればよい(∵当初は60)。

なお、デフレ・ギャップを利用する場合は以下の通り。まず、総需要を完全雇用国民所得750で評価して、

$$\overbrace{60+0.8(\underbrace{750}_{Y}-\underbrace{100}_{T})}^{C}+\overbrace{60}^{I}+\overbrace{100}^{G}=740<\underbrace{750}_{Y}$$

より、デフレ・ギャップが10発生している。

民間投資の増加だけでこれを解消する場合、デフレ・ギャップと同じだけ増やせばよい。

$$\overbrace{60+0.8(\underbrace{750}_{Y}-\underbrace{100}_{T})}^{C}+\overbrace{60+\Delta I}^{I}+\overbrace{100}^{G}=740+10$$

問題5

次の図は、縦軸に消費C、投資I及び政府支出Gを、横軸に国民所得Yをとり、完全雇用国民所得をY_0、総需要Dが$D=C+I+G$、総供給がY_Sのときの均衡国民所得をY_1で表したものである。

今、$Y_0=300$、$C=40+0.4Y$、$I=20$、$G=60$である時、Y_0に関する記述として、妥当なのはどれか。

特別区Ⅰ類2020

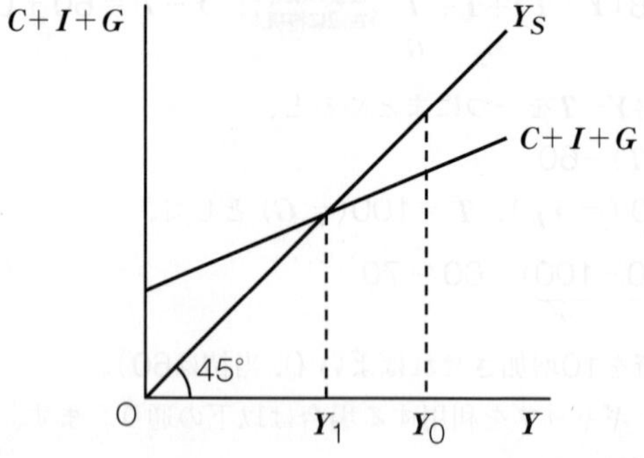

1. Y_0では、インフレ・ギャップが生じているため、政府支出を40減少させれば、完全雇用国民所得が実現される。

2. Y_0では、インフレ・ギャップが生じているため、政府支出を60増加させれば、超過需要が解消される。

3. Y_0では、デフレ・ギャップが生じているため、政府支出を40減少させれば、超過供給が解消される。

4. Y_0では、デフレ・ギャップが生じているため、政府支出を60増加させれば、完全雇用国民所得が実現される。

5. Y_0では、デフレ・ギャップが生じているため、政府支出を80増加させれば、完全雇用国民所得が実現される。

解説

正解 ④

図からデフレ・ギャップが生じていることがわかる。$Y=300(=Y_0)$をもたらす政府支出を求めると、

$$Y=\overbrace{40+0.4Y}^{C}+\overbrace{20}^{I}+G \ \rightarrow \ 0.6\times\underbrace{300}_{Y}=60+G \ \rightarrow \ G=120$$

したがって、政府支出を$G=60$から60だけ増加させればよい。

なお、デフレ・ギャップを求めると、

$$\overbrace{40+0.4\cdot\underbrace{300}_{Y}}^{C}+\overbrace{20}^{I}+\overbrace{60}^{G}=240<\underbrace{300}_{Y}$$

より60だから、これと同じだけ政府支出を増やせばよい。

★★★

4 租税関数とビルトイン・スタビライザー効果

前節まで、租税は一定の値でした。本節では、租税（税収）が国民所得の関数として与えられるケースを考慮します。国民所得の関数が増えると乗数の形が変わり、その効果も変わってきます。

1 租税関数と租税の変化

試験では、通常、次のような1次式で租税関数Tが定義される[1]（所得に比例する**比例税**が含まれる）。ただし、$t(>0)$は、国民所得が1単位増えたときの増収（税収の増加）を表す**限界税率**である。

$T=tY+T_0$ ［tY：比例税、T_0：定数、定額税］

なお、一般に、国民所得以上の租税を課すことはないから（$t<1$）、限界税率は、$0<t<1$と考えてよい。便宜的に$t=0$も含めて$0\leqq t<1$とする場合、これまでの租税（一定）を限界税率が$t=0$のケースとして表すことができる（便宜的な表現であり、$t=0$のケースを租税関数とはいわない）。

$$t=0 \quad \rightarrow \quad T=\underbrace{0}_{t}\cdot Y+T_0=T_0 \ (\text{一定})$$

例1

租税Tが国民所得Yの増加関数として、次式で表されているとき、国民所得が1単位増加すると、限界税率の分だけ税収が増加する。

$$T=\underbrace{0.2}_{t}Y+50 \quad \rightarrow \quad \frac{\Delta T}{\Delta Y}=\underbrace{0.2}_{t}$$

1　ここでの租税（定数項も含む全体）は、一般政府（社会保障制度も含む）の収入となるあらゆるもので所得課税の他に社会保険料も含む。日本の「所得税」と呼ばれるものはもっと複雑な式で表されるが単純化して考える。なお、政府からの移転（家計に対する給付金など）も考慮する場合には、Tを純租税（租税から移転を引いたもの）とする。

2 租税関数と可処分所得の変化

国民所得Yが増加すると、可処分所得$Y-T$は増加するが、$t>0$の場合には税収T(租税)が増加することに注意しよう。

例2

租税関数を$T=0.2Y+40$とすると、可処分所得は、

$$Y-T=Y-\overbrace{(\underbrace{0.2}_{t}Y+40)}^{T}=\underbrace{0.8}_{1-t}Y-40$$

であり、国民所得が1単位増加しても、可処分所得は0.8しか増加しない(対照的に、租税が一定であれば、可処分所得も1単位増加する)。

次の消費関数に代入すると、

$$\left.\begin{array}{l} C=\underbrace{0.75}_{c}(Y-T)+30 \\ Y-T=\underbrace{0.8}_{1-t}Y-40 \end{array}\right\} \rightarrow C=\underbrace{0.75}_{c}\overbrace{(\underbrace{0.8}_{1-t}Y-40)}^{Y-T}+30$$

$$=\underbrace{0.6}_{c(1-t)}Y \quad (\because 0.75=3/4)$$

となり、国民所得が1単位増加しても、消費は0.6しか増加しない[2](租税が一定であれば限界消費性向$c=0.75$の分だけ増加する)。

したがって、**租税関数により消費の増加が抑制される**。つまり、限界税率$0<t<1$について、次の関係が成り立つ($0<c<1$)。

$$c(1-t)<c$$

なお、$c(1-t)$についても$0<t<1$である限り、$0<c(1-t)<1$である。

---

2 限界消費性向の正確な定義は、「可処分所得が1単位増加したときの消費の増加分」だから、租税が国民所得の関数かどうかにかかわらず、限界消費性向は消費関数の可処分所得の係数で表される。

❸ 政府支出乗数

例3　マクロ経済が次に示されている。

$$Y=C+I+G$$
$$C=0.75(Y-T)+30$$
$$I=20、G=40$$
$$T=0.2Y+10$$

［Y：国民所得、C：消費、I：投資
G：政府支出、T：租税］

例えば、政府支出が20増加すると、連鎖的に国民所得、消費、租税が増加する。これを□で表せば、

$$\boxed{Y}=\boxed{C}+I+\boxed{G}$$
$$\boxed{C}=0.75(\boxed{Y}-\boxed{T})+30$$
$$\boxed{T}=0.2\boxed{Y}+10$$

となり、国民所得の増加によって租税も増加する。増加分Δを使い、連立方程式を解くと、

$$\left.\begin{aligned}\Delta Y&=\Delta C+\underbrace{20}_{\Delta G}\\ \Delta C&=\underbrace{0.75}_{c}(\Delta Y-\Delta T)\\ \Delta T&=\underbrace{0.2}_{t}\Delta Y\end{aligned}\right\}\rightarrow \Delta Y=\overbrace{\underbrace{0.75}_{c}(\Delta Y-\underbrace{\overbrace{0.2\Delta Y}}_{\Delta T}{}_{t})}^{\Delta C}+\underbrace{20}_{\Delta G}$$

右辺第１項を整理して、

$$\Delta Y=(\underbrace{3/4}_{c})\cdot\underbrace{0.8}_{1-t}\Delta Y+\underbrace{20}_{\Delta G}=\underbrace{0.6}_{c(1-t)}\Delta Y+\underbrace{20}_{\Delta G}$$

最後にΔYを求めるため、$0.6\Delta Y$を左辺に移項してまとめると

$$\underbrace{0.4}_{1-c(1-t)}\Delta Y=\underbrace{20}_{\Delta G}\rightarrow \Delta Y=\underbrace{2.5}_{\frac{1}{1-c(1-t)}}\times\overbrace{20}^{\Delta G}=50$$

よって、政府支出乗数は、租税関数の定数項の大きさに関係なく、

$$\frac{\Delta Y}{\Delta G}=\frac{1}{1-c(1-t)}$$

で表される。

4 ビルトイン・スタビライザー（自動安定化装置）

1 政府支出乗数の比較

租税が一定のケース（$t=0$）と国民所得に比例するケース（$t>0$）では、前者の方が後者より政府支出乗数が大きい[3]。

租税が一定のケースの政府支出乗数は、上記の政府支出乗数を便宜的に$t=0$として、

$$\frac{\Delta Y}{\Delta G}=\frac{1}{1-c(1-\underbrace{t}_{0})}=\frac{1}{1-c}$$

例4

限界消費性向を$c=0.75$として、$t=0$と$t=0.2$を比較すると、

$$\frac{1}{1-c(1-t)}=\begin{cases}\dfrac{1}{1-\underbrace{0.75}_{c}(1-\underbrace{0}_{t})}=\dfrac{1}{0.25}=4\ \cdots(1)\\[2ex]\dfrac{1}{1-\underbrace{0.75}_{c}(1-\underbrace{0.2}_{t})}=\dfrac{1}{0.4}=2.5\cdots(2)\end{cases}$$

よって、(1)は(2)の1.6倍大きい。

上記より、$0<t<1$である限り、

$$\frac{1}{1-c}>\frac{1}{1-c(1-t)}>1\ (\because 0<c<1)$$

3　租税が一定のケースは、租税がゼロの場合も含む。

2 抑制効果

限界税率が正の場合も、投資乗数と政府支出乗数は一致する。投資が増加すると、

$$\left.\begin{aligned} &\boxed{Y}=\boxed{C}+\boxed{I}+G \\ &\boxed{C}=0.75(\boxed{Y}-\boxed{T})+30 \\ &\boxed{T}=0.2\boxed{Y}+10 \end{aligned}\right\} \rightarrow \Delta Y=\overbrace{\underbrace{0.75}_{c}(\Delta Y-\underbrace{\underbrace{0.2}_{t}\Delta Y)}_{\Delta T}}^{\Delta C}+\Delta I$$

$$=\underbrace{0.6}_{c(1-t)}\Delta Y+\Delta I$$

ΔYの項をまとめる $\underbrace{0.4}_{1-c(1-t)}\Delta Y=\Delta I$

$$\rightarrow \quad \frac{\Delta Y}{\Delta I}=\frac{1}{1-c(1-t)}=2.5 \cdots (a)$$

ここで、$t=0$であれば投資乗数は4である。

$$\frac{1}{1-c}=\frac{1}{1-0.75}=4 \cdots (b)$$

例えば、企業が「景気は良くなる」と考え、投資を10増やした場合、国民所得は、(*a*)で2.5×10＝25、(*b*)で4×10＝40増加する。限界税率が正の場合［(*a*)］、税収(納税額)も増えて可処分所得の増加が抑えられるため、国民所得の増加を抑制する効果がある。税収の増加は、

$$\Delta T=\underbrace{0.2}_{t}\Delta Y=\begin{cases} \underbrace{0.2}_{t}\times\underbrace{2.5}_{(a)}\Delta I=0.5\underbrace{\Delta I}_{10}=5 \\ \underbrace{0.2}_{t}\times\underbrace{4}_{(b)}\Delta I=0.8\underbrace{\Delta I}_{10}=8 \end{cases}$$

景気が良くなると物価は上昇するが[4]、国民所得の増加が抑制されれば、物価の上昇も抑制される。

同じことは、景気が悪化する局面にも当てはまる。企業が景気の冷え込み(悪化)を予想して投資を控えると(これまでより投資が減少すると)、国民所得も減少する。国民所得の減少は限界税率が正である(*a*)の方が小さく、景気の悪化にブレーキがかかる。

4　マクロ経済においても、財市場において超過需要が発生すると（総需要が旺盛になると）、物価が上昇する（第5章のAD－ASモデルで学習する）。

3 ビルトイン・スタビライザー効果

限界税率が正の場合、租税は財政制度(租税制度、税制)に組み込まれ[5] (built-in)、自動的に景気を安定化させる(stabilizer)。これを**ビルトイン・スタビライザー効果**または**ビルトイン・スタビライザー機能**という。

景気が悪化した場合を考えると、ケインズ自身は積極的な財政出動(政府支出の増大and/or減税)によって失業を減らすべきだと考えていた。これを**裁量的な財政政策**という。

これに対して、ビルトイン・スタビライザーの場合には、財政政策を待たずとも、景気が悪くなると同時に自動的に効果が現れるため、裁量的な財政政策の対極にある。

ただし、ビルトイン・スタビライザーもケインズ的な裁量的財政政策も、景気を安定化させる機能を持つという点では同種の機能を持っている。

4 抑制の割合

45度線モデルでは、ビルトイン・スタビライザー (租税関数)の有無の違いは、総需要(直線)のシフトの違いによって表される。

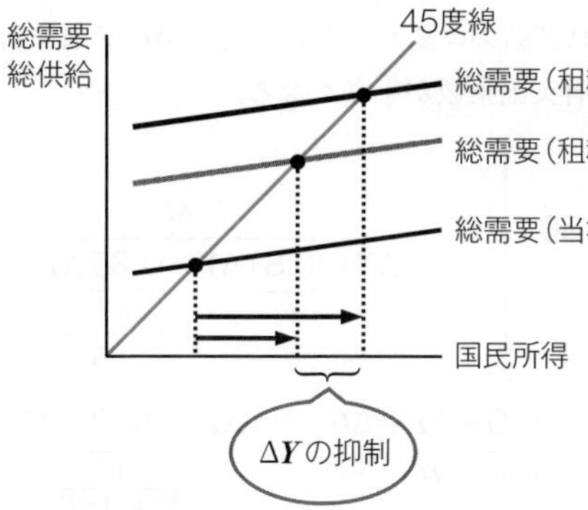

租税が一定である場合の国民所得の増加が、ビルトイン・スタビライザー効果によって抑制される程度を求めよう[6]。

---

5 税制の他には社会保障制度が該当する。なお、ここでの議論はケインズ等によって主張されたものではないが、45度線モデルで説明しうるので、ここに記載する。

6 用語の出題はほとんどないが、この割合をマスグレイブ=ミラーの安定化指標という。

例題2-9

次のマクロ経済を考える。

$$Y=C+I+G$$
$$C=0.8(Y-T)+30$$
$$I=20、G=40$$

［Y：国民所得、C：消費、I：投資、G：政府支出、T：租税］

政府が政府支出を10増加させる。このとき、租税が45で一定の場合の国民所得の増加が、租税関数$T=0.25Y$の場合に抑制される割合はいくらか。

解説

租税が一定の場合、政府支出が増加しても($\Delta G=10$)、租税は変わらない($\Delta T=0$)。

$$\left.\begin{array}{l}\boxed{Y}=\boxed{C}+I+\boxed{G}\\ \boxed{C}=\underbrace{0.8}_{c}(\boxed{Y}-T)+30\end{array}\right\}\rightarrow\ \Delta Y=\overbrace{\underbrace{0.8}_{c}\Delta Y}^{\Delta C}+\Delta G\ \rightarrow\ \underbrace{0.2}_{1-c}\Delta Y=\Delta G$$

$$\rightarrow\ \Delta Y=\underbrace{5}_{\frac{1}{1-c}}\Delta G\cdots(1)$$

ここで、ΔGが同額であれば結果は変わらないので、ΔGのまま計算する。

租税関数の場合には政府支出乗数が小さくなる。

$$\left.\begin{array}{l}\boxed{Y}=\boxed{C}+I+\boxed{G}\\ \boxed{C}=\underbrace{0.8}_{c}(\boxed{Y}-\boxed{T})+30\\ \boxed{T}=\underbrace{0.25}_{t}\boxed{Y}\end{array}\right\}\rightarrow\ \Delta Y=\overbrace{\underbrace{0.8}_{c}(\Delta Y-\underbrace{\underbrace{0.25}_{t}\Delta Y}_{\Delta T})}^{\Delta C}+\Delta G$$

$$\rightarrow\ \Delta Y=\underbrace{0.6}_{c(1-t)}\Delta Y+\Delta G\ \rightarrow\ \underbrace{0.4}_{1-c(1-t)}\Delta Y=\Delta G\ \rightarrow\ \Delta Y=\underbrace{(5/2)}_{\frac{1}{1-c(1-t)}}\Delta G\cdots(2)$$

したがって、租税関数によって抑制される国民所得の増加の割合は、赤文字を約分して、

$$\frac{(1)-(2)}{(1)}=\frac{5\Delta G-\frac{5}{2}\Delta G}{5\Delta G}=\underbrace{\frac{5-\frac{5}{2}}{5}}_{\Delta G\text{に依存しない}}=\frac{1-\frac{1}{2}}{1}=\frac{1}{2}$$

よって、国民所得の増加は50%抑制される。

5 租税関数と完全雇用の実現

ここでは財政収支の均衡も併せて考える。

例題2-10

マクロ経済が次に示されている。

$Y=C+I+G$
$C=0.6(Y-T)+40$
$I=120$、$T=tY$

［Y：国民所得、C：消費、I：投資
G：政府支出、T：租税］

この経済における完全雇用国民所得が500であるとすると、財政収支均衡と完全雇用をもたらす限界税率tの値はいくらか。

解説

均衡において国民所得が500となる限界税率を求める。財政収支の均衡により、$G=T$が成り立つ。ただし、租税関数と完全雇用国民所得は同類項をまとめてから代入する。

$$Y=\overbrace{\underbrace{0.6}_{c}(Y-T)+40}^{C}+\overbrace{120}^{I}+\overbrace{T}^{G}$$

右辺の最後の項を左辺に移項すると、可処分所得$Y-T$となる。

$$Y-T=\underbrace{0.6}_{c}(Y-T)+160$$

さらに右辺第1項を左辺に移項してまとめ、租税関数を代入すれば、

$$\underbrace{0.4}_{1-c}(Y-\underbrace{T}_{tY})=160 \rightarrow \underbrace{0.4}_{1-c}\underbrace{(1-t)Y}_{Y-T}=160$$

最後に、$Y=500$を使って限界税率を求める。

$$\underbrace{0.4}_{1-c}\cdot\underbrace{500}_{Y}(1-t)=160 \rightarrow 1-t=\frac{160}{200}=\frac{4}{5} \rightarrow t=\frac{1}{5}$$

重要事項 一問一答

01 国民所得が１円増加したときの租税の増加を何というか。

限界税率

02 租税が国民所得に比例することで景気を自動的に安定化させる効果を何というか。

ビルトイン・スタビライザー効果

03 租税関数がある場合とない場合、政府支出の増加はどちらの方が大きいか。

租税関数がない場合

第2章

財市場の分析

過去問 Exercise

問題1　ある国のマクロ経済が次のように示されている。

$$Y = C + I + G$$
$$C = 0.8(Y - T) + 50$$
$$T = 0.1Y$$

［Y：国民所得、C：消費、I：投資（定数）
G：政府支出、T：租税］

この経済において、完全雇用は達成されていないため、政府はGを増加させることで完全雇用を達成することとした。現在の均衡国民所得と完全雇用国民所得の差が200であるとき、Gの増加分はいくらか。

労働基準監督官2019

1. 44
2. 48
3. 52
4. 56
5. 60

解説

正解 ④

「『完全雇用』ならこうする」のような対応は必要ない。単に、国民所得の増加が200となる政府支出の増加分を求める。与式から、

$$\left.\begin{array}{l}\boxed{Y}=\boxed{C}+I+\boxed{G}\\ \boxed{C}=0.8\left(\boxed{Y}-\boxed{T}\right)+50\\ \boxed{T}=0.1\boxed{Y}\end{array}\right\} \rightarrow \Delta Y=\overbrace{0.8\left(\Delta Y-\underbrace{0.1\Delta Y}_{\Delta T}\right)}^{\Delta C}+\Delta G$$

$$=0.72\Delta Y+\Delta G$$

$$\rightarrow \underbrace{\Delta Y-0.72\Delta Y}_{0.28\Delta Y}=\Delta G \rightarrow \frac{28}{100}\cdot\underbrace{200}_{\Delta Y}=\Delta G \rightarrow \Delta G=56$$

問題2

ある国のマクロ経済が次のように示されている。

$$Y=C+I+G$$
$$C=40+0.8(Y-T)$$
$$I=80$$
$$T=tY$$

ここで、Yは国民所得、Cは民間消費、Iは民間投資、Gは政府支出、Tは租税、tは限界税率を表す。完全雇用国民所得が800であるとき、完全雇用と財政収支均衡を同時に達成する限界税率はいくらか。

国家一般職2010

1. 0.10
2. 0.15
3. 0.20
4. 0.25
5. 0.30

解説　　正解 4

選択肢を使って確認してもよい(最大で4回計算するだけ)。ここでは、比較的きれいに解いてみる。

財政収支が均衡すると、$G=T$が成り立つ。租税関数は最後に代入するとして、均衡条件に与件を代入して、

$$Y=\overbrace{40+0.8(Y-T)}^{C}+\overbrace{80}^{I}+\overbrace{T}^{G}$$

両辺からTを引くと(右辺のTを左辺に移項すると)、可処分所得が現れる。

$$Y-T=\overbrace{40+0.8(Y-T)}^{C}+\overbrace{80}^{I}$$

左辺で$Y-T$をまとめ、租税関数および完全雇用国民所得を代入する。

$$0.2(Y-\underbrace{T}_{tY})=120 \rightarrow 0.2(1-t)Y=120$$

$$\rightarrow 1-t=\frac{120}{0.2\cdot\underbrace{800}_{Y}}=\frac{120}{160}=\frac{3}{4}$$

(1から引いて3/4になるから)求める限界税率は、1/4=0.25である。

問題3　ある国のマクロ経済が、以下の式で示されているとする。

$Y=C+I+G$
$C=100+0.8(Y-T)$
$I=I_0$、$T=T_0+tY$

［Y：国民所得、C：消費、I：投資
G：政府支出、T：租税、t：限界税率
I_0, T_0：正の定数］

このとき、⑴税収が所得に依存し、$t=0.25$である場合、及び⑵税収が所得に依存しない場合（$t=0$）のそれぞれの場合における政府支出乗数の組合せとして妥当なものはどれか。

国家一般職2017

	⑴	⑵
1	0.8	1.25
2	0.8	2.5
3	1.25	5
4	2.5	2.5
5	2.5	5

解説

正解 ❺

[解法1]　与えられた式を用いる

求めるのは政府支出乗数だから、政府支出がΔG増加すると、□で囲ったものが変化する。

(1) $t=0.25$のとき、

$$\left.\begin{array}{l}\boxed{Y}=\boxed{C}+I+\boxed{G}\\ \boxed{C}=100+0.8(\boxed{Y}-\boxed{T})\\ \boxed{T}=T_0+\underbrace{0.25}_{t}\boxed{Y}\end{array}\right\}\rightarrow\ \Delta Y=\overbrace{0.8(\Delta Y-\underbrace{0.25\Delta Y}_{\Delta T})}^{\Delta C}+\Delta G$$

ここで、

$$\Delta C=0.8(\Delta Y-0.25\Delta Y)=0.8\cdot\frac{3}{4}\Delta Y=0.6\Delta Y$$

だから、

$$\Delta Y=\overbrace{0.6\Delta Y}^{\Delta C}+\Delta G\ \rightarrow\ \Delta Y-0.6\Delta Y=\Delta G\ \rightarrow\ 0.4\Delta Y=\Delta G$$

$$\rightarrow\ \Delta Y=\frac{10}{4}\Delta G=2.5\Delta G$$

よって、❹・❺に絞れる。このうち、❹は(2)も同じだから排除できる。

確認すると、(2)では税収が一定だから、

$$\left.\begin{array}{l}\boxed{Y}=\boxed{C}+I+\boxed{G}\\ \boxed{C}=100+0.8(\boxed{Y}-T)\end{array}\right\}\rightarrow\ \Delta Y=\overbrace{0.8\Delta Y}^{\Delta C}+\Delta G$$

$$\rightarrow\ \Delta Y-0.8\Delta Y=\Delta G$$

$$\rightarrow\ 0.2\Delta Y=\Delta G$$

より、両辺に5をかけて、

$$\Delta Y=5\Delta G$$

[解法2]　政府支出乗数を比較する

乗数を暗記していることが前提となる(また、与件を見てどの乗数かの見当がつくことも前提)。

(1)の場合、限界消費性向をcとして、

$$\frac{\Delta Y}{\Delta G}=\frac{1}{1-c(1-t)}=\frac{1}{1-0.8(1-0.25)}=2.5$$

また、(2)の場合、すぐ上の式で $t=0$として、

$$\frac{\Delta Y}{\Delta G}=\frac{1}{1-c(1-\underbrace{0}_{t})}=\frac{1}{1-0.8\cdot 1}=5$$

問題4　国民所得が、消費、投資及び政府支出からなるマクロモデルを考える。他の条件を一定としたとき、政府支出を4兆円増やすと国民所得が10兆円増加した。このとき税収はいくら増加するか。

ただし、限界消費性向は0.8とし、税収は所得に一定率を乗じて課される税からなるものとする。また、投資及び政府支出は、他の変数から独立して決定されるものとする。

国税専門官・財務専門官2016

1. 0.25兆円
2. 0.5兆円
3. 1兆円
4. 2兆円
5. 2.5兆円

解説

正解 5

与件から、政府支出乗数は限界消費性向をc=0.8、限界税率をtとして、

$$\frac{\Delta Y}{\Delta G}=\frac{1}{1-c(1-t)}=\frac{1}{1-0.8(1-t)}$$

である(もちろん、適当な式から自分で求めてもよい。後述参照)。両辺の逆数を取り、与件を代入すると、

$$\frac{\overbrace{4}^{\Delta G}}{\underbrace{10}_{\Delta Y}}=1-0.8(1-t) \rightarrow 0.8(1-t)=1-0.4 \rightarrow 1-t=\frac{0.6}{0.8}=\frac{3}{4}$$

よって、限界税率は、t=0.25である。

租税関数(所得に一定率を乗じたもの)は、求めた限界税率を使って、

$$T=0.25Y$$

であるから、国民所得が(政府支出の増加によって)10だけ増加すると、税収は、

$$\boxed{T}=t\boxed{Y} \rightarrow \Delta T=0.25\cdot\underbrace{10}_{\Delta Y}=2.5$$

兆円だけ増加する(□部分が変化する)。

なお、租税関数の場合の政府支出乗数を確認する場合には、適当な式を設定すればよい。例えば、次のように設定すると、

$$\left.\begin{array}{l}\boxed{Y}=\boxed{C}+I+\boxed{G}\\ \boxed{C}=0.8(\boxed{Y}-\boxed{T})\\ \boxed{T}=t\boxed{Y}\end{array}\right\} \rightarrow \Delta Y=\overbrace{0.8(\Delta Y-\underbrace{t\Delta Y}_{\Delta T})}^{\Delta C}+\Delta G$$

$$\rightarrow [1-0.8(1-t)]\Delta Y=\Delta G$$

これを変形すれば上記と同じものになる。

問題5　次のようなマクロ経済モデルを考える。

$Y=C+I+G$
$C=20+0.6(Y-T)$
$T=0.2Y$

［Y：国民所得、C：消費、I：投資
G：政府支出、T：税収］

ここで、$I=100$、$G=140$であるとする。

いま、この経済のデフレ・ギャップが26であるとき、現在の均衡国民所得は、完全雇用国民所得をどれだけ下回っているか。

国家一般職2018

1. 30
2. 40
3. 50
4. 60
5. 70

解説

正解 ③

租税関数があってもこれまで通りに考える。デフレ・ギャップが26であれば政府支出を同じだけ増やせば、完全雇用国民所得Y_Fを実現できる。

$$\left.\begin{aligned} &Y=C+I+G\\ &C=20+0.6(Y-T)\\ &T=0.2Y\\ &I=100、G=140 \end{aligned}\right\} \rightarrow \overbrace{20+0.6(Y_F-\underbrace{0.2Y_F}_{T})}^{C}+\overbrace{100}^{I}+\overbrace{140+26}^{G}=Y_F$$

総需要(ここでは左辺)を見ると、租税関数を代入しても、政府支出の項には何の影響もない。したがって、**租税関数の場合にも、政府支出の増加によって完全雇用が実現する場合には、デフレ·ギャップの分だけ政府支出を増やせばよい。**

政府支出が26増えたときの国民所得の増加を求めると、現在の均衡国民所得が完全雇用国民所得を下回る大きさとなる。

$$\left.\begin{aligned} &\boxed{Y}=\boxed{C}+I+\boxed{G}\\ &\boxed{C}=20+0.6(\boxed{Y}-\boxed{T})\\ &\boxed{T}=0.2\boxed{Y} \end{aligned}\right\} \rightarrow \Delta Y=\overbrace{\underbrace{0.6}_{c}(\Delta Y-\overbrace{\underbrace{0.2}_{t}\Delta Y}^{\Delta T})}^{\Delta C}+\overbrace{26}^{\Delta G}$$

$$\rightarrow \underbrace{0.52}_{1-c(1-t)}\Delta Y=26 \rightarrow \Delta Y=\frac{100}{52}\cdot 26=50$$

もちろん、政府支出乗数を暗記していれば、

$$\Delta Y=\frac{1}{1-c(1-t)}\Delta G=\frac{1}{1-0.6(1-0.2)}\cdot 26$$

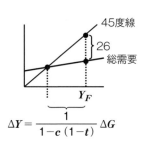

としてよい。

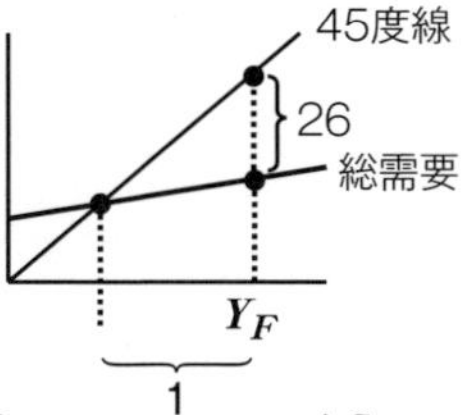

$$\Delta Y=\frac{1}{1-c(1-t)}\Delta G$$

問題6

次のようなマクロ経済モデルを考える。

$$Y = C + I + G$$
$$C = 20 + 0.6(Y - T)$$
$$I = 60$$
$$T = tY$$

[Y：国民所得、C：消費、I：投資、G：政府支出、T：租税、t：限界税率]

この経済に関する次のア～エの記述のうち、適当なもののみを全て挙げているものはどれか。

裁判所一般職2017

ア　政府支出が120で、均衡国民所得が250のとき、限界税率は0.4である。

イ　限界税率が0.5のとき、政府支出が130であるとすると、均衡国民所得は300である。

ウ　完全雇用国民所得が250のとき、完全雇用と財政収支均衡を同時に達成する限界税率は0.2である。

エ　完全雇用国民所得が400で、限界税率が0.25のとき、政府支出が100であるとインフレ・ギャップが生じる。

1. ア、イ
2. ア、エ
3. イ、ウ
4. イ、エ
5. ウ、エ

解説

正解 ❸

ア × 与件を使って確認する。ここでは、総需要を求め、国民所得 $Y=250$ と一致するか確認する。

$$\underbrace{Y}_{250}=\underbrace{C+I+G}_{250}$$

が成り立てば、正しい記述である。

$$\overbrace{20+0.6\underbrace{(1-0.4)\cdot 250}_{Y-T=(1-t)Y}}^{C}+\overbrace{60}^{I}+\overbrace{120}^{G}=\frac{36}{100}\cdot 250+200$$

$$=\underbrace{36\cdot 2.5}_{※}+200$$

総需要が250になるには、※が50でなければならず、2.5をかけて50になるのは20である。よって、正しくない。

イ ○ **ア**と同様に確認すると、

$$\overbrace{20+0.6\underbrace{(1-0.5)\cdot 300}_{Y-T=(1-t)Y}}^{C}+\overbrace{60}^{I}+\overbrace{130}^{G}=0.3\cdot 300+210$$

$$=90+210$$

となって、正しい。正解は❸・❹のいずれかである。

ウ ○ 財政収支が均衡すると、政府支出と租税（税収）が一致する。

$$G=tY$$

与件を用いて、右辺を求めると、

$$(G=)\underbrace{0.2\cdot 250}_{tY}=50$$

である。あとは、国民所得を完全雇用国民所得250とし、上記と同様にして、

$$\overbrace{20+0.6\underbrace{(1-0.2)\cdot 250}_{Y-T=(1-t)Y}}^{C}+\overbrace{60}^{I}+\overbrace{50}^{G}=\underbrace{\frac{48}{100}\cdot 250}_{※}+130$$

※が120になればよいから、確認すると、

$$\frac{48}{100}\cdot 250 = 48\cdot\frac{5}{2} = 24\cdot 5 = 120$$

となって、**ウ**は正しい。よって、❸が正解となる。

エ ✕　ここでは確認作業として計算する。(条件が多いからといって、必ずしも手間がかかるわけではないが、) **ア**・**イ**の流れからいくと、**ウ**より、**エ**を先に解いた方がよいかもしれない。総需要を求めると、

$$\overbrace{20+0.6\underbrace{(1-0.25)\cdot 400}_{Y-T=(1-t)Y}}^{C}+\overbrace{60}^{I}+\overbrace{100}^{G}=0.6\cdot\frac{3}{4}\cdot 400+180$$

$$=360\ (<400)$$

となって、デフレ・ギャップが生じている。

問題7

国民所得をY、消費をC、投資をI、政府支出をG、租税をTとし、

$$Y=C+I+G$$
$$C=C_0+0.75(Y-T)$$

が成り立つものとする。

ここで、Tは所得に応じて税額が増える比例税$T=T_0+0.2Y$であるとする。

このときの政府支出の増加による国民所得の変動を、所得とは無関係に一定の税額が課せられる定額税の場合と比較したとき、ビルト・イン・スタビライザーの働きにより、乗数効果が低下する割合はいくらか。ただし、政府支出の増加分は同じものとする。

特別区Ⅰ類2021

1. $\frac{1}{8}$
2. $\frac{1}{4}$
3. $\frac{3}{8}$
4. $\frac{1}{2}$
5. $\frac{5}{8}$

解説　　　　正解 ③

暗記していれば政府支出乗数を使ってすぐに解くとよい。ここでは与式を使って乗数を求める。

与件から、政府支出が増加すると、比例税の場合、

$$\left.\begin{aligned}&\boxed{Y}=\boxed{C}+I+\boxed{G}\\&\boxed{C}=C_0+0.75(\boxed{Y}-\boxed{T})\\&\boxed{T}=T_0+0.2\boxed{Y}\end{aligned}\right\}\rightarrow\ \Delta Y=\overbrace{0.75(\Delta Y-\underbrace{0.2\Delta Y}_{\Delta T})}^{\Delta C}+\Delta G\cdots(*)$$

$$=\frac{3}{4}\cdot 0.8\Delta Y+\Delta G$$

$$\rightarrow\ \underbrace{0.4}_{2/5}\Delta Y=\Delta G\ \rightarrow\ \Delta Y=\frac{5}{2}\Delta G\cdots(1)$$

他方、定額税の場合には租税は一定だから、

$$\left.\begin{aligned}&\boxed{Y}=\boxed{C}+I+\boxed{G}\\&\boxed{C}=C_0+0.75(\boxed{Y}-T)\end{aligned}\right\}\rightarrow\ \Delta Y=\overbrace{0.75\Delta Y}^{\Delta C}+\Delta G$$

$$\rightarrow\ \underbrace{0.25}_{1/4}\Delta Y=\Delta G\ \rightarrow\ \Delta Y=4\Delta G\cdots(2)$$

となる（これは（*）で$\Delta T=0$としたもの）。したがって、ビルトイン・スタビライザーによって低下する乗数効果の割合は、赤文字を約分して、

$$\frac{(2)-(1)}{(2)}=\frac{4\Delta G-\frac{5}{2}\Delta G}{4\Delta G}=\frac{4-\frac{5}{2}}{4}=\frac{\left(4-\frac{5}{2}\right)\times 2}{4\times 2}=\frac{8-5}{8}=\frac{3}{8}$$

なお、政府支出乗数を暗記していれば、

$$\Delta Y=\frac{1}{1-c(1-t)}\Delta G$$

を使う（$t=0.2$とすると比例税、$t=0$とすれば定額税）。限界消費性向は$c=0.75$だから、

$$1-c(1-t)=\begin{cases}1-0.75(1-0.2)=0.4 & (t=0.2)\\1-0.75(1-0)=0.25 & (t=0)\end{cases}$$

より、

$$\Delta Y = \frac{1}{1-c\,(1-t)}\,\Delta G = \begin{cases} \dfrac{1}{0.4}\Delta G = \dfrac{5}{2}\Delta G \\[2ex] \dfrac{1}{0.25}\Delta G = 4\Delta G \end{cases}$$

となって上記と一致する（以下省略）。

第3章

貨幣市場の分析

本章では、中央銀行と銀行の役割を中心とした信用創造と、ケインズ経済学における流動性選好理論を学びます。ケインズ経済学における貨幣市場の扱い方を学ぶことで、金融政策の効果を調べることができるようになります。

★★★

1 貨幣市場の概要

本節では初めに、今後の針路と貨幣の市場について概説します。一般的な商品の市場のように、どこかでお金を支払って買うようなものではありません。

❶ IS－LM分析までのロードマップ

大前提として、ケインズ経済学では、**財市場**(財の取引)、**貨幣市場**(金融取引)、**労働市場**(雇用)の三つがメインになり、景気の良さを考える上では財市場が中心的な役割を担う。

第２章からの学習内容は、第４章のIS－LM分析を一つの到達点とすることになるが、前章の振り返りおよび第３章以降の予告を兼ねて、学習内容の骨子を示しておこう。

45度線分析 : 財市場の均衡
利子率と物価水準を一定として、国民所得が決まる（有効需要の原理）。総需要（これは財に対する経済全体の需要）の話であり、生産活動は明示しない（省略している）。限界消費性向（消費関数）が主役。
LM曲線 : 貨幣市場の均衡（現在はここ）
貨幣市場を均衡させる国民所得と利子率の関係を表したもの。物価水準は一定。
IS曲線 : 財市場の均衡
投資関数（利子率の減少関数）を考慮し、財市場を均衡させる国民所得と利子率の関係を表したもの。
IS－LM分析 : 財市場と貨幣市場の同時均衡
物価水準を一定として、財市場と貨幣市場を同時に均衡させる国民所得と利子率が決まる。

★★★

❷ 貨幣の市場

ここでは、貨幣として馴染みのある紙幣(5千円札など)を例に取ろう。日本の場合、紙幣の正式名称は日本銀行券である。つまり、紙幣を発行して供給しているのは日本銀行である。

これに対して、紙幣を需要するのは紙幣を保有する企業や家計である。誰かの財布に3万円分の紙幣が入っていれば、その人は紙幣3万円を需要していることになる。

このように紙幣は日本銀行によって供給され、家計や企業によって需要されている。貨幣市場とは、貨幣の供給者と需要者が存在する状況を指すと考えてよいだろう。

貨幣市場において、価格のようなものが決まるのだろうか。これについては、古典派と呼ばれるグループとケインズ経済学では大いに異なる。いまは、ケインズ経済学を学習中なので、「(物価と国民所得を一定として)利子率が決まる」とだけ述べておく。

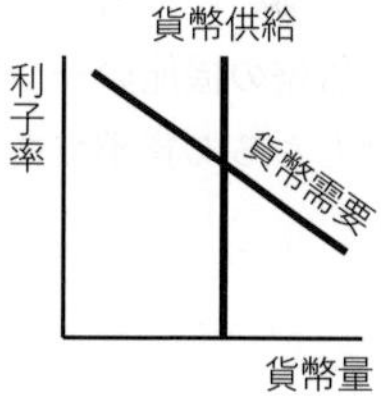

基本とするケインズ経済学を乗り越えるためには、45度線分析、IS−LM分析などのタイトルを目安に、段階的に学習していくのが良いと思われる(初めは細部を気にせず大まかに把握しよう)。

★★★

2 貨幣の供給

本節では貨幣の供給面について学びます。はじめにマクロ経済学における貨幣の定義を確認し、信用創造と呼ばれるプロセスを学習します。

1 貨幣の供給

1 貨　幣

初めに学ぶ貨幣供給理論は、ケインズが唱えたものではないが、ここで紹介する。まず、供給されている貨幣の量をどう測定するか(定義するか)、何を貨幣とするかについて考えよう。

貨幣の機能の一つに、支払手段(決済手段)として使えることが挙げられる[1]。現金はもちろん貨幣である。

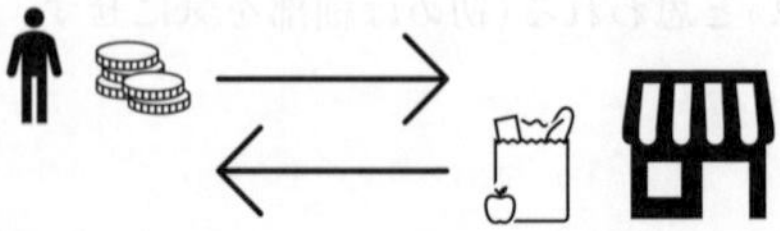

経済学では、支払手段となることから、預金を貨幣として考える。わざわざ現金を持ち歩かなくても、毎月の引き落としに普通預金の口座を利用できる(クレジットカードなどの支払いも普通預金の口座に紐づけられている)。

一般に、経済学における貨幣は、現金と預金である。預金にはさまざまな種類が存在するが、ひとまず、普通預金・当座預金を念頭に置く。当座預金は、企業が通常の決済のために利用している口座である。

1　このように、経済学で「貨幣とは何か（何が貨幣か）」ということを考えるとき、その機能（役割）に注目する。もしも、石や貝殻で決済ができるなら（支払いに使ったときに相手が受け取ってくれるなら）、これも貨幣の一部になり得る。もちろん、現代では不可能である。

2 貨幣の供給者

現金と預金から成る貨幣の供給者について考える。

① 中央銀行

現金は紙幣と硬貨から成る。日本の場合、紙幣(お札)を発券し、供給できるのは日本銀行だけである。日本銀行は商業的な銀行ではなく日本の**中央銀行**と呼ばれる。後述の金融政策を担う特別な機関であり、少なくともある程度政府から独立している。

この機関が中央銀行と呼ばれるのは、その経済の金融システムの中核としての役割を担うからである。基本的に中央銀行とやり取りを行うのは金融機関だけで、一般の企業や家計が日本銀行と金融取引を行うことはない[2]。

中央銀行が発券する紙幣と硬貨の総額(発行残高、ストック)を[3]、**現金通貨C**(Currency、以下、現金という)という[4]。

② 銀　行

中央銀行以外の民間の銀行である。以下では単に「銀行」と呼ぶ(中央銀行のほうは呼称を省略しない)。なお、銀行を市中の銀行[5]と呼ぶことがある。

銀行は企業や家計に対して預金サービスを供給する。預金サービスを利用している企業や家計の預金残高の総額を**預金通貨D**(Deposits、以下、預金という)で表す。

なお、貨幣に付随して通貨という語句が出てくるが、これは流通している貨幣の略に過ぎない(「流通」については、「人々が利用している」という風に捉えて構わない)。

2　マクロ経済学で考慮する場面はほぼないが、政経や財政学の分野では、中央銀行を「政府の銀行」と呼んでいる。これは、税金・社会保険料の受入れや公共事業費・年金などの支払いの経理(計理)を行うため、政府預金という特別な口座があることを指している。

3　日本では、硬貨を発行するのは政府であるが、硬貨は紙幣の総額と比較して圧倒的に少なく、また、取扱業務(金融機関とのやり取り)は日本銀行が行っている。以下では硬貨も含めて現金の供給者を中央銀行とする。

4　前の章では消費にCの文字をあてていたが、同時に使用されず混同するおそれがないので、ここでは現金をCで表す。

5　「市中」は「まちなか」の意。「企業」という場合は金融機関を含めない(ここでの企業と家計は非銀行部門として考える)。

3 貨幣の供給量

中央銀行が供給する現金と銀行が供給する預金の和を**貨幣供給量*M***と定義する[6]。

$$M=C+D$$

例えば、今日、日本に総額$C=100$兆円の現金があり、また、日本中の預金残高を合計して$D=500$兆円あれば、日本の貨幣供給量は、$M=C+D=100+500=600$兆円だ、という。

4 銀行による資金の貸出し

「金融」とは資金を融通することであり、資金の貸し手(預金者)と資金の借り手をつなぐのが金融機関(仲介者)としての銀行の役割と言える。つまり、銀行は一方で預金を受け入れ、他方では企業や家計に資金を貸し出している(融資業務)。

銀行が資金を貸し出す場合、借り手の預金口座に資金を振り込む。借り手の預金残高は貸出しによって増加する。つまり、銀行が資金を貸し出せば貸し出すほど、世の中の預金は増加する。

現金と預金はどちらも同じように決済手段として利用されるが、預金は銀行が貸出しを行うことによって増えるのに対して、現金は中央銀行が発券しない限り増えることはない。これが現金と預金の決定的な違いである。

5 預金準備

銀行は預金の引出しに備え、預金総額のいくらかを準備する。これを**預金準備*R***(Reserve、支払準備、準備金など)という。

日本では、各銀行は受け入れている預金の一定比率以上の金額を日本銀行に預け入れなければならない。日本銀行に預け入れなければならない最低の割合を**準備率*r***(預金準備率)というが、法定されたという意味で**法定準備率**と呼ばれることがある。

銀行は預金の一部を預金準備としたうえで、残りを企業や家計に貸し出す(融資業務)。銀行から資金を借り入れた企業や家計は、期日までに利子をつけて銀行に返済しなければならないが、返済の場面についてはここでは考えない。

銀行がせっせと貸し出す(融資業務を行う)のは、貸出しによる利子収入を得るた

6　ここでは、用語の混乱を避けるため「貨幣供給量」で表記を統一する。ただし、試験ではマネーストック、マネーサプライ、貨幣量、名目貨幣供給量などと書かれることも多いので、混乱しないように準備しよう。

めであり、通常、貸し出せる資金があれば貸し出すものと考えてよい。

6 預金の増加

さて、ここでは銀行の貸出しによって預金がどんどん増殖するプロセスを考えよう。

例1

初めに、銀行に100億円の預金があったとする(この100億円を本源的預金ということがある)。準備率が20%だとすると、銀行は預金の引出しに備えて20%を準備し、残り80%を企業に貸し出す。このとき、借り手の預金口座に80億円が振り込まれるから、世の中の預金総額は80億円増加する。

預金総額＝100＋80

借り手の預金口座は貸し手の銀行や他の銀行にあるが、新たな預金が総額80億円生まれる(預金の増加)。これらの銀行は預金の引出しに備え、80億円の20%を準備し、残りの80%をさらに貸し出す。よって、借り手の預金口座に64億円が振り込まれる。

預金総額＝100＋80＋64

経済全体で預金の80%がいつも貸し出されるとすると、このプロセスは、

預金総額＝100＋80＋64＋51.2＋…

となって貸出しが0円になるまで続く。これを**信用創造**(預金創造)という。

預金総額をDとして、

$$D=\overbrace{100}^{\text{初めの預金}}+\overbrace{\underbrace{0.8\times100}_{80}+\underbrace{0.8\times80}_{64}+\underbrace{0.8\times64}_{51.2}+\cdots}^{\text{貸出しによる預金の増加(信用創造)}}$$

$$=100+0.8\cdot100+0.8\cdot\underbrace{0.8\cdot100}_{80}+0.8\cdot\underbrace{0.8\cdot0.8\cdot100}_{64}+\cdots$$

$$=100+0.8\cdot100+0.8^2\cdot100+0.8^3\cdot100+\cdots$$

$$=100(1+0.8+0.8^2+0.8^3+\cdots)\ \text{---}(\#)$$

$$=100\times5=500$$

となる。つまり、初めの預金100億円が貸出しによって新たに、500−100＝400億円の預金を生み出したことになる。

[参　考]

(#) のカッコ内は、初項1、公比0.8の無限等比数列の和である。以下、これを解くが、直接解かなくて済む方法については後述する。

まず、第n項までの和をSと置く。

$$S=1+0.8+0.8^2+0.8^3+\cdots+0.8^n \text{ --- (1)}$$

両辺を0.8倍すると、

$$0.8\times S=0.8\times\overbrace{(1+0.8+0.8^2+0.8^3+\cdots+0.8^n)}^{(1)\ S}$$
$$=0.8+0.8^2+0.8^3+\cdots+0.8^n+0.8^{n+1} \text{ --- (2)}$$

となる。(1)から(2)を引くと下線部どうしが差し引きゼロになって、

$$S-0.8S=\overbrace{(1+\underline{0.8}+\underline{0.8^2}+\underline{0.8^3}+\cdots+\underline{0.8^n})}^{(1)}$$
$$-\overbrace{(\underline{0.8}+\underline{0.8^2}+\underline{0.8^3}+\cdots+\underline{0.8^n}+0.8^{n+1})}^{(2)}$$
$$=1-0.8^{n+1} \text{ --- (3)}$$

ここで、nが十分に大きいとき、$0.8^{n+1}\fallingdotseq 0$である。例えば、

$n=10 \ \rightarrow \ 0.8^{n+1}=0.8^{11}=0.085899346\cdots$

$n=20 \ \rightarrow \ 0.8^{n+1}=0.8^{21}=0.009223372\cdots$

$n=30 \ \rightarrow \ 0.8^{n+1}=0.8^{31}=0.000990352\cdots$

となってどんどんゼロに近づいていく。よって、(3)は、

$$\text{(3)}\ S-0.8S=1-\underbrace{0.8^{n+1}}_{0} \ \rightarrow \ \underbrace{(1-0.8)}_{0.2=1/5}S=1 \ \rightarrow \ S=5$$

これを(#)の右辺カッコに代入すると、上記の結果を得る。

なお、無限等比数列の和Sの公式は、初項a、公比rとして、$0<|r|<1$のとき、

$$S=\frac{a}{1-r}$$

である。これは、$S=a+ar+ar^2+\cdots+ar^n$から、$rS=ar+ar^2+ar^3+\cdots+ar^{n+1}$を引き、$n\rightarrow\infty$として求められる(難しそうだから以下省略する)。

2 貨幣乗数と貨幣供給量

1 貨幣乗数とは

現金をC、預金をDとして、貨幣供給量Mは、

$M=C+D$ …(1)

で表された。

他方、現金Cと預金準備Rの和、

$H=C+R$ …(2)

は、**ハイパワードマネーH**(High-powered money、または、マネタリーベース)と呼ばれている。

ここで、現金と預金の比率をcと置き(そのまま**現金預金比率**と呼ぶ)、また、預金準備と預金の比率は準備率rだから、

$\frac{C}{D}=c \rightarrow C=c \cdot D$ …(3)

$\frac{R}{D}=r \rightarrow R=r \cdot D$ …(4)

これらを使って(1) (2)を変形すると、

(1) $M=C+D=\overbrace{c \cdot D}^{(3)C}+D=(c+1)D$

(2) $H=C+R=\overbrace{c \cdot D}^{(3)C}+\overbrace{r \cdot D}^{(4)R}=(c+r)D$

貨幣供給量とハイパワードマネーの関係を表すため、これらの比率を取ると、

$\frac{M}{H}=\frac{(c+1)D}{(c+r)D}=\frac{c+1}{c+r}$ …(5)

となる。この比率を**貨幣乗数**(信用乗数、通貨乗数など)という。

(5)より、貨幣供給量は、ハイパワードマネーに貨幣乗数をかけたもので表される。

(5) $\frac{M}{H}=\frac{c+1}{c+r} \rightarrow M=\frac{c+1}{c+r} \cdot H$

貨幣乗数とハイパワードマネーの大きさが決まれば、この経済における貨幣供給量が決まる。

例題3-1

現金が20、預金が100、準備率が0.05のマクロ経済において、ハイパワードマネーが10兆円増加した。この経済のマネーストックはいくら増えるか。ただし、貨幣乗数は一定である。

解説

貨幣乗数を暗記しているか、貨幣供給量M(マネーストック)とハイパワードマネーHの定義を使って求めるかのどちらかが必要になる。

以下では、貨幣乗数のもう一つの求め方を示す。まず、現金C、預金D、預金準備Rを用いて、貨幣供給量MとハイパワードマネーHを表して比率をとると、

$$\left.\begin{array}{l} M=C+D \\ H=C+R \end{array}\right\} \rightarrow \quad \frac{M}{H}=\frac{C+D}{C+R}$$

右辺の分母子を預金Dで割ると、

$$\frac{C+D}{C+R}=\frac{\dfrac{C+D}{D}}{\dfrac{C+R}{D}}=\frac{\dfrac{C}{D}+1}{\dfrac{C}{D}+\dfrac{R}{D}}=\frac{c+1}{c+r}$$

ただし、$c=C/D$は現金と預金の比率、$r=R/D$は預金に占める預金準備の割合(準備率)である。与件から、現金預金比率は$c=20/100=0.2$、準備率は$r=0.05$だから、

$$\frac{\overbrace{0.2}^{c}+1}{\underbrace{0.2}_{c}+\underbrace{0.05}_{r}}=\frac{1.2}{0.25}=\frac{120}{25}=\frac{24}{5}\ (>1)$$

したがって、

$$\frac{M}{H}=\frac{c+1}{c+r} \quad \rightarrow \quad M=\frac{c+1}{c+r}H=\frac{24}{5}H$$

右辺のハイパワードマネーHが増加すると、左辺の貨幣供給量M(マネーストック)も増加する。

$$\boxed{M}=\frac{24}{5}\boxed{H} \quad \rightarrow \quad \Delta M=\frac{24}{5}\Delta H$$

与件から、$\Delta H=10$だから、貨幣供給量M(マネーストック)は、

$$\Delta M=\frac{24}{5}\cdot\overbrace{10}^{\Delta H}=48$$

兆円増加する。

なお、一般に、貨幣乗数は1より大きく、ここでは、

$$\frac{M}{H}=\frac{c+1}{c+r}=\frac{24}{5}=4.8$$

である。

2 貨幣乗数の大きさ

貨幣乗数が大きいほど、貨幣供給量は大きくなる。貨幣乗数を左右する要因として、次の三つのケースを考える。

① 現金のない世界

初めにHだけ預金があったとする。銀行は準備率をrとして、残りの$(1-r)H$に等しい金額を企業や家計に貸し出す。

現金Cが存在せず、預金Dしかない世界を考えると、現金預金比率cはゼロであり、

$$\left.\begin{array}{l} C=0 \\ c=\dfrac{C}{D} \end{array}\right\} \rightarrow \quad c=\frac{\overbrace{C}^{0}}{D}=0$$

また、貨幣供給量Mは預金に一致する。

$$M=\overbrace{C}^{0}+D=D$$

貨幣乗数の式を用いれば、預金は準備率の逆数に初めの預金Hをかけた大きさに一致する。

$$(M=)D=\frac{\overbrace{c}^{0}+1}{\underbrace{c}_{0}+r}H=\frac{1}{r}H$$

例えば、準備率が$r=0.2$で、初めの預金が$H=100$であれば、銀行の貸出しによって、預金は、

$$D=\frac{1}{r}H=\frac{1}{\underbrace{0.2}_{1/5}}\cdot 100=5\cdot 100=500$$

となり、信用創造（貸出しによる預金増）によって、新たに、

$$D-H=500-100=400$$

だけ預金が創造されたことになる。

これは **例1** で求めた数値そのものである。よって、無限等比数列を求めることなく、貨幣乗数を使った式で現金預金比率をゼロとして、

$$M=\frac{c+1}{c+r}H=\frac{1}{r}H$$

を求めるだけでよい。ただし、上記の通り、貨幣供給量 M は預金 D に等しい。あとは、ハイパワードマネー H を最初の預金とみなせばよい。

[参　考]　初めの預金とハイパワードマネー

預金 D に準備率 r をかけると預金準備 R が得られる。この関係から、

$$R=r\cdot D \quad \rightarrow \quad D=\frac{1}{r}R$$

が得られる。現金 C がない場合、$M=C+D=D$ であり、また、ハイパワードマネーは、$H=C+R=R$ であるから、

$$D=\frac{1}{r}R \quad \rightarrow \quad M=\frac{1}{r}H$$

となって上記に一致する。よって、現金がない場合、貨幣供給量を預金、ハイパワードマネーを最初の預金とみなせば、

$$M=\frac{c+1}{c+r}H$$

において、$c=0$ と置くだけで信用創造の数値計算に対応できる。

② 預金のない世界

信用創造(預金の増加)において現金は全く何の役割も果たさない。 これを確認するため、預金Dのない世界を考えると(預金Dがないから預金準備Rも不要；$R=r\times D=0$　$\because D=0$)、貨幣供給量MとハイパワードマネーHの関係は、

$$\left.\begin{array}{l} M=C+\overbrace{D}^{0}=C \\ H=C+\overbrace{R}^{0}=C \end{array}\right\} \rightarrow M=H\,(=C)$$

となって、信用創造が全く生じない。

このことは、現金と預金が全く別物だということを示している。銀行が誰かに資金を貸し出すと、借り手の口座の預金残高が増える。銀行が貸出しを行えば行うほど世の中の預金残高は増加する。

これに対し、現金による貸し借りの場合、現金総額が増加することはない。AさんがBさんに1万円を貸したとすると、1万円札がAさんからBさんに移るだけで、預金のように増えることは決してない(現金は物体だから、1万円札1枚の場所が移動しただけである)。

したがって、現金の割合が大きいほど貨幣乗数は小さくなる。例えば、準備率を$r=0.1$で一定として、$c=0.1$と$c=0.3$を比較すると、

$$\frac{c+1}{c+r}=\frac{0.1+1}{0.1+0.1}=\frac{1.1}{0.2}=5.5$$

$$\frac{c+1}{c+r}=\frac{0.3+1}{0.3+0.1}=\frac{1.3}{0.4}=3.25$$

で、現金預金比率の上昇が貨幣乗数を低下させることがわかる。

なお、貨幣乗数をmと置いて数式を変形すると、

$$m=\frac{c+1}{c+r}=\frac{c+r+1-r}{c+r}=\frac{c+r}{c+r}+\frac{1-r}{c+r}=1+\frac{1-r}{c+r}$$

となり、分母が大きくなれば分数全体の値は小さくなるので、現金預金比率の上昇により貨幣乗数が小さくなることを示すことができる。

$$m\downarrow=1+\frac{1-r}{c\uparrow+r}$$

③ 100%準備

準備率rが大きいとき($0 < r < 1$)、貨幣乗数が小さくなることを示すため、仮に準備率が$r=1$だったら、信用創造が起こらないことを以下で確認する。準備率$r=1$のときの貨幣乗数mは、

$$m=\frac{c+1}{c+\underbrace{r}_{1}}=\frac{c+1}{c+1}=1$$

であり、この場合、貨幣供給量がハイパワードマネーに一致する。

$$M=\frac{c+1}{c+\underbrace{r}_{1}}H=H$$

準備率が100%であれば、銀行は預金をすべて預金準備とし、貸し出すことができず、信用創造が生じない。

もちろん、適当な数値計算を行うか、数式を使って、

$$m\downarrow=\frac{c+1}{c+r\uparrow}$$

とすれば、準備率の増加が貨幣乗数を低下させることがわかる。

3 日本銀行と金融政策

1 貨幣の分類

貨幣供給量Mは、現金と預金の和で表された。現在、日本銀行が公表するマネーストック統計[7]では、金融機関の種類や預金など金融商品の種類に応じて、四つの指標が設けられている。

出題傾向を踏まえ、簡略化して紹介する。まず、どの指標にも**現金通貨が必ず含まれる**。預金の種類や対象となる機関、預金以外の金融商品(国債など)などによって指標が変わるが、**預金通貨が何も含まれないものはない**。

① M 1(エムワン)

M1は、「最も容易に決済手段として用いることができる**現金通貨と預金通貨**」で構成される。このうち、「最も容易に決済手段として用いられる預金通貨」は、要求

7 貨幣供給量はマネーサプライの直訳であり、以前はマネーサプライ統計とされていたが、郵政民営化や金融商品の多様化などに伴い、2008年からマネーストック統計に名称が改められている(直訳すれば、貨幣残高になるだろう)。この範囲の出題では、マネーストックと書かれることが増えた。

払預金(普通預金、当座預金)を指す。

最も容易な決済手段と関連して、「**貨幣の流動性が高い**」という場合、取引の支払いに低コストですぐに使えることを指す。例えば、コンビニのレジでダイヤモンドや金の延べ棒を差し出したらどうなるだろう。鑑定や盗品かどうかなどのチェックに時間と費用が必要だろうし、誰かに売って現金を調達する必要がある。つまりダイヤモンドや金の延べ棒は支払いに容易に用いることができず、すぐに商品と交換してもらえない点において「流動性が低い」といえる。

このように、現金通貨と流動性が最も高い要求払預金のみで構成されるのがＭ１である[8]。普通預金や当座預金は毎月の引き落としに用いられる要求払預金である。**M1には要求払預金以外の、定期預金(定期性預金)やその他の預金・金融商品は含まれない**ことに注意しよう。

② Ｍ　２

M2(エムツー)は、国内銀行等に限定した**準通貨**(**定期預金**、定期積立、外貨預金など)およびCD(Certificate of Deposit、**譲渡性預金**)をＭ１に加えた残高を指す(流動性がより低いものも含む)。

準通貨の大半は定期預金であり、解約して現金通貨または預金通貨(要求払預金)に替えれば決済手段になるため準通貨と呼ばれる。また、CDは、銀行が無記名の証書を発行することで譲渡が可能となっている定期預金を指す(一般の預金は記名した本人しか利用できない)。

③ Ｍ　３

M3(エムスリー)は、対象となる金融商品の範囲はＭ２と全く同じであるが、預金の預け入れ先を全預金取扱機関とした残高である。例えば、ゆうちょ銀行の預金などはＭ２には含まれずＭ３に含まれる。

④ 広義流動性

ここでは、定義される範囲が広いという意味(反意語は、狭義)。Ｍ３に加えて何らかの流動性を有すると思われる投資信託、社債、国債など、相当広い範囲の金融商品を含めたもの。

8　日銀は、現金通貨を銀行券発行高と貨幣流通高の合計としている（金融機関や中央政府が保有する預金などは除外される）。このうち、「貨幣流通高」の貨幣は硬貨のことを指しており、本編の「貨幣供給量」の貨幣とは異なる。また、貨幣乗数の出題で銀行の手元保有現金なるものが出題されたが、信用創造の理屈から言えば、預金準備と同じように貸出しに回らないものとして扱えばよい。

2 金融政策

① 公開市場操作

日銀は債券市場において国債などの債券を売買する(債券とは何か、国債とは何かについてはここでの理解に必要ないので後述する)。

例えば、日銀は金融機関が保有する国債を買い入れたり(**買いオペレーション**、**買いオペ**)、反対に、こうして買い入れた国債を金融機関に売却したりしている(**売りオペレーション**、**売りオペ**)。

日銀の債券市場における売買は**公開市場操作**と呼ばれ、主に日銀当預(日銀当座預金)を通じて貨幣供給量がコントロールされる。日銀当預は、銀行間や銀行と日銀の間の取引を行うために銀行が日銀に持つ特別な預金口座であり、ここに預金準備が預金されている。

日銀が金融機関から債券を買った場合、その支払いは金融機関の日銀当預の増額という形で行われる。銀行の日銀当預残高(金額)は預金準備Rであり、日銀当預残高が増えれば、ハイパワードマネー$H(=C+R)$が増加する。このとき、貨幣乗数mを一定として、

$$M\uparrow = m \times H\uparrow$$

よって、貨幣供給量Mが増加する。

準備率(最低限の預金準備)が一定のまま、日銀当預残高が増加した場合、そのまま預金準備としておくより、企業や家計に貸し出した方が銀行にとってよいから、銀行は預金準備を引き出して貸出しを行う(銀行は貸出しによって利子を稼ぐ)。よって、信用創造によって貨幣が増加するから、**日銀が買いオペを行った場合、貨幣供給量が増加する**。

反対に、**日銀が売りオペを行うと貨幣供給量は減少する**。貨幣供給量MはハイパワードマネーHの増加関数だから、今度は逆に作用する。

$$M\downarrow = m \times H\downarrow$$

現在、**公開市場操作**は、ほとんどの先進国(もちろん日本を含む)において**主たる金融政策の手段**となっている。

② 公定歩合操作

銀行は中央銀行から資金を借り入れることができる。

例えば、ある銀行が企業に貸出しを行いたいときに、それ以上貸し出せる資金がないとする。このような場合に、銀行は中央銀行から資金を借り入れることができる(このため、中央銀行は「銀行の銀行」と呼ばれる)。

中央銀行が銀行に貸付けを行う際の利子率を**公定歩合**(こうていぶあい)という(銀行にとっての借入れコスト)。銀行は公定歩合を借入れの利子率として中央銀行から資金を借り、借りた資金を企業などに公定歩合より高い利子率で貸し出すことで利益を得ることができる。

公定歩合が引き下げられると、銀行は中央銀行から借り入れやすくなり(この借入れは預金準備を増加させる)、より多くの資金を貸し出すことが可能になる(信用創造)。

したがって、買いオペと同じように、貨幣乗数を一定として、**公定歩合の引下げは貨幣供給量を増加させる。**

逆もまた同様であり、貨幣乗数を一定として、**公定歩合の引上げは貨幣供給量を減少させる。**

なお、公定歩合操作はかつて日銀の主要な金融政策の一つであったが、現在は**主要な金融調節手段として利用されておらず**、また名称も「**基準割引率および基準貸付利率**」に変わっている[9]。

9　かつて(規制金利時代という)、日本では銀行の各種金利(利子率)が公定歩合に連動していたため、公定歩合が変更されるとこれらの金利も一斉に変更された。現在は、金利自由化により公定歩合(基準割引率および基準貸付利率)との連動はない。

③ 準備率操作（法定準備率操作）

預金を一定として法定準備率が引き下げられると、変更前と比べ預金準備の所要額も減少する。銀行は以前よりも貸し出せる資金が増加するから、実際に貸出しを増やし、信用創造によって貨幣供給量が増加する。

貨幣乗数の項で見た通り、たとえハイパワードマネーが一定でも、**準備率（法定準備率）の引下げは貨幣乗数を増加させ貨幣供給量を増加させる**（逆もまた同様）。

現金預金比率$\boldsymbol{c}$を一定として、法定準備率（準備率）$\boldsymbol{r}$の引下げにより貨幣乗数$\boldsymbol{m}$が上昇する。

$$\boldsymbol{m}\uparrow=\frac{\boldsymbol{c}+1}{\boldsymbol{c}+\boldsymbol{r}\downarrow}$$

このとき、ハイパワードマネーが一定であっても、貨幣供給量は増加する。

$$\boldsymbol{M}\uparrow=\boldsymbol{m}\uparrow\times\boldsymbol{H}$$

日本においても、かつて準備率操作は主要な金融調節手段であったが、1991年以降変更されていない（**現在は主要なものではない**）。

④ 金融緩和と金融引締め

金融政策について、貨幣供給量を増加させることを**金融緩和**（金融緩和政策）、逆に貨幣供給量を減少させることを**金融引締め**（金融引締政策）という。

後述の通り、一般的に、金融緩和によって貨幣供給量が増加すると利子率が下落し、金融引締めによって利子率が上昇する。

上記では、買いオペ、公定歩合の引下げ、そして法定準備率の引下げが金融緩和であり、売りオペ、公定歩合の引上げ、法定準備率の引上げが金融引締めである。

	金融政策の手段		
	公開市場操作	公定歩合操作	準備率操作
金融緩和（貨幣供給量↑）	買いオペ	引下げ	引下げ
金融引締め（貨幣供給量↓）	売りオペ	引上げ	引上げ
貨幣供給量の変化要因	ハイパワードマネー $\boldsymbol{M}=\boldsymbol{m}\cdot\boldsymbol{H}$		貨幣乗数 $\boldsymbol{M}=\boldsymbol{m}\cdot\boldsymbol{H}$

重要事項 一問一答

01 貨幣供給量は何の和で表されるか。

現金通貨（現金）と預金通貨（預金）の和

02 貨幣供給量を別の言葉で言い換えよ。

マネーサプライ、マネーストック

03 ハイパワードマネーは何の和で表されるか。

現金通貨（現金）と預金準備

04 銀行が預金のうち最低限支払いの準備としなければならない割合を何というか。

法定準備率

05 貨幣供給量とハイパワードマネーの比率を何というか。

貨幣乗数（信用乗数、通貨乗数）

なお、試験では「マネーストックとマネタリーベースの比率」と書かれることがある。

06 貨幣乗数を現金と預金の比率 c と預金の準備率 r を用いて表せ。

$$\frac{c+1}{c+r}$$

07 金融緩和を三つの方法で示せ。

買いオペ、公定歩合（基準割引率および基準貸付利率）の引下げ、法定準備率の引下げ

08 M1とは何か。

現金（現金通貨）と要求払預金（普通預金・当座預金）の和

過去問 Exercise

問題1 ある経済において、市中銀行は預金残高の5%を預金準備として保有し、預金準備以外を貸出に充てている。一方、家計の現金預金比率は20%である。いま、中央銀行が金融緩和政策を実施し、ハイパワードマネーを5兆円増加させた。この場合のマネーストックの増加分はいくらか。

国税専門官・財務専門官・労働基準監督官2020

1. 24兆円
2. 28兆円
3. 32兆円
4. 36兆円
5. 40兆円

解説

正解 ❶

貨幣供給量M（マネーストック）、ハイパワードマネーH、現金C、預金D、預金準備Rの関係は、与件を用いて以下のように表せる。

$$\left.\begin{array}{l} M=C+D \\ H=C+R \end{array}\right\} \rightarrow \frac{M}{H}=\frac{C/D+1}{C/D+R/D}=\frac{0.2+1}{0.2+0.05}=\frac{120}{25}=\frac{24}{5}$$

$$\rightarrow \quad M=\frac{24}{5}H \quad \rightarrow \quad \Delta M=\frac{24}{5}\Delta H$$

よって、ハイパワードマネーが5兆円増加すると、貨幣供給量は

$$\Delta M=\frac{24}{5}\cdot 5=24$$

兆円増加する。

問題2　新規の預金100万円が、ある市中銀行に預けられたとき、この預金をもとに市中銀行全体で預金準備率をXとして信用創造が行われ、900万円の預金額が創造された場合、信用創造乗数として、正しいのはどれか。ただし、全ての市中銀行は過剰な準備金をもたず、常にこの準備率が認めるところまでの貸出しを行うものとする。

特別区Ⅰ類2021

---

1. 0.1
2. 0.9
3. 1
4. 10
5. 11

解説

正解 ❹

現金についての与件がないので現金なしとして解答する。貨幣乗数(信用創造乗数)をmとする。初めの預金H(新規の預金)に貨幣乗数をかけると預金総額Mに一致する。つまり、

$$M = m \cdot H \quad \left[m = \frac{1}{X} \right]$$

が成り立つ。ここで、$H = 100$だから

$$M = 100m$$

であり、これは預金総額(100+900)に等しい。したがって、

$$100 + 900 = 100m \quad \rightarrow \quad m = 10$$

なお、貨幣乗数は1より大きいから、❶・❷・❸は初めから除外してよい。

問題3

貨幣及び金融市場に関する次のア～エの記述のうち、適当なもののみを全て挙げているものはどれか。

裁判所一般職2015

ア　市場の利子率は公定歩合に連動して決まるため、公定歩合の変更は我が国の金融政策の中心的手段であり続けている。

イ　ハイパワード・マネーは、一般的にはマネタリーベースとも呼ばれ、流通現金と日本銀行当座預金の合計として定義される。

ウ　預金準備率が0.04、民間の現金・預金比率が0.2のとき、ハイパワード・マネーを40兆円とするとマネーストックは200兆円となる。

エ　現金、普通預金、定期預金、国債のうちＭ１に含まれるものは現金だけである。

1. ア、イ、ウ
2. イ、ウ、エ
3. ア、イ
4. イ、ウ
5. ウ、エ

解説

正解 ❹

ア ✕　公定歩合操作は既に金融政策の中心的な手段ではない。

イ ◯　ハイパワードマネーは、マネタリーベース(monetary base)またはベース・マネーとも呼ばれる。これに貨幣乗数をかけると貨幣供給量になるから、「基礎・基盤」という意味でベースという。

なお、預金準備は、日本においては日銀当座預金の残高である。

この時点で❷・❹のどちらかが正解とわかる。

ウ ◯　ア・イで判断できれば計算する必要はない。預金準備率が0.04、民間の現金・預金比率が0.2、ハイパワードマネーが40兆円のとき、マネーストックは、

$$M=\frac{0.2+1}{0.2+0.04}\cdot 40=\frac{120}{24}\cdot 40=200$$

で正しい。

エ ✕　M１であろうとなかろうと、普通預金を含まないマネーストックの指標はない。

★★★

3 ケインズの流動性選好理論

本節は、ケインズ経済学における貨幣需要理論として流動性選好理論を学びます。ケインズ経済学に特有な債券の需要も併せて考え、貨幣需要の三つの動機について学習します。

1 貨幣と債券

1 資産の保有形態

ケインズの貨幣需要理論を考える場合、貨幣と債券をワンセットで考慮する必要がある(債券については下記参照)。

まず、初めにケインズは「人々は富(資産)を貨幣か債券として保有する」と仮定する。この仮定により、貨幣をより多く保有すれば債券の保有は少なくなり、貨幣の保有が減れば債券の保有が多くなる、という関係が生まれる(あるいはこの関係を表すために上記の仮定をおいている)。

2 流動性

ここでは、貨幣は唯一の交換手段(決済手段)である。例えば、商品を購入するとき、代金を現金で支払えば商品を手に入れることができる。つまり、現金と商品を交換できる。

これに対して、債券を直接代金の支払いに使うことはできない。レジで支払いを求められたとき、債券を差し出しても受け取ってもらえない。したがって、何かを購入したければ、まず、債券を売却して貨幣に換えなくてはならない。

このように、貨幣は流動性が非常に高く(素早く決済手段に用いられる)、債券は流動性が非常に低い(直接、決済に使うことはできない)。ケインズ経済学における「流動性」は貨幣の需要(貨幣保有)の代名詞と考えてよい。

3 利　子

資産を貨幣と債券に分類する場合、貨幣を保有しても利子は付かず、債券を保有すれば利子が付くと仮定される[1]。

発行者が国である債券を国債、企業である債券を社債と呼ぶが、ここでは単に債券と呼ぶ。いずれにせよ、債券は、発行者が利子の支払いと元本の返済を約束するもの(借金の証書)である。

したがって、債券を保有すれば利子が得られ、ここでの利子率は債券の利子率を表している。

4 投機とリスク

債券の保有者は、購入した債券を誰かに売却することができ、誰でもその債券を購入することができる。このような債券の取引を債券市場と呼べば、債券市場で債券の売買が行われ、債券の価格が決まる(厳密に言えば、債券の流通市場という)。

債券市場で決まる債券の価格は一定ではなく変動する。いま1,000円の債券を購入したとして、来月には900円に値下がりするかもしれないし、1,200円に値上がりするかもしれない。

つまり、債券は価格の変動リスク(不確実性)のある資産である。

値上がりしたときに債券を売却すれば、差額の分だけ利益を得る(1,200－1,000＝200)。この売却益をキャピタル・ゲインという。

逆に、債券が値下がりすると損失が発生してしまう(キャピタル・ロス)。損失が予想されるとき、債券は購入されない。

ケインズは、**人々が債券を保有するのは値上がりによる売却益を期待するため**とした。このように、値上がりを期待して資金を投じることを**投機**という。

これに対して、(物価の変動を無視すれば)貨幣の価値は時間が経っても変化しない。つまり、千円札一枚の価値は1,000円のままである。

1　貨幣にはもちろん要求払預金を含めていいが、現代においても普通口座の預金利子は極めて低いからゼロと考えてよい。逆に、ここでは、相対的に高めの利子が付くものはすべて債券に分類される。もっとも、「株式は？　金塊は？」などと様々な金融商品を列挙し続けることには意味がない。経済学に限らず、何かをモデルで表す(現実を模す)場合には大雑把な抽象化を行い、基本的な性質を調べることが目的である。ここでは、貨幣について調べたいので、金融商品については債券があればそれで事足りる。金融商品の経済学的な分析自体は金融論の分野で行われているが、試験の範囲を超えるので本書では扱わない。

5 債券の価格

上記の通り、債券の価格は変動する。ここでは、債券の価格と利子率(債券の収益率)の関係を求める。

例えば、いま、債券を1,000円で購入し、1年後に200円の利子と元本1,000円が支払われるとしよう。この債券の利子率をrとすれば、1年後に手にする金額は、元利合計で、

$$(1+r)\times 1{,}000=1{,}000+1{,}000r$$

である。第1項は元本であり、第2項が利子である。利子は200円だから、利子率rは20%である。

$$1{,}000r=200 \quad \rightarrow \quad r=\frac{200}{1{,}000}=0.2(=20\%)$$

資金1,000円を投じて200円の利子(収益)が得られるので、その利子率(収益率)は20%である。

元本が支払われる期日を債券の満期または償還期日という。満期が1年の場合には上の例の通り、簡単に計算することができる。

本節で考慮する債券は満期が1年を超えるものも含まれる。ここでは、特殊な例として**コンソル債**という債券を考える。コンソル債は、利子が保有者に永遠に支払われる債券であり、永久利付債券または永久債と訳される。

コンソル債の価格は、保有していれば毎年得られる収益の割引現在価値に等しい(後述参照)。毎年支払われる利子をX、コンソル債の利子率(収益率)をrとして、**コンソル債価格P_B**(Bond、債券)**は、利子率rの減少関数**で表される。

$$P_B=\frac{X}{r}$$

一般に、コンソル債と同様、**債券価格は利子率の減少関数**で表される(満期のある債券の価格は下記参照)。この性質は共通だから、債券価格を考えるときは、もっぱらコンソル債価格で考えることにしよう。

なお、債券価格と利子率について次のようにも表される。利子率は債券価格と逆方向に動く。コンソル債の場合、

$$P_B=\frac{X}{r} \quad \rightarrow \quad r\cdot P_B=X \quad \rightarrow \quad r=\frac{X}{P_B}$$

であり、例えば、債券に対する需要が増加すると債券価格が上昇して、利子率が下落する。

$$r\downarrow=\frac{X}{P_B\uparrow}$$

同じ利子X円を得るために、より高い価格で債券を買えば、その収益率(収益性)は低くなる。

[参　考]　割引現在価値と債券価格

割引現在価値を表すため、いったんケインズの話を離れて、定期預金を使って説明する。ここでの利子率rは、定期預金を利用したときの収益率である。

いま、10,000円を預け入れると、年率2%の利子が付くとする。1年後の預金残高は、

$$\underbrace{1.02}_{1+r}\times\underbrace{10{,}000}_{\text{現在}}=\underbrace{10{,}200}_{\text{1年後}}$$

であり、200円の利子が得られる。ここで、この10,200円が、現在の10,000円の1年後の価値だということに注意しよう。

現在の価値に$1+r$をかけると1年後の価値に変換されるから、逆に、1年後の価値を$1+r$で割れば現在の価値に直すことができる。

$$\underbrace{10{,}200}_{\text{1年後}}\div\underbrace{1.02}_{1+r}=\underbrace{10{,}000}_{\text{現在}}$$

今度は、この預金を2年間保有した場合に2年後の預金残高がいくらになるか考えよう。1年後の預金残高に、さらに$1+r$をかければよい[2]。

$$\underbrace{1.02}_{1+r}\times\underbrace{10{,}200}_{\text{1年後}}=\underbrace{1.02}_{1+r}\times\overbrace{\underbrace{1.02}_{1+r}\times\underbrace{10{,}000}_{\text{現在}}}^{\text{1年後}}$$

$$=\overbrace{\underbrace{1.02^2}_{(1+r)^2}\times\underbrace{10{,}000}_{\text{現在}}}^{\text{2年後}}=\overbrace{10{,}404}^{\text{2年後}}$$

このように、2年後の価値を求めるには現在の価値に$1+r$を2回かけるから、2年後の価値を現在の価値に直すには、2年後の価値を$1+r$で2回割ればよい。

$$\underbrace{\overbrace{10{,}404}^{\text{2年後}}\div\overbrace{1.02}^{1+r}}_{\text{1年後}}\div\overbrace{1.02}^{1+r}=\frac{\overbrace{10{,}404}^{\text{2年後}}}{\underbrace{1.02^2}_{(1+r)^2}}=\underbrace{10{,}000}_{\text{現在}}$$

一般に、n年後の価値Xを現在の価値で表すには、$1+r$でn回割ればよい(割り算に使うrを割引率という)。こうして求めた現在の価値を割引現在価値という。

2　2年後の預金残高には、1年後の利子200円に対する利子も含まれている。元本および利子の合計(元利合計)に対して利子が付くことを複利計算という。計算が楽になるので、複数期間の計算をするときには複利計算が使われることが多い。

$$\frac{X}{(1+r)^n}=\text{割引現在価値}$$

単純に言えば、遠い未来の価値(nが大きい)を現在の価値に直すと微々たるものだということである(「100年後に1万円あげる」と言われても大した価値を感じない)。

さて、割引現在価値の考え方を使って、1年当たりの利子率が2%、利子が50の債券の価格を考えよう。この債券の満期が1年であれば、割引現在価値

$$\frac{50}{1.02}\fallingdotseq 49$$

を持つ。したがって、この債券の価格は約49である(1個100円の商品は、100円に等しい価値を持つ)。

債券の満期が2年の場合、1年後と2年後に利子50が支払われるから、割引現在価値は、

$$\frac{50}{1.02}+\frac{50}{1.02^2}\fallingdotseq 97.1$$

であり、価格は約97.1となる。

満期がなく、永久に利子50が得られる場合、割引現在価値は、

$$\frac{50}{1.02}+\frac{50}{1.02^2}+\cdots+\frac{50}{1.02^{100}}+\cdots\fallingdotseq\frac{50}{0.02}=2{,}500$$

となる(無限等比数列を解いたもの)。

[参　考]　確定利付債券の価格と利子率

上記のコンソル債や満期のある債券の価格は、与えられた利子と利子率のもとで計算されたものである(割引現在価値の考え方を使って、債券価格が利子率の減少関数であることを示すもの)。

ここでは逆に、利子と債券価格が与えられたときに、その債券の利子率(収益率)がどのように変化するかを考える(利子率が債券価格と逆方向に動くことを示す)。同じことを述べているだけのように思えるが、貨幣市場を考える際に必要な知識だから、ここで紹介しておく。

ここでは、確定利付債券と呼ばれる満期のある債券を考えよう。確定利付債券の場合、満期までの間、毎年決まった額の利子が支払われ、満期を迎えると利子および元本が支払われる。ここでの元本は額面価格と呼ばれ、この債券が発行されたときの価格と考えてよい。例えば、額面価格4万円の債券購入者は、元本4万円を貸し、その上で利子を受け取る。以下、債券価格とはっきり区別できるよう元本と呼ぶ。

例えば、満期までの期間が2年で、毎年の利子が2万円、元本が4万円の債券を考える。1年目に2万円、2年目に利子2万円と元本4万円を受け取るから、債券価格を$\boldsymbol{P_B}$、利子率を$\boldsymbol{r}$として、

$$\boldsymbol{P_B}=\frac{2}{1+\boldsymbol{r}}+\frac{2+4}{(1+\boldsymbol{r})^2}$$

が成り立つ。

債券価格が$\boldsymbol{P_B}=8$万円であれば、

$$\underbrace{8}_{\boldsymbol{P_B}}=\frac{2}{1+\boldsymbol{r}}+\frac{2+4}{(1+\boldsymbol{r})^2}\ \rightarrow\ \boldsymbol{r}=0$$

より、利子率は0%である。

債券価格が$\boldsymbol{P_B}=4$万円に下落すると、

$$\underbrace{4}_{\boldsymbol{P_B}}=\frac{2}{1+\boldsymbol{r}}+\frac{2+4}{(1+\boldsymbol{r})^2}\ \rightarrow\ \boldsymbol{r}=0.5$$

$$\left(\because\ \frac{2}{1.5}+\frac{2+4}{1.5^2}=\frac{1.5\times2+(2+4)}{1.5^2}=\frac{9}{2.25}=4\right)$$

で、利子率は50%である[3]。

以下では直接的に債券市場(債券の需要と供給および債券価格)を分析することはせず、代わりに貨幣市場を明示することになる。

3　コンソル債の場合には満期がないので元本を考える必要がない。

2 貨幣保有の動機

1 三つの動機

資産の保有形態は債券か貨幣である。利子の付く債券ではなく、わざわざ利子の付かない貨幣を保有する(需要する)理由は何だろうか。

ケインズは三つの理由(動機)による貨幣の需要を挙げた。一つ目の貨幣需要は、取引(買い物)の支払いに貨幣が必要になるという意味で、**取引動機に基づく貨幣需要**と呼ばれている(貨幣の取引需要)。

景気が良くなると(国民所得が大きいと)、取引が活発になるから(取引総額が大きくなるから)、**取引動機に基づく貨幣需要は国民所得の増加関数**と考えられる。

二つ目に、不意の支払い(不測の支払い)に備えて貨幣を多めに保有しておくことが考えられる。これを**予備的動機に基づく貨幣需要**という(貨幣の予備的需要)。

予備的動機による貨幣需要もまた**国民所得の増加関数**とされる[4]。取引動機はいつもの支払いのために用意するものであり、予備的動機はそれに加えて余計に持っておこうというものだから、景気が良いほどより多くの予備的需要があるだろう。逆に、ものすごく景気が悪ければ(国民所得が少ないときには)余計に貨幣を用意しておく余裕はなさそうだ。

以上の二つが取引の支払い用に貨幣が必要になるという観点からの貨幣需要である。

三つ目は、債券の値下がりを避けるため、債券ではない資産保有形態として貨幣が選ばれるというもので、**投機的動機に基づく貨幣需要**(貨幣の投機的需要、貨幣の資産需要)と呼ばれる。

利子率が低いとき、債券価格は高い(**債券価格は利子率の減少関数**)。債券価格が高いと、将来、債券価格が低くなることが予想されやすく、このとき、値下がりが起こらない安全な資産としての貨幣需要が増える[5]。

したがって、**投機的動機に基づく貨幣需要は利子率の減少関数**である(利子率が低いほど貨幣が需要される)。

このような三つの動機に基づく貨幣の需要を**ケインズの流動性選好理論**と呼ぶ[6]。

4　伊東光晴編『岩波現代経済学事典』

5　安全資産か危険資産かの判別は比較対象によって異なる。株式（株価や配当が変動）と比較すれば国債などの債券は利子や元本が保証されており、債券は安全資産、株式は危険資産ということになる。

6　取引動機に基づく貨幣需要はケインズ以前から考えられており、ケインズ独特の考え方は投機的動機に基づく貨幣需要（利子率の減少関数）である。このため、投機的動機に基づく貨幣需要を流動性選好理論と呼ぶことがある。

2 貨幣需要関数

以上より、ケインズ経済学における貨幣需要関数L（流動性選好）は、国民所得Yの増加関数（∵取引動機、予備的動機）、利子率rの減少関数（∵投機的動機）と考えられ、これを

$$L=\alpha\cdot Y-\beta\cdot r+\text{定数項}\quad（例\quad L=\underbrace{4}_{\alpha}Y-\underbrace{2}_{\beta}r）$$

で表す［α，β：正の定数、定数項は正・ゼロ・負のどれでもよい］。

重要事項 一問一答

01 資産の保有形態には何があるか。
貨幣と債券

02 債券価格は何の減少関数か。
利子率

03 貨幣保有の三つの動機とは何か。
取引動機、予備的動機、投機的動機（資産動機）

04 貨幣需要関数は何の増加関数か。
国民所得（∵取引動機、予備的動機）

05 貨幣需要関数は何の減少関数か。
利子率（∵投機的動機）

過去問 Exercise

問題1 ケインズの流動性選好説による貨幣需要に関する記述として、最も妥当なものはどれか。

裁判所一般職2022

---

❶ 投機的動機は、リスクを伴わない安全な資産として貨幣を保有しようとするものであり、利子率の減少関数である。

❷ 投機的動機は、予想外の状況に対応するためにあらかじめ貨幣を保有しようとするものであり、したがって国民所得の増加関数となる。

❸ 取引動機は、取引の決済手段として貨幣を必要とする動機であり、国民所得が増加するにつれて減少する傾向がある。

❹ 取引動機は、債券市場における取引の決済手段として貨幣を保有するものであり、国民貯蓄の減少関数とされる。

❺ 予備的動機は、収入を超える支出のために貨幣を保有しようとするものであり、国民所得が減少するにつれて増加する。

解説

正解 ❶

❶ ○　流動性選好説において、貨幣と債券は代替的な資産である。現行の利子率が下がると債券価格が高くなり、将来は値下がりが予想されるため、債券ではなく、貨幣を保有しようとする。

❷ ×　これは予備的動機に基づく貨幣需要である。

❸ ×　取引動機に基づく貨幣需要は国民所得の増加関数である。

❹ ×　通常、取引動機で決済という場合、財の取引に要する決済がメインであり、国民所得の増加関数である(国民貯蓄の関数などというものは出てこない)。

❺ ×　予備的動機に基づく貨幣需要は、予想外の支出に備えるものであり、国民所得の増加関数である。

★★★

4 貨幣市場の均衡

本節は、ケインズ経済学における貨幣需要（流動性選好）と貨幣供給を考え、特定の条件のもと、貨幣市場の均衡において、利子率が決定されることを示します。

1 物価水準と実質値

これまでは物価水準を明示的に取り扱ってこなかったが、貨幣市場では明示して考えることができる(ただし、物価水準は一定と仮定される)。

物価水準Pは、財市場において、消費され、投資され、政府に購入される「財」の価格と考えられる。厳密には、消費・投資・政府購入(政府支出)される財・サービスを詰め込んだ巨大な買い物カゴ1個の値段である。国民所得Yは買い物カゴの数量であり、物価水準が明示される場合には実質値であるが、これまで通りに国民所得と呼ぶことにする[1]。

名目貨幣供給量をMとして、実質貨幣供給は、M/Pで表される。例えば、名目貨幣供給量がM=600兆円、物価水準がP=1.2であれば、

$$\frac{M}{P}=\frac{600}{1.2}=500$$

であり、供給された貨幣600兆円が、買い物カゴ500個分に相当するということを意味している。

なお、需要については名目値を明記せず、実質貨幣需要Lで表す[2]。

1　テキストによっては、実質国民所得、実質消費、…と丁寧に書き換えるものもあるが、試験ではほとんど見かけないから、ここでも特に名称は変えない。

2　この範囲の出題傾向を見ると名目値で貨幣需要と貨幣供給を考えるものも多く、例えば、Mを同様に貨幣供給量（名目値）、Lを貨幣需要量（名目値）としている。

❷ 貨幣市場の均衡

貨幣市場は、貨幣需要と貨幣供給が一致するとき均衡する。物価Pを一定とし、実質貨幣需要をL、貨幣供給量をMとすれば、貨幣市場は、

$$L=\frac{M}{P}$$

が成立するとき均衡する[3]。

例1

貨幣市場が次のように示されている。

$$L=\frac{M}{P}$$
$$L=0.4Y-2r$$
$$M=180$$
$$P=1$$
$$Y=500$$

［L：実質貨幣需要、M：貨幣供給量
P：物価水準、Y：国民所得、r：利子率(%)］

第1式は**貨幣市場の均衡条件**であり、実質値で表された貨幣の需要と供給を一致させる。供給については、貨幣供給量(名目値)を物価水準で割ることで実質貨幣供給に直している。

貨幣市場の均衡条件に残りの与件を代入すると、

$$\overbrace{0.4\cdot\underbrace{500}_{Y}-2r}^{L}=\frac{\overbrace{180}^{M}}{\underbrace{1}_{P}} \rightarrow 200-180=2r \rightarrow r=10$$

となって、利子率が10%に決まる。

3　先ほどの名目値の場合には、貨幣需要量（名目値）と貨幣供給量（名目値）が一致するとき、貨幣市場が均衡する。

試験対策上重要ではないが、この例を図示してみよう。縦軸に利子率r(%)、横軸に実質貨幣残高、つまり、実質貨幣需要Lおよび実質貨幣供給M/Pを測る。

まず、貨幣供給量Mは中央銀行によって完全にコントロールされ、一定水準に保たれている。また、物価水準Pは一定である。

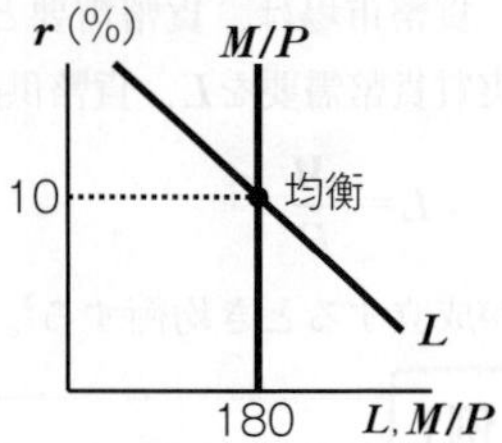

この場合、実質貨幣供給は完全な定数であり、図では垂直な直線$M/P=180$で表される。

次に実質貨幣需要Lは、国民所得Yを一定として、一本の右下がりの曲線で表される。貨幣需要関数に$Y=500$を代入して[4]、

$$L=0.4\cdot\underbrace{500}_{Y}-2r \;\rightarrow\; r=100-0.5L$$

であり、右下がりの直線である。

貨幣市場の均衡は、これらの交点で表され、国民所得と物価水準を一定として、利子率が10%に決まる。

3 金融政策の効果

中央銀行は金融政策によって、貨幣供給量を変更することができる。物価水準は一定だから、金融政策によって、実質貨幣供給を示す垂直な直線がシフトする(位置が変わる)。

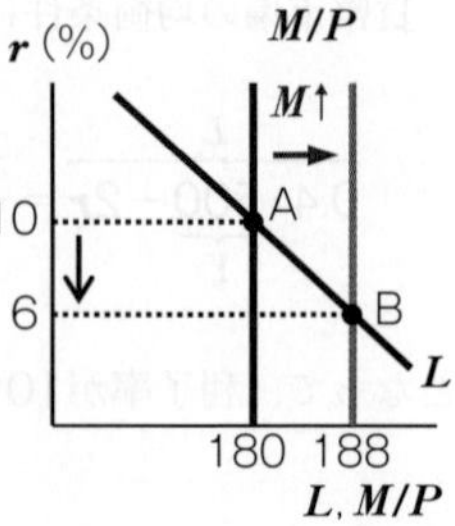

例えば、中央銀行が買いオペを行い(金融緩和)、貨幣供給量が180から188に増加したとすると、物価水準を一定として($P=1$)、実質貨幣供給(垂直線)が右方にシフトする[5]。

国民所得を一定として、利子率は10% (点A)から6%に下落する(点B)。また、逆に金融引締め(売りオペなど)によって貨幣供給量が減少すれば、実質貨幣供給(垂直線)が左方にシフトして、利子率が上昇する(点B→A)。ただし、利子率の変化を説明するには、次のように債券市場とともに貨幣市場を考える必要がある。

4 本書では、名目か実質かの区別なく、関数としての名称は貨幣需要関数とする。

5 貨幣需要関数は貨幣供給量Mに依存しない(文字が入っていない)からシフトしない。

4 資産市場のワルラス法則

ケインズ経済学では、貨幣市場と債券市場をまとめて資産市場(またはストック市場、金融市場)と呼ぶ。

ケインズ流の資産市場の分析では、直接的な分析対象は貨幣市場とされ、債券市場については間接的に考える。これが可能になるのは、**資産市場のワルラス法則**が働くことによる。

二つの市場の間にワルラス法則が働く場合、次の性質が成り立つ[6]。**一方の市場で超過需要が発生するとき、他方の市場では必ず超過供給が発生する**。つまり、**二つの市場は同時にしか均衡しない**。

資産市場にワルラス法則が働く場合、次の三つのケースしか生じない。

	ケース1	ケース2	ケース3
貨幣市場	超過需要	均衡	超過供給
債券市場	超過供給	均衡	超過需要

資産市場のワルラス法則を前提とすれば、上記の金融緩和は次のように説明される。

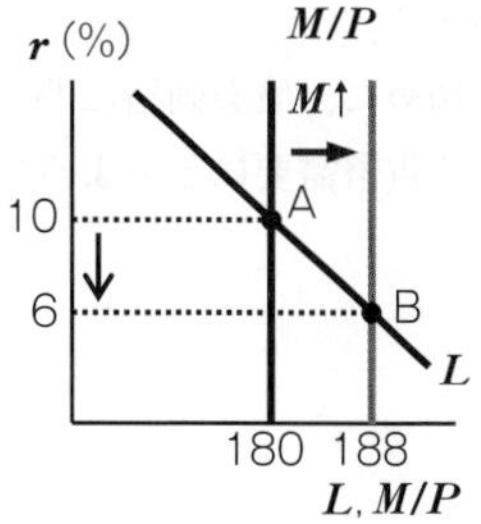

当初、点Aで貨幣市場および債券市場が均衡している。ここで、物価水準を一定として、貨幣供給量が増加すると、実質貨幣供給が増加する(垂直線が右方シフト)。このとき、一時的に貨幣市場では超過供給が発生する。

点Aにおける実質貨幣需要180＜実質貨幣供給188

資産市場のワルラス法則により、このとき、債券市場では超過需要が発生する。債券の需要が高まれば、債券の価格は上昇する(通常の財と同様に考えてよい)。

債券価格をコンソル債で表すと、Xを利子(一定)、債券価格をP_B、利子率をrとして、

$$P_B = \frac{X}{r} \rightarrow r = \frac{X}{P_B}$$

であったから、債券市場で発生した超過需要によって、債券価格が上昇すると($P_B\uparrow$)、利子率が下落することになる(一定の利子を得るのに高い価格で債券を

6　ケインズ経済学においてワルラス法則を仮定するのは貨幣市場と債券市場だけである。他に、財市場や労働市場があるが、これらの間や資産市場とこれらの間にはワルラス法則は働かない。特に、第5章で学習するが、「財市場が均衡しても労働市場では超過供給が発生する」と考えることにケインズの真意があるので、「資産市場のワルラス法則」、「資産市場は、貨幣市場と債券市場」としっかり覚えておこう。

購入すれば、その収益率は低くなる)。

$$P_B\uparrow \quad \rightarrow \quad r\downarrow = \frac{X}{P_B\uparrow}$$

利子率が下落すると、投機的動機に基づく貨幣需要が増加する[7](∵利子率の減少関数)。よって、貨幣市場が再び均衡し(点B)、ワルラス法則によって債券市場も同時に均衡する。

点Bにおける実質貨幣需要188＝実質貨幣供給188

このように、金融緩和(貨幣供給量増加)によって、実質貨幣供給が増加すると、人々の資産選択(貨幣か債券か)によって債券需要が増加すると考えられる[8]。

5 流動性のわなと金融政策

上記の通り、一般に、金融緩和によって貨幣供給量(実質貨幣供給)が増加すると、貨幣市場(および債券市場)を均衡させる利子率は下落する。

ところが、人々の予想によっては、金融緩和を行っても利子率が変わらないことがある。

初めに、債券価格に関する人々の予想について考え、このことが投機的動機に基づく貨幣需要にどのように影響するかを示す。

7 動機別の貨幣需要についても、わざわざ実質をつけて呼び直すことはせずそのまま使う。

8 このメカニズムを詳しく説明するには、もっと踏み込んだ知識が必要になるが、試験の範囲を超えるので省略する。

1 債券価格に関する予想

投機的動機に基づく貨幣需要は、貨幣の資産需要とも呼ばれ、資産として債券を保有する代わりに貨幣を保有することを表したものである(債券と貨幣は資産として代替的である)。

債券を需要するのは、将来の値上がりと売却益(キャピタル・ゲイン)を期待するからであった。逆に、将来の債券の値下がりが予想されると、売却したときの損失(キャピタル・ロス)を恐れて債券の購入を避け、代わりに安全な貨幣を需要する。

債券の将来の値下がりを予想する人は、現在の債券価格が高いと考えている(高いから将来下がる)。債券価格は利子率の減少関数だから、

現在の債券価格が高い$\Longleftrightarrow$現在の利子率が低い

と言い換えることができる。

ケインズは、極端な場合には次の状況が生じうるとした。

利子率が極端に下がると(極端に低くなると)、**人々は債券の値下がりを恐れて誰も新たに債券を買おうとしなくなり、貨幣で資産を保有しようとする。**

この状況で貨幣供給が増加しても、貨幣保有が増加するだけで、資金は債券購入に回ることがない。したがって、債券市場で超過需要が発生することはなく(債券価格が上昇することはなく)、**利子率はそれ以上低下することはない。**

ケインズはこれを**流動性のわな**と呼んだ。人々が「利子率はもう十分に低い」と考えるようになると、金融緩和を行っても利子率が下がることがなくなる。つまり、**利子率には下限がある**ということを示している。

2 利子率の下限と金融政策

流動性のわなが生じるということは、利子率の下限が決まるということである。流動性のわな(利子率の下限)が生じるのは、債券の代わりに貨幣ばかりを需要することに起因するから、初めに、利子率の下限があるときの貨幣需要関数を考えよう。

例えば、利子率の下限を2%とする(ある程度低ければ何でもよい)。このとき、貨幣需要関数Lは次のように表せる。

まず、国民所得を一定として、通常の貨幣需要関数を表すと、

$$\left.\begin{array}{l} L=0.4Y-2r \\ Y=500 \end{array}\right\} \rightarrow L=0.4\cdot\underbrace{500}_{Y}-2r \rightarrow r=100-0.5L$$

であるが、流動性のわなが生じて、利子率の下限が$r=2$に決まると、

$$\left\{\begin{array}{l} r=100-0.5L\ (r>2) \\ r=2\ (\text{上記以外の範囲}) \end{array}\right.$$

となる。これを図示すると、貨幣需要関数は利子率の下限で水平な直線となり、この直線より下の領域には貨幣需要関数が存在しない。

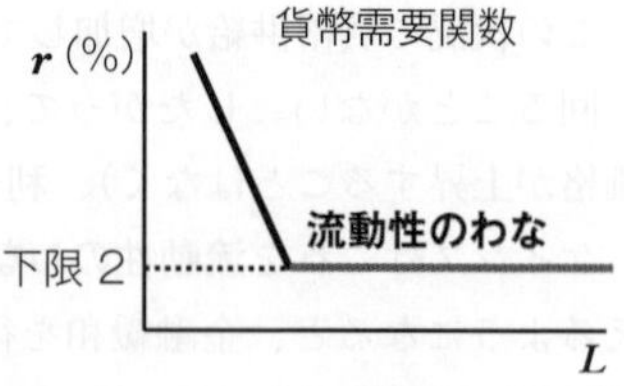

この状況で金融緩和を行うとする。当初の均衡は点Aで示されている。物価を一定として、貨幣供給量を増やすと、実質貨幣供給(垂直線)が右方シフトする(ここまでは流動性のわなが生じていないときと変わらない)。

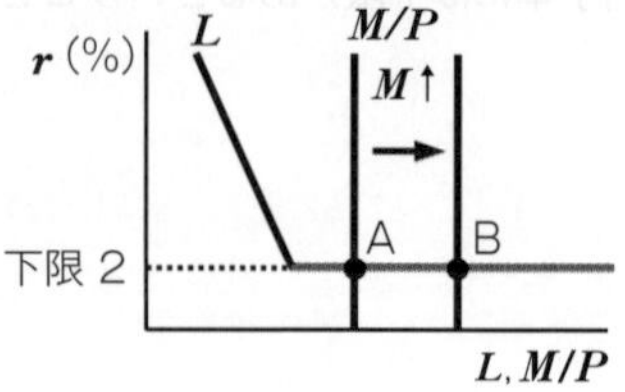

新たな均衡は点Bで示されるが、利子率が下限に達しているため、それ以上、利子率が下がることはない。これが流動性のわなが生じているときの金融緩和の結果である。

重要事項 一問一答

01 貨幣市場の均衡において何が決まるか。

物価水準と国民所得を一定として、利子率が決まる

02 金融緩和はどのような効果を持つか。

利子率を下落させる

03 貨幣市場で超過需要が発生するとき、債券市場はどうなっているか。

資産市場のワルラス法則により、債券市場で超過供給が発生

04 人々が債券の値下がりを恐れて貨幣ばかりを需要しようとする状況を何というか。

流動性のわな

05 流動性のわなでは、何の下限が決まるか。

利子率

06 流動性のわなが生じると、金融緩和によって利子率は下がるか。

下がらない

過去問 Exercise

問題1 貨幣又は債券に関する記述として、妥当なのはどれか。

特別区Ⅰ類2016

---

❶ 資産市場におけるワルラス法則では、資産が貨幣、債券の２種類しかない状況において、貨幣市場の需要と供給が均衡したとしても、債券市場の需要と供給は均衡しない。

❷ 債券価格は、将来支払われる利子の割引現在価値に応じて決まり、債券価格と利子率の間には比例関係があるため、利子率が上昇すれば、債券価格は上昇する。

❸ ケインズの流動性のわなの状態では、債券の現在価格が予想価格を上回っている場合、人々は将来の値下がりを恐れて債券を購入せず、貨幣の資産需要は増加している。

❹ ハイパワード・マネーとは、日本銀行の民間非銀行部門及び民間銀行に対する資産であり、日本銀行の発行する銀行券と民間金融機関が日本銀行に持っている当座預金の合計である。

❺ 貨幣乗数とは、ハイパワード・マネーをマネーストックで割った値であり、現金・預金比率が上昇すれば貨幣乗数の値は小さくなり、法定準備率が低下すれば、貨幣乗数の値は大きくなる。

解説

正解 ❸

❶ ×　資産市場（金融市場）のワルラス法則は、貨幣市場と債券市場の間に働く。一方の市場が超過需要であれば、他方は必ず超過供給となり、二つの市場は同時にしか均衡しない。

❷ ×　コンソル債で考えると、債券価格P_Bは利子をX、利子率をrとして、$P_B = X/r$で表される。つまり、債券価格は利子率の減少関数である（反比例）。

❸ ○　流動性のわなは、人々が現在の債券価格は高く、将来は安くなると予想することで、誰も債券を買おうとしないことによって生じる。ケインズは資産を債券と貨幣に二分したから、債券と代替可能なのは貨幣だけである。

❹ ×　ハイパワードマネーは、現金（日本銀行券（紙幣）と硬貨）と民間銀行の預金準備（民間金融機関が日銀に持つ当座預金）の和である。前者は企業や家計（民間非銀行部門）、後者は民間金融機関（民間銀行部門）に対する日銀の負債である。

現金について、その有用性を日銀が保証するものであり、預金準備は民間銀行が日銀当座預金に預けたものである。

❺ ×　貨幣乗数はマネーストックMをハイパワードマネーHで割った値に等しい。

$$\frac{M}{H} = \frac{c+1}{c+r} > 1$$

単純に分母子を入れ替えた表現になっているから十分に気を付けよう。

なお、上記以外の記述は正しい。

第4章

IS－LMモデル

本章では第2章から学習してきたケインズ経済学の代表的なモデルであるIS－LM分析を学習します。財市場と貨幣市場の利子率を通じた関係から、財政政策と金融政策の国民所得に対する影響を詳しく調べます。

公務員試験の中でも特に出題の多い範囲になるため、細かい点にとらわれず定型的な出題に対応できることを目標にしましょう。

★★★

1 IS曲線

本節では、45度線モデルに投資関数を導入して、財市場を均衡させる国民所得と利子率の組合せを曲線として求めます。IS曲線単独の出題はありませんが、本章を通じて必須となる性質をここで学習します。

1 投資関数とIS曲線

1 投資関数

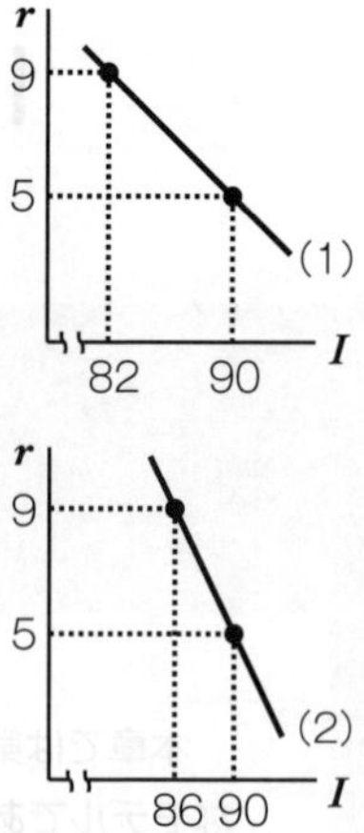

企業が銀行から資金を借り入れ、設備投資を行う(機械設備を購入する)と考えれば、利子率rは元金(借入れ)の何%を利子として支払うかを表す。よって、利子率が低いほどより多くの資金を借り入れて投資に使う。

これまでは投資を定数として扱ってきたが、ここでは利子率の減少関数と考え、例えば次のように表す。

$I=100-2r$ …(1)　[I：投資、r：利子率(%)]

$I=95-r$ …(2)

縦軸が利子率、横軸が投資の平面に投資関数を描く[1]。どちらも点(90, 5)を通る。

また、(1)は点(82, 9)を、(2)は点(86, 9)を通るから、利子率が4ポイント上昇すると、傾き方の小さい(1)の方が投資の減少が大きい。

1　この図は試験ではほぼ使わない。

2 投資の利子弾力性

利子率の変化率($\Delta r/r$)に対する投資の変化率($\Delta I/I$)を**投資の利子弾力性**と呼び、これは以下で示される(計算の出題は通常ない)。

$$投資の利子弾力性=\left|\frac{\Delta I/I}{\Delta r/r}\right|=\left|\frac{\Delta I}{I}\times\frac{r}{\Delta r}\right|=\left|\frac{\Delta I}{\Delta r}\times\frac{r}{I}\right|=\left|\frac{\Delta I}{\Delta r}\right|\cdot\frac{r}{I}$$

(1)(2)を用いると、$I=90$、$r=5$のとき、

$$(1)\ I=100\underbrace{-2}_{\frac{\Delta I}{\Delta r}}r \quad\rightarrow\quad \left|\frac{\Delta I}{\Delta r}\right|\cdot\frac{r}{I}=2\cdot\frac{5}{90}$$

$$(2)\ I=95\underbrace{-1}_{\frac{\Delta I}{\Delta r}}\cdot r \quad\rightarrow\quad \left|\frac{\Delta I}{\Delta r}\right|\cdot\frac{r}{I}=1\cdot\frac{5}{90}$$

であり、利子率rの係数(絶対値)が大きいほど、投資の利子弾力性が大きくなる。

なお、利子率の係数(絶対値)は、投資が利子率に対してどれだけ反応するかを示す反応係数(感応度)と呼ばれることがある。以下ではもっぱら反応係数が大きいとき、投資の利子弾力性が大きいとする(逆もまた同様であり、反応係数が小さいとき、投資の利子弾力性が小さい)。

3 財市場の均衡とIS曲線

例1　財市場が次のように示されている。

$Y=C+I+G$

$C=0.6(Y-T)+30$

$I=100-2r$

$T=50$、$G=40$

[Y:国民所得、C:消費、I:投資、G:政府支出
r:利子率(%)、T:租税]

財市場の均衡条件(第1式)に与件を代入すると、

$$Y=\overbrace{0.6(Y-\underbrace{50}_{T})+30}^{C}+\overbrace{100-2r}^{I}+\overbrace{40}^{G}$$

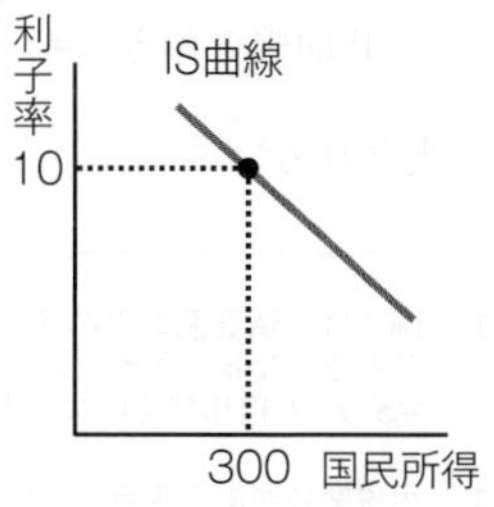

となり、国民所得と利子率の関係を表す。

これを利子率について解く。ただし、限界消費性向をcで、投資の利子率に対する反応係数をbで表す。

$$Y=\overbrace{\underbrace{0.6}_{c}(Y-\underbrace{50}_{T})+30}^{C}+\overbrace{100-\underbrace{2}_{b}r}^{I}+\overbrace{40}^{G}$$

$$\rightarrow\quad Y-0.6Y=-30+30+100+40-\underbrace{2}_{b}r$$

$$\rightarrow\quad \underbrace{0.4}_{1-c}Y=140-\underbrace{2}_{b}r$$

$$\rightarrow\quad r=70-\underbrace{0.2}_{\frac{1-c}{b}}Y\cdots(\#)$$

例えば、点(300, 10)はこの条件式を満たすから、この曲線上の点である。

このようにして求めた曲線をIS曲線といい、**財市場の均衡をもたらす国民所得と利子率の関係を表す。**

一定の条件のもと、財市場の均衡を投資Iと貯蓄Sの均等化として表すことができるので、IS曲線と呼ばれている。財市場が以下の条件で表されると、均衡において(第1式)、

$$\left.\begin{array}{l}Y=C+I\\ Y=C+S\end{array}\right\}\rightarrow\ \overbrace{C+I}^{Y}=\overbrace{C+S}^{Y}\ \rightarrow\ I=S$$

が成り立つ。ただし、投資は利子率の減少関数であり、貯蓄は国民所得の増加関数である[2]。

$$I(r)=S(Y)$$

4 IS曲線の傾き

例1 の(#)の式にある通り、IS曲線の傾き(絶対値)は、投資関数の係数(絶対値)bと限界消費性向cを用いて、

$$|\text{IS曲線の傾き}|=\frac{1-c}{b}\fallingdotseq\frac{1-\text{限界消費性向}}{\text{投資の利子弾力性}}$$

で表される[3]。

---

2 例えば、消費関数が$C=0.8Y+20$であれば、第2式から、$S=Y-C=Y-(0.8Y+20)=0.2Y-20$である。なお、ケインズ以前の考え方(後述の古典派)では、貯蓄は利子率の増加関数であり、$I(r)=S(r)$が財市場ではない市場の均衡で成立している。

3 租税関数がある場合、|傾き|の分子は、1−限界消費性向×(1−限界税率)となる(分母はbで同じ)。この場合も、本節で学習する性質は変わらない。

① 投資の利子弾力性と傾き

(ア)利子率に対する投資の反応係数bが大きいほど投資が大きく変化するため(利子弾力性が大きい)、財市場を均衡させる国民所得も大きく変化する。

よって、**投資の利子率弾力性が大きいほど、IS曲線の傾き(絶対値)は小さくなり、IS曲線は水平に近づく。**

(イ)また、**投資が利子率に対して完全に弾力的な場合(投資の利子弾力性が無限大)、IS曲線は水平となる。**

(ウ)同様に、利子率に対する投資の反応係数bが小さいほど、投資は利子率に反応しなくなり、付随した国民所得の変化が小さくさなる。

よって、**投資の利子弾力性が小さいほどIS曲線の傾き(絶対値)が大きくなり、IS曲線が垂直に近づく**ことが示される[4]。

(エ)**投資が利子率に対して完全に非弾力的な場合(投資の利子弾力性がゼロ)、IS曲線は垂直**となる。

投資が利子率に対して反応しない場合、利子率の任意の水準に対して投資は一定となるから、財市場を均衡させる国民所得は利子率の大きさに無関係に一定となる。

(ア)投資の利子弾力性が大きい

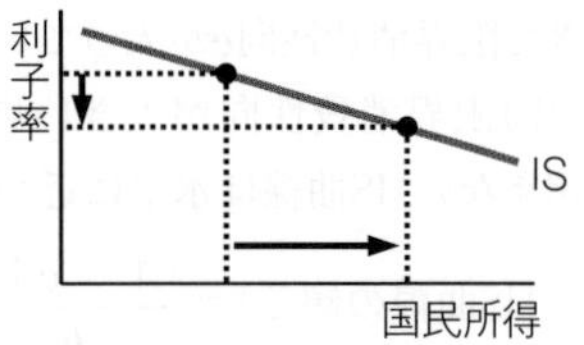

(イ)投資の利子弾力性が無限大

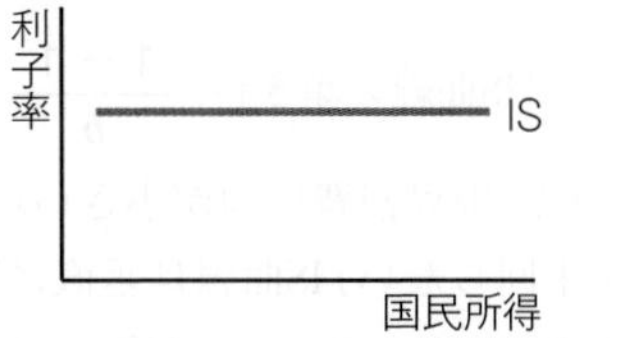

(ウ)投資の利子弾力性が小さい

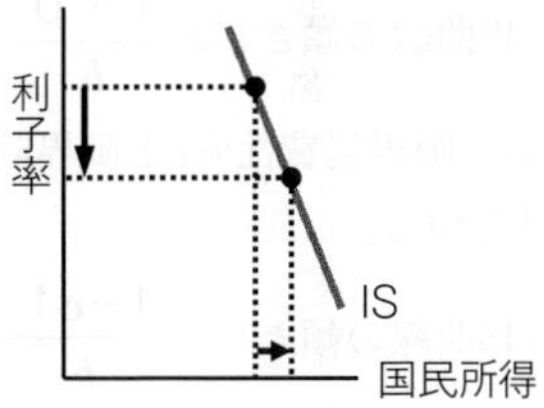

(エ)投資の利子弾力性がゼロ

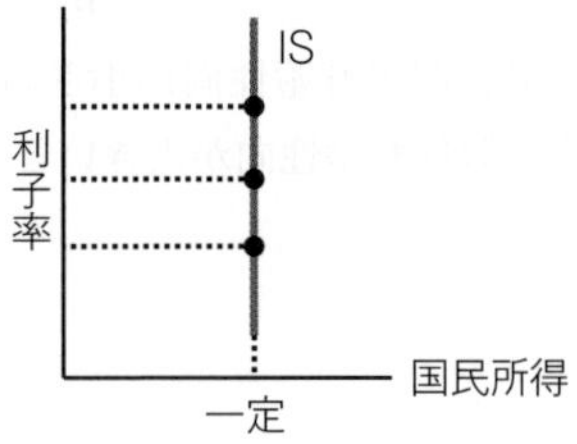

4　図では、利子率の変化に伴う投資の変化は、横軸の国民所得の変化に反映される。投資の利子弾力性が小さいと、投資および国民所得の変化の幅が小さいということになる。

② 限界消費性向と傾き

IS曲線の傾き(絶対値)の分子には、マイナス付きで限界消費性向cが入っている。

(オ)限界消費性向が大きい場合(ただし、1を超えない)IS曲線は水平に近づく。

$$|\text{IS曲線の傾き}| = \frac{1-c\uparrow}{b}\downarrow$$

(オ)限界消費性向が大きい

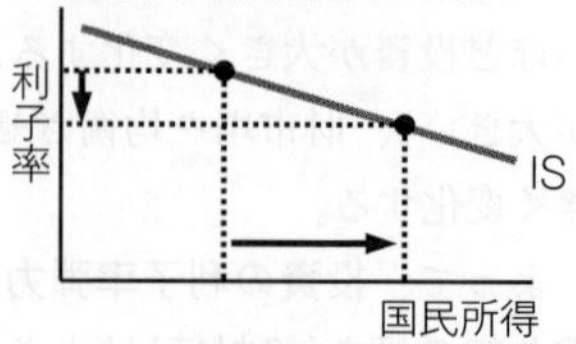

(カ) cが1に近いとき、ほぼ水平となる。

$$|\text{IS曲線の傾き}| \fallingdotseq \frac{1-1}{b} = 0$$

(カ)限界消費性向が1に近い

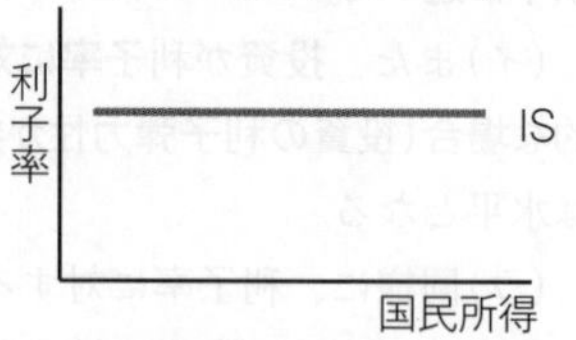

(キ)限界消費性向が小さい場合(ただし、0を下回らない)IS曲線は垂直に近づく(完全に垂直にはならない)。cが0に近いとき、

$$|\text{IS曲線の傾き}| \fallingdotseq \frac{1-0}{b} = \frac{1}{b}$$

(キ)限界消費性向が小さい

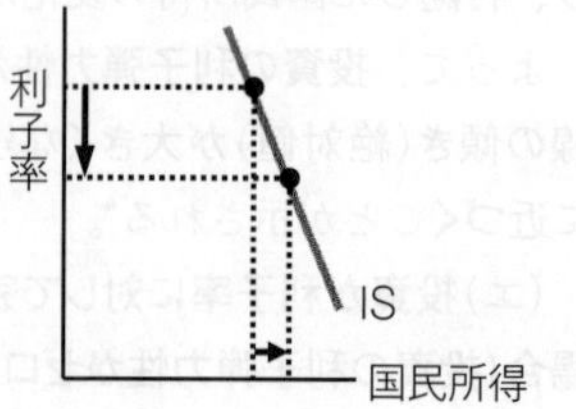

なお、限界消費性向cと限界貯蓄性向sの和は常に1だから、

$$|\text{IS曲線の傾き}| = \frac{1-c\uparrow}{b} = \frac{s\downarrow}{b}\downarrow$$

$$|\text{IS曲線の傾き}| = \frac{1-c\downarrow}{b} = \frac{s\uparrow}{b}\uparrow$$

つまり、限界貯蓄性向が小さいとき(ただし、0を下回らない)IS曲線は水平に近づき、限界貯蓄性向が大きいとき(ただし、1を超えない)IS曲線は垂直に近づく。

5 市場における超過需要と超過供給

一本のIS曲線が与えられると、その曲線上の点では財市場が均衡する。逆に、IS曲線から外れた領域では財市場は均衡せず、財市場において超過需要または超過供給が発生する。

暗記が推奨されるので結論から先に述べると、

財市場における超過需要と超過供給

IS曲線より上は超過供給、下は超過需要

これは、財市場における総需要(消費・投資・政府支出の和)について、投資が利子率の減少関数であることに起因する。単純な例で確認しよう。

例2

政府支出をゼロとして省略する。$\{Y, C, I, r\}$をそれぞれ、国民所得、消費、投資、利子率(%)として、

$$\left.\begin{aligned} Y&=C+I \\ C&=0.8Y \\ I&=100-r \end{aligned}\right\} \rightarrow \ Y=\overbrace{0.8Y}^{C}+\overbrace{100-r}^{I}$$

を満たす国民所得と利子率の組合せはIS曲線上の点である。例えば、国民所得が400のとき、利子率は20%である。

$$\underbrace{400}_{Y}=\underbrace{\overbrace{0.8\cdot\underbrace{400}_{Y}}^{C}+\overbrace{100-\underbrace{20}_{r}}^{I}}_{400}$$

ここで、国民所得を400で一定としたまま、利子率が30%だったとしよう。投資は利子率の減少関数だから、右辺の総需要は減少してしまう。つまり、左辺(総供給)の方が大きい。

$$\underbrace{400}_{Y}>\underbrace{\overbrace{0.8\cdot\underbrace{400}_{Y}}^{C}+\overbrace{100-\underbrace{30}_{r}}^{I}}_{390}$$

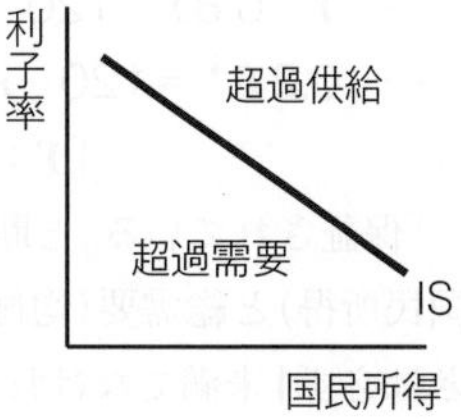

したがって、財市場は、利子率が高すぎる場合に超過供給となり、反対に、利子率が低すぎる場合には超過需要となる。

2 財政政策とIS曲線のシフト

1 右下がりのIS曲線

政府によって政府支出や租税の大きさを変える財政政策が行われると、財市場を均衡させる利子率と国民所得の組合せが変わる。

単純に考える場合には、次のように表す。政府支出が増えたとき（右辺が増加）、左辺の国民所得も増えると財市場の均衡条件が満たされる。利子率を任意の水準で一定として、

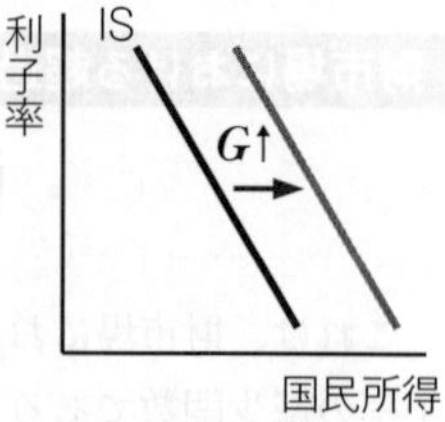

$$Y\uparrow = C + I + G\uparrow$$

［Y：国民所得、C：消費、I：投資、G：政府支出］

よって、**政府支出を増やすとIS曲線は右方にシフトする（国民所得が増える方向であり、上方・右上方でもよい）。**

同様に減税を行うと消費が増えるから（∵可処分所得が増加）、**減税によってIS曲線は右にシフトする（$Y\uparrow = C\uparrow + I + G$）。**

［参　考］　消費関数の国民所得

上記は、IS曲線のシフト方向を、利子率を任意の水準で一定としたときの国民所得の変化を使って確かめた。

ところで、消費関数は国民所得の増加関数だから、左辺の国民所得が増加したときには右辺の国民所得も増加してしまう。にもかかわらず、上記のようにカジュアルに考えてよいのは、右辺の方が増加の程度が必ず小さいことが保証されているためだ。

次の例で確認しよう。国民所得を左辺でまとめると一目瞭然だ。

$$\left.\begin{array}{l} Y = C + I + G \\ C = 0.8Y + 20 \\ I = 100 - r \end{array}\right\} \rightarrow\ Y = \overbrace{0.8Y + 20}^{C} + \overbrace{100 - r}^{I} + G$$

$$\rightarrow\ Y - 0.8Y = 120 - r + G$$

$$\rightarrow\ 0.2Y\uparrow = 120 - r + G\uparrow \cdots (\#)$$

［Y：国民所得、C：消費、I：投資、G：政府支出、r：利子率］

「保証されている」と断言できるのは、45度線の図で、45度線（均衡条件の左辺の国民所得）と総需要（均衡条件の右辺）が交点を持つためであり、総需要の直線の傾きは必ず1未満でなければならない（1以上だと交点を持たず、国民所得が決まらない）。このため、(#)のように計算して確認することなく、左辺の国民所得を見る

だけで判断できる。

なお、交点を持たなければならない(分析できない)という性質は、租税関数や輸入関数(後述)が加えられても全く変わらない。

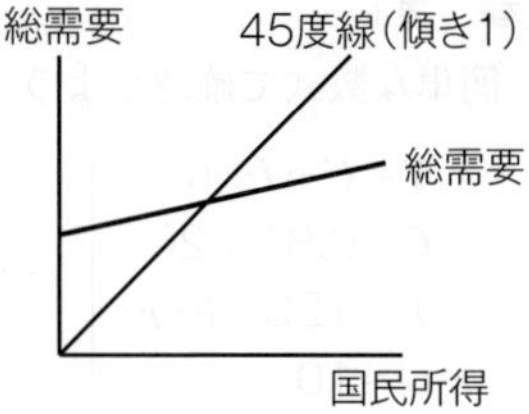

2 垂直なIS曲線

試験対策としては、投資の利子弾力性が重要である。**投資の利子弾力性がゼロでIS曲線が垂直**の場合、投資は利子率に対して無反応となり、単なる定数になる[$\overline{I}$：定数]。このとき、

$$Y\uparrow = C+\overline{I}+G\uparrow$$

であるから、**政府支出の増加はIS曲線を右方にシフトさせる**。減税も同様である。

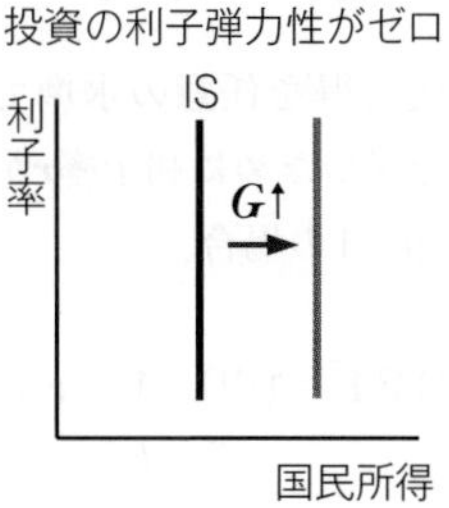

3 水平なIS曲線

IS曲線が水平となる場合には次のようなケースがあるが、試験対策としてはやはり投資の利子弾力性が重要である。

① 投資の利子弾力性が無限大

結論を覚えた方が早く、説明は参考程度でよい。**投資の利子弾力性が無限大でIS曲線が水平の場合、政府支出を変化させても、IS曲線は一定の利子率のままシフトしない**。

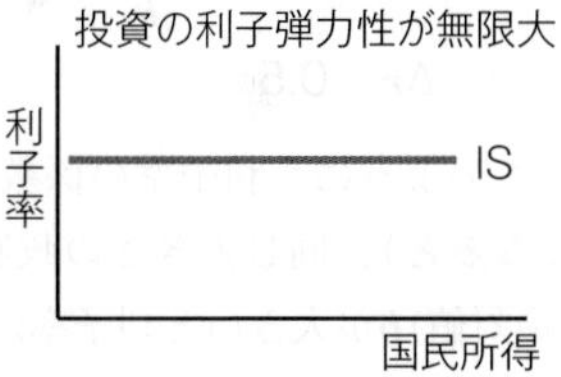

[参　考]

簡単な数式で確認しよう。

$$\left.\begin{array}{l} Y=C+I+G \\ C=0.8Y+20 \\ I=120-b\cdot r \\ G=10 \end{array}\right\} \rightarrow Y=\overbrace{0.8Y+20}^{\text{消費}C}+\overbrace{120-b\cdot \underbrace{r}_{\text{利子率}}}^{\text{投資}I}+\overbrace{10}^{\text{政府支出}G}$$

$$\rightarrow \quad 0.2Y=140-b\cdot r+\overbrace{10}^{\text{政府支出}G}$$

国民所得を任意の水準で一定として($Y=\overline{Y}$)、政府支出が50増加したときに、等号を保つために利子率rがどう変化するか考える。投資関数の利子率の係数(絶対値)が$b=1$の場合、

$$0.2\overline{Y}=140-\underbrace{1}_{b}\cdot(r+\Delta r)+\overbrace{10+\underbrace{50}_{\Delta G}}^{G}$$

左辺は一定とすると、右辺第２項が政府支出の増加50を相殺する場合にのみ、等号が保たれる。

$$-\underbrace{1}_{b}\cdot\Delta r=-50 \quad \rightarrow \quad \Delta r=50$$

$b=100$の場合では、

$$0.2\overline{Y}=140-\underbrace{100}_{b}\cdot(r+\Delta r)+\overbrace{10+\underbrace{50}_{\Delta G}}^{G} \quad \rightarrow -\underbrace{100}_{b}\Delta r=-50$$

$$\rightarrow \quad \Delta r=0.5$$

このように、利子率の係数(絶対値)bが大きくなると(投資の利子弾力性が大きくなると)、同じ大きさの政府支出増加に対して利子率の変化が小さくなる(係数(絶対値)bが大きいと利子率がわずかに変化しただけで投資が大きく変化する)。

したがって、投資の利子弾力性が無限大(IS曲線が水平)の場合にはIS曲線は当初の高さのまま動かない。

② 限界消費性向がほぼ１　発展

出題はあまりないので、参考程度にしておこう。後述のIS曲線のシフト幅(水平方向)が分かれば大丈夫だろう。

限界消費性向がほぼ1の場合、便宜的に$c=1$としてIS曲線を表すと、

$$\left.\begin{array}{l} Y=C+I+G \\ C=\underbrace{1}_{c}\cdot Y+20 \\ I=120-b\cdot r \end{array}\right\} \rightarrow Y=\overbrace{\underbrace{1}_{c}\cdot Y+20}^{C}+\overbrace{120-b\cdot r}^{I}+G$$

$$\rightarrow\ Y-Y+b\cdot r=140+G$$

$$\rightarrow\ b\cdot r=140+G$$

右辺で政府支出が大きくなると、左辺の利子率は上昇しなければならない。

$$b\cdot r\uparrow=140+G\uparrow$$

したがって、IS曲線のシフトを考える場合、曲線の傾き方が同じであっても、その要因(限界消費性向、投資の利子弾力性)によってシフトの仕方が異なる。

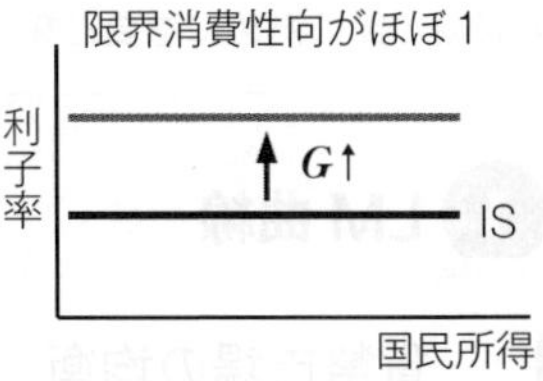

重要事項 一問一答

01 投資と利子率はどのような関係にあるか。

投資は利子率の減少関数

02 IS 曲線は何を表しているか。

財市場を均衡させる利子率と国民所得の組合せ

03 IS 曲線の上側において財市場はどのような状態にあるか。

超過供給

04 限界消費性向を一定として、IS 曲線が水平になるのはどんな場合か。

投資の利子弾力性が無限大(投資が利子率に対して完全に弾力的)

05 限界消費性向を一定として、IS 曲線が垂直になるのはどんな場合か。

投資の利子弾力性がゼロ(投資が利子率に対して完全に非弾力的)

06 IS 曲線が右下がりの場合、政府支出の増加や減税によって、IS 曲線はどうなるか。

右方(右上方)にシフト

07 投資の利子弾力性がゼロの場合、政府支出を増やすと IS 曲線はどうなるか。

右方にシフト

08 投資の利子弾力性が無限大の場合、政府支出を増やすと IS 曲線はどうなるか。

利子率を一定としてシフトしない

2 LM 曲線

本節では、貨幣市場を均衡させる国民所得と利子率の組合せを曲線として求めます。本節も後続の節のために重要となります。

❶ LM 曲線

1 貨幣市場の均衡

貨幣市場を均衡させる国民所得と利子率の関係をLM曲線という。

例1

貨幣市場が次のように示されている。

$$L=\frac{M}{P}$$

$$L=0.4Y-2r+100$$

$$M=180、P=1$$

［L：実質貨幣需要、M：貨幣供給量
P：物価水準、Y：国民所得、r：利子率(%)］

第１式に他の与件を代入してLM曲線を求める。

$$\overbrace{0.4Y-2r+100}^{L}=\frac{\overbrace{180}^{M}}{\underbrace{1}_{P}}$$

両辺を2で割る ⇒ $0.2Y-r+50=90$

同類項をまとめる ⇒ $r=0.2Y-40$ …(LM)

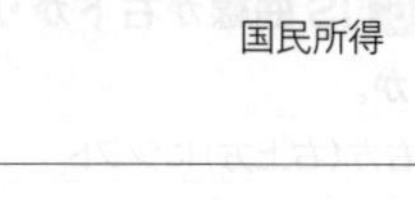

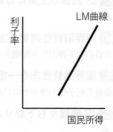

通常、LM曲線は右上がりに描ける。

2 貨幣需要の所得弾力性

国民所得の変化率に対する(実質)貨幣需要の変化率を**貨幣需要の所得弾力性**という。

$$\text{貨幣需要の所得弾力性}=\frac{\Delta L/L}{\Delta Y/Y}=\frac{\Delta L}{L}\times\frac{Y}{\Delta Y}=\frac{\Delta L}{\Delta Y}\cdot\frac{Y}{L}$$

例えば、貨幣需要関数$L=0.4Y-2r+100$について、

$$L=\underbrace{0.4}_{\frac{\Delta L}{\Delta Y}}Y-2r+100 \quad\rightarrow\quad \frac{\Delta L}{\Delta Y}=0.4(=\alpha\text{と置く})$$

であるから、国民所得の係数αは、貨幣需要が国民所得に対してどれだけ反応するかを決めている。よって、この反応係数αが大きければ、貨幣需要の所得弾力性も大きい。

3 貨幣需要の利子弾力性

利子率の変化率に対する(実質)貨幣需要の変化率を**貨幣需要の利子弾力性**といい、ここでは次式で表す。

$$\text{貨幣需要の利子弾力性}=\left|\frac{\Delta L/L}{\Delta r/r}\right|=\left|\frac{\Delta L}{L}\times\frac{r}{\Delta r}\right|=\left|\frac{\Delta L}{\Delta r}\right|\cdot\frac{r}{L}$$

上記と同様に、

$$L=0.4Y-\underbrace{2}_{\left|\frac{\Delta L}{\Delta r}\right|}r+100 \quad\rightarrow\quad \left|\frac{\Delta L}{\Delta r}\right|=2(=\beta\text{と置く})$$

であり、貨幣需要関数の利子率の係数(絶対値)βが大きいほど、貨幣需要の利子弾力性も大きい。

4 LM曲線の傾き

LM曲線の傾きは、貨幣需要関数の国民所得と利子率の係数によって決まる。次の例で確認すると、

$$\left.\begin{aligned} &L=\frac{M}{P} \\ &L=\underbrace{0.4}_{\alpha}Y-\underbrace{2}_{\beta}r+100 \\ &M=180\text{、}P=1 \end{aligned}\right\} \rightarrow \underbrace{0.4}_{\alpha}Y-\underbrace{2}_{\beta}r+100=\frac{180}{1}$$

$$\rightarrow\ r=\underbrace{0.2}_{\frac{\alpha}{\beta}}Y-40$$

となり、貨幣需要関数の国民所得の係数$\alpha=0.4$を、利子率の係数（絶対値）$\beta=2$で割ったものに一致する。

$$\text{LM曲線の傾き}=\frac{\alpha}{\beta}\fallingdotseq\frac{\text{貨幣需要の所得弾力性}}{\text{貨幣需要の利子弾力性}}$$

① 傾きが大きいケース

貨幣需要の所得弾力性が大きいほど、または貨幣需要の利子弾力性が小さいほど、LM曲線は垂直に近づく。また、貨幣需要の所得弾力性が無限大、または貨幣需要の利子弾力性がゼロの場合には、LM曲線は垂直となる。

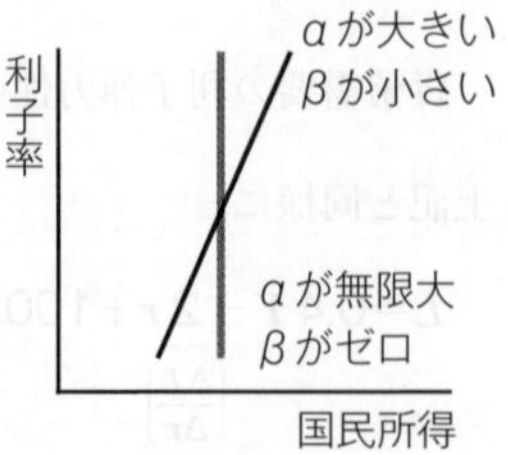

② 傾きが小さいケース

逆に、貨幣需要の所得弾力性が小さいほど、または貨幣需要の利子弾力性が大きいほど、LM曲線は水平に近づく。また、貨幣需要の所得弾力性がゼロ、または貨幣需要の利子弾力性が無限大の場合には、LM曲線は水平となる。

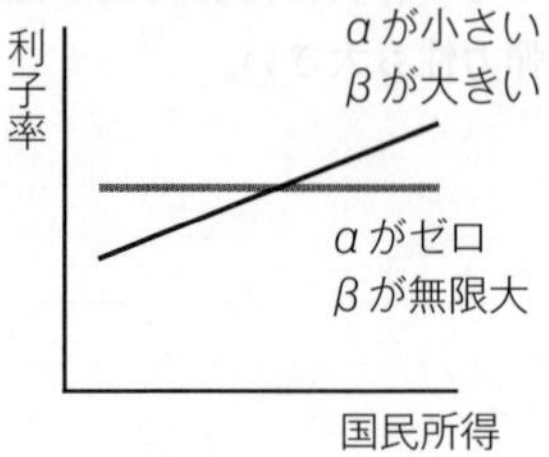

③ 流動性のわなとLM曲線

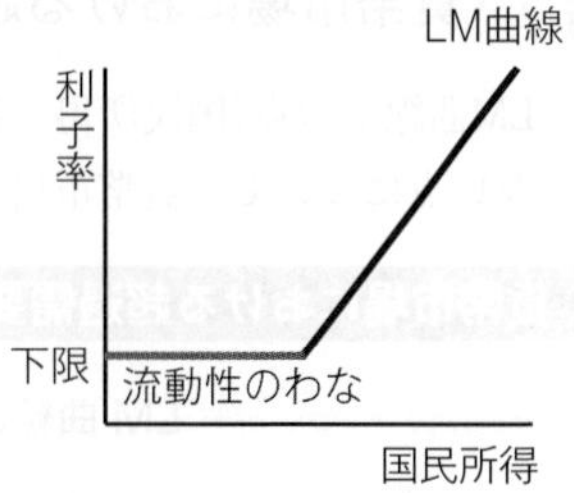

流動性のわなが生じると利子率は下限に達し、もう下がることはないから、**LM曲線は利子率の下限の水準で水平となる。**

LM曲線の傾きはα/βで表される。**流動性のわなは、貨幣需要の利子弾力性が無限大、つまり、βが無限大のときに生じる(貨幣需要が利子率に対して完全に弾力的)。**

なお、流動性のわなは債券との関わり(貨幣需要の利子弾力性)から発生するので、**貨幣需要の所得弾力性がゼロ($\alpha=0$)のケースは該当しない**(この場合もLM曲線は水平)。

出題を見ると、LM曲線が水平である理由が明記されていない場合には、**流動性のわなと考えて解いてよい**[1]。

1　おそらく、多くのテキストが貨幣需要の利子弾力性の大小によるLM曲線の傾きの違いしか扱っていないためだと考えられる。注意深く進めたい人は、他の選択肢もよく検討して解答するとよい。

5 貨幣市場における超過需要と超過供給

LM曲線上の点（国民所得と利子率の組合せ）は貨幣市場を均衡させる。LM曲線上にない点について、貨幣市場は次のように表せる。

貨幣市場における超過需要と超過供給

LM 曲線より上は超過供給、下は超過需要

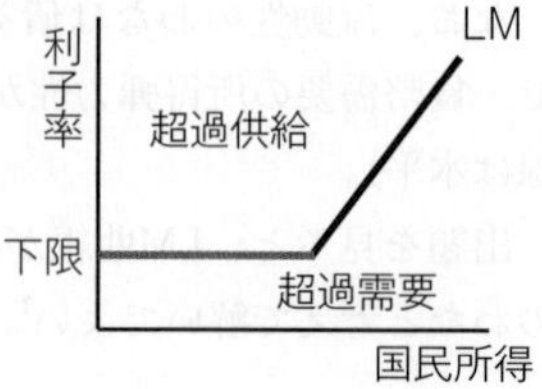

市場は異なるがIS 曲線と同じ性質を持つ。これは、貨幣需要が利子率の減少関数であることに起因する（財市場の場合は、総需要のうち投資が利子率の減少関数）。国民所得を一定として、利子率が貨幣市場を均衡させる水準よりも高い場合、利子率が下落して貨幣需要が増加することによって、貨幣市場が均衡する。つまり、利子率下落前は貨幣需要が少なく、利子率上昇によって貨幣需要が増加することで貨幣市場が均衡する（∴利子率下落前は貨幣の超過供給）。

流動性のわながあっても全く同じように考えることができる。

なお、**資産市場のワルラス法則**から、貨幣市場の状態がわかれば、自動的に債券市場についてもわかる。

	LM 曲線より上	LM 曲線	LM 曲線より下
貨幣市場	超過供給	均衡	超過需要
債券市場	超過需要	均衡	超過供給

② 金融政策とLM曲線のシフト

1 右上がりのLM曲線

物価水準を一定として、金融緩和によって貨幣供給量が増加したケースで考える(金融引締めは逆に考えるとよい)。

金融緩和を考える場合にも、貨幣市場の均衡条件を使って簡単に確認することができる。例えば、次のLM曲線を使うと、

$$\underbrace{0.2Y-5r+30}_{L}=\underbrace{40}_{M/P}$$

貨幣供給量 M が増加すれば、利子率を一定として ($r=\bar{r}$)、国民所得が増加することで等号が保たれる。

$$\underbrace{0.2\times Y\uparrow-5\bar{r}+30}_{L}=\frac{M\uparrow}{P}$$

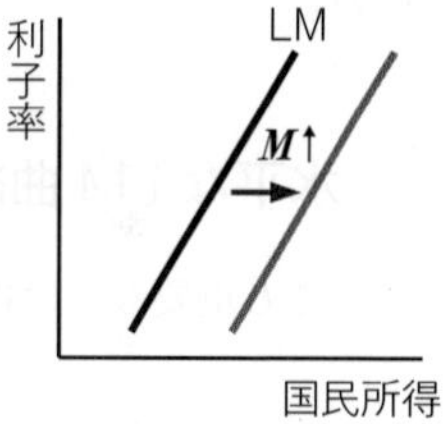

したがって、**金融緩和によりLM曲線は右方にシフトする(国民所得が増える方向**であり、見た目で言えば下方・右下方でもよい)。

2 垂直なLM曲線

LM曲線が垂直となる場合には次のようなケースがあるが、試験対策としては貨幣需要の利子弾力性が重要である。

① 貨幣需要の利子弾力性がゼロ

金融緩和を行うと、LM曲線は右方にシフトする。貨幣需要関数の利子率の係数(絶対値)がゼロでLM曲線が垂直のとき、貨幣供給量が増加すると国民所得が増えることによって等号が保たれる。

$$\overbrace{\alpha\cdot Y\uparrow-\underbrace{0}_{\beta}\cdot r}^{L}=\frac{M\uparrow}{P}$$

貨幣需要の利子弾力性がゼロ

② 貨幣需要の所得弾力性が無限大 発展

出題は見られないから、念のために言及しておく。

貨幣需要関数の国民所得の係数αが極端に大きい場合、貨幣供給量が増加しても、利子率を任意の水準で一定として($r=\bar{r}$)、国民所得がわずかに増加するだけで等号がすぐに保たれる。

$$\overbrace{\underbrace{\underbrace{1{,}000{,}000}_{\alpha}\ \underbrace{Y\uparrow}_{少し}}_{大きく増加}-\beta\cdot r}^{L}=\frac{M\uparrow}{P}$$

類推して、国民所得の係数αが無限大の場合(貨幣需要の所得弾力性が無限大)、国民所得は増加しない。よって、このケースでLM曲線が垂直な場合、LM曲線は動かない。

3 水平なLM曲線

ここでも重要なのは貨幣需要の利子弾力性である。

① 貨幣需要の利子弾力性が無限大

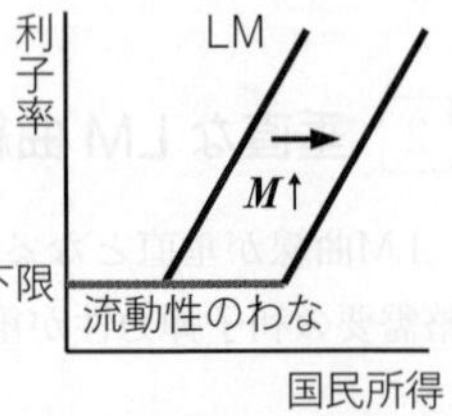

このケースは流動性のわなであり、利子率の下限が決まるため、金融緩和によって貨幣供給量を増やしても、利子率の下限の水準は変わらない。

よくある状況は、流動性のわなと右上がり部分が両方描かれているケースである(図・上)。流動性のわなは「下限が決まる」という状態であるから、それより上部の右上がり部分には影響を与えない。したがって、右上がり部分は右方にシフトしつつ、利子率の下限は変化しない。

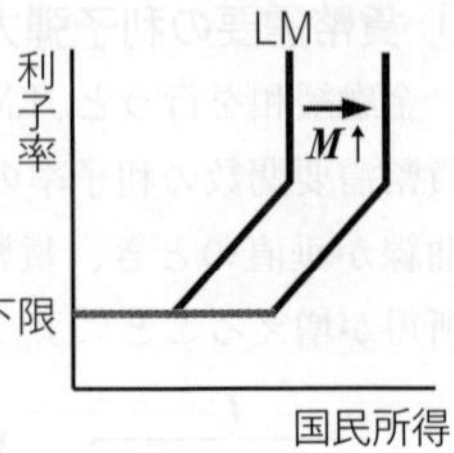

なお、貨幣需要の利子弾力性の違いによって、LM曲線が水平・右上がり・垂直に描かれる場合がある(図・下)。この場合、金融緩和を行うと、利子率の下限だけが変わらず、全体的に右にシフトする。

② 貨幣需要の所得弾力性がゼロ 発展

このケースの出題は見られない。念のために記載する。

貨幣需要関数の国民所得の係数を$\alpha=0$とすると、LM曲線の傾きはゼロになるから、LM曲線は水平になる。

金融緩和が行われたとき、LM曲線において等号を保つには利子率が下落するしかない(国民所得の変化は係数ゼロにより消失してしまう)。

$$\overbrace{\underbrace{0}_{\alpha}\cdot Y-\beta\cdot r\downarrow}^{L}=\frac{M\uparrow}{P}$$

よって、この場合には水平なLM曲線は下方にシフトするが、流動性のわなではないため、利子率に下限はない(ただし、通常はゼロ以上)。

重要事項 一問一答

01 貨幣市場を均衡させる利子率と国民所得の組合せを表す曲線を何というか。

LM曲線

02 LM曲線の下側において、貨幣市場、債券市場はそれぞれどのような状態にあるか。

貨幣市場は超過需要、債券市場は超過供給

03 貨幣需要の利子弾力性がゼロの場合、LM曲線はどのような形状になるか。

垂直

04 流動性のわなを貨幣需要の利子弾力性で表せ。

貨幣需要の利子弾力性が無限大

05 金融緩和は右上がりのLM曲線にどのような影響を及ぼすか。

右方(右下方)にシフトさせる

06 金融緩和は流動性のわなにおける利子率を変化させるか。

変化させない

07 貨幣需要の所得弾力性が大きくなるとLM曲線の傾きはどうなるか。

大きくなる(垂直に近づく)

過去問 Exercise

問題1 貨幣及び利子率に関する次の記述のうち、最も妥当なのはどれか。

労働基準監督官2011

❶ 貨幣に対する需要についてみると、所得が増加すると取引需要が増加し、利子率が上昇すると資産需要が増加する。このため、貨幣需要関数は、所得や利子率の増加関数として表すことができる。

❷ 債券価格と利子率の関係をみると、債券価格が上昇すると高い債券価格に見合うだけの利子率が要求されるため、利子率は上昇する。つまり債券価格と利子率は比例的な関係にある。

❸ 国民所得を横軸、利子率を縦軸にとると、短期においては貨幣市場の均衡を表すLM曲線は、通常、右上がりとなる。また、LM曲線の右下部分では貨幣に対する超過需要が発生している。

❹ 中央銀行が直接コントロールできる貨幣量はハイパワードマネーと呼ばれている。ハイパワードマネーは、現金(流通している通貨)と民間金融機関に預けられている預金との合計である。

❺ 通貨乗数とは、マネーサプライをハイパワード・マネーで割った数値であり、マーシャルの***k***とも呼ばれている。一般的に、預金準備率が上昇すると通貨乗数も上昇する。

解説

正解 ❸

❶ × 貨幣の資産需要(投機的需要)は利子率の減少関数である。

❷ × 債券価格は利子率の減少関数である(コンソル債の価格は利子率に反比例する)。

❸ ◯ 貨幣需要関数が国民所得の増加関数、利子率の減少関数である限り、LM曲線は右上がりとなる。また、「上は超過供給、下は超過需要」が貨幣市場についても適用できるから(∵需要側に利子率の減少関数)、LM曲線(貨幣市場の均衡条件)より右下の領域では、貨幣市場は超過需要となる。

なお、ここでの短期は物価が一定であることを指すが、特に気にする必要はない。

❹ × ハイパワードマネーは現金通貨と預金準備の和である。

❺ × 預金準備率の上昇は、貸出しの割合を低下させるから、通貨乗数が低下する。

なお、マーシャルの$\boldsymbol{k}$は通貨乗数とは無関係である(第7章の貨幣数量説で学習する)。

★★★

3 IS－LM 分析

本節では、財市場と貨幣市場を当時に均衡させる国民所得と利子率の組合せを求めます。これまでばらばらに見ていた財市場と貨幣市場（および債券市場）を同時に考慮します。

❶ IS－LMの図と均衡

一般的に、IS曲線は右下がり、LM曲線は右上がりである(ただし、物価を一定とする)。

IS曲線は財市場を均衡させる国民所得と利子率の組合せを表し、LM曲線は貨幣市場を均衡させる国民所得と利子率の組合せを表すから、両者の交点である**IS－LM均衡において、財市場と貨幣市場を同時に均衡させる国民所得と利子率の組合せが決まる。**

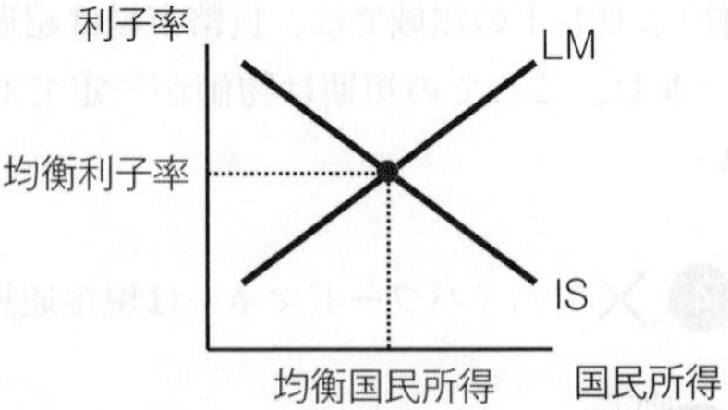

なお、貨幣市場が均衡するとき(LM曲線上の組合せ)、資産市場のワルラス法則によって債券市場も均衡するから、IS－LM均衡においては、財市場・貨幣市場・債券市場の三つの市場が同時に均衡する。

また、財市場と貨幣市場の状態は九つのケースに分かれる(「上側は超過供給、下側は超過需要」)。債券市場については貨幣市場と表裏一体だから省略する。

A～Iは図中の点		貨幣市場		
		超過供給	均衡	超過需要
財市場	超過供給	A	B	C
	均衡	D	E	F
	超過需要	G	H	I

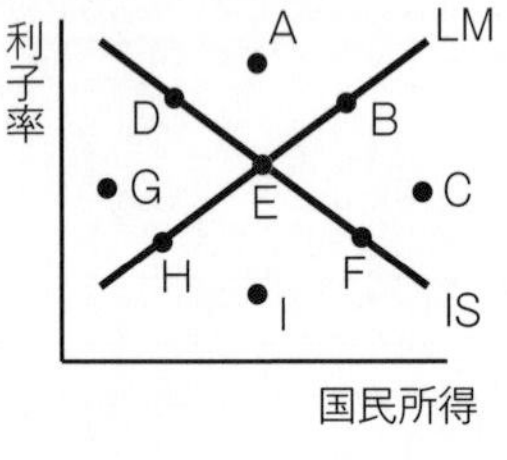

❷ IS－LM均衡の計算

基本的には、45度線モデルに投資関数と貨幣市場を加えただけである。貨幣市場により利子率と国民所得の関係が表され、投資関数を通じて財市場に影響が及ぶ。この点を次の例題で確認しておこう。

例題4-1 マクロ経済が次に示されている。

$$Y=C+I+G$$
$$C=20+0.8Y$$
$$I=40-5r$$
$$G=10$$
$$\frac{M}{P}=L$$
$$M=200$$
$$P=1$$
$$L=2Y-50r$$

ここで、Yは国民所得、Cは消費、Iは投資、Gは政府支出、rは利子率(%)、Mは名目貨幣供給、Lは実質貨幣需要を表す。

この経済における均衡国民所得と均衡利子率はそれぞれいくらか。

解説

連立方程式を解いて(Y, r)を求めればよい。どんな順序で解いても求めることはできるが、ここでは、貨幣市場の均衡条件(LM曲線)を使って利子率を国民所得の式として表し、これを投資関数に代入した上で財市場の均衡を求める(IS曲線とLM曲線の交点)。

LM曲線は、

$$\left.\begin{array}{l}\frac{M}{P}=L\\ M=200\\ P=1\\ L=2Y-50r\end{array}\right\} \rightarrow \frac{\overbrace{200}^{M}}{\underbrace{1}_{P}}=\overbrace{2Y-50r}^{L} \rightarrow 50r=2Y-200 \cdots(1)$$

投資関数$I=40-5r$に代入することが目的だから、(1)の両辺を10で割って、

$$5r=0.2Y-20 \cdots(2)$$

これを投資関数に代入すると、

$$I=40-5r=40-(0.2Y-20)=60-0.2Y$$

であるから、財市場の均衡条件に代入してIS−LM均衡の国民所得を求めることができる。消費関数、政府支出とともに与件の第1式に代入すれば、IS−LM均衡における国民所得が決まる。

$$Y=\overbrace{20+0.8Y}^{C}+\overbrace{60-0.2Y}^{I}+\overbrace{10}^{G} \rightarrow Y-0.8Y+0.2Y=90$$

$$\rightarrow \quad 0.4Y=90 \quad \rightarrow \quad Y=\frac{5}{2}\cdot 90=225 \left(\because \frac{1}{0.4}=\frac{5}{2}\right)$$

最後にこの均衡国民所得を(2)に代入して、均衡利子率を求める。

$$(2)\ 5r=0.2\cdot\overbrace{\frac{5}{2}\cdot 90}^{Y}-20=25 \rightarrow r=5$$

また、完全雇用の達成など、これまで45度線モデルで問われたのと同じことが、ここでもまた問われる。

例題4-2 マクロ経済が次に示されている。

$Y=C+I+G$

$C=20+0.8Y$

$I=40-5r$

$G=2$

$\frac{M}{P}=L$

$\frac{M}{P}=200$

$L=2Y-50r$

ここで、Yは国民所得、Cは消費、Iは投資、Gは政府支出、rは利子率(%)、$\frac{M}{P}$は実質貨幣供給、Lは実質貨幣需要を表す。

この経済の完全雇用国民所得が225であるとき、政府支出をいくら増やせば、完全雇用が実現するか。

解説

国民所得が225のときの利子率を求めるため、貨幣市場の均衡条件に与件を代入すると、

$$\left.\begin{array}{l}\dfrac{M}{P}=L\\ \dfrac{M}{P}=200\\ L=2Y-50r\\ Y=225\end{array}\right\} \rightarrow \overbrace{200}^{\frac{M}{P}}=\overbrace{2\cdot\underbrace{225}_{Y}-50r}^{L}$$

投資関数の第２項（絶対値）は$5r$だから、

$$200=2\cdot 225-50r$$

$$\rightarrow\ 50r=450-200\ \rightarrow\ 5r=45-20=25$$

結果を投資関数に代入すると、

$$I=40-\underbrace{5r}_{25}=15$$

政府支出を未知数とする。財市場の均衡において、

$$\left.\begin{array}{l}Y=C+I+G\\ C=20+0.8Y\\ I=15\\ Y=225\end{array}\right\} \rightarrow\ Y=\overbrace{20+0.8Y}^{C}+\overbrace{15}^{I}+G$$

$$\rightarrow\ \underbrace{Y-0.8Y}_{0.2Y}-20-15=G\ \rightarrow\ G=0.2\cdot\underbrace{225}_{Y}-35=45-35=10$$

当初の政府支出は$G=2$だから、

$$\Delta G=10-2=8$$

だけ政府支出を増やせばよい。

重要事項 一問一答

01 財市場と貨幣市場の同時均衡において何が決まるか。

利子率と国民所得

02 財市場と貨幣市場の間にワルラス法則は成立するか。

成立しない

03 右下がりのIS曲線と右上がりのLM曲線の交点の右側（真横）における財市場、貨幣市場、債券市場の状態を示せ。

財市場は超過供給、貨幣市場は超過需要、債券市場は超過供給

過去問 Exercise

問題1 ある国のマクロ経済モデルが次のように与えられているとする。

$Y=C+I$

$C=120+0.6Y$

$I=50-0.5r$

$L=100+0.2Y-r$

$\frac{M}{P}=L$

C：消費、Y：国民所得、I：投資、r：国内利子率、L：実質貨幣需要、M：名目貨幣供給量、P：物価水準

物価水準が$P=1$であるとき、国民所得が$Y=450$となるために必要な名目貨幣供給量の大きさとして妥当なものはどれか。

裁判所一般職2020

1. 210
2. 430
3. 690
4. 860
5. 1020

解説

正解 1

LM曲線について（Yは最後にまとめてから代入する）、

$$\overbrace{100+0.2Y-r}^{L}=\frac{M}{\underbrace{1}_{P}} \rightarrow r=100+0.2Y-M$$

これを投資関数に代入すると、

$$I=50-0.5\overbrace{(100+0.2Y-M)}^{r}$$
$$=50-50-0.1Y+0.5M$$
$$=0.5M-0.1Y$$

IS曲線について、同類項をまとめてから$Y=450$として、

$$Y=\overbrace{120+0.6Y}^{C}+\overbrace{0.5M-0.1Y}^{I} \rightarrow \underbrace{Y-0.6Y+0.1Y}_{0.5Y}=120+0.5M$$

$$\rightarrow 0.5\cdot\underbrace{450}_{Y}=120+0.5M \rightarrow 225=120+0.5M$$

$$\rightarrow 0.5M=225-120=105$$

両辺を2倍して、

$$M=210$$

問題2 以下のような閉鎖経済におけるIS－LMモデルを考える。

$$Y=C+I+G$$
$$C=20+0.8Y$$
$$I=200-10r$$
$$L=Y+100-10r$$
$$\frac{M}{P}=600$$

［Y：国民所得、C：消費、I：投資、G：政府支出、r：利子率、
L：実質貨幣需要、M：名目貨幣供給量、P：物価水準］

この経済において、完全雇用を達成する均衡国民所得が650であるとすると、完全雇用を達成するための政府支出はいくらか。

国家一般職2021

1. 20
2. 30
3. 40
4. 50
5. 60

解説

正解 5

国民所得を650として政府支出を求める。LM曲線について、投資関数の第２項(絶対値)が$10r$だから、

$$\overbrace{\underbrace{650}_{Y}+100-10r}^{L}=\overbrace{600}^{\frac{M}{P}} \rightarrow 10r=150$$

となり、利子率がすぐにわかる ($r=15$)。

結果を投資関数に代入すれば、投資を求めることができる。

$$I=200-10r=200-150=50$$

ここまでくると (投資は定数)、45度線モデルと同じ手順で計算できる。財市場について、Gを未知数として、

$$\left.\begin{array}{l} Y=C+I+G \\ C=20+0.8Y \\ I=50 \end{array}\right\} \rightarrow Y=\overbrace{20+0.8Y}^{C}+\overbrace{50}^{I}+G$$

$$\rightarrow Y-0.8Y=70+G$$

$$\rightarrow 0.2\cdot\underbrace{650}_{Y}=70+G \rightarrow 130=70+G \rightarrow G=60$$

問題3　ある国のマクロ経済モデルが、次のように示されている。

$$Y = C + I + G$$
$$C = 0.8(Y - T) + 42$$
$$I = 20 - 100r$$
$$\frac{M}{P} = 100$$
$$L = 0.2Y - 100r + 50$$
$$Y_F = 300$$

［Y：国民所得、C：消費、I：投資、G：政府支出、T：租税、r：利子率、M：名目貨幣供給、P：物価水準、L：実質貨幣需要、Y_F：完全雇用国民所得］

このとき、均衡財政を維持しつつ($G = T$)、政府支出によって完全雇用を達成するためには、政府支出はいくらになるか。

国家一般職2015

1. 10
2. 20
3. 30
4. 40
5. 50

解説　　　　正解 4

LM曲線(貨幣市場の均衡)について、

$$\left.\begin{array}{l}\dfrac{M}{P}=100\\ L=0.2Y-100r+50\\ Y_F=300\end{array}\right\} \rightarrow \overbrace{0.2\cdot\underbrace{300}_{Y}-100r+50}^{L}=\overbrace{100}^{\frac{M}{P}}$$

国民所得の値がわかっているので、利子率が一気に決まる。投資関数の第2項（絶対値）は$100r$だから、これを求めると、

$$\overbrace{0.2\cdot\underbrace{300}_{Y}-100r+50}^{L}=\overbrace{100}^{\frac{M}{P}} \rightarrow 60+50-100=100r$$

$$\rightarrow 100r=10$$

よって、投資は、

$$I=20-100r=20-10=10$$

つまり、投資が10のときの45度線モデルと同じである。

均衡財政の維持$G=T$に注意して、財市場の均衡を求める。まず、可処分所得の形で表すが、ここでは、$Y-T=Y-G$として、

$$\left.\begin{array}{l}Y=C+I+G\\ C=0.8(Y-T)+42\\ I=10\\ Y_F=300\\ G=T\end{array}\right\} \rightarrow Y=\overbrace{0.8(Y-\underbrace{G}_{T})+42}^{C}+\overbrace{10}^{I}+G$$

左辺に右辺第4項を移行し定数項をまとめると、

$$Y-G=0.8(Y-G)+52$$

左辺で$Y-G$をまとめて、

$$(Y-G)-0.8(Y-G)=52 \rightarrow 0.2(Y-G)=52$$

両辺を5倍 $Y-G=5\cdot 52$

最後に$Y=300(=Y_F)$としてGを求める。

$$\underbrace{300}_{Y}-G=5\cdot 52 \rightarrow \underbrace{5\cdot 60}_{300}-5\cdot 52=G \rightarrow G=5(60-52)$$

$$\rightarrow G=5\cdot 8=40$$

問題4　ある国のマクロ経済が次のようなIS－LMモデルによって表されるとする。ただし、国際貿易はないものとし、当初は政府部門による公共投資もないものとする。

$C=30+0.8Y$

$I=40-400r$

$L=0.2Y-600r+200$

$M=750$

$P=3$

$G=0$

［C：消費、Y：国民所得、I：投資、r：利子率、L：貨幣需要、
M：名目貨幣供給、P：物価水準（指数）、
G：政府部門による公共投資］

ここで完全雇用国民所得水準を340とした場合、完全雇用を達成するために公債を財源にした公共投資がいくら必要か。

裁判所一般職2011

1. 8
2. 10
3. 12
4. 15
5. 20

解説

正解 ②

「公債を財源とする」場合には、これまで通り、単に政府支出(公共投資)を考えるだけでよい。

貨幣市場について、

$$\left.\begin{array}{l} L=0.2Y-600r+200 \\ M=750、P=3 \\ Y=340 \end{array}\right\} \rightarrow \overbrace{0.2\cdot\underbrace{340}_{Y}-600r+200}^{L}=\frac{\overbrace{750}^{M}}{\underbrace{3}_{P}}$$

$$\rightarrow\ 68-600r+200=250\ \rightarrow\ 68+200-250=600r$$

$$\rightarrow\ 600r=18\ \rightarrow\ r=\frac{18}{600}=\frac{3}{100}$$

これを投資関数に代入すると、

$$I=40-400r=40-400\cdot\frac{3}{100}=40-12=28$$

である。よって、財市場について、

$$Y=C+I+G$$

が成り立つとき、公共投資を未知数として、

$$\left.\begin{array}{l} C=30+0.8Y \\ I=28 \\ Y=340 \end{array}\right\} \rightarrow Y=\overbrace{30+0.8Y}^{C}+\overbrace{28}^{I}+G$$

$$\rightarrow\ Y-0.8Y=58+G\ \rightarrow\ 0.2\cdot\underbrace{340}_{Y}-58=G\ \rightarrow\ G=10$$

問題5

ある国のマクロ経済は次のように示される。

$Y=C+I+G$

$C=60+0.6(Y-T)$

$I=95-7r$

$G=140$

$T=0.2Y$

$L=50+0.4Y-8r$

$\frac{M}{P}=210$

$\frac{M}{P}=L$

［Y：国民所得、C：消費、I：投資、G：政府支出、T：租税、r：利子率、L：実質貨幣需要量、M：名目貨幣供給量、P：物価水準］

この国の完全雇用国民所得が600であるとき、政府支出の拡大によって完全雇用国民所得の水準を達成するためには、政府支出をいくら増加させる必要があるか。

労働基準監督官2013

1. 75
2. 87
3. 97
4. 100
5. 125

解説

正解 2

当初の政府支出の値が与えられているから、国民所得が600となるときの政府支出を未知数として求め、当初の値と比較する。

貨幣市場の均衡(LM曲線)について、

$$\left.\begin{aligned} &Y=600 \\ &L=50+0.4Y-8r \\ &\frac{M}{P}=210 \\ &\frac{M}{P}=L \end{aligned}\right\} \rightarrow \overbrace{50+0.4\cdot\underbrace{600}_{Y}-8r}^{L}=\overbrace{210}^{\frac{M}{P}}$$

$$\rightarrow\ 50+240-210=8r\ \rightarrow\ 80=8r\ \rightarrow\ r=10$$

これを投資関数に代入すると、

$$I=95-7\underbrace{r}_{10}=25$$

となる。財市場の均衡について、政府支出 G を未知数として、

$$\left.\begin{aligned} &Y=C+I+G \\ &C=60+0.6(Y-T) \\ &I=25 \\ &T=0.2Y \end{aligned}\right\} \rightarrow Y=\overbrace{60+\underbrace{0.6(Y-\underbrace{0.2Y}_{T})}_{0.6\times0.8Y}}^{C}+\overbrace{25}^{I}+G$$

$$=0.48Y+85+G$$

$$\rightarrow\ Y-0.48Y-85=G\ \rightarrow\ G=\underbrace{0.52}_{\frac{52}{100}}Y-85$$

ここで、$Y=600$として、

$$G=\frac{52}{100}\cdot\underbrace{600}_{Y}-85=312-85=227$$

最後に当初の政府支出との差を求めて、

$$\Delta G=227-140=87$$

★★★

4 政策の効果

本節では、IS−LM モデルを使って金融政策と財政政策の効果について学習します。知識を問う問題、計算問題、図など試験では最頻出のテーマになります。

1 金融政策の効果

1 金融政策とLM曲線のシフト

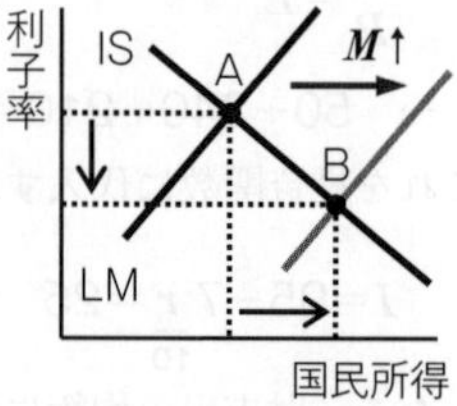

ここでは物価水準を一定として、金融緩和によって名目貨幣供給量が増加した場合の効果を調べる。

第2節で学習した通り、金融緩和は右上がりのLM曲線を右方(右下方)にシフトさせ、均衡点が点AからBに移る。

金融緩和によってLM曲線が右方シフトすると、均衡利子率が下落し、財市場において投資を増加させるため、均衡国民所得は増加する。

マクロ経済学では、金融政策などの政策の効果を国民所得の変化で表す。金融緩和を行って均衡国民所得が増加する場合、金融緩和は有効である[1]。

なお、均衡国民所得の増加が大きい場合には、その政策(ここでは金融緩和)は、より効果的だ(効果が大きい)という。

また、金融政策が無効だ、という場合、均衡国民所得が変わらないことを指す。

1　出題はほとんどないが、金融引締めによって均衡国民所得が減少する場合もまた、有効だという(点BからAの変化と考えてよい)。

2 IS 曲線の傾きと金融緩和の効果

LM曲線が金融政策によってシフトすると、均衡点はIS曲線(不動)に沿って現れるから、IS曲線が水平に近いほど、均衡国民所得は大きく変化する。

IS曲線の傾き(絶対値)は、限界消費性向cと投資関数の利子率の係数(絶対値)bを使って、$\frac{1-c}{b}$ で表されるから、**限界消費性向が大きいほど**(**限界貯蓄性向が小さいほど**)、また、**投資の利子弾力性が大きいほど、IS曲線は水平に近づき、金融政策はより効果的になる**(均衡国民所得が大きく増加する)。

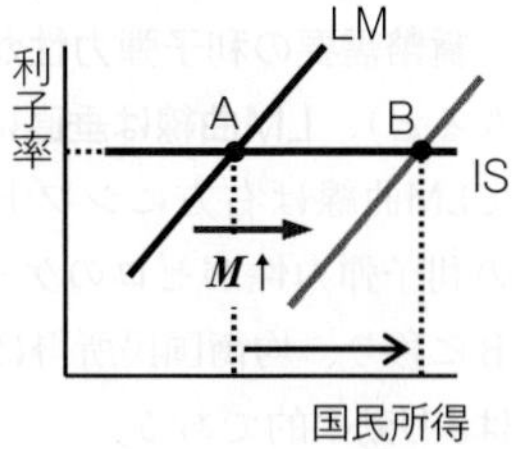

特に、**IS曲線が水平な場合、金融緩和による効果は非常に大きい**(図は**投資の利子弾力性が無限大**のケース)。

逆に、**限界消費性向が小さいほど**(**限界貯蓄性向が大きいほど**)、また、**投資の利子弾力性が小さいほど、IS曲線は垂直に近づき、金融政策の効果は小さくなる**(均衡国民所得はあまり増えなくなる)。

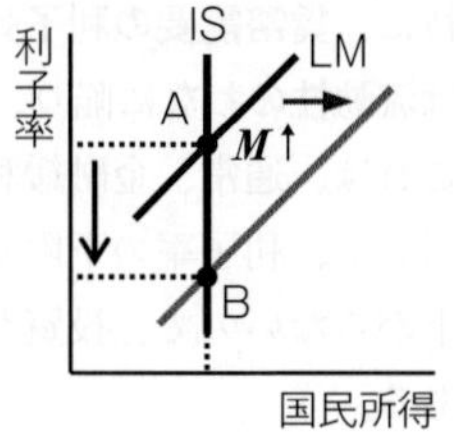

特に、**投資の利子弾力性がゼロでIS曲線が垂直な場合、金融政策は無効であり、均衡国民所得は変わらない**。これは利子率が下がっても、投資が増えないことによる(投資が利子率に対して無反応な状態)。

3 LM曲線の傾きと金融緩和の効果

LM曲線の傾きは、貨幣需要関数を$\boldsymbol{L}=\alpha\cdot\boldsymbol{Y}-\beta\cdot\boldsymbol{r}+$定数として、$\frac{\alpha}{\beta}$で表される。

金融政策の場合、本試験では貨幣需要の利子弾力性の大小関係が問われるから、ここでは主に分母のβについて考える。

貨幣需要の利子弾力性が小さくなると(βが小さくなると)、**LM曲線は垂直に近づき、金融緩和によってLM曲線は右方にシフトする**(上の図は貨幣需要の利子弾力性がゼロのケース)。均衡点は点AからBに移り、均衡国民所得は増加するから、**金融緩和はより効果的**である。

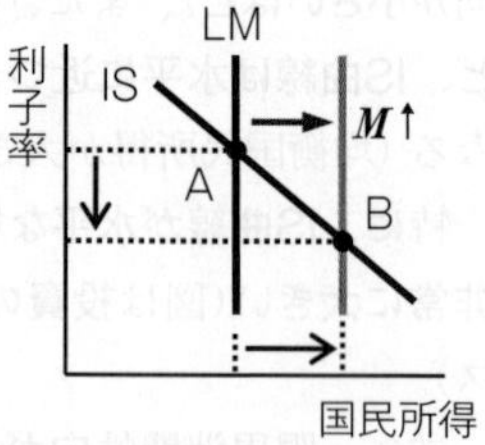

逆に、**貨幣需要の利子弾力性が大きい場合、LM曲線は水平に近づき、均衡国民所得はあまり増加しなくなる。**

特に、**貨幣需要の利子弾力性が無限大**の場合、経済は**流動性のわなに陥り**、**金融緩和は無効**になる。

これは、通常、金融緩和が利子率を引き下げるのに対して、利子率の下限が決まるとそれ以上利子率が下がらないので、投資がまったく増加しないためである。

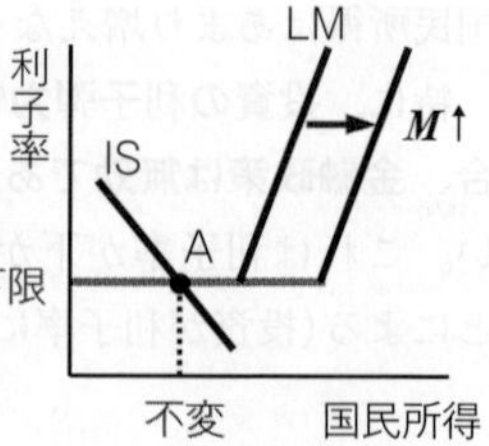

[参　考]

第2節で見た通り、貨幣需要の所得弾力性がゼロ($\alpha=0$)のケースでLM曲線が水平な場合、金融緩和によってLM曲線は下方にシフトするので、均衡国民所得が増加する。

4 まとめ

主な結論を簡単にまとめると次のようになる。

要因	曲線の形状	金融政策
限界消費性向が大きい	IS 曲線が水平に近づく	より効果的（有効）
投資の利子弾力性が大きい		
貨幣需要の利子弾力性が小さい	LM 曲線が垂直に近づく	
投資の利子弾力性が無限大	**IS 曲線が水平**	
貨幣需要の利子弾力性がゼロ	**LM 曲線が垂直**	
投資の利子弾力性がゼロ	**IS 曲線が垂直**	無効
貨幣需要の利子弾力性が無限大（流動性のわな）	**LM 曲線が水平**	

省略されているものについては、例えば限界消費性向が小さい場合、表から類推してIS曲線が垂直に近づき、効果が小さくなると判断してよい。

なお、ここまでは物価水準Pを一定とし、貨幣供給量Mを増加させた。つまり、金融緩和では実質貨幣供給M/Pが増加する。

金融政策には含まれないが、貨幣供給量を一定として、物価水準が下落する場合、実質貨幣供給が増加して、上記と同じことが生じる。

$$\frac{M}{P\downarrow}\uparrow$$

例題4-3 中央銀行が金融緩和を行ったとする。IS－LM均衡に関する次の記述のうち、妥当なのはどれか。

ア 限界貯蓄性向が小さいほどIS曲線は水平に近づき、金融緩和の効果は大きくなる。

イ 投資の利子弾力性が大きいほどLM曲線は水平に近づき、金融緩和の効果は小さくなる。

ウ 流動性のわなでは、金融緩和を行っても利子率は下落しないが、国民所得は増加する。

エ 貨幣需要が利子率に対して完全に非弾力的な場合、金融政策は有効である。

解説

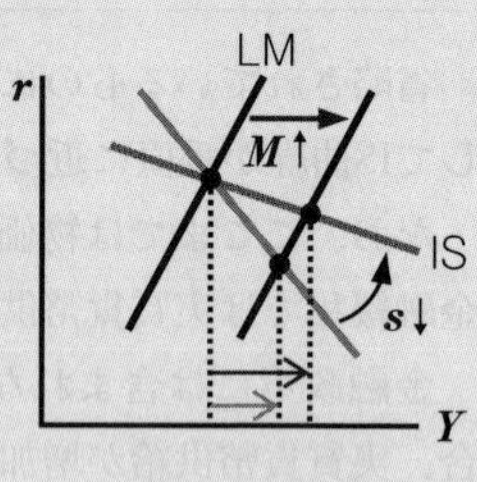

ア ◯ IS曲線の傾き（絶対値）は、$(1-c)/b$で表されるから、限界貯蓄性向 $s=1-c$ が小さいとIS曲線は水平に近づく。このとき、金融緩和による国民所得の増加は大きくなる。

イ × 投資の利子弾力性はIS曲線の傾きを変えるが、LM曲線の傾きを変えることはない。

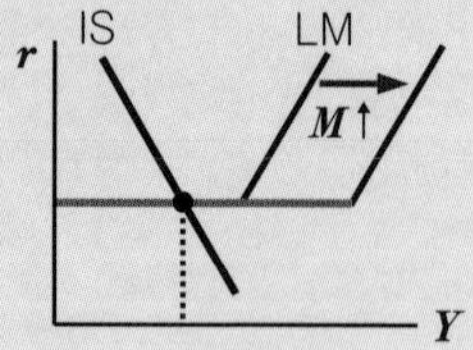

$$|\text{IS曲線の傾き}| \fallingdotseq \frac{1-c}{\text{投資の利子弾力性}\uparrow}\downarrow$$

$$\text{LM曲線の傾き} \fallingdotseq \frac{\text{貨幣需要の所得弾力性}}{\text{貨幣需要の利子弾力性}}$$

ウ × 流動性のわなでは金融政策は無効であり、これは国民所得が不変であることを指している。

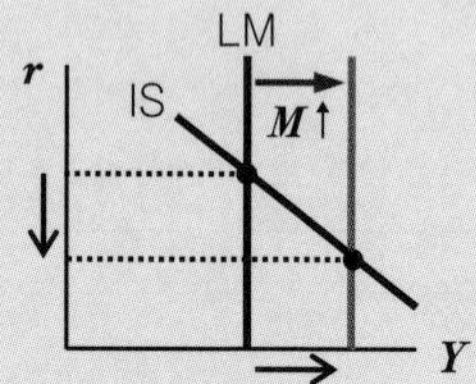

エ ◯ これは貨幣需要の利子弾力性がゼロでLM曲線が垂直なケースである。金融緩和により、国民所得の増加は右上がりの場合より大きくなる。

2 財政政策の効果

1 財政政策とIS曲線のシフト

第1節で学習した通り、政府が**拡張的な財政政策**(政府支出↑ and/or 租税↓)を行うと、**IS曲線が右方シフトする**[2]。

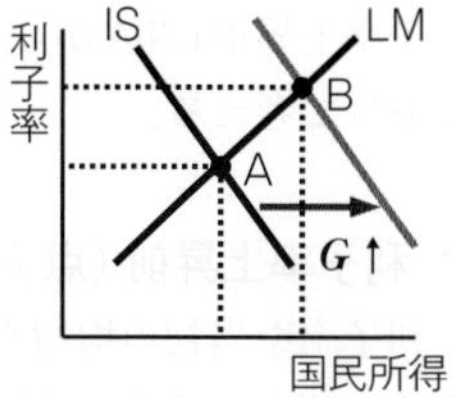

程度は異なるが、どちらの場合(G↑、T↓)も均衡は点AからBに移り、均衡国民所得が増加する(よって、財政政策は有効)。

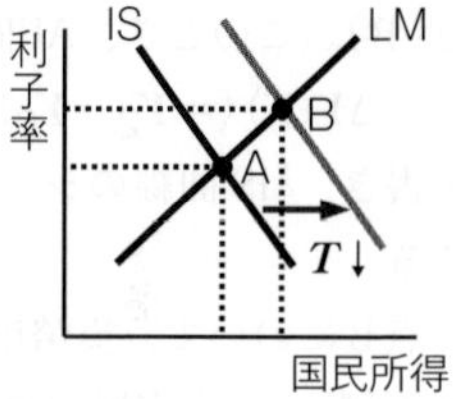

ただし、均衡利子率は上昇していることに注意しよう。金融政策と財政政策の本質的な違いは、前者が利子率を引き下げて投資を促進するのに対して、後者は**利子率を上昇させて投資を減らしてしまう**ことにある。

以下、特に断りのない限り、右上がりのLM曲線と右下がりのIS曲線を想定する。

2 拡張的財政政策とクラウディング・アウト効果

拡張的な財政政策(以下、単に財政拡大という)によって、IS曲線が右方シフトすると、均衡国民所得は増加するが、均衡利子率は上昇する。

財政拡大に伴う利子率の上昇は投資の減少をもたらし、国民所得の増加の一部を相殺してしまう。**政府支出の増加によって利子率が上昇し、民間投資が減少することをクラウディング・アウト効果という**[3]。これを図示しながら見ていこう。

---

2 一般的には、拡張的な財政政策は、政府がお金をより多く使うことである(財政拡大ともいう)。これに減税が伴う場合も同じである。ここでは、減税のみを行う場合も同様の効果があるため、拡張的な財政政策に含めて学習する。

3 クラウディング・アウト効果自体はケインズ以前から存在する。念頭にあるのは、公共投資(政府支出)が民間投資を押し退ける・押し出す(crowding out)ということである。

① 政府支出増加とIS曲線の右方シフト

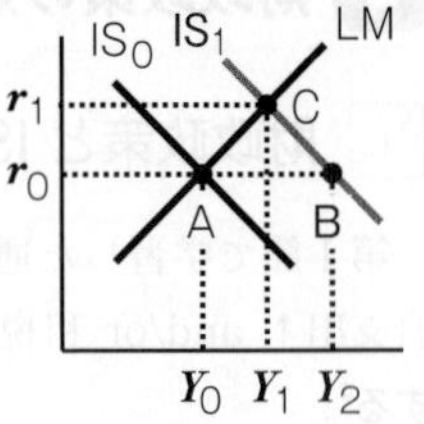

政府支出を増加させるとIS曲線が右方シフトする（$IS_0 \to IS_1$）。シフトにより、IS－LM均衡は点AからCに移る。

ここでは、クラウディング・アウト効果を示すため、利子率上昇前（点AからB）と利子率上昇後（点BからC）に分けて考える。

② 利子率上昇前（点AからB）

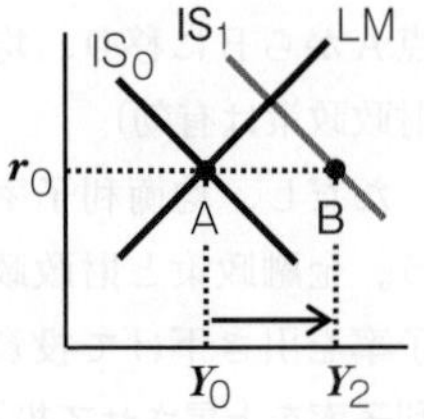

利子率を当初の均衡水準（点A）と同じとすると、政府支出の増加は乗数効果を通じて国民所得を増加させる（点B）。このとき、AB間の長さを、

$$\Delta Y(\bar{r})\ (=Y_2-Y_0)$$

と書き、「IS曲線のシフト幅（水平方向）」と呼ぶことにする。

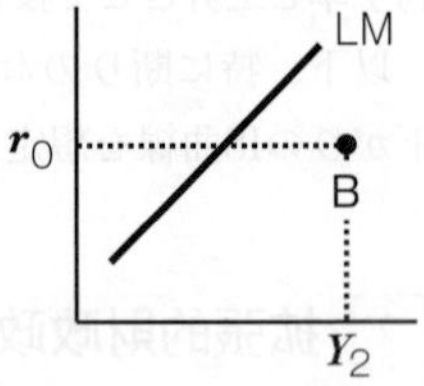

点Bにおいて、**貨幣市場は超過需要**となる（∵LM曲線の下側）。資産市場のワルラス法則により、債券市場では超過供給が発生する。債券の需要が少ないため、債券価格は下落する。

③ 利子率の上昇（点BからC）

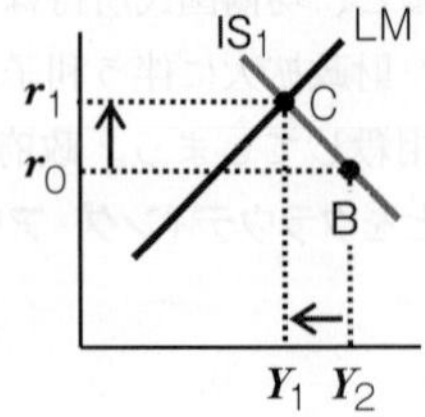

債券価格の下落によって**利子率が上昇する**（∵債券価格と利子率は逆方向に動く）。コンソル債であれば、

$$債券価格=\frac{利子}{利子率} \quad \to \quad 利子率\uparrow=\frac{利子}{債券価格\downarrow}$$

利子率の上昇によって、**財市場では民間投資が減少する**（∵投資は利子率の減少関数）。これがクラウディング・アウト効果であり、国民所得は点Bよりも減少してしまう。

$$Y_2 \xrightarrow{Y\downarrow} Y_1$$

3 財政政策の有効性

① LM 曲線の傾きと財政政策の効果

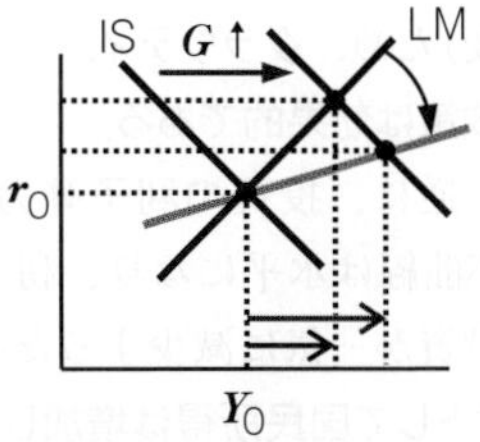

貨幣需要関数$L=\alpha Y-\beta r$について、LM曲線の傾きはα/βで表された。**LM曲線の傾きが水平に近づくほど財政政策は効果的である**。つまり、貨幣需要の所得弾力性が小さいほど($\alpha\downarrow$)、また貨幣需要の利子弾力性が大きいほど($\beta\uparrow$)、国民所得の増加は大きくなる[4]。

なお、財政政策が効果的であることと、クラウディング・アウト効果が小さいことは同じである(クラウディング・アウト効果が小さければ、財政政策による国民所得の増加が大きい)。

② 流動性のわなと財政政策の効果

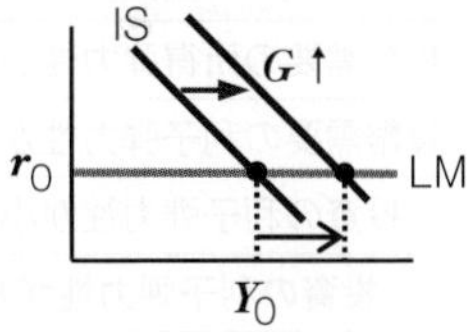

貨幣需要の利子弾力性が無限大で**流動性のわな**が生じると、財政政策の効果は強まり、**まったくクラウディング・アウト効果が生じない**。つまり、利子率の上昇が起こらず、国民所得の増加はIS曲線のシフト幅(水平方向)と等しい。

したがって、**流動性のわなにおいて金融政策は無効となるが、財政政策は有効である**。

なお、貨幣需要の所得弾力性がゼロ($\alpha=0$)の場合も財政政策は効果的である。

③ 垂直な LM 曲線と財政政策の効果

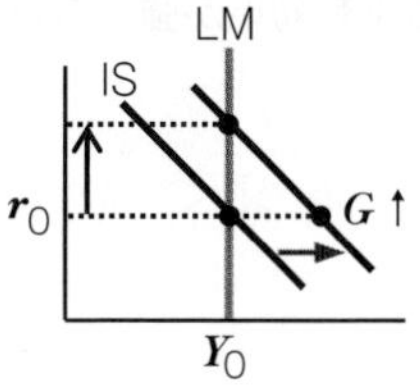

貨幣需要の利子弾力性がゼロでLM曲線が垂直の場合、民間投資は完全に(100%)クラウディング・アウトして財政政策は無効となる。つまり、政府支出の増加によってIS曲線が右方シフトしても(利子率を一定として国民所得が増加)、利子率の上昇によって国民所得は同じだけ減少して、利子率の上昇だけが後に残る。

なお、貨幣需要の所得弾力性が無限大の場合も同じ結果となる。

4　政府支出増加により国民所得が増加すると貨幣の取引需要(予備的動機を含む)が増加する。貨幣供給は一定だから、貨幣市場が均衡するには貨幣の資産需要が減少するしかない。このとき、貨幣需要の所得弾力性が小さければそもそもの貨幣の取引需要の増加が小さくなる。また、貨幣需要の利子弾力性が大きければ、利子率が少し上昇しただけで貨幣の資産需要が大きく減少する。よって、これらの場合、利子率の上昇が小さくなり、クラウディング・アウト効果が弱まる。

④ 投資の利子弾力性と財政政策の効果

投資の利子弾力性がゼロのとき($b=0$)、IS曲線は垂直になり、利子率が上昇しても投資が反応しない(不変)ため、クラウディング・アウトは生じないから、財政政策は効果的である。

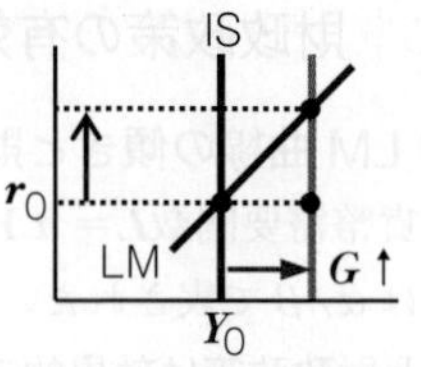

逆に、投資の利子弾力性が無限大の場合($b=\infty$)、IS曲線は水平になり、利子率のわずかな上昇に対して投資が一気に減少するため、完全にクラウディング・アウトして国民所得は増加しない(不変)。つまり、財政政策は無効である。

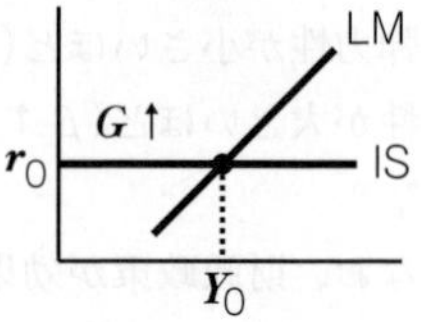

⑤ まとめ

主な結論を簡単にまとめると次のようになる。

要因	曲線の形状	財政政策
貨幣需要の所得弾力性が小さい	LM曲線が水平に近づく	より効果的(有効)
貨幣需要の利子弾力性が大きい		
投資の利子弾力性が小さい	IS曲線が垂直に近づく	
投資の利子弾力性がゼロ	**IS曲線が垂直**	
貨幣需要の利子弾力性が無限大(流動性のわな)	**LM曲線が水平**	
投資の利子弾力性が無限大	**IS曲線が水平**	無効
貨幣需要の利子弾力性がゼロ	**LM曲線が垂直**	

なお、限界消費性向が大きいほど、IS曲線は水平に近づくが、政府支出増加による乗数効果が強まるため、財政政策の効果が大きくなる。

3 財政政策・金融政策の計算問題

ほとんどは財政政策からの出題となる。

1 財政政策

例題4-4 次のマクロ経済において、政府支出が20増加したときの国民所得の増加分を求めよ。

$Y=C+I+G$

$C=20+0.6Y$

$I=120-5r$

$L=\dfrac{M}{P}$

$L=0.1Y-5r+98$

$\dfrac{M}{P}=100$

［Y：国民所得、C：消費、I：投資
G：政府支出、r：利子率
L：実質貨幣需要、$\dfrac{M}{P}$：実質貨幣供給］

解説

初めに貨幣市場について、実質貨幣供給が一定であれば実質貨幣需要も一定でなければならない。

$$\boxed{L}=\frac{M}{P} \rightarrow \Delta L=0 \cdots(1)$$

なお、律儀に考えて、実質貨幣供給の増加分がゼロだとしてもよい。

$$\Delta L=\underbrace{\Delta\left(\frac{M}{P}\right)}_{0}$$

政府支出の増加によってIS曲線が右方シフトすると、均衡点(国民所得と利子率)が変わる。つまり、国民所得と利子率は変化する。したがって、貨幣市場について、

$$\boxed{L}=0.1\boxed{Y}-5\boxed{r}+98 \rightarrow \Delta L=0.1\Delta Y-5\Delta r=\overset{(1)}{\overbrace{0}}$$

である。投資関数の第２項(絶対値)は$5r$だから、上記もこの形にそろえると、

$$(\Delta L=)0.1\Delta Y-5\Delta r=0 \rightarrow 0.1\Delta Y=5\Delta r \rightarrow 5\Delta r=0.1\Delta Y \cdots(2)$$

投資の増加分は、

$$\boxed{I}=120-5\boxed{r} \quad \rightarrow \quad \Delta I = -\overbrace{5r}^{(2)} = -0.1\Delta Y \cdots (3)$$

であるから、財市場について$\Delta G=20$に注意して、

$$\left.\begin{array}{l}\boxed{Y}=\boxed{C}+\boxed{I}+\boxed{G}\\ \boxed{C}=20+0.6\boxed{Y}\end{array}\right\} \rightarrow \quad \Delta Y = \underbrace{\overbrace{0.6\Delta Y}^{\Delta C}+\overbrace{(-0.1\Delta Y)}^{(3)\Delta I}}_{0.5\Delta Y}+\overbrace{20}^{\Delta G}$$

$$\rightarrow \quad \Delta Y-0.5\Delta Y=20 \quad \rightarrow \quad 0.5\Delta Y=20 \xrightarrow{\text{両辺を2倍}} \Delta Y=40$$

2 金融政策

例題4-5 次のマクロ経済において実質貨幣供給が20増加したときの国民所得の増加分を求めよ。

$Y=C+I+G$

$C=20+0.6Y$

$I=120-5r$

$L=\dfrac{M}{P}$

$L=0.1Y-5r+98$

$\dfrac{M}{P}=100$

［Y：国民所得、C：消費、I：投資
G：政府支出、r：利子率
L：実質貨幣需要、$\dfrac{M}{P}$：実質貨幣供給］

解説

貨幣市場について、実質貨幣供給が20増加すると、

$$\left.\begin{array}{l}\boxed{L}=\boxed{\dfrac{M}{P}}\\ \boxed{L}=0.1\boxed{Y}-5\boxed{r}+98\end{array}\right\} \rightarrow \overbrace{0.1\Delta Y-5\Delta r}^{\Delta L}=\overbrace{20}^{\Delta\left(\frac{M}{P}\right)}$$

$$\rightarrow\ 0.1\Delta Y-20=5\Delta r\ \rightarrow\ 5\Delta r=0.1\Delta Y-20\cdots(1)$$

投資の増加分について、

$$\boxed{I}=120-5\boxed{r}$$

$$\rightarrow\ \Delta I=-\overbrace{5\Delta r}^{(1)}=-(0.1\Delta Y-20)=-0.1\Delta Y+20\cdots(2)$$

財市場について、

$$\left.\begin{array}{l}\boxed{Y}=\boxed{C}+\boxed{I}+G\\ \boxed{C}=20+0.6\boxed{Y}\end{array}\right\} \rightarrow\ \Delta Y=\overbrace{0.6\Delta Y}^{\Delta C}+\overbrace{(-0.1\Delta Y+20)}^{(2)\Delta I}$$

$$\rightarrow\ \Delta Y-0.6\Delta Y+0.1\Delta Y=20\ \rightarrow\ 0.5\Delta Y=20\ \xrightarrow{\text{両辺を2倍}}\ \Delta Y=40$$

3 財政拡大とクラウディング・アウト

政府支出の増加(または減税[5])に伴うクラウディング・アウトの計算問題は、大きく分けて２種類ある。いずれにせよ、IS曲線が右方シフトするケースに限定できる(∵クラウディング・アウトの場合、利子率が上昇するようにIS曲線がシフト)。

① クラウディング・アウトによる国民所得の減少

初めに概要を説明する。クラウディング・アウトによって減少する国民所得の大きさは、図の※の長さである。これを求めるには、まず、IS曲線のシフト幅(水平方向)である$\Delta Y(\bar{r})$を求める(ABの長さ)。次に、均衡国民所得の増加ΔY(点AからC)を求めて、最後に差を取ればよい。

※$=\Delta Y(\bar{r})-\Delta Y$

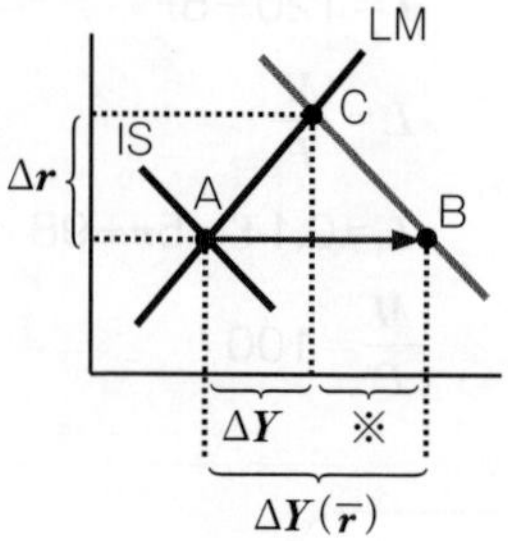

なお、**IS曲線のシフト幅(水平方向)を表す$\Delta Y(\bar{r})$は、以下で確認する通り、45度線モデルにおける国民所得の増加に一致する。**

② クラウディング・アウトを相殺するための金融緩和

財政拡大(利子率上昇)と併せて、金融緩和(利子率下落)を行うと、クラウディング・アウト効果を相殺できる。

この場合、特に断りのない限り、**利子率が変わらない**(点AとB)。

$\Delta r=0$

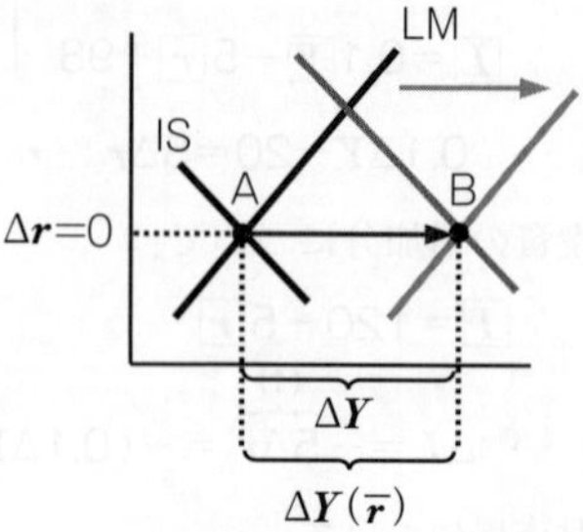

また、**IS 曲線のシフト幅 (水平方向) と均衡における国民所得の増加がぴったり一致する。**

$\Delta Y=\Delta Y(\bar{r})$

5　複合的な問題として、均衡財政を維持したまま政府支出を増加させるケースがある。この場合、政府支出増加と同じだけ増税される ($\Delta G=\Delta T$) が、IS曲線は右方シフトする。

例題4-6　次のマクロ経済において、政府支出が20増加したとき、クラウディング・アウト効果によって減少する国民所得の大きさはいくらか。

$$Y=C+I+G$$
$$C=20+0.6Y$$
$$I=120-5r$$
$$L=\frac{M}{P}$$
$$L=0.1Y-5r+98$$
$$\frac{M}{P}=1$$

［Y：国民所得、C：消費、I：投資
G：政府支出、r：利子率
L：実質貨幣需要、$\frac{M}{P}$：実質貨幣供給］

解説

❶　IS曲線のシフト幅（水平方向）を求める

利子率を一定（$\bar{r}$）として、政府支出が20増加したときの国民所得の増加分を求めればよい。投資もまた一定になることに注意して、

$$\left.\begin{array}{l}\boxed{Y}=\boxed{C}+I+\boxed{G}\\ \boxed{C}=20+0.6\boxed{Y}\\ I=120-5\bar{r}\end{array}\right\} \rightarrow \Delta Y=\overbrace{\underbrace{0.6}_{c}\Delta Y}^{\Delta C}+\overbrace{20}^{\Delta G} \rightarrow \overbrace{\underbrace{0.4}_{1-c}\Delta Y}^{\Delta Y-0.6\Delta Y}=\overbrace{20}^{\Delta G}$$

$$\rightarrow \quad \Delta Y=\frac{1}{\underbrace{0.4}_{1-c}}\cdot\overbrace{20}^{\Delta G}=50=\Delta Y(\bar{r})\cdots(1) \quad \left(\therefore \Delta Y(\bar{r})=\frac{1}{1-c}\Delta G\right)$$

ただし、cは限界消費性向である。

この通り、利子率を一定として（よって投資を一定として）、政府支出の増加による国民所得の増加を求めると、必然的に、45度線モデルの国民所得の増加に一致する。

このことが飲み込めれば、第2章で慣れているだろうから、この部分の計算を後回しにしてもよい。

❷　均衡国民所得の増加を求める

貨幣市場について、実質貨幣供給は不変だから実質貨幣需要も不変となる。

$$\left.\begin{array}{l}\boxed{L}=\dfrac{M}{P}\\[2ex] \boxed{L}=0.1\boxed{Y}-5\boxed{r}+98\end{array}\right\}\rightarrow\ \overbrace{0.1\Delta Y-5\Delta r}^{\Delta L}=0$$

投資関数の第２項(絶対値)は$5r$だからこれに合わせて、

$$\overbrace{0.1\Delta Y-5\Delta r}^{\Delta L}=0\ \rightarrow\ 5\Delta r=0.1\Delta Y\ \cdots(2)$$

投資の増加に代入すると、

$$\boxed{I}=120-5\boxed{r}\ \rightarrow\ \Delta I=-\underbrace{5\Delta r}_{(2)}=-0.1\Delta Y\cdots(3)$$

財市場について、

$$\left.\begin{array}{l}\boxed{Y}=\boxed{C}+\boxed{I}+\boxed{G}\\ \boxed{C}=20+0.6\boxed{Y}\end{array}\right\}\rightarrow\ \Delta Y=\overbrace{\underbrace{0.6}_{c}\Delta Y}^{\Delta C}+\overbrace{(-0.1\Delta Y)}^{(3)\Delta I}+\overbrace{20}^{\Delta G}$$

であるが、これは❶の(1)を求める計算式に(3)を加えただけのものである。計算を続けると、左辺にΔYの項を移項して、

$$\overbrace{\underbrace{0.4}_{1-c}\Delta Y}^{\Delta Y-0.6\Delta Y}+0.1\Delta Y=\overbrace{20}^{\Delta G}\ \rightarrow\ 0.5\Delta Y=20\ \xrightarrow{\text{両辺を２倍}}\ \Delta Y=40\cdots(4)$$

❸ クラウディング・アウトによる国民所得の減少を求める

IS曲線のシフト幅(水平方向)から、均衡国民所得の増加を引いて、

$$\underbrace{\Delta Y(\bar{r})}_{(1)}-\underbrace{\Delta Y}_{(4)}=50-40=10$$

❹ まとめ

利子率(よって投資)を一定として、政府支出が20増加したときの国民所得$\Delta Y(\bar{r})$を求める。なお、式の番号を振り直す。

$$\left.\begin{array}{l}\boxed{Y}=\boxed{C}+I+\boxed{G}\\ \boxed{C}=20+0.6\boxed{Y}\end{array}\right\}\rightarrow\ \Delta Y=\overbrace{0.6\Delta Y}^{\Delta C}+\overbrace{20}^{\Delta G}\cdots(1)$$

$$\rightarrow\ \underbrace{\Delta Y-0.6\Delta Y}_{0.4\Delta Y}=20\ \rightarrow\ \Delta Y=\frac{20}{0.4}=50=\Delta Y(\bar{r})\cdots(2)$$

次に均衡国民所得の増加を求めるが、これはLM曲線から求めた利子率の増加を投資の増加分に代入し、さらにこれを(1)の右辺に加えて、$\Delta Y = \Delta C + \Delta I + \Delta G$としたものである。

$$\left.\begin{array}{l} \boxed{L} = \dfrac{M}{P} \\ \boxed{L} = 0.1\boxed{Y} - 5\boxed{r} + 98 \end{array}\right\} \rightarrow \overbrace{0.1\Delta Y - 5\Delta r}^{\Delta L} = 0 \rightarrow 5\Delta r = 0.1\Delta Y$$

投資の増加分を求めて(1)の右辺に加えると、

$$\boxed{I} = 120 - 5\boxed{r} \rightarrow \Delta I = -5\Delta r = -0.1\Delta Y$$

$$\rightarrow (1)\ \Delta Y = \overbrace{0.6\Delta Y}^{\Delta C} + \overbrace{20}^{\Delta G} \rightarrow \Delta Y = \overbrace{0.6\Delta Y}^{\Delta C} + \overbrace{(-0.1\Delta Y)}^{\Delta I} + \overbrace{20}^{\Delta G}$$

$$\rightarrow \Delta Y - 0.6\Delta Y + 0.1\Delta Y = 20 \rightarrow 0.5\Delta Y = 20 \rightarrow \Delta Y = 40$$

(2)からこの値40を引けば、50－40＝10となる。

[別　解]　傾き比を使う

本節の前半では図を使って財政政策の効果を確認した。そこでは、財政政策の効果がIS曲線とLM曲線の傾きによって異なることを学習した。

クラウディング・アウトの計算問題に二つの曲線の傾き(絶対値)を使うことができる。特に、IS曲線の傾き(絶対値)は、単純な場合(財市場において国民所得の関数が消費関数だけ)、

$$\frac{1-c}{b} \left[\begin{array}{l} b：\text{投資関数の利子率の係数(絶対値)} \\ c：\text{限界消費性向} \end{array} \right]$$

で表されるから、それほど時間は取られない。これに対して、LM曲線の傾きは常に簡単である。

$$\frac{\alpha}{\beta} \left[\begin{array}{l} \alpha：\text{貨幣需要関数の国民所得の係数} \\ \beta：\text{貨幣需要関数の利子率の係数（絶対値）} \end{array} \right]$$

これらを適用してみると、

$$
\left.\begin{array}{l}
C=20+\underbrace{0.6}_{c}Y\\
I=120-\underbrace{5}_{b}r\\
L=\underbrace{0.1}_{\alpha}Y-\underbrace{5}_{\beta}r+98
\end{array}\right\}
\rightarrow \frac{1-c}{b}:\frac{\alpha}{\beta}=\frac{1-0.6}{5}:\frac{0.1}{5}
$$

$$
=0.4:0.1
$$

$$
=4:1
$$

この結果は、まず、IS 曲線の傾き方が LM 曲線の4倍急であることを示している。

次に、図を確認すると、IS曲線のシフト幅（水平方向）がこの比「4対1」に分割されることがわかる。

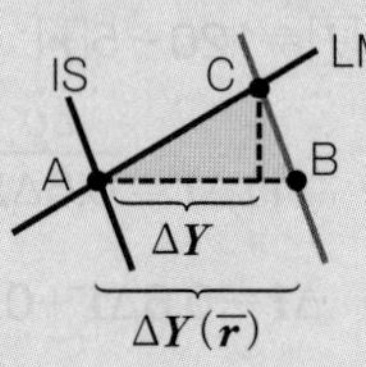

上記より、

$$
\Delta Y(\bar{r})=\frac{1}{1-c}\Delta G=\frac{1}{1-0.6}\cdot 20=50
$$

であり（底辺 AB）、求める大きさはこれを5分割したうちの1であるから、

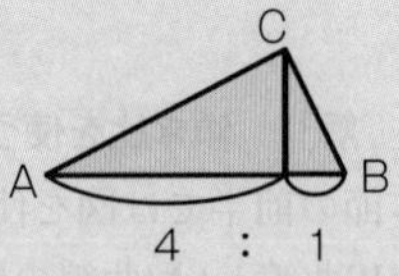

$$
\frac{1}{5}\cdot\underbrace{50}_{\Delta Y(\bar{r})}=10
$$

である。

このように二つの曲線の傾き比（絶対値）を求め、どちらの方が急かわかれば、あとは45度線モデルの知識（IS曲線のシフト幅）を使ってすぐに答えることができる。

例題4-7 次のマクロ経済において、政府支出が20増加したとき、クラウディング・アウト効果によって減少する国民所得の大きさをちょうど相殺するように金融緩和が行われたとする。このとき、実質貨幣供給の増加はいくらか。

$Y=C+I+G$

$C=20+0.6Y$

$I=120-5r$

$L=\dfrac{M}{P}$

$L=0.1Y-5r+98$

$\dfrac{M}{P}=100$

［Y：国民所得、C：消費、I：投資
G：政府支出、r：利子率
L：実質貨幣需要、$\dfrac{M}{P}$：実質貨幣供給］

解説

❶ IS曲線のシフト幅（水平方向）を求める

クラウディング・アウト効果を相殺すると、均衡国民所得の増加はIS曲線のシフト幅（水平方向）に一致し、これは45度線モデルの国民所得の増加に等しい。よって、

$$\Delta Y=\Delta Y(\overline{r})=\frac{1}{1-c}\Delta G=\frac{1}{1-0.6}\cdot 20=50\cdots(\#)$$

❷ 貨幣市場に適用

クラウディング・アウトが相殺されると利子率は変化しない。貨幣市場について、

$$\left.\begin{aligned}&\boxed{L}=\boxed{\frac{M}{P}}\\&\boxed{L}=0.1\boxed{Y}-5r+98\end{aligned}\right\}\rightarrow\ \overbrace{0.1\Delta Y}^{\Delta L}=\Delta\left(\frac{M}{P}\right)$$

左辺に(#)を代入すれば、実質貨幣供給の増加分が求められる。

$$0.1\cdot\underbrace{50}_{(\#)\Delta Y}=\Delta\left(\frac{M}{P}\right)\ \rightarrow\ \Delta\left(\frac{M}{P}\right)=5$$

❹ 政府支出増の財源

政府支出を増加させる場合、その財源が明記されることがある。一般に、政府が財源(資金)を調達する方法には、**公債**(国債)を発行して収入を得るか、**増税**するかの二つがある。

このうち、前者については、政府の発行する公債を誰が買うか明確に区別することがあり、銀行など市中の誰かが購入する場合を**市中消化**による公債発行、中央銀行が購入する場合を**中央銀行引受**による公債発行という。いずれも、政府による利子や元本の支払いについては考慮しない。

話が入り組んでいるので、ここで一度状況を分類しておく。ここでは、**政府支出を増やすことが前提**だから、IS曲線は必ず右方にシフトする。財源の調達方法の違いによって、IS曲線のシフト幅(水平方向)が異なる。また、**中央銀行引受による公債発行の場合のみ、LM曲線が右方シフト**する。

結論を表にまとめる。

<table>
<tr><th colspan="2">財源</th><th>IS 曲線</th><th>LM 曲線</th></tr>
<tr><td colspan="2">増税</td><td>右方シフト（小）</td><td rowspan="2">不動</td></tr>
<tr><td rowspan="2">公債発行</td><td>市中消化</td><td rowspan="2">右方シフト（大）</td></tr>
<tr><td>中央銀行引受</td><td>右方シフト</td></tr>
</table>

まず、同額の増税を伴う場合、IS曲線のシフト幅(水平方向)は、

$$\Delta Y(\overline{r}) = \Delta G (= \Delta T)$$

となる(∵均衡予算乗数定理)。

これに対し、公債発行を財源とする場合のIS曲線のシフト幅(水平方向)は、❸ 3 で学習したものと同じである。

次に、LM曲線が右方シフトするのは中央銀行引受による公債発行を財源とするケースだけである。政府が発行する公債を中央銀行が全額買い取る場合、代金が政府に支払われ、政府はこれを支出する(政府支出増加とハイパワードマネーの増加が一致する)。よって、LM曲線は右方シフトする。

なお、財源が明記されてない場合は、市中消化による公債発行のケースと同じに考えてよい。

例題4-8　財市場が消費関数、投資関数、政府支出から成るとき、IS曲線が最も右方にシフトするのはどれか。ただし、租税は定数とする。

ア　増税を財源として政府支出を20増加

イ　租税を50増加

ウ　中央銀行引受による国債発行を財源として政府支出を20増加

解説

まず、**イ**は左方にシフトしてしまう。**ア**と**ウ**では、政府支出を同じ20だけ増やすから、増税していない**ウ**の方が右方シフトの程度は大きい。

ウではLM曲線も右方シフトするがここでは問われていない。

［参　考］　中央銀行引受と貨幣乗数

貨幣乗数mおよび物価Pを一定とすれば、まず、政府支出Gを増やすと、名目貨幣供給量Mが、

$$\Delta M = m\Delta H = m\Delta G \quad [H：ハイパワードマネー]$$

だけ増加し、実質貨幣供給は、

$$\Delta\left(\frac{M}{P}\right) = \Delta\left(\frac{1}{P}\cdot M\right) = \frac{1}{P}\Delta M = \frac{1}{P}\cdot m\Delta G$$

だけ増加する。物価については、例えば、$P=2$であれば、

$$\frac{M}{P} = \frac{M}{2} = \frac{1}{2}M$$

であるから、

$$\Delta\left(\frac{M}{P}\right) = \frac{1}{2}\Delta M$$

が成立する。

重要事項 一問一答

01 極端なケースを除いて、一般的な金融緩和政策の結果はどんなものか。

利子率の下落と国民所得の増加（有効）

02 金融緩和が無効となる場合のIS曲線の形状を示せ。

IS曲線が垂直（投資の利子弾力性がゼロ）

03 金融緩和が無効となる場合の貨幣需要の利子弾力性とLM曲線の形状を示せ。

貨幣需要の利子弾力性が無限大でLM曲線が水平（流動性のわな）

04 投資の利子弾力性が無限大の場合、金融緩和は国民所得を増やすか。

国民所得を増やす（有効）

05 極端なケースを除いて、一般的な財政政策の結果はどんなものか。

利子率の上昇と国民所得の増加（有効）

06 政府支出（公共投資）の増加により利子率が上昇して民間の投資が減少することを何というか。

クラウディング・アウト（クラウディング・アウト効果）

07 流動性のわなにおいて拡張的な財政政策は有効か無効か。

有効（クラウディング・アウトが起こらない）

08 完全なクラウディング・アウトが生じる場合、LM曲線はどのような形状か。

垂直（貨幣需要の利子弾力性がゼロ、貨幣需要の所得弾力性が無限大）

09 クラウディング・アウトが生じない場合の投資の利子弾力性とIS曲線の形状を示せ。

投資の利子弾力性がゼロでIS曲線が垂直

10 完全なクラウディング・アウトが生じる場合の投資の利子弾力性とIS曲線の形状を示せ。

投資の利子弾力性が無限大でIS曲線が水平

過去問 Exercise

問題1 貨幣市場における「流動性の罠」の状況に関する次の文のア～オに当てはまるものの組合せとして最も妥当なのはどれか。ただし、IS－LM分析に基づくものとする。

労働基準監督官2019

「貨幣需要の利子弾力性が（　**ア**　）である場合は、利子率が非常に低い状況であり人々はこれ以上、利子率は下落しないであろうと考えている状況で生じる。すなわち、債券価格が十分に（　**イ**　）、誰もが債券価格の（　**ウ**　）を予想し、資産を（　**エ**　）の形態で保有しようとしている状況である。こうした状況下では（　**オ**　）は無効となってしまう。このような状態は「流動性の罠」と呼ばれる。」

	ア	イ	ウ	エ	オ
1	無限大	高く	下落	貨幣	金融政策
2	無限大	高く	下落	貨幣	財政政策
3	無限大	低く	上昇	債券	金融政策
4	ゼロ	低く	上昇	債券	金融政策
5	ゼロ	高く	下落	貨幣	財政政策

解説

正解 ❶

流動性のわなにおいて、貨幣需要の利子弾力性は無限大(**ア**)であり、利子率は下限に達してもう下がらない。債券価格は利子率の減少関数だから、利子率が下限に達したとき、債券価格は十分に高く(**イ**)なっている。よって、将来的に債券価格は下落(**ウ**)すると予想するため、キャピタル・ロスを恐れて資産を貨幣(**エ**)として保有したがる。

このような状況で金融政策(**オ**)(緩和)を行っても利子率を引き下げることはできないから、経済は流動性のわなに陥る。

問題2

流動性選好理論に基づく貨幣の需給関係に関する次の記述のうち、最も妥当なのはどれか。ただし、LM曲線は、所得を横軸、利子率を縦軸として示される。

労働基準監督官2017

1 所得が増加すると、貨幣に対する取引需要が増加する。また、利子率が上昇すると債券需要が減少する一方、貨幣の資産需要が増加する。

2 実質貨幣供給が一定の場合、利子率が上昇すると貨幣の資産需要が増加するので取引需要はその分だけ減少し、所得は増加しなければならない。このためLM曲線は右上がりとなる。

3 名目貨幣供給が一定の場合、物価水準が下落すると実質貨幣供給は減少し、LM曲線は左上方にシフトする。

4 いわゆる流動性のわなの状況にある場合、金融政策は有効であるものの財政政策は無効であり、財政政策によって所得を増加させることはできない。

5 いわゆる流動性のわなの状況にある場合、利子率は下限に達していると考えられているため人々は債券を新たに買おうとしない。このため実質貨幣供給が増加しても利子率は低下しない。

解説

正解 5

---

1 ✕　貨幣の取引需要は所得の増加関数(所得とともに増加)、貨幣の資産需要は利子率の減少関数である(利子率とは逆に動く)。

また、債券価格は利子率の減少関数だから、利子率が上昇すれば債券価格は下落して、債券需要が増加する。

2 ✕　貨幣の資産需要は利子率の減少関数であり、利子率が上昇すると貨幣の資産需要は減少する。

なお、予備的需要も含めて取引需要とすると、実質貨幣需要(取引需要＋資産需要)＝実質貨幣供給＝一定の場合、貨幣市場が均衡するには(LM曲線上では)貨幣の資産需要の減少(or増加)と貨幣の取引需要の増加(or減少)が一致する。

3 ✕　実質貨幣供給は名目貨幣供給を物価で割ったものだから(物価水準に反比例する)、物価水準が下落すれば実質貨幣供給は増加する。この場合、LM曲線は右下方にシフトする。

4 ✕　流動性の「わな」は金融政策が無効であることを表す。この状態では政府支出の増加による利子率の上昇も生じないため、投資をクラウディング・アウトすることなく、国民所得が増加する(財政政策は有効)。

5 ○　流動性のわなが生じると、債券価格の値下がりを恐れて誰も債券を買おうとせず債券価格が上昇しないため、利子率はもう下がらない。

問題3

IS－LM分析に関するA～Dの記述のうち、妥当なもののみを全て挙げているのはどれか。ただし、グラフを描いた場合、縦軸に利子率をとり、横軸に国民所得をとるものとする。

国家一般職2017

A 財政政策により政府支出が増加するとき、貨幣需要の利子弾力性が小さい場合は、貨幣需要の利子弾力性が大きい場合に比べ、財政政策による国民所得の増加幅が大きくなる。これは、貨幣需要の利子弾力性が大きい場合、同じ政府支出の増加に対して利子率が大きく上昇し、民間投資を大きく減らすためである。

B 流動性の罠が生じ、LM曲線が横軸と平行な部分においてIS曲線と交わっている場合、流動性の罠が生じていない場合と比較して、財政政策は国民所得を増加させる効果が小さくなる。

C 財政政策による政府支出を市中消化の国債の発行により賄う場合は、貨幣供給量は変化しない。一方、当該政府支出を中央銀行引受けの国債の発行で賄う場合は、貨幣供給量の増加を引き起こしLM曲線の右方シフトを生じさせる。

D 資産市場が、貨幣市場及び債券市場から成り立っている場合、IS曲線とLM曲線の交点においては、財市場、貨幣市場及び債券市場のいずれの市場においても需給が均衡している。

1. A、B
2. A、C
3. B、C
4. B、D
5. C、D

解説

正解 ❺

ここでは最も長文な**A**を後回しにして時間を節約する。

B ×　流動性のわなにおいては、「流動性」(貨幣需要) の罠にはまって金融政策(利子率を下落させて投資を促進する)が無効になる。このとき、財政政策を行っても利子率は上昇しないから (投資をクラウディング・アウトしない)、その効果は大きくなる。

この時点で、正解は❷・❺に絞られ、どちらにも**C**が含まれる(**C**は妥当だから飛ばして**D**を確認してよい)。

C ◯　貨幣供給量の変化は、ハイパワードマネーが増えるかどうかによる。市中と中央銀行は別々のものであり、中央銀行が関係しない限り貨幣供給量は変化しない。政府が国債を発行し、これを中央銀行が購入すると、中央銀行による支払いが政府支出の増加を通じて市中に流れ込むから、貨幣供給量は増加し、LM 曲線が右方にシフトする (買いオペと同じ効果)。

D ◯　資産市場のワルラス法則により、LM 曲線上の任意の点で貨幣市場と債券市場が同時に均衡する。IS−LM 均衡 (交点) においては、上記に加えて、財市場もまた均衡する。

よって、正解は❺である。念のため**A**を最後に確認する。

A ×　**B**とほとんど同じだから、慣れてしまえば最初の一文で判断できる。財政政策は貨幣需要の利子弾力性が大きいほど (無限大なら流動性のわな)、その効果が大きい。ここで、政策の効果は国民所得の増加幅で測る。

後半の記述内容は、貨幣需要の利子弾力性が小さい場合に該当する。

問題4 次の図Ⅰ及び図Ⅱは、２つの異なるモデルについて縦軸に利子率を、横軸に国民所得をとり、IS曲線とLM曲線を描いたものであるが、それぞれの図に関する以下の記述において、文中の空所Ａ～Ｄに該当する語又は語句の組合せとして、妥当なのはどれか。

特別区Ⅰ類2022

図Ⅰ

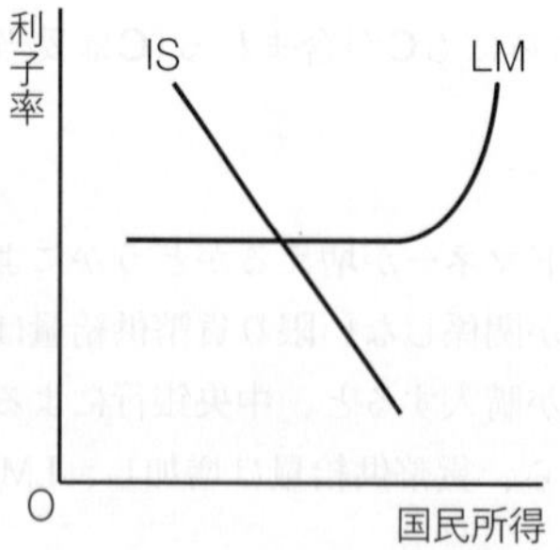

図Ⅱ

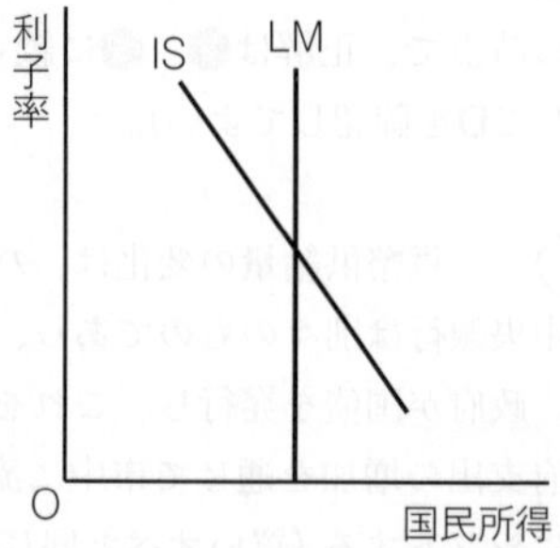

図Ⅰのように、LM曲線がIS曲線と交わる部分で水平になる状況は「流動性のわな」といわれ、ケインズの流動性選好理論によれば、一定限度まで利子率が［Ａ］することで貨幣需要の弾力性が［Ｂ］となるため、金融政策は無効である。

図Ⅱのように、LM曲線が垂直になる状況では、政府支出を増加させると、国民所得は［Ｃ］が、利子率は［Ｄ］するという「100%クラウディング・アウト」が起こる。

	A	B	C	D
❶	下落	無限大	変化しない	上昇
❷	下落	無限大	増加する	下落
❸	上昇	無限大	変化しない	上昇
❹	上昇	ゼロ	増加する	下落
❺	上昇	ゼロ	変化しない	上昇

解説

正解 1

図Ⅰは流動性のわなを表しているから、利子率に下限が生じる。つまり、この下限まで利子率が下落(**A**)するとそれ以上は下がらず、貨幣需要の利子弾力性が無限大(**B**)になる。

図Ⅱでは財政政策によってIS曲線がシフトしても、LM曲線は動かないため、国民所得が変化しない(**C**)。通常、単に財政政策という場合、財政拡大を指すから、IS曲線が右上方にシフトすると、利子率は上昇(**D**)する(あるいは100%クラウディング・アウトとあるから、財政拡大のケースを考える)。

問題5 ある国の経済において、マクロ経済モデルが次のように表されているとする。

$Y=C+I+G$
$C=20+0.5(Y-T)$
$I=55-4r$
$G=20$
$T=40$
$L=100+Y-2r$
$M=150$
$L=M$

［Y：国民所得、C：民間消費、I：民間投資
G：政府支出、r：利子率、T：租税
L：貨幣需要量、M：貨幣供給量］

このモデルにおいて、政府が税収を変えずに政府支出を20増加させる場合、国民所得はいくら増加するか。ただし、物価水準は一定であると仮定する。

特別区Ⅰ類2021

1. 4
2. 6
3. 8
4. 10
5. 12

解説

正解 3

政府支出が増加してIS曲線が右方シフトすると、均衡は点AからBに移る。したがって、国民所得と利子率が大きくなる。

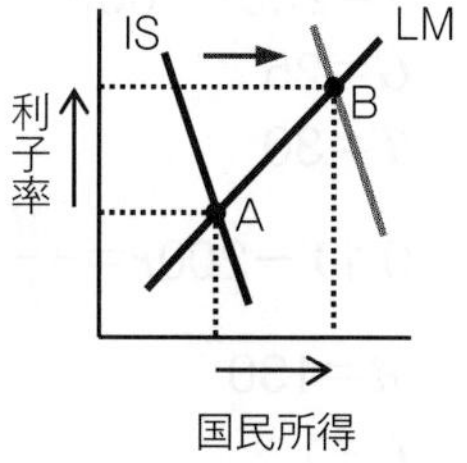

貨幣供給量は不変だから($\Delta M=0$)、貨幣需要量の変化もゼロである。増加(変化)する部分を□で囲って表すと、貨幣市場の均衡条件(最後の与式)について、

$$\boxed{L}=M \ \rightarrow\ \Delta L=\overbrace{0}^{\Delta M}$$

ただし、慣れてしまえば、すぐに「$\Delta L=0$」としてよい。

これらを踏まえ、政府支出が増加したときの貨幣市場の均衡を考えると、

$$\left.\begin{array}{l}\boxed{L}=100+\boxed{Y}-2\boxed{r}\\ \boxed{L}=M\end{array}\right\}\ \rightarrow\ \overbrace{\Delta Y-2\Delta r}^{\Delta L}=0\ \rightarrow\ 2\Delta r=\Delta Y$$

投資関数の第2項(絶対値)が$4r$なので、両辺を2倍して、

$$2\Delta r=\Delta Y\ \rightarrow\ 4\Delta r=2\Delta Y\ \cdots(1)$$

投資関数について、

$$\boxed{I}=55-4\boxed{r}\ \rightarrow\ \Delta I=-4\Delta r$$

だから、右辺に(1)を適用して、

$$\Delta I=-\underbrace{4\Delta r}_{(1)}=-2\Delta Y\cdots(2)$$

投資の増加分ΔIを念頭に、財市場について政府支出が20増加するとき、

$$\left.\begin{array}{l}\boxed{Y}=\boxed{C}+\boxed{I}+\boxed{G}\\ \boxed{C}=20+0.5(\boxed{Y}-T)\end{array}\right\}\ \rightarrow\ \Delta Y=\overbrace{0.5\Delta Y}^{\Delta C}+\overbrace{(-2\Delta Y)}^{(2)\Delta I}+\overbrace{20}^{\Delta G}$$

が成り立つ。これはΔYだけの式だから、これを解くだけでよい。

$$\Delta Y=\overbrace{0.5\Delta Y}^{\Delta C}+\overbrace{(-2\Delta Y)}^{(2)\Delta I}+\overbrace{20}^{\Delta G}\ \rightarrow\ \Delta Y-0.5\Delta Y+2\Delta Y=20$$

$$\rightarrow\ 2.5\Delta Y=20\ \rightarrow\ \Delta Y=\frac{20}{\underbrace{2.5}_{\frac{5}{2}}}=20\times\frac{2}{5}=8$$

問題6　ある国のマクロ経済モデルが以下のように与えられている。

$Y=C+I+G$

$C=60+0.8(Y-T)$

$I=200-100r$

$G=25$

$T=30$

$0.1Y-200r=\frac{M}{P}$

$M=130$

$P=1$

Y：国民所得、C：消費、I：投資、G：政府支出、T：税収、r：利子率、M：名目貨幣供給量、P：物価水準

政府が政府支出を25に保ったまま税収を30から25に引き下げたとき、均衡国民所得はどれだけ増加するか。

裁判所一般職2022

1. 16
2. 32
3. 48
4. 80
5. 96

解説

正解 1

貨幣需要関数がすでに貨幣市場の均衡条件(左辺)に代入されている。減税を行うと国民所得と利子率が変化し、実質貨幣供給は不変だから、

$$0.1\boxed{Y}-200\boxed{r}=\frac{M}{P} \rightarrow 0.1\Delta Y-200\Delta r=0$$

投資関数の第２項(絶対値)は$100r$だから、

$$0.1\Delta Y-200\Delta r=0 \rightarrow 0.1\Delta Y=200\Delta r \rightarrow 0.05\Delta Y=100\Delta r$$

$$\rightarrow 100\Delta r=0.05\Delta Y \cdots(1)$$

として、投資の増加分ΔIに代入する。

$$\boxed{I}=200-100\boxed{r} \rightarrow \Delta I=-\underbrace{100\Delta r}_{(1)}=-0.05\Delta Y \cdots(2)$$

税収が5だけ減少するとき、財市場について、

$$\left.\begin{array}{l}\boxed{Y}=\boxed{C}+\boxed{I}+G\\ \boxed{C}=60+0.8(\boxed{Y}-\boxed{T})\end{array}\right\} \rightarrow \Delta Y=\overbrace{0.8[\Delta Y-\underbrace{(-5)}_{\Delta T}]}^{\Delta C}+\overbrace{(-0.05\Delta Y)}^{(2)\Delta I}$$

$$=0.8\Delta Y+0.8\cdot5-0.05\Delta Y$$

$$\rightarrow \Delta Y-0.8\Delta Y+0.05\Delta Y=4 \rightarrow \underbrace{0.25}_{\frac{1}{4}}\Delta Y=4$$

最後に両辺に4をかけて、

$$4\times\frac{1}{4}\Delta Y=4\times4 \rightarrow \Delta Y=16$$

問題7

ある国のマクロ経済が、次のように示されるとする。

$$Y=C+I+G$$
$$C=60+0.6Y$$
$$I=180-4r$$
$$\frac{M}{P}=L=2Y-10r$$

［Y：国民所得、C：消費、I：投資、G：政府支出、r：利子率、
M：名目貨幣供給量、P：物価水準、L：貨幣需要］

ここで、政府支出が120、名目貨幣供給量が1200、物価水準が1でこの国の財市場、貨幣市場はともに均衡している。このとき、政府が政府支出を50増加させると同時に、中央銀行が5の買いオペレーションを行った。貨幣乗数を20とするとき、新たな均衡におけるYの増加分はいくらか。

国家一般職2020

1. 25
2. 50
3. 75
4. 100
5. 125

解説

正解 ③

貨幣乗数を20として、名目貨幣供給量MとハイパワードマネーHは、

$M=20H$

を満たす。中央銀行の買いオペによりハイパワードマネーが5増加すると、

$$\boxed{M}=20\boxed{H} \rightarrow \Delta M=20\cdot\overbrace{5}^{\Delta H}=100$$

より、Mが100だけ増加する。したがって、貨幣市場について、物価水準が1で一定であることに注意して、

$$\frac{\boxed{M}}{\underbrace{1}_{P}}=\overbrace{2\boxed{Y}-10\boxed{r}}^{\boxed{L}}$$

$$\rightarrow \overbrace{100}^{\Delta M}=\overbrace{2\Delta Y-10\Delta r}^{\Delta L} \xrightarrow{\text{両辺を10で割る}} 10=0.2\Delta Y-\Delta r$$

$$\rightarrow \Delta r=0.2\Delta Y-10\cdots(1)$$

これを投資の増加分に代入すると、

$$\boxed{I}=180-4\boxed{r} \rightarrow \Delta I=-4\overbrace{(0.2\Delta Y-10)}^{(1)\Delta r}$$

$$=-0.8\Delta Y+40\cdots(2)$$

財市場について、政府支出が50増加すると、

$$\left.\begin{array}{l}\boxed{Y}=\boxed{C}+\boxed{I}+\boxed{G}\\ \boxed{C}=60+0.6\boxed{Y}\end{array}\right\} \rightarrow \Delta Y=\overbrace{0.6\Delta Y}^{\Delta C}+\overbrace{(-0.8\Delta Y+40)}^{(2)\Delta I}+\overbrace{50}^{\Delta G}$$

$$\rightarrow \Delta Y-0.6\Delta Y+0.8\Delta Y=40+50 \rightarrow \underbrace{1.2}_{\frac{6}{5}}\Delta Y=90$$

両辺に5/6をかけて、

$$\frac{5}{6}\times\frac{6}{5}\Delta Y=\frac{5}{6}\times 90 \rightarrow \Delta Y=5\times 15=75$$

問題8 ある国のマクロ経済が、次のように示されるとする。

$$Y=C+I+G$$

$$C=30+\frac{3}{5}(Y-T)$$

$$I=20-2r$$

$$\frac{M}{P}=180+\frac{Y}{2}-5r$$

［Y：国民所得、C：消費、I：投資、G：政府支出、T：定額税、r：利子率、M：名目貨幣供給、P：物価水準］

ここで、$P=1$、$M=200$であるとする。均衡財政を保ちつつ、政府支出を30増加させたときの国民所得の増加分はいくらか。

国家一般職2018

1. 10
2. 20
3. 30
4. 40
5. 50

解説

正解 ②

貨幣市場について、

$$\frac{M}{P}=180+\underbrace{\frac{\boxed{Y}}{2}}_{\frac{1}{2}\boxed{Y}}-5\boxed{r} \;\rightarrow\; 0=\frac{1}{2}\Delta Y-5\Delta r \;\rightarrow\; 5\Delta r=\frac{1}{2}\Delta Y$$

投資の増加分に代入するため、両辺を5で割り、かつ小数で表せば、

$$5\Delta r=\underbrace{0.5}_{\frac{1}{2}}\Delta Y \;\rightarrow\; \Delta r=0.1\Delta Y \cdots(1)$$

これを投資の増加分に代入すると、

$$\boxed{I}=20-2\boxed{r} \;\rightarrow\; \Delta I=-2\underbrace{\Delta r}_{(1)}=-2\cdot 0.1\Delta Y=-0.2\Delta Y \cdots(2)$$

均衡財政の維持($\Delta G=\Delta T$)に注意しつつ、財市場について、政府支出と租税が30増加すると、

$$\left.\begin{array}{l}\boxed{Y}=\boxed{C}+\boxed{I}+\boxed{G}\\ \boxed{C}=30+\dfrac{3}{5}(\boxed{Y}-\boxed{T})\end{array}\right\} \rightarrow\; \Delta Y=\overbrace{0.6\,(\Delta Y-\underbrace{30}_{\Delta T})}^{\Delta C}+\overbrace{(-0.2\Delta Y)}^{(2)\Delta I}+\underbrace{30}_{\Delta G}$$

$$=0.6\Delta Y-18-0.2\Delta Y+30$$

$$=0.4\Delta Y+12$$

$$\rightarrow\; \Delta Y-0.4\Delta Y=12 \;\rightarrow\; 0.6\Delta Y=12 \;\rightarrow\; \Delta Y=\frac{12}{0.6}=20$$

問題9

海外部門との取引がない閉鎖経済における財市場と貨幣市場を考える。Yを国民所得、Cを消費、Iを投資、Gを政府支出とすると、財市場では、$Y=C+I+G$が成立し、ケインズ型消費関数が$C=120+0.8(Y-T)$で与えられているとする。ここで、Tは租税である。また、当初、政府支出が80、租税も80であるとする。さらに、投資関数は、$I=50-4r$で与えられているとする。ここで、rは利子率である。

一方、貨幣市場では、実質貨幣供給量が800で、それに対する実質貨幣需要をLとすると、$L=Y-6r$である。いま、政府が、財政収支を均衡させたまま、均衡における国民所得を50だけ増加させようとして、財政拡大政策と金融緩和政策の両方を用いたとする。政府支出を80から90へ、租税も80から90へ、それぞれ10ずつ増加させたとき、実質貨幣供給量を800の水準からいくら増加させる必要があるか。

国家一般職2020

---

1. 42
2. 62
3. 84
4. 124
5. 156

解説

正解 ②

実質貨幣供給量を増やし、国民所得が50増加するから、貨幣市場について、

$$\left.\begin{aligned}\boxed{L}&=\boxed{\dfrac{M}{P}}\\ \boxed{L}&=\boxed{Y}-6\boxed{r}\end{aligned}\right\}\rightarrow\ \overbrace{\underbrace{50}_{\Delta Y}-6\Delta r}^{\Delta L}=\Delta\left(\frac{M}{P}\right)$$

これを変形して投資の増加分に代入してもよいが、本問は国民所得の増加分がわかっているので、むしろ、

$$50-6\Delta r=\Delta\left(\frac{M}{P}\right)\ \rightarrow\ \Delta\left(\frac{M}{P}\right)=50-6\Delta r\ \cdots(1)$$

として、財市場の条件から求めたΔrを代入することにしよう。

財市場について、$\Delta G=\Delta T=10$であることに注意して、

$$\left.\begin{aligned}\boxed{Y}&=\boxed{C}+\boxed{I}+\boxed{G}\\ \boxed{C}&=120+0.8(\boxed{Y}-\boxed{T})\\ \boxed{I}&=50-4\boxed{r}\end{aligned}\right\}\rightarrow\ \Delta Y=\overbrace{0.8(\Delta Y-\Delta T)}^{\Delta C}+\overbrace{(-4\Delta r)}^{\Delta I}+\underbrace{\Delta T}_{\Delta G}$$

右辺の第3項を移項して、可処分所得の増加分$(\Delta Y-\Delta T)$を左辺でまとめると、

$$\Delta Y-\Delta T=0.8(\Delta Y-\Delta T)-4\Delta r$$
$$\rightarrow\ (\Delta Y-\Delta T)-0.8(\Delta Y-\Delta T)=-4\Delta r$$
$$\rightarrow\ 0.2(\Delta Y-\Delta T)=-4\Delta r$$

ここで、$\Delta Y=50$、$\Delta T=10$だから、

$$0.2(\Delta Y-\Delta T)=-4\Delta r\ \rightarrow\ 4\Delta r=-0.2(\Delta Y-\Delta T)$$
$$=-0.2(50-10)$$
$$=-0.2\cdot 40$$
$$=-8$$

両辺を4で割る　$\Delta r=-2\ \cdots(2)$

(2)を(1)に代入して、

$$(1)\ \Delta\left(\frac{M}{P}\right)=50-6\underbrace{\Delta r}_{(2)}=50-6\cdot(-2)=50+12=62$$

見慣れた形式の出題ではないから、選択肢を逐次代入して、国民所得が50増加するものを正解としてもよい。

問題10

ある国のマクロ経済が次のように示されている。

$Y=C+I+G$
$C=10+0.6(Y-T)$
$I=120-i$
$G=40$
$T=20$
$M=L$
$M=10$
$L=0.1Y+10-i$

ここで、Yは国民所得、Cは民間消費、Iは民間投資、Gは政府支出、Tは租税、iは利子率、Mは貨幣供給、Lは貨幣需要を表す。この経済において、政府支出が40から50に増加したとき、クラウディング・アウト効果によって生じる国民所得の減少分の大きさはいくらか。

国家一般職2010

1. 2
2. 4
3. 5
4. 7
5. 9

解説

正解 3

利子率を一定として、政府支出が10だけ増加すると、IS曲線のシフト幅(水平方向)は、

$$\left.\begin{array}{l}\boxed{Y}=\boxed{C}+I+\boxed{G}\\ \boxed{C}=10+0.6(\boxed{Y}-T)\end{array}\right\} \rightarrow \Delta Y=\overbrace{0.6\Delta Y}^{\Delta C}+\overbrace{10}^{\Delta G}\cdots(1)$$

$$\rightarrow \Delta Y-0.6\Delta Y=10 \rightarrow 0.4\Delta Y=10$$

$$\rightarrow \Delta Y(\bar{i})=\frac{10}{0.4}=\frac{100}{4}=25\cdots(2)$$

LM曲線から利子率の変化を求め、投資の増加分に代入して(1)の右辺に付け加える。

$$\left.\begin{array}{l}M=\boxed{L}\\ \boxed{L}=0.1\boxed{Y}+10-\boxed{i}\end{array}\right\} \rightarrow \overbrace{0.1\Delta Y-\Delta i}^{\Delta L}=0 \rightarrow \Delta i=0.1\Delta Y\cdots(3)$$

投資の増加分は、

$$\boxed{I}=120-\boxed{i} \rightarrow \Delta I=-\underbrace{\Delta i}_{(3)}=-0.1\Delta Y\cdots(4)$$

$$\rightarrow (1)\Delta Y=\overbrace{0.6\Delta Y}^{\Delta C}+\overbrace{10}^{\Delta G} \rightarrow \Delta Y=\overbrace{0.6\Delta Y}^{\Delta C}+\overbrace{(-0.1\Delta Y)}^{(4)\Delta I}+\overbrace{10}^{\Delta G}$$

$$\rightarrow \Delta Y-0.6\Delta Y+0.1\Delta Y=10$$

$$\rightarrow 0.5\Delta Y=10 \rightarrow 2\times0.5\Delta Y=2\times10 \rightarrow \Delta Y=20\cdots(5)$$

したがって、クラウディング・アウト効果によって生じる国民所得の減少分は、

$$\underbrace{\Delta Y(\bar{i})}_{(2)}-\underbrace{\Delta Y}_{(5)}=25-20=5$$

問題11 ある国のマクロ経済モデルが次のように与えられているとする。

$Y=C+I+G$

$C=30+0.6Y$

$I=20-300r$

$G=10$

$\dfrac{M}{P}=L$

$L=0.7Y-500r$

$P=1$

［Y：国民所得、C：消費、I：投資、G：政府支出、
M：名目貨幣供給量、L：実質貨幣需要、r：国内利子率、
P：物価水準］

この経済において、政府が財政拡大政策を実施するために、全額を公債の中央銀行引受により、政府支出を20増加させたとき、結果として利子率が変わらなかったとする。このとき、名目貨幣供給量と国民所得の増加の組合せとして、妥当なものはどれか。

裁判所一般職2020

	名目貨幣供給量の増加	国民所得の増加
1	14	5
2	21	10
3	28	30
4	35	50
5	42	70

解説

正解 ❹

貨幣市場から考える。まず、物価$P=1$を代入した均衡条件(LM曲線)で考えると、条件「利子率が変わらなかった」に注意して、

$$\left.\begin{array}{l}\boxed{M}=\boxed{L}\\ \boxed{L}=0.7\boxed{Y}-500r\end{array}\right\}\rightarrow\ \Delta M=\overbrace{0.7\Delta Y}^{\Delta L}\cdots(*)$$

選択肢のうち、この関係、つまり、名目貨幣供給量の増加が国民所得の増加の0.7倍であるものは、❹しかない。

以下、確認のため計算を続ける。利子率不変(投資も不変)および政府支出20増加を勘案すると、

$$\left.\begin{array}{l}\boxed{Y}=\boxed{C}+I+\boxed{G}\\ \boxed{C}=30+0.6\boxed{Y}\end{array}\right\}\rightarrow\ \Delta Y=\overbrace{0.6\Delta Y}^{\Delta C}+\overbrace{20}^{\Delta G}$$

$$\rightarrow\ \Delta Y-0.6\Delta Y=20$$

$$\rightarrow\ 0.4\Delta Y=20\ \rightarrow\ \Delta Y=\frac{20}{0.4}=50$$

となって、やはり❹が妥当である。

最後に求めたΔYを(*)に代入して、

$$(*)\ \Delta M=\overbrace{0.7\Delta Y}^{\Delta L}=0.7\cdot 50=35$$

なお、本問は名目貨幣供給量について問われているから、「中央銀行引受により」という条件を考慮する必要はない。強いて言えば、ハイパワードマネーをHとして貨幣乗数mを求めることができる。

$$\left.\begin{array}{l}\Delta M=m\Delta H\\ \Delta H=\Delta G=20\\ \Delta M=35\end{array}\right\}\rightarrow\ m=\frac{\Delta M}{\Delta H}=\frac{35}{20}=\frac{7}{4}$$

ただし、いまのところこの出題は見られない。

問題12 ある国のマクロ経済モデルが次のように示されているとき、財政政策と金融政策を組み合わせるポリシーミックスを考える。

$Y=C+I+G$
$C=20+0.5Y$
$I=25-5r$
$L=Y-10r+10$
$M=L$

［ Y：国民所得、C：消費、I：投資、G：政府支出、L：貨幣需要、M：実質貨幣供給、r：利子率 ］

ここで政府支出Gを20から25に増加させたとき、クラウディング・アウト効果が生じる。このクラウディング・アウト効果による国民所得の減少を、完全に打ち消すために必要となる実質貨幣供給の増加量として最も妥当なのはどれか。

裁判所一般職2018

1. 10
2. 15
3. 20
4. 25
5. 30

解説

正解 ❶

以下、Lを実質貨幣需要として扱う(最後の与式から明らか)。

クラウディング・アウト効果を相殺すると、利子率は不変であり、均衡国民所得はIS曲線のシフト幅(水平方向)と同じだけ増加する。

財市場について、政府支出が5だけ増加すると、

$$\left.\begin{array}{l}\boxed{Y}=\boxed{C}+I+\boxed{G}\\ \boxed{C}=20+0.5\boxed{Y}\end{array}\right\}\rightarrow\ \Delta Y=\overbrace{0.5\Delta Y}^{\Delta C}+\overbrace{5}^{\Delta G}\ \rightarrow\ \Delta Y-0.5\Delta Y=5$$

$$\rightarrow\ 0.5\Delta Y=5\ \xrightarrow{\text{両辺を2倍}}\ \Delta Y=10\,(=\Delta Y(\overline{r}))\cdots(\#)$$

これを用いて貨幣市場を考慮する。利子率は不変だから、

$$\left.\begin{array}{l}\boxed{L}=\boxed{Y}-10r+10\\ \boxed{M}=\boxed{L}\end{array}\right\}\rightarrow\ \Delta M=\overbrace{\Delta Y}^{\Delta L}=\overbrace{10}^{(\#)}$$

問題13 ある国の経済において、マクロ経済モデルが次のように表されているとする。

$Y=C+I+G$

$C=0.82Y$

$I=4-0.1r$

$G=2$

$L=2Y-10r+400$

$\frac{M}{P}=200$

Y：国民所得、C：民間消費、I：民間投資、G：政府支出、
r：利子率、L：実質貨幣需要、M：名目貨幣供給、
P：物価水準

このモデルにおいて、政府支出が1増加するとき、民間投資はクラウディング・アウトによりどれだけ減少するか。

特別区Ⅰ類2017

1. 0.1
2. 0.3
3. 0.6
4. 0.9
5. 1.2

解説

正解 ❶

民間投資の減少が問われていることに注意しよう。投資の増加分は、

$$\boxed{I}=4-0.1\boxed{r} \rightarrow \Delta I=-0.1\Delta r \cdots(1)$$

で表されるから、均衡利子率の増加分Δrを求めて代入すればよい。

貨幣市場について、

$$\left.\begin{array}{l}\boxed{L}=2\boxed{Y}-10\boxed{r}+400\\ \boxed{L}=\dfrac{M}{P}\end{array}\right\} \rightarrow \overbrace{2\Delta Y-10\Delta r}^{\Delta L}=0 \rightarrow 2\Delta Y=10\Delta r$$

$$\rightarrow \Delta r=0.2\Delta Y \cdots(2)$$

(1)より、

$$(1)\ \Delta I=-0.1\underbrace{\Delta r}_{(2)}=-0.1\cdot 0.2\Delta Y=-0.02\Delta Y \cdots(3)$$

政府支出が1増加するとき、財市場について、

$$\left.\begin{array}{l}\boxed{Y}=\boxed{C}+\boxed{I}+\boxed{G}\\ \boxed{C}=0.82\boxed{Y}\end{array}\right\} \rightarrow \Delta Y=\overbrace{0.82\Delta Y}^{\Delta C}+\overbrace{(-0.02\Delta Y)}^{(3)\Delta I}+\overbrace{1}^{\Delta G}$$

$$\rightarrow \Delta Y-0.82\Delta Y+0.02\Delta Y=1 \rightarrow 0.2\Delta Y=1$$

両辺を5倍して、

$$\Delta Y=5$$

これを(3)に代入すると、

$$(3)\ \Delta I=-0.02\Delta Y=-0.02\cdot 5=-0.1$$

問題14

ある経済のマクロモデルが次のように示されているとする。

$Y=C+I+G$
$C=20+0.8Y$
$I=40-5r$
$G=10$
$M=L$
$M=200$
$L=2Y-50r$

ここで、YはGDP、Cは消費、Iは投資、Gは政府支出、rは利子率、Mは貨幣供給、Lは貨幣需要を表す。また、完全雇用GDPは250である。これに関するア～エの記述のうち、妥当なもののみを全て挙げているのはどれか。

国家一般職2013

ア　均衡GDPと均衡利子率は、それぞれ200と5である。

イ　政府支出の増加による財政政策のみで完全雇用を達成するのであれば、政府支出を15増やす必要がある。

ウ　貨幣供給の増加による金融政策のみで完全雇用を達成するのであれば、貨幣供給を100増やす必要がある。

エ　政府支出の増加による財政政策と貨幣供給の増加による金融政策を組み合わせて、クラウディング・アウトを引き起こさないで完全雇用を達成するためには、政府支出を10、貨幣供給を45増やす必要がある。

1. ウ
2. ア、エ
3. イ、ウ
4. イ、エ
5. ウ、エ

解説

正解 ❶

最も簡単なのは**ア**である。**エ**については、これまでと異なる条件「完全雇用を達成する」に注意を要する（利子率は不変と限らず、下落してもクラウディング・アウトは引き起こさない。要するに利子率が上昇しなければよい）。

アがわかれば、**イ**・**ウ**も同様に解ける。

ア ✕　$Y=200$、$r=5$を使って財市場と貨幣市場が均衡すれば正しいと言える。貨幣市場から調べると、

$$L=2Y-50r \rightarrow L=2\cdot\overbrace{200}^{Y}-50\cdot\overbrace{5}^{r}=400-250=150$$

より、貨幣供給$M=200$と一致しない。

イ ✕　政府支出を15増やしたとき、均衡国民所得（均衡GDP）が250であればよい。

貨幣市場について

$$\left.\begin{array}{l} M=L \\ M=200 \\ L=2Y-50r \end{array}\right\} \rightarrow \underbrace{2\cdot\overbrace{250}^{Y}-50\cdot r}_{L}=\underbrace{200}_{M}$$

両辺を50で割る　$2\cdot5-r=4 \rightarrow r=10-4=6$

これを投資関数に代入する。

財市場において、総需要が250になれば（財市場が均衡するから）正しいと言える。政府支出を15増やしたとき、

$$\left.\begin{array}{l} C=20+0.8Y \\ I=40-5r \\ G=10+15 \end{array}\right\} \rightarrow \overbrace{20+0.8\cdot\underbrace{250}_{Y}}^{C}+\overbrace{40-5\cdot\underbrace{6}_{r}}^{I}+\overbrace{10+15}^{G}$$

$$=20+200+40-30+25$$
$$=255$$

であるから、財市場は均衡しない（完全雇用は実現しない）。

第4章　IS-LMモデル

以上より、**ア**・**イ**を含まない❶・❺のどちらかが正解となる。どちらも**ウ**を含むから、先に**エ**を解く。

エ ✕　与えられた数値を使い、財市場と貨幣市場が均衡すれば正しいと言える。貨幣市場について、貨幣供給を45増やしたときの均衡利子率は、

$$\left.\begin{array}{l} M=L \\ M=200+45 \\ L=2Y-50r \end{array}\right\} \rightarrow \overbrace{2\cdot\underbrace{250}_{Y}-50r}^{L}=\overbrace{245}^{M}$$

$$\rightarrow\ 500-50r=245 \xrightarrow{\text{両辺を10で割る}} 50-5r=24.5$$

$$\rightarrow\ 5r=50-24.5=25.5$$

これを投資関数に代入すると投資の値が求められる（端数「.5」があるのでダメそうだ）。

$$I=40-5r=40-25.5=14.5$$

したがって、政府支出を10増やしたときの総需要は、

$$\left.\begin{array}{l} C=20+0.8Y \\ I=14.5 \\ G=10+10 \end{array}\right\} \rightarrow \overbrace{20+0.8\cdot\underbrace{250}_{Y}}^{C}+\overbrace{14.5}^{I}+\overbrace{20}^{G}=20+200+14.5+20$$

となり、到底、$Y=250$と一致しない（端数が残る）。

よって、**ア**・**イ**・**エ**を含まない❶が正解となる。

ウ ◯　念のため、**ウ**を確認しておく。これまでと同様に考える。貨幣市場について、貨幣供給を100増やしたとき、均衡国民所得が250であれば、

$$\left.\begin{array}{l} M=L \\ M=200+100 \\ L=2Y-50r \end{array}\right\} \rightarrow \overbrace{2\cdot\underbrace{250}_{Y}-50r}^{L}=\overbrace{300}^{M}$$

$$\xrightarrow{\text{両辺を10で割る}} 2\cdot25-5r=30 \rightarrow 50-5r=30 \rightarrow 5r=20$$

したがって、投資は、

$$I=40-5r=40-20=20$$

財市場について総需要は、

$$\left.\begin{array}{l} C=20+0.8Y \\ I=20 \\ G=10 \end{array}\right\} \rightarrow \overbrace{20+0.8\cdot\underbrace{250}_{Y}}^{C}+\overbrace{20}^{I}+\overbrace{10}^{G}=20+200+20+10 =250$$

となって、均衡において $Y=250$ と一致する。

第5章

AD － AS モデル

本章では物価と国民所得(景気)の関係が明らかになります。第2章から学習してきたことが総需要曲線として一つにまとめられます。また、これまで詳細を省略してきた生産活動を労働市場との関わりから総供給曲線として表します。労働市場に対する考え方の違いから生じるケインズ経済学と古典派経済学の差異を学習します。

★★★

1 AD－ASモデルのための イントロダクション

本節では、これまでの学習を振り返りながら概説します。

1 財市場（45度線モデル）

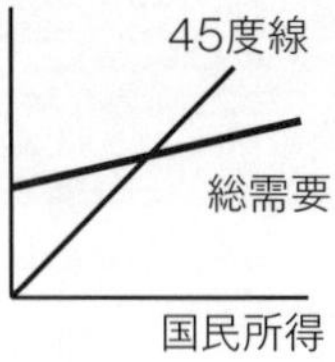

第２章で扱った財市場の分析(45度線モデル)は、利子率を一定として($r=\bar{r}$)、財市場を均衡させる国民所得を求めるものである。総供給は国民所得に等しいと置かれ、総需要は国民所得の関数として表される。

$$Y=C(Y)+I(\bar{r})+G$$

［Y：国民所得、$C(Y)$：消費関数、I：投資、G：政府支出］

本質的に、財市場における総需要と一致する国民所得を表す。

2 貨幣市場

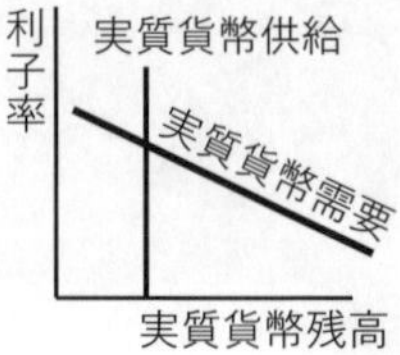

第３章で扱った貨幣市場の分析は、国民所得と物価を一定として($Y=\bar{Y}$、$P=\bar{P}$)、貨幣市場と債券市場を均衡させる利子率を求めるものである。

$$L(\bar{Y},r)=\frac{M}{\bar{P}}$$

［$L(Y,r)$：貨幣需要関数、M：貨幣供給量］

❸ IS－LMモデル

1 財市場の均衡（IS 曲線）

IS曲線は財市場を均衡させる国民所得と利子率の関係を表すものである。

$$Y = C(Y) + I(r) + G \quad [I(r)：投資関数]$$

本質的に、財市場における総需要と一致する国民所得を表す。ただし、投資関数を通じて利子率に影響され、利子率（投資）と景気の良さ（国民所得）の関係性を明らかにしている。

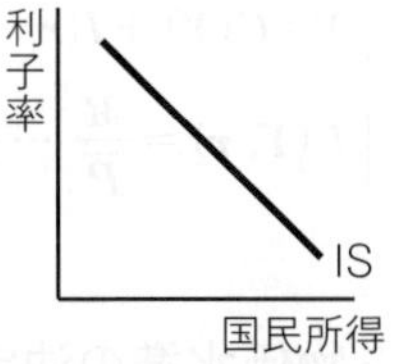

45度線モデルにおける総需要は利子率（したがって、投資）の大きさに依存するため、位置が定まらない（利子率を変数とした途端に45度線モデル単独ではあまり意味をなさない）。

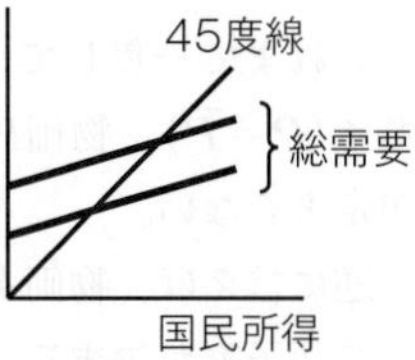

2 貨幣市場の均衡（LM 曲線）

LM曲線は物価を一定として（$P = \overline{P}$）、貨幣市場（と債券市場）を均衡させる国民所得と利子率の関係を表すものである。

$$L(Y, r) = \frac{M}{\overline{P}}$$

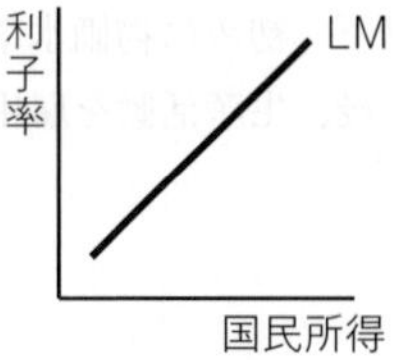

資産市場における貨幣や債券の需要と景気の良さ（国民所得の大きさ）の関係性を明らかにしている。

国民所得を変数にすると、貨幣需要関数の位置が国民所得の大きさに依存し、位置が定まらない（貨幣市場の図だけではあまり意味をなさない）。

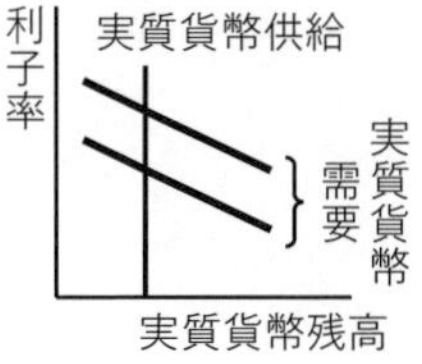

3 IS－LMモデル

物価を一定として($P=\overline{P}$)、財市場と貨幣市場(と債券市場)を均衡させる国民所得と利子率が決まる。

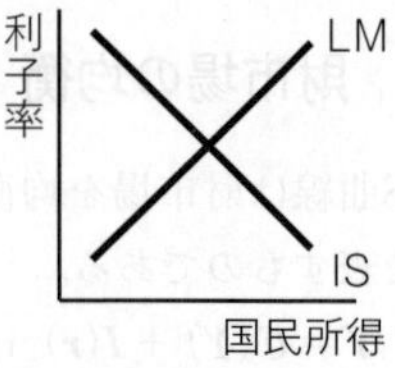

$$\begin{cases} Y=C(Y)+I(r)+G \cdots (IS) \\ L(Y, r)=\dfrac{M}{P} \cdots (LM) \end{cases}$$

4 物価水準の決定

これまで一貫して一定と仮定してきたものは物価である($P=\overline{P}$)。物価Pを変数とすると、LM曲線の位置が定まらない。

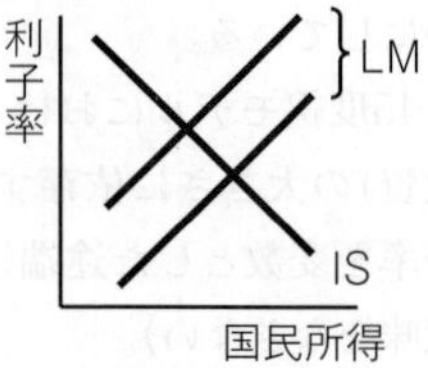

逆に言えば、物価水準が決まれば、IS－LM均衡において利子率が決まる。

ところで、物価とは、生産され、需要(総需要)される財・サービスを詰め込んだ巨大な買い物カゴの値段である。つまり、物価を決めるのは、財市場における生産量(総供給)と総需要の均衡である。

以下、初めに物価水準とIS−LM均衡における国民所得を総需要関数として表し、その後、生産活動を雇用面から分析する[1]。

1 ここまでやっても一定としているものがやはり存在する。生産活動に関するものとしては、労働力や資本ストックは依然として一定と考えている。これらは最終章の経済成長理論まで持ち越される。

2 総需要曲線

本節では、物価を明示的に扱い、物価水準と国民所得（総需要）の関係を表します。前章で学習したことがそのまま活用されます。

1 総需要曲線

財市場と貨幣市場を同時に均衡させる物価水準と国民所得の関係を**総需要曲線AD (Aggregate Demand)**として表す。

物価水準を明示するのがLM曲線であり、利子率$\boldsymbol{r}$を国民所得$\boldsymbol{Y}$と物価水準$\boldsymbol{P}$の式として表す。次に、これを使って投資関数を$(\boldsymbol{Y}, \boldsymbol{P})$の式で表す。

$$\boldsymbol{L}(\boldsymbol{Y}, \boldsymbol{r}) = \frac{\boldsymbol{M}}{\boldsymbol{P}} \rightarrow \boldsymbol{r} = (\boldsymbol{Y}, \boldsymbol{P})\text{の式} \rightarrow \boldsymbol{I} = \boldsymbol{I}(\boldsymbol{r}) = \boldsymbol{I}(\boldsymbol{Y}, \boldsymbol{P})$$

この投資関数$\boldsymbol{I}(\boldsymbol{Y}, \boldsymbol{P})$をIS曲線に代入すれば総需要曲線ADを求めることができる。

$$\boldsymbol{Y} = \boldsymbol{C}(\boldsymbol{Y}) + \boldsymbol{I}(\boldsymbol{Y}, \boldsymbol{P}) + \boldsymbol{G}$$

なお、総需要曲線ADは、縦軸に物価水準、横軸に国民所得をとった図に描かれる。

例1

マクロ経済が次に示されている。

$$Y=C+I+G$$
$$C=20+0.8(Y-T)$$
$$I=100-10r$$
$$\frac{M}{P}=L$$
$$L=0.8Y-10r+100$$

［Y：国民所得、C：消費、I：投資、G：政府支出
T：租税、r：利子率、M：名目貨幣供給
P：物価水準、L：実質貨幣需要］

ここで、$T=50$、$G=20$、$M=480$の場合の総需要曲線を表そう。

LM曲線から得られる利子率を投資関数に代入する。貨幣需要関数と投資関数の利子率の係数が同じだから、「$-10r=\sim$」とする(「$10r=\sim$」でもよい)。

$$\left.\begin{array}{l}\frac{M}{P}=L\\ M=480\\ L=0.8Y-10r+100\end{array}\right\}\rightarrow \frac{\overbrace{480}^{M}}{P}=\overbrace{0.8Y-10r+100}^{L}$$

$$\rightarrow\ -10r=\frac{480}{P}-0.8Y-100$$

投資関数に代入すると、

$$I=100-10r=100+\overbrace{\frac{480}{P}-0.8Y-100}^{-10r}$$
$$=\frac{480}{P}-0.8Y$$

この投資と他の与件を財市場の均衡条件(第1式)に代入すると総需要曲線ADを得る。

$$\left.\begin{array}{l}Y=C+I+G\\ C=20+0.8(Y-T)\\ I=\frac{480}{P}-0.8Y\\ T=50、G=20\end{array}\right\}\rightarrow\ Y=\overbrace{20+0.8(Y-\underbrace{50}_{T})}^{C}+\overbrace{\frac{480}{P}-0.8Y}^{I}+\overbrace{20}^{G}$$

これは国民所得と物価の式であり、利子率が消去されていることに特徴がある。同類項をまとめると、

$$Y = \overbrace{20 + 0.8(Y - \underbrace{50}_{T})}^{C} + \overbrace{\frac{480}{P} - 0.8Y}^{I} + \overbrace{20}^{G}$$

$$= 20 + 0.8Y - 40 + \frac{480}{P} - 0.8Y + 20$$

$$= \frac{480}{P}$$

ここでは、縦軸に物価P、横軸に国民所得Yをとってグラフを描くから、変形して、

$$Y = \frac{480}{P} \rightarrow \frac{Y}{1} = \frac{480}{P} \rightarrow \frac{P}{1} = \frac{480}{Y} \rightarrow P = \frac{480}{Y} \quad \left\langle \frac{a}{b} = \frac{c}{d} \Longleftrightarrow \frac{d}{b} = \frac{c}{a} \right.$$

これは反比例の曲線だから、総需要曲線ADは右下がりの曲線として描かれる。

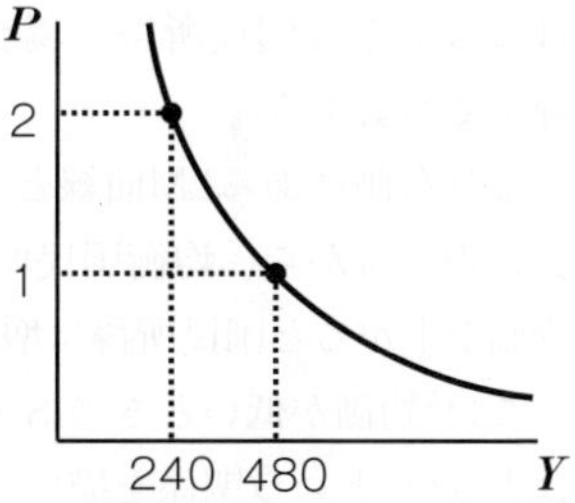

例えば、

$$P = 1 \rightarrow Y = \frac{480}{P} = \frac{480}{1} \rightarrow Y = 480$$

$$P = 2 \rightarrow Y = \frac{480}{P} = \frac{480}{2} \rightarrow Y = 240$$

として、総需要曲線 AD が通る点を確認できる。

［参　考］　IS−LM均衡とAD曲線

物価が下落したときのIS−LM均衡における国民所得を追ってみよう。まず、物価が低くなると、実質貨幣供給が大きくなる。

$$L=\frac{M}{P} \xrightarrow{\text{物価の下落}} L<\frac{M}{P\downarrow}\uparrow$$

貨幣市場が再び均衡するとすれば、左辺のLがもっと大きいときである。

$$L<\frac{M}{P\downarrow}\uparrow \xrightarrow{\text{実質貨幣需要の増加}} L\uparrow=\frac{M}{P\downarrow}\uparrow$$

貨幣需要関数は国民所得の増加関数だから、利子率を一定とすると、国民所得が増加したとき、実質貨幣需要が増加する。

$$L\uparrow=0.8Y\uparrow-10\bar{r}+100$$

以上、より低い物価に対して、貨幣市場が均衡するのはより大きな国民所得の場合である(より右側のLM曲線上で均衡する)。

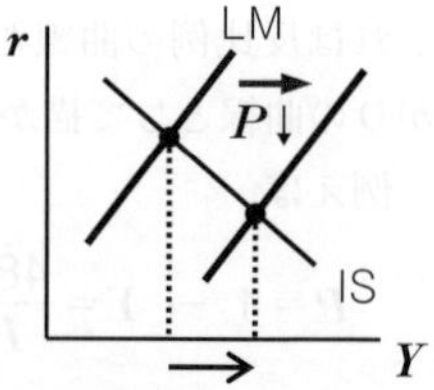

均衡国民所得の増加

より右側にあるLM曲線との交点はIS曲線上の右下部分に現れるから、均衡国民所得は大きくなる。つまり、物価が下がると国民所得は増加する。

この「物価が低いときのIS−LM均衡における国民所得は大きい」という関係を描いたものが総需要曲線ADであり、右下がりの曲線で表される。

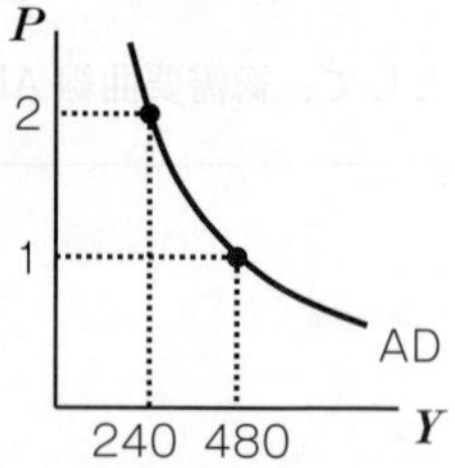

物価水準が低いとき、実質貨幣供給が大きい。貨幣市場が均衡するとき、実質貨幣需要も大きく、国民所得が大きい(∵LはYの増加関数)か利子率が低い(∵Lはrの減少関数)、あるいはその両方である。このうち、前者「物価水準が低いとき…国民所得が大きい」は右下がりの総需要曲線にそのまま当てはまる。

後者の「物価水準が低いとき…利子率が低い」については、利子率が低いとき、投資が大きく、総需要$C+I+G$と一致する国民所得が大きい。よって、この場合も、「物価水準が低い → 利子率が低い → 国民所得が大きい」となって、総需要曲線が右下がりであることを示している。

ただし、ミクロ経済学を学習した後であれば、「価格と需要量の関係が右下がりに描けることは当たり前」と考えてもよい(メカニズムが異なるだけ)。

❷ 総需要曲線のシフト

以下、右下がりの一般的な総需要曲線を想定し、直線で表す。

物価を任意の水準で一定として、**拡張的な財政政策**が行われるとIS曲線が右方シフトして、IS−LM均衡における国民所得は増加する。よって、**総需要曲線ADは右方にシフトする。**

同様に、物価を任意の水準で一定として、**金融緩和**によってLM曲線が右方シフトすると、IS−LM均衡における国民所得が増加する。よって、**総需要曲線ADは右方にシフトする。**

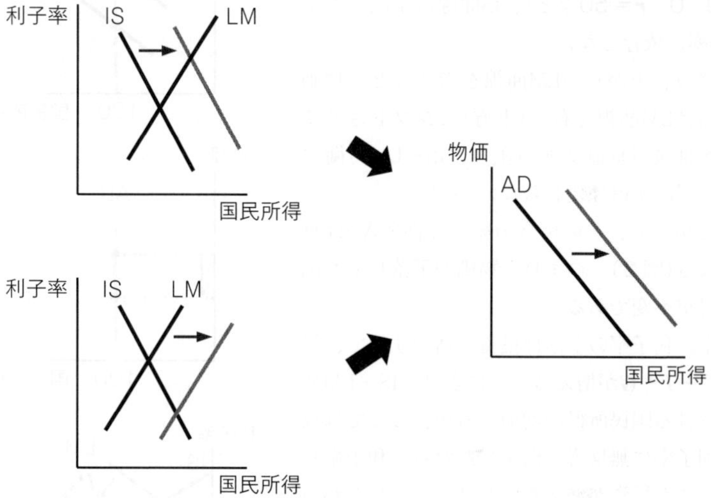

財政・金融政策によって総需要曲線がシフトするか否かについては、IS−LMモデルで学習したことがそのまま適用される。

❸ 総需要曲線の形状

総需要曲線ADはIS−LM均衡から導かれるため、必然的にIS曲線やLM曲線の形状に影響を受ける。ここでは特に重要なケースに絞る。

1 投資の利子弾力性がゼロ

投資の利子弾力性がゼロの場合、投資は利子率に反応しない定数で表され($\boldsymbol{I}=50-\boldsymbol{b}\cdot\boldsymbol{r}=50-0\cdot\boldsymbol{r}=50$など)、IS曲線は垂直となる(利子率に依存しない)。

通常の右上がりのLM曲線を考えると、物価の下落はLM曲線を右方(下方)にシフトさせるが、IS曲線が垂直である限り、IS−LM均衡における国民所得は変わらない(図１)。

したがって、この場合の総需要曲線ADは垂直になる(図２)。つまり、物価が下落しても国民所得が不変である。

通常、利子率の下落は投資を増やすので、総需要$\boldsymbol{C}+\boldsymbol{I}+\boldsymbol{G}$が増えることにより、IS−LM均衡における国民所得が増加するが、ここでは投資が利子率に無反応と仮定したから、利子率が下がっても投資が増えることはない。したがって、IS−LM均衡における国民所得が増加せず、総需要曲線ADが垂直になってしまう。

IS曲線を右下がりと垂直な部分(投資の利子弾力性がゼロ)を持つように表す。ここでは、利子率が一定水準より下がる(図３・点B)と投資が無反応(利子弾力性がゼロ)になると考えよう。

物価水準の下落はLM曲線を右方シフトさせ、図３でIS−LM均衡が点A→B→Cの順に移動する。このとき、点A→Bでは物価の下落とともに国民所得が増加するのに対し、点B→Cでは物価が下落しても国民所得が変わらない(図４：AD曲線も垂直となる)。

投資の利子弾力性ゼロ

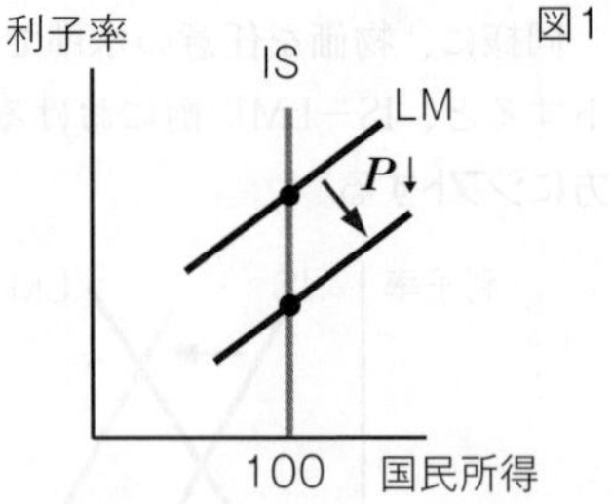

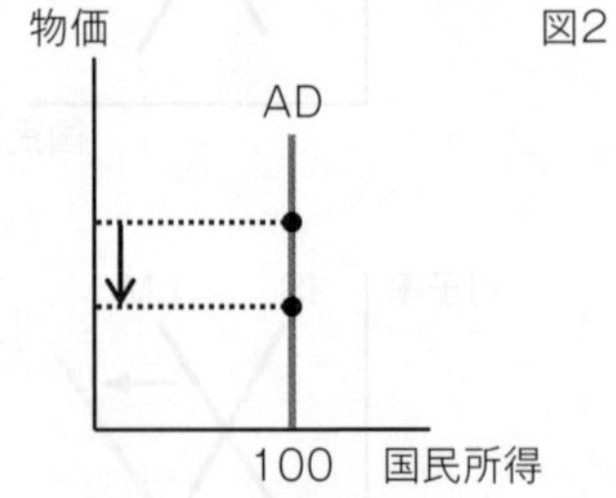

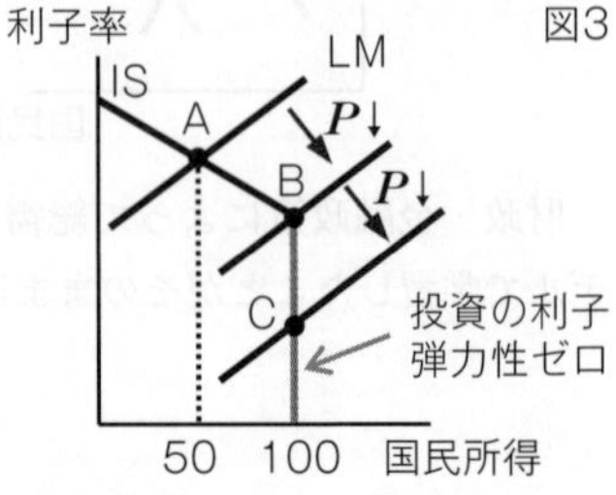

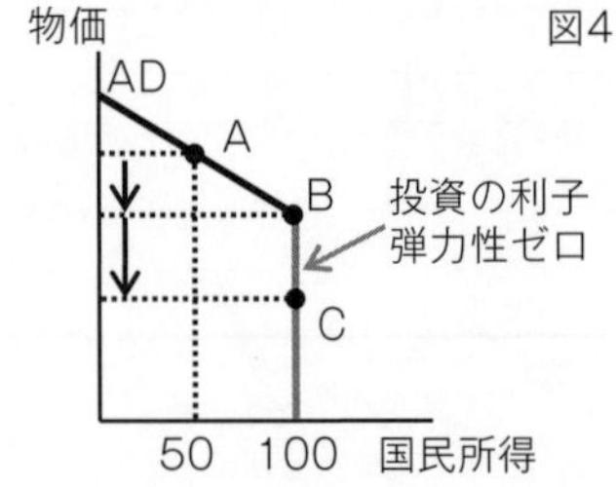

2 貨幣需要の利子弾力性が無限大

貨幣需要の利子弾力性が無限大の場合、流動性のわなの部分(水平部分)について総需要曲線は垂直部分を持つ。

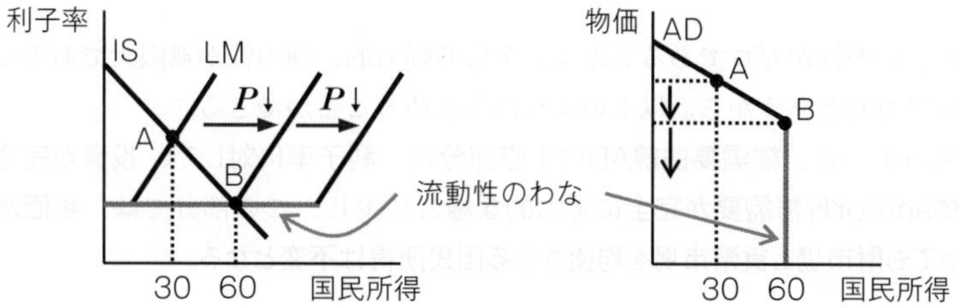

図(左)のIS−LM均衡について、物価の下落に伴ってIS曲線上の点AからBの範囲でLM曲線が交点を持つ場合、国民所得は増加する。図(右)ではAD曲線が右下がりに描かれている。

図(左)でそれ以上物価が下落しても、IS−LM均衡は点Bのままであり、経済は流動性のわなに陥る(国民所得が不変)。したがって、図(右)でAD曲線が垂直部分を持つように描かれる。

3 投資の利子弾力性ゼロかつ貨幣需要の利子弾力性無限大

投資の利子弾力性がゼロの部分があり、かつ貨幣需要の利子弾力性が無限大の部分がある場合にも(上記が同時に生じる場合)、総需要曲線は垂直部分を持つことが示される。

また、弾力性がゼロであることを完全に非弾力的、弾力性が無限大であることを完全に弾力的というから、以下のようにまとめることができる。

次図のように、**総需要曲線ADの垂直部分**は、**利子率に対して、投資が完全に非弾力的and/or貨幣需要が完全に弾力的な場合に生じ**、この部分では、**物価水準が変わっても財市場と貨幣市場を均衡させる国民所得は不変となる。**

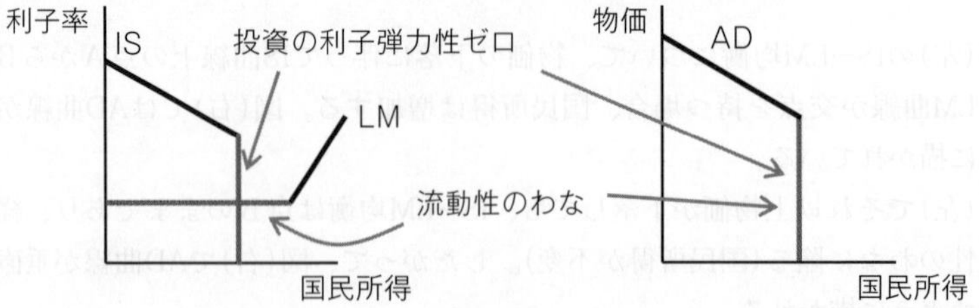

重要事項 一問一答

01 総需要曲線は物価水準と何の関係を表すものか。

IS−LM分析における均衡国民所得

02 右下がりの総需要曲線について、拡張的な財政政策や金融緩和は総需要曲線をどのようにシフトさせるか。

右方(右上方)にシフトさせる

03 総需要曲線が垂直になる要因を二つ示せ。

投資の利子弾力性がゼロ、流動性のわな(貨幣需要の利子弾力性が無限大)

第5章 AD-ASモデル

過去問 Exercise

問題1 ある国のマクロ経済が次のように示されている。

$$Y=C+I+G$$
$$C=0.8Y+20$$
$$I=30-2r$$
$$\frac{M}{P}=L$$
$$L=0.4Y-4r+140$$

［Y：国民所得、C：消費、I：投資
G：政府支出、r：利子率、M：貨幣供給量
P：物価水準、L：実質貨幣需要］

この経済において、$G=10$、$M=200$であった。この場合における総需要曲線として最も妥当なのはどれか。

労働基準監督官2021

---

1. $P=\dfrac{250}{Y+25}$
2. $P=\dfrac{300}{Y+50}$
3. $P=\dfrac{500}{Y+100}$
4. $r=15-0.2Y$
5. $r=30-0.1Y$

解説

正解 ❶

総需要曲線は物価と貨幣市場および財市場を同時に均衡させる国民所得(IS−LM均衡)の関係だから、❹・❺は除外できる。

LM曲線を変形して、投資関数の利子率に代入する。貨幣需要関数と投資関数の係数を見比べると、LM曲線を「$-2r=\sim$」とすれば投資関数に代入しやすいことがわかる。

LM曲線について、

$$\left.\begin{array}{l}\dfrac{M}{P}=L、M=200\\ L=0.4Y-4r+140\end{array}\right\}\rightarrow \overbrace{0.4Y-4r+140}^{L}=\dfrac{\overbrace{200}^{M}}{P}$$

両辺を2で割る $\quad 0.2Y-2r+70=\dfrac{100}{P}$

$$\rightarrow\ -2r=\frac{100}{P}-0.2Y-70$$

これを投資関数に代入すると、

$$I=30-2r=30+\overbrace{\frac{100}{P}-0.2Y-70}^{-2r}$$

$$=\frac{100}{P}-0.2Y-40$$

である。残りの与件とともに財市場の均衡条件に代入すると、

$$\left.\begin{array}{l}Y=C+I+G\\ C=0.8Y+20\\ I=\dfrac{100}{P}-0.2Y-40\\ G=10\end{array}\right\}\rightarrow Y=\overbrace{0.8Y+20}^{C}+\overbrace{\frac{100}{P}-0.2Y-40}^{I}+\overbrace{10}^{G}$$

$$=0.6Y+\frac{100}{P}-10$$

$$\rightarrow\ Y-0.6Y=\frac{100}{P}-10\ \rightarrow\ 0.4Y+10=\frac{100}{P}$$

両辺を0.4で割って Y の係数を1にすると、

$$\frac{0.4}{0.4}Y+\frac{10}{0.4}=\frac{100}{0.4P}\rightarrow Y+\frac{100}{4}=\frac{1000}{4P}\rightarrow Y+25=\frac{250}{P}$$

$$\rightarrow\frac{Y+25}{1}=\frac{250}{P}\rightarrow\frac{P}{1}=\frac{250}{Y+25}\quad\left\{\frac{a}{b}=\frac{c}{d}\Longleftrightarrow\frac{d}{b}=\frac{c}{a}\right.$$

$$\rightarrow P=\frac{250}{Y+25}$$

問題2

ある国のマクロ経済が、以下の式で示されているとする。

$$Y = C + I + G$$
$$C = 20 + 0.8(Y - T)$$
$$I = 40 - 5r$$
$$G = 15$$
$$T = 0.25Y$$
$$\frac{M}{P} = L$$
$$L = 150 + 0.6Y - 10r$$
$$M = 140$$

［Y：国民所得、C：消費、I：投資、G：政府支出、T：租税、r：利子率
M：名目貨幣供給、P：物価水準、L：実質貨幣需要］

この経済の総需要関数として妥当なのはどれか。

国家一般職2016

1. $P = \frac{50}{Y}$
2. $P = \frac{100}{Y}$
3. $P = \frac{150}{Y}$
4. $P = \frac{200}{Y}$
5. $P = \frac{250}{Y}$

解説

正解 ②

投資関数より、LM曲線を$-5\boldsymbol{r}=$～とする。

$$\left.\begin{aligned}&\frac{M}{P}=L\\&L=150+0.6Y-10r\\&M=140\end{aligned}\right\}\rightarrow \overbrace{150+0.6Y-10r}^{L}=\frac{\overbrace{140}^{M}}{P}$$

両辺を2で割る $75+0.3Y-5r=\dfrac{70}{P}$

$$\rightarrow\ -5r=\frac{70}{P}-75-0.3Y$$

これを投資関数に代入すると、

$$I=40-5r=40+\overbrace{\frac{70}{P}-75-0.3Y}^{-5r}=\frac{70}{P}-0.3Y-35$$

残りの与件とともにこれを財市場の均衡条件に代入すれば、

$$\left.\begin{aligned}&Y=C+I+G\\&C=20+0.8(Y-T)\\&I=\frac{70}{P}-0.3Y-35\\&G=15\\&T=0.25Y\end{aligned}\right\}\rightarrow Y=\overbrace{20+0.8(\underbrace{Y-\underbrace{0.25Y}_{T}}_{\frac{3}{4}Y})}^{C}+\overbrace{\frac{70}{P}-0.3Y-35}^{I}+\overbrace{15}^{G}$$

$$=\underbrace{0.8\cdot\frac{3}{4}}_{0.6}Y-0.3Y+\frac{70}{P}+20+15-35$$

$$=0.3Y+\frac{70}{P}$$

$$\rightarrow Y-0.3Y=\frac{70}{P}\ \rightarrow 0.7Y=\frac{70}{P}\ \rightarrow Y=\frac{70}{P}\div 0.7$$

$$=\frac{70}{P}\times\frac{10}{7}$$

$$\rightarrow Y=\frac{100}{P}\ \rightarrow P=\frac{100}{Y}$$

問題3 総需要曲線に関する次の文のア～ウに当てはまるものの組合せとして最も妥当なものはどれか。

ただし、IS 曲線、LM 曲線は一般的に図のように示されるものとする。

労働基準監督官2014

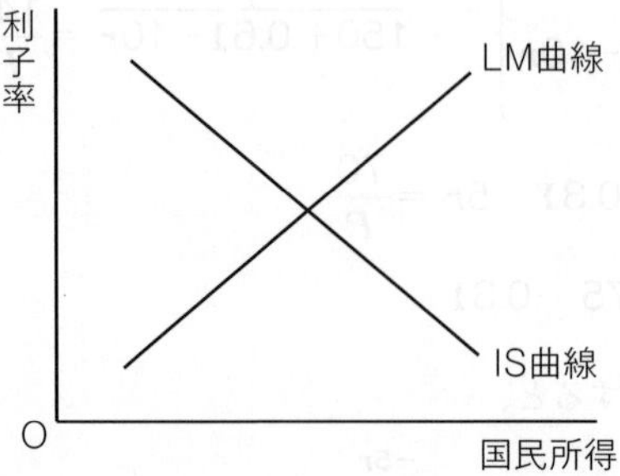

総需要曲線は総需要と物価との関係を示すものであり、IS–LMモデルから、導くことができる。総需要曲線の形状は、一般的に右下がりである。

いま、投資の利子弾力性が［ ア ］なったことにより、IS曲線の傾きが当初よりも急になったとする。国民所得はIS曲線とLM曲線の交点で決定されるが、物価水準が低下しLM曲線がシフトしたとき、対応する国民所得の増加幅は、IS曲線の傾きが急になった場合は当初の場合と比較して［ イ ］なるため、総需要曲線の傾きは、当初の総需要曲線の傾きより［ ウ ］になる。

	ア	イ	ウ
1	大きく	大きく	急
2	大きく	小さく	緩やか
3	大きく	小さく	急
4	小さく	大きく	緩やか
5	小さく	小さく	急

解説

正解 ⑤

IS曲線の傾き(絶対値)は限界消費性向および投資の利子弾力性の減少関数である。つまり、投資の利子弾力性が小さく(**ア**)なると、IS曲線は急になる。

極端な例で考えると、投資の利子弾力性がゼロのときIS曲線が垂直になる。物価水準が低下して実質貨幣供給が増加すると、LM曲線は右下方にシフトするが、国民所得は不変である(小さく(**イ**)なる)。

したがって、「物価が低下しても国民所得が不変」な総需要曲線を描けばこれも垂直となる(急(**ウ**)になる)。

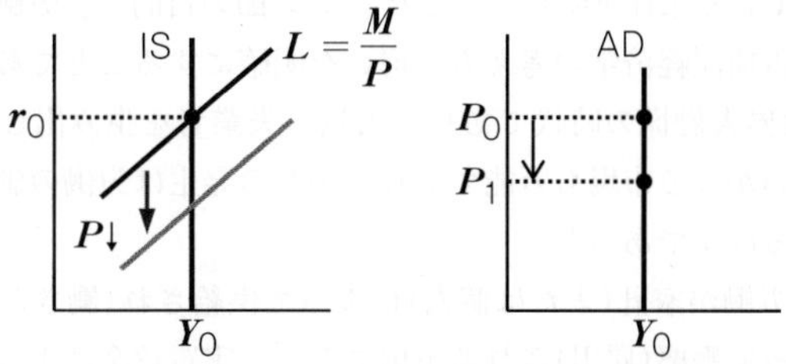

★★★

3 労働市場と総供給曲線

本節では、労働市場に関する古典派とケインズの違いを見ていきます。両者の考え方の違いにより、財政政策や金融政策の効果が異なります。

1 労働市場

ケインズは、自身以前の経済学を「**古典派**」と呼び、自身の考えと対比する形で古典派が前提としている条件を明らかにした[1]。この節の目的は、労働市場に関するケインズ経済学と古典派経済学の考え方の違いを明確にすることである。

1930年代は世界大恐慌の時代であり、大量の失業者を生み出した。従来の古典派経済学では、いかなる市場も万能であり、失業の発生は労働の価格(賃金)の下落により解消されるはずであった。

労働市場は、労働が家計(または個人)によって供給され(働きたいということ)、また、企業によって需要(雇用)される市場であり、実質賃金によってこれら供給と需要が調整される。

古典派経済学では、企業の雇用は利潤を最大化する水準に決定される。ここで、利潤は、

価格×生産量－総費用

で表され、雇用が増えると生産量が増えるとともに、増加した労働者に対する名目賃金（貨幣賃金ともいう）の支払いによって総費用もまた増加する。

したがって、企業の利潤最大化を考えるとき、必然的に財の生産量を考えることになる。マクロ経済全体で考える場合にも全く同じであり、個々の財の価格は物価に置き換えられ、財の生産量は経済全般の水準を表す。また、名目賃金についても経済全般の水準が一つ決まると考えられる。

以上より、労働市場の分析を行い、経済全般の生産水準(総供給曲線)を表す。

1 経済学説史における新古典派も含む。したがって、「古典派」や「新古典派」を区別しなくてよい（同じものとして扱う）。

❷ 古典派の労働市場

ケインズは、**古典派経済学は完全雇用を前提としているに過ぎない**とした。このとき、**物価水準と生産量の関係を表す総供給曲線AS(Aggregate Supply)は完全雇用国民所得の水準で一定となる。**

1 古典派の第一公準

ケインズは、古典派経済学における企業の労働需要(の決定)を**古典派の第一公準**と呼んだ[2]。

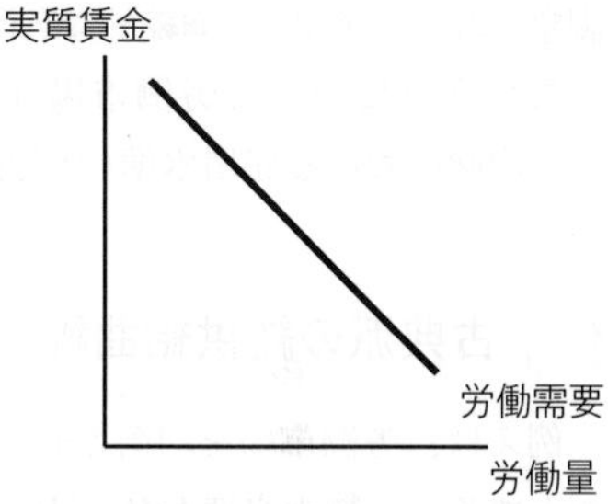

古典派の第一公準は、企業の労働需要(雇用)が実質賃金の減少関数であるということを表す。

個々の企業を考えると[3]、自社で生産している商品の価格に比べ、労働者を雇うコスト(名目賃金)が高いのであれば、たくさん生産してもコストがかさむので、企業は労働者(雇用)を減らすだろうし、逆に、商品の価格に比べ、労働コストが安いのであれば、たくさん雇用してたくさん生産・販売しようとするだろう。

2 古典派の第二公準

ケインズは、古典派経済学における家計(個人、消費者)の労働供給(の決定)を**古典派の第二公準**と呼んだ。

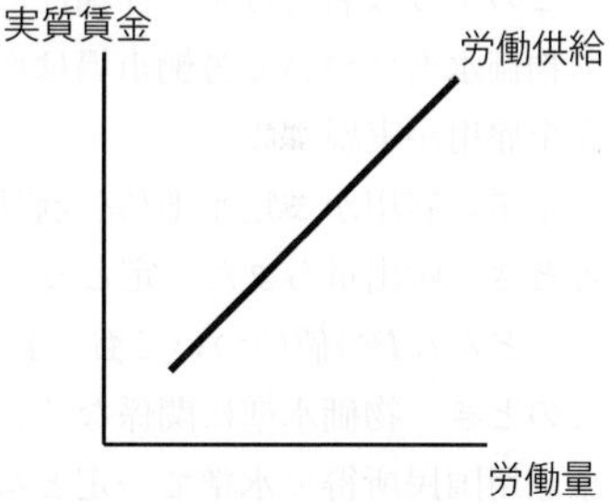

家計にとって実質賃金は、労働によって稼いだ名目賃金で購入できる財の数量を表している。実質賃金が高ければ高いほど、働きに出る者は増えると考えられる。よって、労働供給は実質賃金の増加関数である[4]。

---

2 「公準」とは大前提となる原則(絶対的な仮定)であり、そこからいくつかの命題(定理)が生じる。数学でいうところの公理と同じと考えてよい(例えば、「数とは何か」を公理として定めない限り、その先の数学が得られない)。

3 ミクロ経済学(利潤最大化、2要素生産関数)を参照のこと。

4 ミクロ経済学(効用最大化、労働時間・余暇の消費)を参照のこと。

3 古典派の労働市場

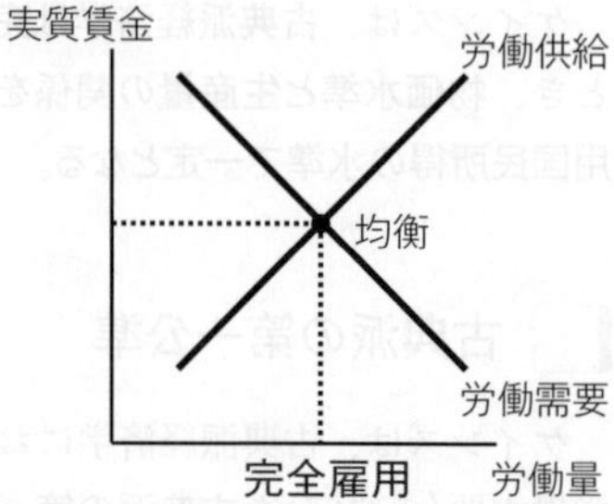

古典派は、市場は万能である、と考える。労働市場についても需要と供給が一致するように価格メカニズムが働く。

古典派の労働市場においては、第一公準(労働需要曲線)と第二公準(労働供給曲線)の交点が常に実現するように名目賃金が即座に調整されると考える(**伸縮的な名目賃金**)。

この交点において労働市場は均衡するから、均衡における雇用水準(＝労働需要量＝労働供給量)が完全雇用水準を表す。

4 古典派の総供給曲線

例えば、労働市場を均衡させる実質賃金の水準が2だとする。名目賃金が$W=4$だとすると、物価水準が$P=2$のとき労働市場は均衡する。

(理由は不問として)物価水準が3になると、名目賃金Wの伸縮性によって、労働市場の均衡が保たれる。

$$\frac{W}{P}=\frac{4}{2}=2 \rightarrow \frac{W}{P}=\frac{6}{3}=2$$

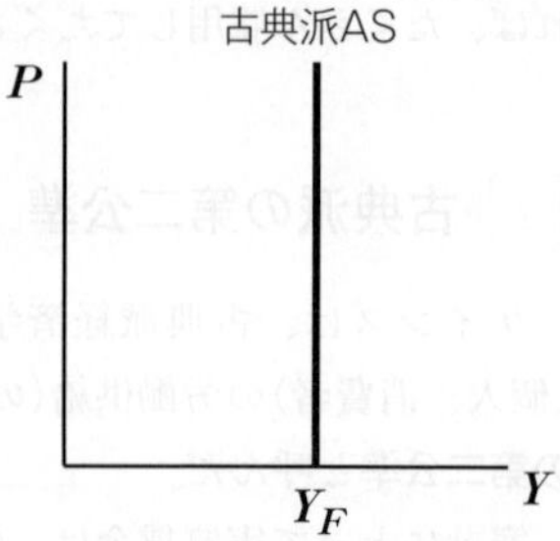

このような名目賃金の伸縮性により、任意の物価水準について労働市場は均衡し、常に完全雇用が実現する。

企業の雇用が一定水準(完全雇用)に保たれるとき、産出量もまた一定とる。つまり、

どんなPの値についても、$Y=Y_F$

このとき、物価水準に関係なく(どんなPに対しても)、産出量(財の総供給量)は完全雇用国民所得の水準で一定となる[5]。つまり、**古典派の総供給曲線ASは完全雇用国民所得の水準$Y=Y_F$で垂直になる。**

[参　考]

ここでは、労働人口や資本ストックや生産性(技術水準)は一定と仮定されているから、労働雇用量が完全雇用水準で一定であれば、産出量(生産量)も一定になる。

5　ここでの国民所得は、産出量（生産量）であり、実質値で表される。

3 ケインズの労働市場

ケインズは、労働市場においては、古典派の第二公準(労働供給曲線)は機能せず、経済の雇用量はもっぱら古典派の第一公準(労働需要曲線)によって決定されるとした。

1 名目賃金の下方硬直性

ケインズは、労働市場における超過供給は(しばらくの間)解消されず、**非自発的失業**が発生するとした。非自発的な失業とは、(そのときの賃金水準で)働きたいと考えているにもかかわらず職に就けず発生する失業を指す。これに対して、自ら働かないことを選択した場合には**自発的失業**という。

物価を一定として、実質賃金が均衡水準より高い場合(A)、企業はN_Dだけ雇用しようとし(点B)、家計はN_Sだけ働こうとする(点C)。この状態で実際に雇用されるのはN_Dであり、労働の超過供給(非自発的失業)が$N_S - N_D$=BCだけ発生する。

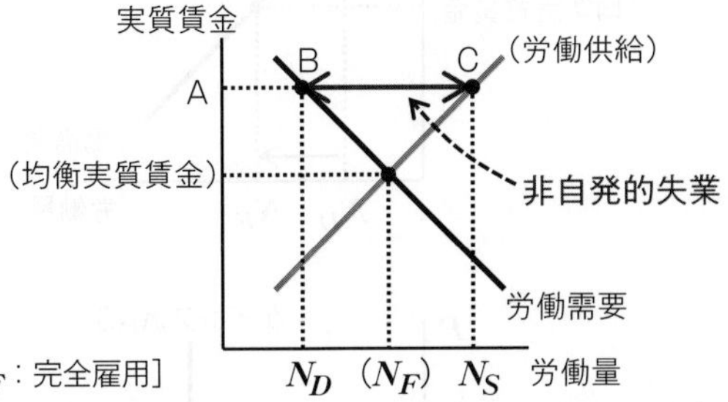

[N_F：完全雇用]

ケインズは、こうした状況が発生するのは名目賃金がすぐには下がらないためだとした[6](**名目賃金の下方硬直性**)。例えば、物価水準が一定の場合には、実質賃金が下落するには名目賃金の下落が必要になる(Aから均衡水準に向かい、超過供給が減少する)。

---

6 名目賃金がなぜ下方硬直的なのかについてはいくつか説明がなされてきた。例えば、労働組合などの抵抗により労働者が賃金の引下げに応じないことなどが挙げられる。もちろん、賃金アップには快く応じる。

2 ケインズ派の総供給曲線

以下、ケインズ、ケインズ派、ケインジアンは同義のものとして区別しない。

名目賃金が下方硬直的である場合、物価水準が上昇すれば(P↑)、実質賃金が下落する。

$$P\uparrow \ \rightarrow \ \frac{W}{P\uparrow}\downarrow$$

このとき、企業は雇用を増やす(N_D↑⟺非自発的失業の減少)。雇用量の増加によって、産出量が増加する。

$N_D\uparrow\ (<N_F) \rightarrow Y\uparrow\ (<Y_F)$

つまり、**ケインズ派の総供給曲線ASは右上がりである**(P↑→ Y↑)。ただし、完全雇用が実現すると古典派と同様に垂直となる。

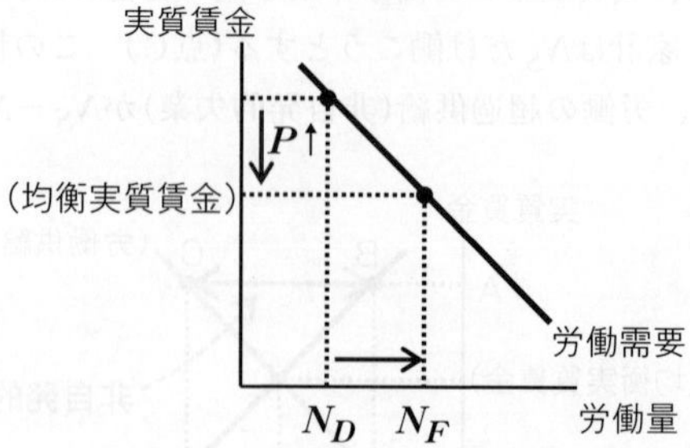

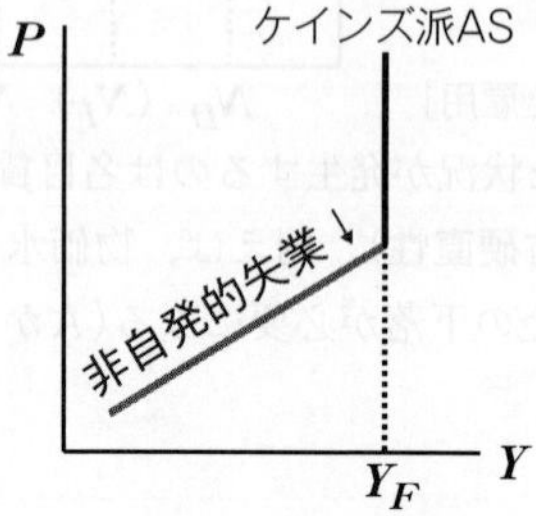

★★

重要事項 一問一答

01 企業の利潤最大化によって得られる労働需要曲線を何というか。

古典派の第一公準

02 家計の効用最大化によって得られる労働供給曲線を何というか。

古典派の第二公準

03 労働市場が均衡する場合の雇用水準を何というか。

完全雇用

04 古典派は名目賃金に何を仮定するか。

伸縮性

05 古典派の総供給曲線はどのように表されるか。

完全雇用国民所得の水準で垂直

06 ケインズ派は名目賃金に何を仮定するか。

下方硬直性

07 労働市場における超過供給を何というか。

非自発的失業

08 ケインズ派の総供給曲線はどのように表されるか。

完全雇用国民所得までは右上がりであり、完全雇用国民所得の水準で垂直

★★★

4 AD－AS 均衡と総需要管理政策の効果

総需要曲線 AD と総供給曲線 AS の交点で財市場を均衡させる国民所得と物価水準が決まります。総供給曲線の違いによって政策の効果もまた違ってきます。

❶ 総需要管理政策の効果

財政政策・金融政策をまとめて**総需要管理政策**(有効需要管理政策)という。これらの政策の有効性について、古典派とケインズ派では考え方が全く違うので、以下順に見ていこう。

1 古典派

古典派の総供給曲線ASを使って、総需要管理政策の効果を調べよう。

拡張的な財政政策や金融緩和によって総需要曲線ADは右方シフトするが、**産出量(国民所得)は完全雇用水準で不変**である(均衡は点AからBへ)。

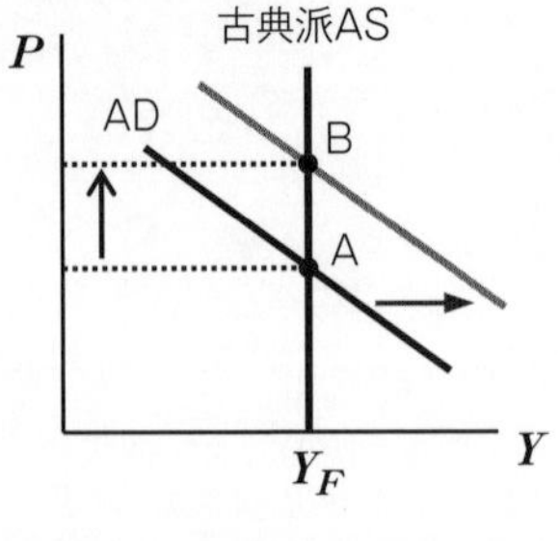

これは**セイの法則**(セーの法則)、「**供給はそれ自ら需要をつくる**」ことを表している。総供給(産出量)は生産技術などによって決まり、総需要には依存しない。総需要を喚起しても(総需要を増やしても)物価が上昇するだけで、実体経済(ここでは産出量、雇用量などの生産活動を指す)には何の影響も与えない。古典派は、物価上昇(インフレ)と産出量を切り離して考えてよい、とする。

したがって、古典派においては、**財政政策も金融政策も全く無効**であり、国民所得を増やすことはできない(効果の有無は産出量・国民所得の変化で決まる)。

以上が、ケインズが明らかにした古典派の世界である。名目賃金の伸縮性により、労働市場では常に完全雇用が実現し、非自発的失業は存在しない。つまり、完全雇用を前提とした考え方であり、その結果、セイの法則が成立して、総需要管理政策は無効となる。

2 ケインズ派

ケインズの場合、景気が悪い(不況である)ことを前提として、総需要管理政策によって雇用が増加し(非自発的失業が減少し)、国民所得(産出量)が増加する。つまり、**財政政策も金融政策も有効である。**

ただし、IS−LMモデルで学習した極端なケース、例えば流動性のわなにおける金融政策は無効であり、この場合、積極的に財政政策を行うことで景気を良くすることができる。

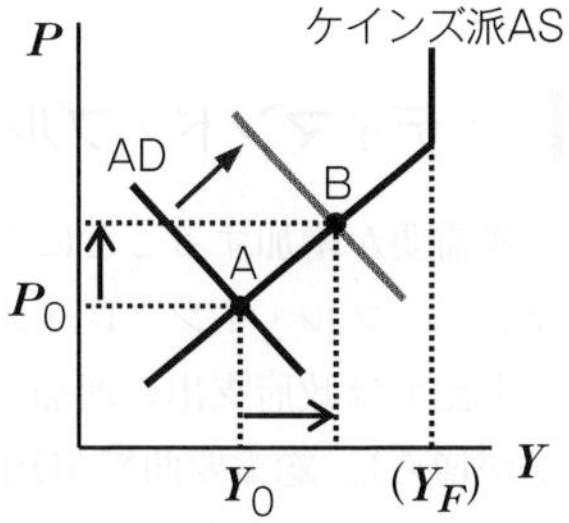

なお、ケインズにおいて総需要管理政策が有効なのは非自発的失業が減少するからであって、それ以外の失業を減らすことはないことに注意が必要である。つまり、**たとえ労働市場が均衡し、完全雇用が実現しても失業は存在する。**

上記では、自ら失業を選ぶ自発的失業を挙げたが、総需要管理政策によって自発的失業を減らすことはできない。

また、完全雇用が実現しても(自発的か否かとは別の尺度で)**摩擦的失業**が存在する。これは雇用のミスマッチとも呼ばれる失業で、例えば、労働者が転職する場合、次の職場が見つかるまで一時的に失業状態になる。どこかに求人があったとしても、求人側と求職者で情報が不完全なために生じる失業である[1]。

したがって、ケインズ派における失業は、

失業＝自発的失業・摩擦的失業＋非自発的失業

であり、総需要管理政策で減らすことができるのは非自発的失業だけである。これに対して、古典派では、

失業＝自発的失業・摩擦的失業

と考える(∵完全雇用が成立)。そもそも非自発的失業が存在しないため、総需要管理政策は無効である。

逆に、**総需要管理政策で減らすことができる失業を非自発的失業、減らすことができない失業を自発的失業および摩擦的失業と考えてよい。**ケインズであっても総需要管理政策で自発的・摩擦的失業を減らせるとは考えていないことに注意しよう。

1　また、通常、摩擦的失業に含められる構造的失業がある。これは産業の衰退(社会構造の変化)などに伴って転職せざるを得ない場合に発生する失業である。

❷ インフレーション

総需要曲線ADと総供給曲線ASの交点で国民所得と物価水準が決まる。これらの曲線がシフトすると交点が移動し、物価水準が変化する。以下では、右上がりの総供給曲線を用いる。

1 ディマンド・プル・インフレ

総需要が増加することによって生じる物価上昇を**ディマンド・プル・インフレ**(ディマンド・プル・インフレーション)と呼ぶ。

上記では政府支出の増加(減税も同じ)や金融緩和によって需要が喚起され(総需要が増え)、総需要曲線ADが右方シフト(右上方)することを確認した。このとき、新たなAD－AS均衡では物価が上昇している。

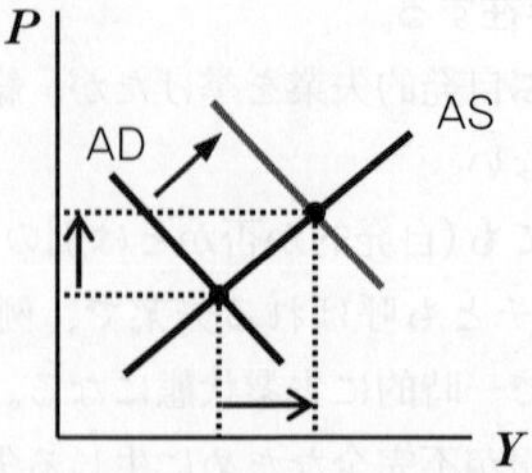

なお、景気が良くなっていることに注意しよう(国民所得が増加)。

2 コスト・プッシュ・インフレ

原材料価格、燃料価格、賃金などの上昇は生産コストを引き上げる。生産コストの上昇によって生じる物価上昇を**コスト・プッシュ・インフレ**(コスト・プッシュ・インフレーション)という。

生産コストが上昇すれば、企業は生産物をより高い価格で販売するから、総供給曲線AS(右上がり部分)は上方にシフトする(左上方)。

図に描くと、均衡点は左上に現れる。つまり、物価が上昇し、コスト・プッシュ・インフレが生じる。

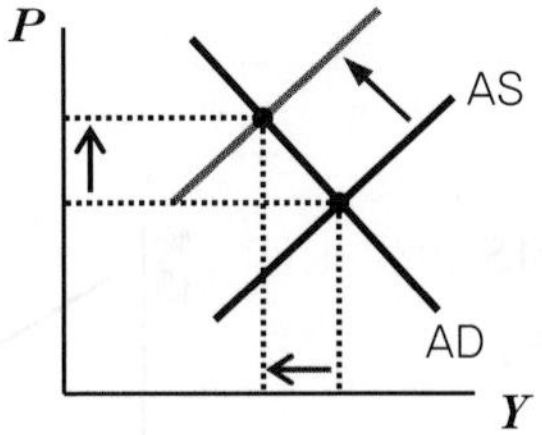

例えば、原油価格(石油価格)の高騰はコスト・プッシュ・インフレを引き起こし、同時に景気を悪化させる(上の図では国民所得が減少する)。

重要事項 一問一答

01 古典派にとって総需要管理政策は有効か無効か。

無効

02 重要なのは供給だとする古典派の法則を何というか。

セイの法則

03 ケインズ派が総需要管理政策で減らせると考える失業は何か。

非自発的失業

04 完全雇用の状態で存在する失業はどんな失業か。

自発的失業、摩擦的(構造的)失業

05 総需要が増えることによって生じるインフレを何というか。

ディマンド・プル・インフレ

06 生産費用が増加することによって生じるインフレを何というか。

コスト・プッシュ・インフレ

過去問 Exercise

問題1 次のⅠ図はケインズ派、Ⅱ図は古典派のケースについて、縦軸に物価を、横軸に国民所得をとり、総需要曲線をAD、総供給曲線をASとし、その２つの交点をE_1で表したものであるが、それぞれの図の説明として妥当なのはどれか。ただし、Ⅰ図における総供給曲線ASは、国民所得Y_0で垂直であるものとする。

特別区Ⅰ類2020

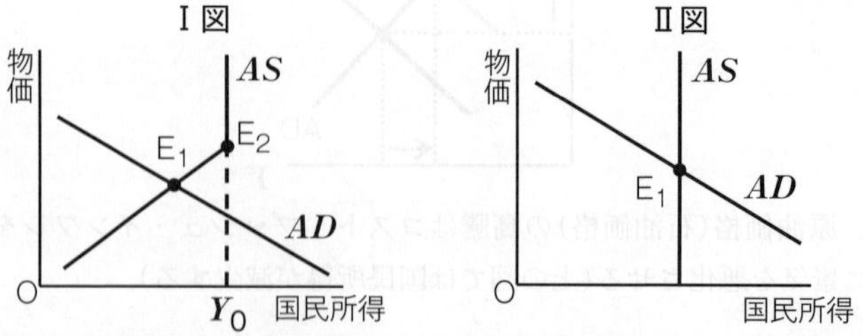

1. Ⅰ図では、政府支出を増加させる財政政策が実施され、総需要曲線ADが右へシフトして均衡点がE_2に移動した場合、物価が上昇するとともに国民所得も増加し、均衡点E_2では完全雇用が達成される。

2. Ⅰ図では、生産要素価格が上昇すると総供給曲線ASが上へシフトして均衡点E_1が移動し、物価が上昇するが国民所得は減少することとなり、このようにして生じるインフレーションをディマンド・プル・インフレーションという。

3. Ⅱ図では、貨幣供給量を増加させる金融緩和政策が実施されると、総需要曲線ADが左へシフトして均衡点E_1が移動するが、国民所得は変化しない。

4. Ⅱ図では、政府支出を増加させる財政政策が実施され、総需要曲線ADが右へシフトして均衡点E_1が移動した場合、物価が下落するが、このようにして生じるインフレーションをコスト・プッシュ・インフレーションという。

5. Ⅱ図では、労働市場に摩擦的失業と非自発的失業のみが存在しているため、総供給曲線ASが垂直となっている。

解説

正解 ❶

❶ ○　拡張的財政政策はADを右方シフトさせるから、均衡点がE_1からE_2に移れば物価が上昇し、国民所得は増加する。国民所得Y_0は総供給曲線ASの垂直部分の国民所得だから、完全雇用国民所得である。

❷ ×　これはコスト・プッシュ・インフレーションである。

❸ ×　金融緩和はADを右方シフトさせる。

❹ ×　物価が下落すればそれはデフレーションである。政府支出を増加させるとADが右方シフトし物価は上昇する。これはディマンド・プル・インフレーションである。

❺ ×　これは古典派のASだから、非自発的失業は存在しない。一文字しか違わないが、自発的失業であれば正しい。

問題2 総供給曲線と総需要曲線に関するA～Dの記述のうち、妥当なもののみを全て挙げているのはどれか。ただし、総需要曲線は、IS−LMモデルから導かれるものとする。また、物価及び利子率を縦軸にとり、生産量、総供給量及び総需要量を横軸にとって考察するものとする。

国税専門官・財務専門官・労働基準監督官2018

A ケインジアンは、賃金などの下方硬直性を想定するため、物価は変化しないとしている。このため、総供給曲線は、完全雇用、不完全雇用のいずれの状況においても水平となる。

B 新古典派は、経済全体の供給量は、完全雇用に対応した完全雇用GDPの水準になるとする。このため、供給量は物価に依存せず、総供給曲線は完全雇用GDPの点で垂直となる。

C IS曲線が右下がりでありLM曲線が右上がりである場合、政府支出が拡大すると、IS曲線が右方へシフトするため、総需要曲線も右方へシフトする。

D 経済が流動性の罠の状況にあり、かつIS曲線が右下がりである場合、物価が下落するとLM曲線は右方へシフトするが、国民所得に影響を与えない。このため、総需要曲線は水平となる。

1. A、B
2. A、C
3. B、C
4. B、D
5. C、D

解説

正解 3

A × 名目賃金の下方硬直性を想定するが、物価は変化する。このため、古典派の第一公準から総供給曲線の右上がり部分が描かれる(実質賃金が下落して、雇用が増加する)。これが不完全雇用(非自発的失業が存在)の状況を表す。完全雇用に達すると総供給曲線は垂直になる。

B ○ 新古典派(古典派)は名目賃金の伸縮性から完全雇用を仮定する。このためセイの法則が成立し、総供給曲線が完全雇用GDPの水準で垂直となる。

C ○ 政府支出が増加すると総需要が増加してIS曲線が右方シフトするため、IS－LM均衡における国民所得は増加する。したがって、総需要曲線も右方シフトする。このように、IS曲線も総需要曲線も財市場における総需要を表すものだから同じ動きになる。

D × 流動性のわなが生じると総需要曲線は垂直になる。LM曲線に水平部分が生じ、金融政策は無効となるが、このことは、金融政策ではなく物価が下落した場合にも当てはまり、国民所得は不変で総需要曲線は垂直になる。

問題3

海外部門を捨象した閉鎖経済を考える。ある国の経済が次のマクロモデルで表されるとする。

$$C = 20 + 0.8Y$$
$$I = 30 - i$$
$$G = 25$$
$$L = 0.4Y - 2i$$
$$M = 400$$

［Y：国民所得、C：投資、i：利子率
G：政府支出、L：実質貨幣需要
M：名目貨幣供給］

この国の総供給曲線が $P = \frac{1}{5}Y$［P：物価水準（$P > 0$）］で表されるとき、総需要曲線と総供給曲線の均衡点における国民所得はいくらか。

国税専門官・財務専門官・労働基準監督官2014

1. 200
2. 250
3. 300
4. 350
5. 400

解説

正解 ❶

総需要曲線を求める。貨幣市場について、

$$L=\frac{M}{P} \rightarrow \overbrace{0.4Y-2i}^{L}=\frac{\overbrace{400}^{M}}{P} \rightarrow -i=\frac{200}{P}-0.2Y$$

これを投資関数の右辺に代入する。財市場について、

$$Y=C+I+G \quad \rightarrow Y=\overbrace{20+0.8Y}^{C}+\overbrace{30+\underbrace{\frac{200}{P}-0.2Y}_{-i}}^{I}+\overbrace{25}^{G}$$

$$\rightarrow Y=0.6Y+75+\frac{200}{P} \rightarrow 0.4Y=75+\frac{200}{P}\cdots(AD)$$

右辺の物価Pに与えられた総供給曲線(AS)を代入すると、

$$\left.\begin{array}{l}(AD)\ 0.4Y=75+\dfrac{200}{P}\\(AS)\ P=\dfrac{1}{5}Y=\dfrac{Y}{5}\end{array}\right\}\rightarrow 0.4Y=75+\frac{200}{\frac{Y}{5}}$$

$$=75+200\times\frac{5}{Y}$$

$$=75+\frac{200\times 5}{Y}$$

[解法1]　選択肢を使う

例えば、❶の$Y=200$を左辺に代入すると、

$$0.4Y=0.4\times 200=80$$

だから、右辺も80になれば等号が成立する（正解である）。

$$75+\frac{200\times5}{Y}=75+\frac{200\times5}{200}=75+5=80$$

よって、$Y=200$が正解である。

なお、どの選択肢の値でも左辺は自然数になるから、等号が成立するには右辺第2項が割り切れる必要がある。このことから、❸❹❺は除外される。

[解法2]　2次方程式を解く

まずは２次方程式に直す。

$$0.4Y = 75 + \frac{200\times5}{Y} \xrightarrow{\text{両辺に}Y\text{をかける}} 0.4Y^2 = 75Y + 1{,}000$$

$$\rightarrow\ 0.4Y^2 - 75Y - 1{,}000 = 0$$

一般に、$ax^2 + bx + c = 0$の解は、

$$x = \frac{-b\pm\sqrt{b^2-4ac}}{2a}$$

である。x を Y に、また、$a = 0.4$、$b = -75$、$c = -1{,}000$として求めればよい(以下省略)。

第6章

インフレと失業

本章では、観察されたデータからインフレと失業の関係性を示します。また、マネタリストによる自然失業率仮説と、付随して、合理的な期待形成について学習します。

★★★

1 インフレと失業のトレードオフ

本節ではインフレと失業の関係について、経験則（データによる観測）とそれを説明するための仮説を学習します。

❶ 名目賃金上昇率と失業率の関係

フィリップスは1950年代末に、イギリスの約100年間のデータから、**名目賃金率上昇率と失業率の間に安定的な負の相関関係**を見出した（これを**フィリップス曲線**という）。これは、名目賃金率が上昇しているときには失業率が低く、名目賃金率が下落しているときには失業率が高いことを示している[1]。

例えば、景気が良くなり企業が労働不足になると、働き手を求めて賃金を引き上げるだろう。このとき、名目賃金率は上昇し（名目賃金率上昇率＞0）雇用が増えるから、失業率は低くなる。

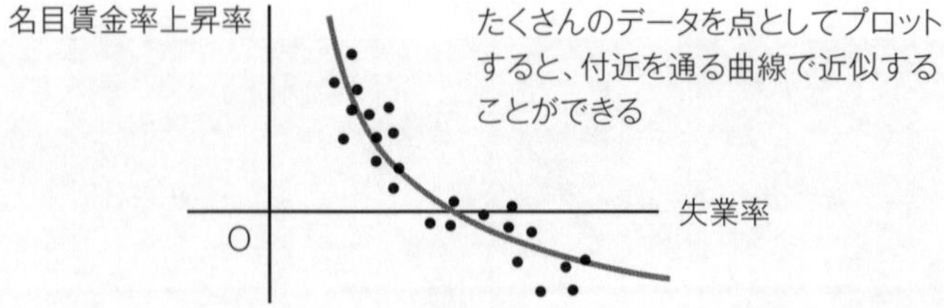
名目賃金率上昇率
たくさんのデータを点としてプロットすると、付近を通る曲線で近似することができる
失業率
O

1 単なる相関だから、失業率が低いときには名目賃金率が上昇し、失業率が高いときには名目賃金率が下落している、といってもよい（実際のデータからくる経験則と考えてよい）。負の相関関係があるものを縦軸・横軸にとったグラフは右下がりになる。また、負の相関を逆相関ともいう。

❷ 物価版フィリップス曲線

一般に、物価と名目賃金率の間には比例的な関係が見られる。例えば、景気が良く総需要が旺盛な場合、物価は上昇しやすい。企業は名目賃金率を引き上げて生産量を増やそうとするから[2]、コスト増が価格に転嫁されれば物価は上昇する。

このことから、名目賃金率上昇率とインフレ率(物価上昇率)を置き換えて、**インフレ率と失業率の負の相関関係**を表すことができる。これを物価版フィリップス曲線というが、通常、フィリップス曲線といえば物価版フィリップス曲線を指す[3]。

1960年代に入るとこのフィリップス曲線(物価版)が盛んに調べられ、**インフレ率と失業率の間に安定的な負の相関関係**が確認された。つまり、インフレを抑え込む(インフレ率を引き下げる)と失業率が高くなり、逆に、失業を減らす(失業率を引き下げる)とインフレ率が高くなる。

このような負の相関関係を**インフレと失業のトレードオフ**といい[4]、インフレと失業を同時に低く保つことが不可能であることを示している。

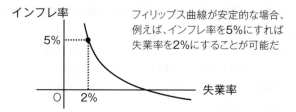

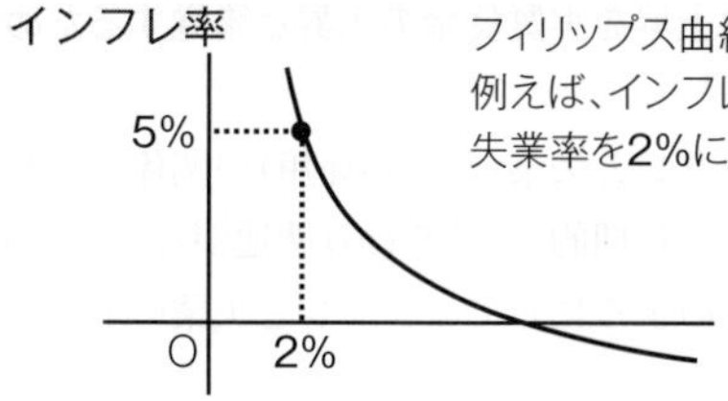

インフレ率
5%
O
2%
失業率
フィリップス曲線が安定的な場合、
例えば、インフレ率を5%にすれば
失業率を2%にすることが可能だ

同じく1960年代に発展したマクロ計量モデルにもこのトレードオフが取り入れられ、裁量的な財政政策や金融政策によって、インフレと失業率をどの水準にすべきかが議論された。

ケインズ以前の古典派経済学では、労働市場は均衡して完全雇用が実現し、物価の変動は雇用および産出量に影響を及ぼさない、という結論であった。フィリップス曲線はこの考え方を打破する発見である(インフレと失業、つまり、インフレと雇用には関連があるから、総需要管理政策には意味がある)。

---

2 この場合も、物価の上昇が名目賃金率を押し上げるのか、名目賃金率の上昇が物価を引き上げるのかは問わない。

3 試験では、通常、フィリップス自身の発見(名目賃金率上昇率)が問われている場合、「フィリップスは、…」のように書かれているので、「フィリップス曲線は、…」が物価版なのかどうか見分けがつく。

4 トレードオフは二つのものが相反することを指し、右下がりの関係(減少関数)の場合に当てはまる(負の相関を言い換えただけ)。よって、フィリップスが発見した名目賃金率と失業率の間にもトレードオフの関係がある。

［参　考］

マクロ経済学では、主に、ケインズ派、古典派(新古典派)、マネタリストが登場し、互いに似た部分もありつつ、大いに異なる部分もある。

例えば、ケインズ派も古典派も財市場や労働市場を使って考えること自体は共通しているが、どのように機能するかで結論に違いが見られる。当然、異なる部分をよく覚えておけば試験に役立つだろう。

3 マネタリストの自然失業率仮説

1 労働者の貨幣錯覚（労働者貨幣錯覚モデル）

マネタリストと呼ばれる**フリードマン**は[5]、**自然失業率仮説**により、長期的にはインフレと失業の間には何の相関もないと主張した。

フリードマンによれば、**短期的にインフレと失業のトレードオフ(負の相関)が見られるのは、労働者が名目賃金の上昇を実質賃金の上昇と錯覚するため**である。これを**労働者の貨幣錯覚**という[6]。

マネタリストにとって、インフレと失業(および雇用)の関係は、短期的には勘違い(貨幣錯覚)による産物であり、長期的には「やはり関連がない」ものである。

以下、労働者の貨幣錯覚がどのようにしてインフレと失業のトレードオフを発生させるのかから話を始める。

① 企業と労働者

ここでは、企業は労働者に支払う名目賃金(率)$\boldsymbol{W}$と世の中の物価水準$\boldsymbol{P}$を正確に把握できるものとする(世の中をよく知らなければ企業経営は到底できないだろう)。

これに対して、一人一人の労働者は、自分がもらう名目賃金(率)$\boldsymbol{W}$については(もらった瞬間に)正確に知ることができるが、物価水準$\boldsymbol{P}$については正確には知らず、予想するだけである。予想物価水準(期待物価水準)を$\boldsymbol{P^e}$で表す($\boldsymbol{e}$は期待値・予想値を表す、expected level of prices)。

5　マネタリストの呼称は、古典派の貨幣数量説（後述）を復活させたことによる。マネタリスト＝貨幣数量説支持者と解釈できる。

6　Friedman [1977] では、労働者の貨幣錯覚と一緒に、企業の貨幣錯覚も扱っている。景気が良くなると企業は自己の生産物の需要が増え、その価格も上昇すると考えるが、物価全般については正確に把握していない。企業は名目賃金を引き上げて雇用を増やし生産量を増加させる。しばらくすると、自己の製品だけでなく物価全般の上昇に気がつき、雇用水準を元の水準に戻す。

② 貨幣錯覚

名目賃金のことを以前は貨幣賃金(貨幣でもらう賃金)と呼んでいた。貨幣錯覚は物価水準と名目賃金が上昇することで発生する。

例えば総需要管理政策によって需要が増え、物価水準が上がったとする。企業はこのことを正確に知っているから、名目賃金を引き上げて雇用を保とうとする。別の企業が賃上げをし、自分はしないとすれば、労働者が転職してしまうからである。

他方、労働者は物価上昇に気づかず、名目賃金が上昇したことには気づく(給料が上がる)。このとき、実質賃金が上昇したと錯覚して労働供給を増やす(古典派の第二公準から労働供給は実質賃金の増加関数である。つまり、実質賃金が上がればもっと働こうとする)。これが短期的に発生する貨幣錯覚である。

[参　考]　貨幣錯覚の数値例

前提として、労働供給は予想実質賃金(率)の増加関数とする[7]。古典派の第二公準から類推される(実質賃金(率)の増加関数)。

		当初	インフレ発生
現実	名目賃金	2	2.4
	物価	1	1.2
	実質賃金	2÷1=2	2.4÷1.2=2
予想	予想物価	1	1
	予想実質賃金	2÷1=2	2.4÷1=2.4

例えば、当初、名目賃金が2、物価が1であるとする。労働者の予想物価水準が1だとすれば、予想実質賃金は2である。

20%のインフレが生じて企業が名目賃金を20%引き上げたとする。労働者は名目賃金上昇には気がつくが、インフレには気がつかない。

予想実質賃金が2.4に上昇するため、労働供給を増やしてしまう(実際には実質賃金は2のまま)。これが、名目賃金(貨幣賃金)の上昇を実質賃金の上昇と錯覚する、という状態である。

7　ケインズが古典派の第二公準(効用最大化による労働供給)が機能していないとしたのと同じように、フリードマンも第二公準に貨幣錯覚を持ち込む。フリードマンはケインズ批判者の代表格であり、ケインズ風に考えると全く異なる結論に至る、という理論の展開が見られる。

2 短期フィリップス曲線

以上の貨幣錯覚をフィリップス曲線(物価版)に導入する[8]。労働者は物価水準を予想するので、その上昇率(インフレ率)についても予想する。

インフレ率を$\pi = \Delta P/P$(物価の変化率(%))で表すと、予想インフレ率は$\pi^e = \Delta P^e/P^e$で表される[9](予想を表すeをつける)。

当初、貨幣錯覚は発生しておらず、$\pi = 0$および$\pi^e = 0 (= \pi)$とする。ここで、インフレが生じて$\pi = 1$になったとすると、労働者はこれに気づかず、貨幣錯覚が生じる。

$$\left.\begin{array}{l}\pi = 1\\ \pi^e = 0\end{array}\right\} \rightarrow \pi^e \neq \pi$$

このとき、労働供給が増え、企業も雇用を増やすから、失業率U(Unemployment rate)が低下する(点A→B)。

フリードマンは、この状態を短期的(一時的)として、点AとBを通る曲線を短期フィリップス曲線とした。

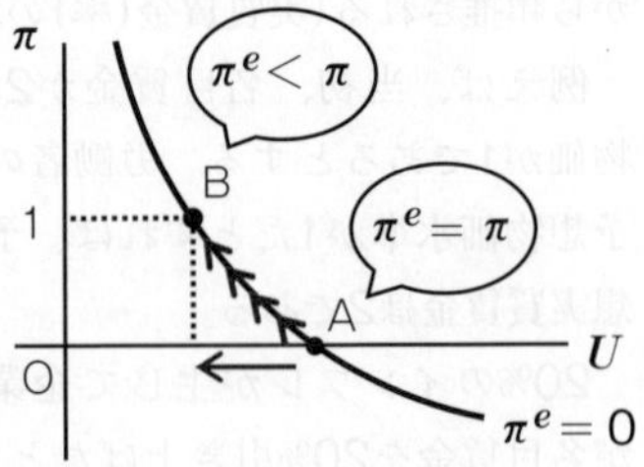

このようにして、実際に観察されたインフレと失業のトレードオフが説明された。

以下で見る通り、短期フィリップス曲線は、予想インフレ率の値によって位置を変えるから、ここでは「$\pi^e = 0$」と表記しておく。

---

8 ここでの予想値は数学では期待値と呼ぶので、期待で修正されたフィリップス曲線ということがある。

9 期待インフレ率のこと。

3 長期フィリップス曲線

労働者は短期的に貨幣錯覚に陥るものの、しばらく生活していればいずれインフレの発生(物価の上昇)に気がつき貨幣錯覚が解消される。

予想インフレ率が正しく修正されると、貨幣錯覚が解消され、労働供給および雇用は元の水準に戻る。

$\pi^e = 0 \rightarrow \pi^e = \pi = 1$

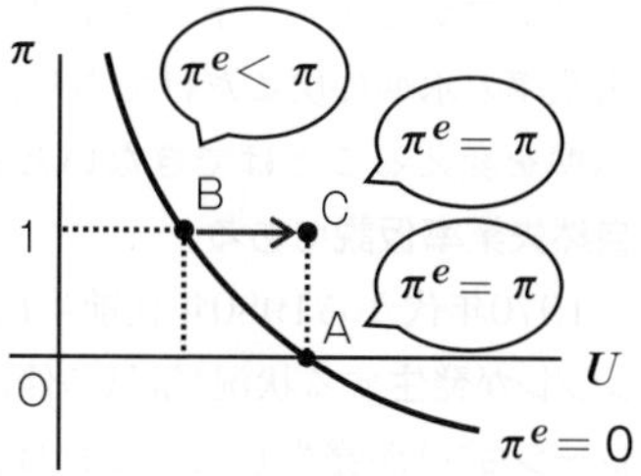

フリードマンによれば、この状態が**長期的**な状態である。つまり、長期的には貨幣錯覚が解消されて失業率は元の水準に戻ってしまう(点B→C)。

また、フリードマンは、**貨幣錯覚がない状態の失業率を自然失業率U_N**(Natural rate of Unemployment)と呼んだ。これは労働市場がうまく機能した状態(貨幣錯覚のない状態)であり、**完全雇用が実現するときの失業率**である(摩擦的失業と自発的失業による失業率)。つまり、短期的に貨幣錯覚が生じると($\pi^e < \pi$)、失業率は自然失業率より小さくなるが($U < U_N$)、長期的には貨幣錯覚は解消されて($\pi^e = \pi$)、失業率は自然失業率に戻ってしまう($U = U_N$)。

フリードマンはさらに、短期フィリップス曲線は安定的ではなく(固定された位置に一本だけ存在するわけではなく)、予想インフレ率が修正された後も、インフレが発生するたびに貨幣錯覚が生じ(点C→D)、しばらくするとまた貨幣錯覚が解消されると考えた(点D→E)。

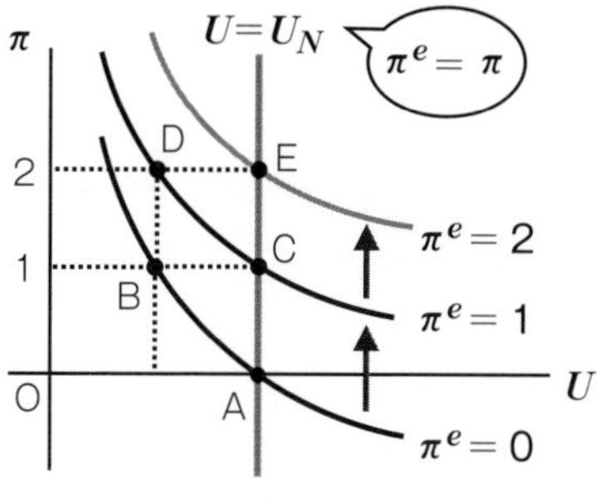

予想インフレ率が高くなるほど、短期フィリップス曲線は上方に位置し、長期的には垂直線上に戻って自然失業率になる

したがって、インフレの発生によって一時的に貨幣錯覚が起こり失業率は自然失業率よりも下がるものの、時間の経過とともに貨幣錯覚が解消されて、失業率は自然失業率になる。つまり、長期的なインフレ率と失業率の関係を表す**長期フィリップス曲線**は、自然失業率の水準で垂直である。

$\pi^e = \pi \iff U = U_N$

垂直な直線は、縦軸のインフレ率の値にかかわらず、横軸の失業率が必ず自然失業率であることを示している。**長期的にはもはやインフレと失業の間には何の相関もなくなり失業率は自然失業率で一定となる。**

貨幣錯覚によって一時的に失業率が自然失業率を下回ることがあっても（短期的にインフレと失業のトレードオフがあるように見えたとしても）、長期的には自然失業率の水準に戻るだけであり、長期的には総需要管理政策によって自然失業率の水準を変えることはできないと主張した。これが**マネタリストであるフリードマンの自然失業率仮説**である。

1970年代から1980年代前半にかけては、**不況にもかかわらず（失業率が高い）、インフレが発生**する状況（景気の停滞スタグネーション＋インフレーション＝**スタグフレーション**）が発生した。これは、インフレと失業のトレードオフを表すフィリップス曲線とは相容れない現象である（**失業率が高ければインフレ率は低いはず**）。

このフィリップス曲線（物価版）の不安定化は、マネタリストの注目度を高めた。

4 その他の論点

① オークンの法則と自然失業率仮説

オークン(またはオーカン)は、アメリカ経済において1%の雇用の増加が3%の産出量の増加をもたらすことをデータによって示した[10]。この経験則を**オークンの法則**という。

単純化すると、雇用が1%増加すれば失業が1%減少する。つまり、オークンの法則は、

雇用の増加 → 失業率の低下 → 産出量の増加

を示す。

ところで、自然失業率U_Nは完全雇用が成り立つときの失業率Uであり、労働を完全雇用して生産できる産出量YはY_F（完全雇用国民所得)である。つまり、

$$U = U_N \iff Y = Y_F$$

が成り立つ。

オークンの法則と自然失業率仮説(貨幣錯覚モデル)を合わせて考えると、短期的には、

インフレと貨幣錯覚の発生($\pi^e < \pi$) → 雇用の増加

→ 失業率の低下($U < U_N$) → 産出量の増加($Y > Y_F$)

長期的には、貨幣錯覚が解消されて($\pi^e = \pi$)、雇用は完全雇用水準に戻り、失業率が自然失業率に戻るとともに($U = U_N$)、産出量は完全雇用国民所得に一致する($Y = Y_F$)。つまり、

$$\pi^e = \pi \iff U = U_N \iff Y = Y_F$$

という関係が成り立つ。自然失業率仮説はオークンの法則によって、インフレと産出量（雇用、景気）の関係に置き換えられる。

---

10 産出量の増加率は、実質GDPの増加率、つまり、経済成長率を表す。

第6章 インフレと失業

[参　考]　インフレ総供給曲線（インフレ供給曲線）

オークンの法則を使えば、自然失業率仮説を失業率とインフレの関係から産出量とインフレの関係に書き直すことができる。

例えば、短期フィリップス曲線が、

$\pi-\pi^e=-2(U-U_N)\cdots(1)$

で表されるとする［π：実際のインフレ率、π^e：予想インフレ率、U：失業率、U_N：自然失業率］。実際のインフレ率πと失業率Uの負の相関関係を表している。

$$(1)\quad \pi-\pi^e=-2(U-U_N)\ \rightarrow\ \pi=-2U+2U_N+\pi^e$$

また、予想インフレ率π^eが大きくなると、任意の失業率について、実際のインフレ率πが大きくなることも表す（図における上方シフト）。

$\pi\uparrow=-2U+2U_N+\pi^e\uparrow$

ここで、オークンの法則を、

$Y-Y_F=-0.5(U-U_N)\cdots(2)$

としよう［Y：産出量、Y_F：完全雇用国民所得］。失業率が下がると（雇用が増えると）産出量が増加する（失業率と産出量の負の相関関係）。

$$(2)\quad Y-Y_F=-0.5(U-U_N)\ \rightarrow\ Y=-0.5U+0.5U_N+Y_F$$

ここで、(2)を変形して(1)に代入すると、

$$(2)\quad Y-Y_F=-0.5(U-U_N)\rightarrow U\ U_N=-2(Y-Y_F)$$

$$\rightarrow(1)\quad \pi-\pi^e=-2(U-U_N)$$
$$=-2[-2(Y-Y_F)]$$
$$=4(Y-Y_F)$$

となり、インフレ率πと産出量Yの関係を表すインフレ総供給曲線が得られる。

インフレ総供給曲線は、労働者の貨幣錯覚を総供給曲線ASに組み込んだもので、自然失業率仮説（フリードマン）を使って古典派のAS曲線を修正するものである。

② マネタリストの期待形成

フリードマンらマネタリストにおけるインフレ期待（予想インフレ率の決め方）は、適応的（適合的）な期待形成を使って説明される。これは、過去のインフレ率を参考にインフレ期待を形成するという考え方である。

例えば、今年のインフレ率を予想する場合に、次のように決めたとする[11]。

$$\pi^e = 0.7 \times \underbrace{5\%}_{\pi_{-1}} + 0.2 \times \underbrace{6\%}_{\pi_{-2}} + 0.1 \times \underbrace{7\%}_{\pi_{-3}} = 5.4\%$$

この場合、今年の予想インフレ率π^eが、去年のインフレ率$\pi_{-1}=5(\%)$の７割、２年前のインフレ率$\pi_{-2}=6(\%)$の２割、３年前のインフレ率$\pi_{-3}=7(\%)$の１割から5.4％と予想することを表す[12]。

適応的な期待形成の最も単純なものは「今年のインフレ率は去年と同じだろう」と予想することで、**静学的期待形成**と呼ばれている。

$$\pi^e = \underbrace{5\%}_{\pi_{-1}}$$

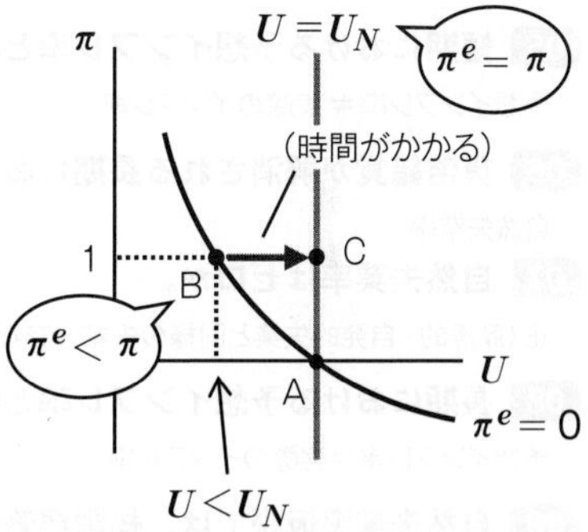

マネタリストによると、静学的期待形成も含め、適応的な期待形成の場合、時間が経つにつれて徐々に予想インフレ率が現実のインフレ率に向けて修正されていく[13]。

総需要管理政策によって一度インフレが生じると貨幣錯覚が起こり（点Ａ→Ｂ）、貨幣錯覚が解消されるまでには、時間を要する（点Ｂ→Ｃ）。

---

11 これまでと同様に仮設例であり、「過去３年分でなければならない」とか「それぞれの係数が0.7、0.2、0.1でなければならない」ということはない。ただただ「ふ〜ん」と思えればそれでよい。また、適応的期待形成の表し方は他にもあり、例えば、昨年の実際のインフレ率と予想インフレ率の差を考慮して今年のインフレ率を予想するとするものがある。

12 これは期待値と呼ばれる平均値の一種である。よって、予想インフレ率などの「予想」は「期待」という語句に置き換えることができる。

13 この点を示すには需要に関する条件も必要になる。煩雑になるだけなので省略する。

重要事項 一問一答

01 フィリップスが発見したのはどんな関係か。

名目賃金率上昇率と失業率の間にある安定的な負の相関関係

02 物価版フィリップス曲線はどんな関係を表しているか。

インフレ率（物価上昇率）と失業率のトレードオフ（負の相関関係）[インフレと失業のトレードオフ]

03 マネタリストの労働者貨幣錯覚モデルにおいて、労働者はどのように錯覚するか。

名目賃金の上昇を実質賃金の上昇と錯覚する

04 労働者の貨幣錯覚は短期的なものか、長期的なものか。

短期的

05 短期における予想インフレ率と実際のインフレ率の関係を表せ。

予想インフレ率≒実際のインフレ率

06 貨幣錯覚が解消される長期における失業率を何というか。

自然失業率

07 自然失業率はゼロか。

正（摩擦的・自発的失業と同様の失業が存在）

08 長期における予想インフレ率と実際のインフレ率の関係を表せ。

予想インフレ率＝実際のインフレ率

09 自然失業率仮説では、総需要管理政策で失業率を変えることはできるか。

短期的には貨幣錯覚によって失業率は自然失業率に一致しなくなるが、長期的には失業率を自然失業率から変えることはできない

10 自然失業率仮説における短期と長期のフィリップス曲線はそれぞれどのような形状をとるか。

短期では右下がり、長期では自然失業率の水準で垂直
なお、予想インフレ率が大きくなると、短期フィリップス曲線は上方にシフトする。

11 自然失業率仮説において、インフレと失業の間に長期的にどんな関係が成り立つか。

無関係

12 景気の停滞と物価上昇が同時に起こる現象を何というか。

スタグフレーション

13 フィリップスの発見はスタグフレーションを説明できるか。

できない

過去問 Exercise

問題1　次の図は、縦軸に現実のインフレ率、横軸に失業率をとり、フィリップス曲線 P_0、P_1及び P_2によってフリードマンの自然失業率仮説を表したものであるが、この図に関する記述として、妥当なのはどれか。

特別区Ⅰ類2019

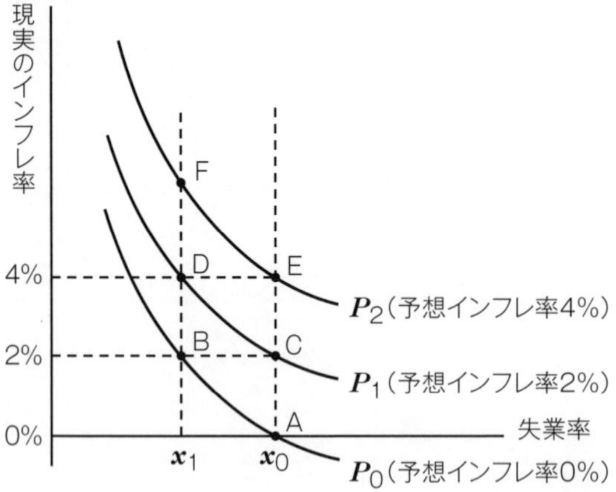

1　点Aにおける失業率x_0は、労働者の貨幣錯覚により、自発的失業が存在していることを示している。

2　点Aから点B、点Cから点D及び点Eから点Fに向かう動きは、企業の貨幣錯覚が解消され、失業率が自然失業率を下回ることを示している。

3　点A、点C及び点Eを結んだ垂直線は、短期のフィリップス曲線と呼ばれ、失業率x_0は自然失業率を示している。

4　点Bから点C及び点Dから点Eに向かう動きは、労働者が現実のインフレ率が予想よりも高いことを知り、労働供給を減少することを示している。

5　点B、点D及び点Fを結んだ垂直線は、長期のフィリップス曲線と呼ばれ、失業率x_1は自然失業率を表している。

解説

正解 ❹

長期フィリップス曲線は貨幣錯覚がない(予想インフレ率＝現実のインフレ率)ときの失業率の水準で垂直となるから点A・C・Eを通り、自然失業率はx_0に等しい。

❶ × 点Aでは予想と現実のインフレ率が0%で一致しているから労働者の貨幣錯覚は起きていない。なお、長期的にも失業は存在し、これには自発的失業が含まれる。

❷ × 本問の図における貨幣錯覚の解消は、点BからCおよび点DからEで表される。

なお、試験では通常労働者の貨幣錯覚が出題されるから、企業について言及されていたとしても、労働者についても併記されているのが普通である。つまり、正しい２点の間の動きと企業および労働者(または人々)の貨幣錯覚の解消とあれば安心して正解としてよい。

❸ × 短期のフィリップス曲線は三つの右下がりの曲線である。

❹ ○ 労働者が予想を正しく修正し、貨幣錯覚の状態から労働供給を減らすため(雇用も減って)失業率が増加している。

❺ × これらの点はすべて予想と現実のインフレ率が一致していない。つまり、長期フィリップス曲線上の点ではない。

問題2

マクロ経済学におけるケインズ的アプローチに関する次のア～エの記述のうち、適当なもののみを全て挙げているものはどれか。

裁判所一般職2014

ア　IS－LM分析において、IS曲線の上方では、財市場が超過供給状態にある。

イ　ケインズ経済学では、名目賃金率の下方硬直性を仮定し、非自発的失業の存在を想定している。

ウ　AD－AS分析では、フィリップス曲線を基礎として総需要曲線が導かれる。

エ　45°線分析では、「有効需要の原理」と「セイの法則」に基づいて、国民所得の決定がなされる。

1. ア、イ、ウ
2. イ、ウ、エ
3. ア、イ
4. ア、エ
5. ウ、エ

解説

正解 ❸

ア ○　総需要のうち投資関数は利子率の減少関数である。このため、IS曲線の上方(の領域)では、利子率が高く、よって投資が少ない。つまり、超過供給である。

イ ○　ケインズは古典派の第二公準を否定し、名目賃金率の下方硬直性から労働市場の超過供給がなかなか解消されず、非自発的失業が生じるとした。

ウ ×　総需要曲線ADは、物価水準とIS－LM均衡における国民所得から導出される。

フィリップス曲線(物価版)はインフレと失業のトレードオフを表すものであり労働供給に関するものだから、総需要ではなく供給側のインフレ総供給曲線を導くものである(もともと労働市場は総供給に織り込まれているから、その延長と捉えてもよい)。

エ ×　45度線モデルは、ケインズの「有効需要の原理」を表したものであり(重要なのは総需要)、古典派の「セイの法則」(供給はそれ自らの需要を生み出す)とは全く異質なもの(重要なのは供給面)である。

★★★

2 合理的期待理論

本節では合理的期待形成の考え方に触れます。マネタリストによって人々の予想が短期的に失業率など実物経済に影響を及ぼすことが示されましたが、人々の予想の仕方によっては実物経済に影響を及ぼさないことがあります。

1 合理的期待理論（合理的期待形成仮説）

ルーカス、サージェントらは、マネタリストとは異なる期待形成（予想・予測の仕方）を仮定した。**合理的期待形成**の場合、人々は、マクロ経済の構造や政策当局の行動など、その時点で**入手可能な情報をすべて利用して合理的に期待を形成する**と考え、事前に予測できない（予期されない）ことが起こらない限り、人々は正しく期待を形成する（正しく未来を予測する、完全に予見する）。

2 フィリップス曲線と合理的期待理論

合理的期待形成を仮定すると[1]、「総需要管理政策を行えば、結局、点Bに行き着く」ことを完全に予見するため、貨幣錯覚を起こすことなく、すぐさま点Bにたどり着く（インフレ率が上昇するだけで失業率は変わらない）。

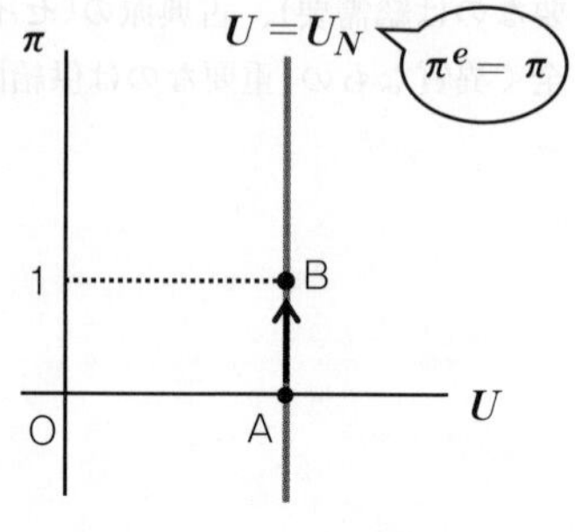

したがって、合理的期待理論では、失業率は常に自然失業率に等しく、常に完全雇用国民所得が実現する（総需要管理政策によってこれらを変えることができない）。

1 厳密には、予測不能な事態が生じなければ、という条件がつく。

重要事項 一問一答

01 合理的期待形成とはどのようにして期待を形成するか。

その時点で入手可能な情報をすべて利用して合理的に期待を形成

02 総需要管理政策が完全に予測される場合、失業率（雇用）や産出量などに変化は生じるか。

生じない

03 合理的期待形成において拡張的な総需要管理政策によって変化しうるのは何か。

インフレ率

第6章 インフレと失業

過去問 Exercise

問題1 インフレーションと失業に関する記述として、妥当なのはどれか。

特別区Ⅰ類2017

1. 物価版フィリップス曲線は、インフレ率と失業率の間に成立する右下がりの関係で、失業率を低くするとインフレ率が高まり、インフレ率を抑制すると失業率が高まるというトレード・オフの関係がある。

2. 合理的期待形成仮説は、1970年代アメリカの経済学者ルーカスとサージェントが主張した仮説で、現代社会では、人々は貨幣を合理的に利用して将来を予想するとした。

3. 自然失業率仮説は、マネタリストのフリードマンが主張し、フィリップス曲線を短期と長期に分け、失業率は短期的には自然失業率と等しくなり、短期フィリップス曲線は垂直な直線になるとした。

4. 自然失業率は、労働市場において需要と供給が一致した状況での失業率で、自然失業率のもとでの失業とは、摩擦的失業や非自発的失業であり、自発的失業ではない。

5. オークンの法則は、経済成長率と失業率との関係を示す法則で、アメリカ経済において1%の雇用の増加は生産量を3%増加させることを実証し、生産量と失業率の間には正の関係があるとした。

解説

正解 ❶

❶ ○　物価版フィリップス曲線は、もともとフィリップスが示した名目賃金率上昇率と失業率の負の相関関係(トレードオフ)をインフレ率と失業率に置き換えたもので、これらの間の負の相関関係(トレードオフ)を示したものである。

❷ ×　合理的期待理論(合理的期待形成仮説)は、入手可能なあらゆる情報を利用して合理的に期待を形成するとしたものである。

❸ ×　失業率が自然失業率と一致して垂直となるのは長期である。

❹ ×　自然失業率は正であり、これは摩擦的失業や自発的失業によるものである。

❺ ×　雇用の増加は生産量の増加(経済成長)をもたらすが、雇用が増えれば必然的に失業率は下がる。つまり、生産量と失業率の間には負の関係がある。

問題2　インフレーションと失業に関する記述として、妥当なのはどれか。

特別区Ⅰ類2022

1　フィリップスは、イギリス経済の100年近い長期にわたるデータに基づき、実質賃金の変化率と失業率の間にトレードオフ関係が成立することを発見した。

2　オークンは、アメリカ経済における失業率と実質国民所得の間の法則を発見し、失業率と実質国民所得には、正の相関関係があることを示した。

3　自然失業率とは、労働市場において需要と供給が一致する状況でも依然として存在する失業率であり、自然失業率のもとでの失業には、摩擦的失業がある。

4　自然失業率仮説によれば、短期フィリップス曲線は、失業率が自然失業率に等しくなる水準で垂直となり、短期的に、自然失業率以下に失業率を低下させることはできない。

5　合理的期待形成仮説によれば、各経済主体が利用可能な情報は浪費することなく全て利用して期待を形成し、政策効果の先行きを正確に理解しているため、財政政策は効果があり、失業率が低下する。

解説

正解 ❸

❶ × フィリップスが発見したのは、名目賃金の上昇率(変化率)と失業率の間のトレードオフである。

❷ × 失業率の増加は生産活動が停滞している証拠だから、失業率と産出量(実質国民所得)の間には負の相関関係がある。雇用と産出量であれば正の相関関係がある。

❸ ○ 労働市場が均衡すると完全雇用が実現するが、摩擦的失業や自発的失業が存在するため、失業率はゼロにならず正の値を取る。フリードマンはこの失業率を自然失業率と呼んだ。

❹ × 自然失業率仮説(マネタリスト)では、短期フィリップス曲線は右下がりであり、インフレ率の上昇に気がつかなければ、貨幣錯覚によって短期的に自然失業率より低い失業率が実現する。長期フィリップス曲線は、貨幣錯覚が解消されるため、自然失業率の水準で垂直になる。

❺ × 各経済主体が利用可能な情報をすべて利用して正しく期待形成する限り、将来を完全に予見できるから、財政政策も金融政策も効果がない。つまり、失業率は低下しない。

失業率などに影響を与えるとすれば、予期されない政策が行われた場合である。

第7章

貨幣・消費・投資

本章では、これまで学習してきたケインズ経済学以外の考え方も含めて、貨幣、消費、投資について学習します。特に消費に関しては現実に観察されたデータを基にいくつかの仮説が展開されます。

★★★

1 貨　幣

本節では、古典派の代表的な考え方について学習します。ケインズは古典派に新たな部分を付け加える形で自説を展開しました。

❶ 古典派の貨幣数量説

古典派経済学では、貨幣需要は国民所得にのみ依存し、利子率には依存しないと考えている（ケインズのいう古典派は、ケインズ登場以前の学問）。古典派の貨幣に対する基本的な考え方を**貨幣数量説**という。

数量方程式は貨幣数量説を表すものであり、以下、代表的な二つの数量方程式を紹介する。

1 フィッシャーの交換方程式

一定期間に流通する貨幣量（貨幣供給量）をM、経済の取引量をT、物価水準をPとして、

$$M \cdot V_T = P \cdot T$$

を**フィッシャーの交換方程式**という。右辺は取引額（名目値）であり、流通する貨幣量MをV_T回使って右辺の取引額が実現するということを表している。

左辺のV_Tは**貨幣の流通速度**（貨幣の所得速度）と呼ばれ、一定の期間の取引に貨幣が平均的に何度使われたかを表す。

あるいは、貨幣の流通速度が

$$V_T = \frac{P \cdot T}{M}$$

で定義され、変形して上記の交換方程式が得られると考えてもよい[1]。

一般に、経済の取引量Tは実質GDPと安定的な比例関係にあると考えられるため（例えば、$Y = \gamma \cdot T$、Yは実質GDP、$\gamma > 0$は定数）、交換方程式を、

1　定義したものを単に変形して方程式にしたものとも言える。

$$
\left.\begin{array}{l} M\cdot V_T = P\cdot T \\ Y = \gamma\cdot T \rightarrow\ T = \dfrac{Y}{\gamma} \end{array}\right\} \rightarrow\ M\cdot V_T = P\cdot\frac{Y}{\gamma}\ \rightarrow\ M\cdot\underbrace{(\gamma\cdot V_T)}_{V} = P\cdot Y
$$

$$
\rightarrow\ M\cdot V = P\cdot Y
$$

と書き換えて構わない。最後の式は依然として**フィッシャーの交換方程式**と呼んでよく、左辺のVも**貨幣の流通速度**と呼ぼう。

一般に、貨幣数量説において、貨幣の流通速度Vは制度的な要因(現金で支払うなどの決済慣行)によって決まる定数とみなされている。

また、古典派は、経済の取引量T(よってY)が貨幣量Mとは独立して決定されると考える(労働市場で完全雇用が成立し、実質GDPは$Y = Y_F$で一定になる。取引量もまたこれに準ずる)。

例えば、$V = 2$、$Y = 500$のとき、貨幣量(貨幣供給量)が$M = 250$であれば、物価水準は$P = 1$に決まる。

$$
M\cdot V = P\cdot Y \rightarrow P\cdot Y = M\cdot V \rightarrow P = \frac{M\cdot V}{Y} = \frac{250\cdot 2}{500} = 1
$$

ここで、**貨幣量が2倍になると**($M = 500$)、**物価もまた2倍になる**。

$$
P = \frac{M\cdot V}{Y} = \frac{500\cdot 2}{500} = 2
$$

これは、**インフレ率**(物価上昇率)**が貨幣量の増加率に一致すること**を意味している[2]。

このように、交換方程式は貨幣の流通速度Vと実質GDP(Y)を一定として、「**貨幣は物価水準を決めるだけ**」という**古典派の二分法**を表す。貨幣量は実物経済の水準Yに影響を及ぼすことはなく、名目値を測るための物価水準を決めるに過ぎない。貨幣的なもの(物価水準)と実物経済を分けて(二分して)考えてよい、という古典派の信条を表している。

この古典派の二分法は、「貨幣は実物経済を覆うヴェール(ベール)に過ぎない」とか「貨幣は実物経済に何の影響も与えない(**貨幣の中立性**)」とも表現される。

---

2 「2倍すると…」でわからなければ次のように考えるとよい。貨幣量が40%増加して、M=1.4×250=350になると、物価水準は、P=MV/Y=1.4×250・2/500=1.4［M=350、V=2、Y=500］でインフレ率も40%である。

第7章 貨幣・消費・投資

2 ケンブリッジ方程式

貨幣数量説(貨幣の中立性)を代表するもう一つの数量方程式は、**貨幣需要が国民所得に比例定数(割合)をかけたものに等しい**とする**ケンブリッジ方程式**(現金残高方程式)である[3]。

貨幣量M(貨幣供給量)と貨幣需要が一致するとき、

$$M=k\cdot P\cdot Y$$

と表される。右辺の比例定数kをマーシャルのkという。

交換方程式とケンブリッジ方程式はどちらも同じ内容を持つから(古典派の二分法)、後者を前者に代入して、両辺を$P\cdot Y$で割ると、

$$\left.\begin{array}{l} M\cdot V=P\cdot Y \\ M=k\cdot P\cdot Y \end{array}\right\} \rightarrow \overbrace{k\cdot P\cdot Y}^{M}\cdot V=P\cdot Y \rightarrow k\cdot V=1$$

となるから、**貨幣の流通速度Vとマーシャルのkは互いに他の逆数である。**

$$k=\frac{1}{V} \iff V=\frac{1}{k}$$

2 ケインジアン

1 ケインズの流動性選好理論

ケインズは、古典派の貨幣数量説に対して、**貨幣需要が取引動機に基づく**(これが貨幣数量説)だけでなく、**予備的動機や投機的動機にも基づく**とした。ケインズの貨幣需要に関する考え方は、**流動性選好理論**と呼ばれている。

これらのうち、**予備的動機を含め、取引動機に基づく貨幣需要は国民所得の増加関数**であり、**投機的動機に基づく貨幣需要は利子率(債券の収益率)の減少関数**である。

なお、貨幣(需要)に関する出題では、**流動性のわな**に関する出題も多いので(**財政政策は有効、金融政策は無効**)、古典派との違いを明確にしつつ復習しておくとよい。

---

3 もともとは、貨幣所得(名目所得)のうち貨幣で保有する割合がkであるとしたもの。

2 在庫理論

ボーモルとトービンらは、製品の在庫管理に関する理論を応用して、**取引動機に基づく貨幣需要が利子率の減少関数であること**などを示した。

債券を保有する人が、毎日の買い物の支払いのために、保有する債券の一部を売って貨幣に換える。債券を貨幣に換えるには一定のコストがかかる(これを取引費用という)。

貨幣保有によって、債券を売却せずに保有し続けることで得られたはずの利子を犠牲にすることになる。よって、利子率は貨幣保有一円あたりの機会費用となる。

ボーモルとトービンは、債券保有による利子収入から、債券を貨幣に換える際の取引費用を引いた大きさを最大化する問題を解いた。

利子率が高いほど貨幣保有の機会費用が大きくなるから、取引動機に基づく貨幣需要は利子率の減少関数となる。また、債券を貨幣にするための取引費用の減少関数でもある。

重要事項 一問一答

01 古典派の貨幣に関する考え方を何説というか。

貨幣数量説

02 フィッシャーの交換方程式を表せ。

貨幣量×貨幣の流通速度＝物価×実質GDP

03 古典派の二分法によれば、貨幣量は何を決めるか。

物価水準

04 古典派の貨幣数量説では、貨幣量（貨幣供給量）の変更は実物経済に影響を及ぼすか。

及ぼさない(貨幣の中立性)

05 ケンブリッジ方程式において貨幣需要は名目GDPに何をかけたものか。

マーシャルのk

06 貨幣の流通速度とマーシャルのkは同じものか。

同じではなく、互いに他の逆数

07 ケインズの貨幣需要理論を何というか。

流動性選好理論(流動性選好説)

08 ボーモルとトービンは貨幣の取引需要が利子率にどう影響されることを示したか。

利子率の上昇は貨幣の取引需要を減少させる

過去問 Exercise

問題1 貨幣供給と物価の関係に関する次の文章の（ア）～（オ）に入るものの組合せとして妥当なのはどれか。

国家一般職2012

古典派経済学によれば、貨幣供給量の変化は全て物価水準の変化によって吸収されるため、貨幣は実物経済に対しては全く影響を及ぼさないとされる。これは(**ア**)と呼ばれる考え方であり、貨幣は実物経済を覆うヴェールにすぎない。

一方、ケインズ経済学によれば、貨幣供給量の変化は、実物経済の変化を引き起こすことになる。例えば、貨幣供給量が増加した場合、物価水準を一定としたIS－LM分析で考えると、LM曲線は(**イ**)にシフトし、均衡国民所得は(**ウ**)する。そして、総需要–総供給分析では、総需要曲線が右下がり、総供給曲線が右上がりであるとすると、貨幣供給量の増加は(**エ**)の右方へのシフトをもたらし、物価水準の(**オ**)を引き起こす。

	（ア）	（イ）	（ウ）	（エ）	（オ）
1	貨幣の中立性	右方	増加	総需要曲線	上昇
2	貨幣の中立性	右方	増加	総供給曲線	下落
3	貨幣錯覚	右方	増加	総供給曲線	下落
4	貨幣錯覚	左方	増加	総供給曲線	上昇
5	貨幣錯覚	左方	減少	総需要曲線	上昇

解説

正解 ❶

古典派の貨幣数量説は、貨幣が実物経済(雇用や産出量)に対してニュートラル(中立的)という意味で貨幣の中立性(**ア**)を表す。

これに対して、ケインズ経済学では、金融緩和はLM曲線を右方(**イ**)シフトさせ、IS－LM均衡における国民所得は増加(**ウ**)する。このとき、物価とIS－LM均衡の国民所得の関係を表す総需要曲線(**エ**)が国民所得の増加方向に移動するから、総需要曲線と総供給曲線の交点において物価水準は上昇(**オ**)する(∴ディマンド・プル・インフレ)。

第7章 貨幣・消費・投資

問題2

貨幣などに関するA～Dの記述のうち、妥当なもののみを全て挙げているのはどれか。

国税専門官・財務専門官・労働基準監督官2014

A　貨幣需要関数は、人々が保有しようと考える貨幣量を所得と利子率の関数を用いて、通常、貨幣需要が所得の減少関数、利子率の増加関数であることを表したものである。この関数では、一定の貨幣供給量の下で所得が増加した場合には、貨幣需要量が減少するため、利子率が上昇する。

B　横軸に残存期間、縦軸に利回りをとって残存期間が異なる複数の債券の残存期間と利回りの関係を表した曲線のことをイールドカーブという。順イールドとは、残存期間が長くなるほど利回りが高くなる右上がりのイールドカーブをいう。

C　「流動性のわな」とは、利子率に対する貨幣需要の弾力性が無限に大きくなった状態である。流動性のわなが存在するとき、国民所得を増加させるためには、貨幣供給量を増加させる金融政策が有効である。

D　ケンブリッジ方程式は、貨幣量と所得との間には、マーシャルのkという比例定数を通じた負の相関関係が存在することを表す。なお、マーシャルのkの値は、貨幣の流通速度と正の相関関係にあり、貨幣の流通速度が上昇すると、その値も上昇する。

1. B
2. C
3. A、C
4. A、D
5. B、D

解説

正解 ❶

Bは古典派・ケインズ派の出題において本質的ではないから、A・C・Dで判断する。

A × ケインズ経済学における貨幣需要関数は所得(国民所得)の増加関数、利子率の減少関数である。

C × 経済が流動性のわなに陥っている場合、金融政策は無効となり、財政政策が有効となる。

D × まず、マーシャルのkと流通速度は逆数の関係にあるから負の相関関係と考えられる。また、貨幣量と所得の間には正の相関関係があり、これはケインズの取引動機に基づく貨幣需要と同じものと考えてよい。

以上より、残ったBは妥当となる。

[参　考]　**利子率の期間構造と利回り曲線(イールド曲線)**

満期までの期間(残存期間)が異なる短期・長期の債券について、その期間を横軸に、利子率を縦軸に取ったもの。順イールドは、標準的(ノーマル)な利回り曲線であり、よくある説明では、長期になればなるほど、満期に至るまでのリスクが大きくなるため(遠い未来ほど予測不能)、短期(近い将来)よりも高い収益率(利子率)になるとする。

★★★

2 消　費

本節では、データで発見された消費関数の特徴とそれを説明するために展開された考え方を学習します。ケインズ派かどうかなどの区別ではなく、仮説とその提唱者を組み合わせて覚えるとよいでしょう。

1 短期と長期の消費関数

1 ケインズ型消費関数

可処分所得（以下、単に所得という）と消費のデータをとると、**短期的にはケインズ型の消費関数が観察された**[1]。ケインズ型消費関数（短期消費関数）の特徴は、**短期では所得が増加すると平均消費性向**（所得に占める消費の割合）**が減少する**ということにある。

例1

図の点Aにおける所得が40、消費が54であり、点Bでは所得が120、消費が102であるとする。この２点を通る短期の消費関数は、

$C = 0.6Y + 30$　［C：消費、Y：所得］

で表される。各点における短期の平均消費性向は、点Bの方が小さい。

ケインズ型消費関数（短期）

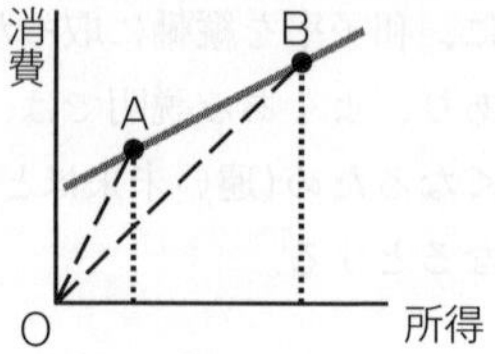

$$\frac{C}{Y} = \begin{cases} \frac{54}{40} = 1.35 \text{（点A）} \\ \frac{102}{120} = 0.85 \text{（点B）} \end{cases}$$

これらは原点と消費関数上の点A、Bを結ぶ補助線の傾きで表されるから、所得の増加とともに平均消費性向が減少することがわかる。

この短期における所得と消費の関係は、消費は所得の増加ほどには増えないということを表している。上記の数値では、所得が3倍になったとき（40→120）、消費は54から102におよそ1.9倍にしかならない。

1　通常、ここでは現実のデータに即して可処分所得を使うが、国民所得に変えても同じ性質が当てはまる（租税は明示的に扱わない）。また、実質所得と実質消費の関係として説明することがあるが、特に説明が変わることはない（物価は明示的に扱わない）。

$$\frac{102}{54}=1.88\cdots$$

ケインズ型の短期消費関数では消費はそのときの所得にのみ依存して決まる。これを絶対所得仮説と呼ぶことがある。

2 クズネッツの発見

クズネッツが1869年から第二次世界大戦前までの長期的なデータを調べると、短期におけるケインズ型とは異なり、**長期では平均消費性向が所得にかかわらず安定的**(ほぼ一定)であった[2]。これを消費関数で表せば、例えば、

$$C=0.9Y$$

と書け、平均消費性向が0.9で一定となる。

クズネッツ型消費関数(長期)

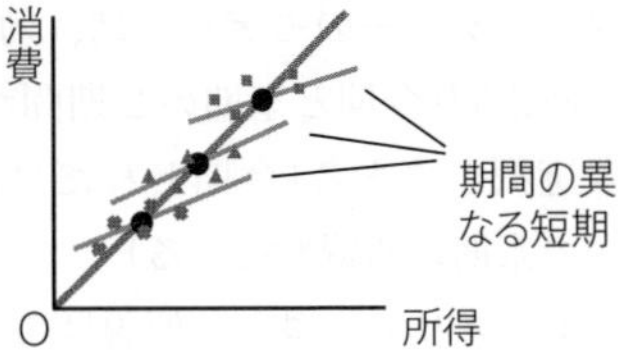

$$C=0.9Y \rightarrow \frac{C}{Y}=0.9$$

つまり、長期消費関数$C=0.9Y$は原点から出る直線で表され、原点と長期消費関数上の点を結ぶ補助線は、この長期消費関数に一致する。

以下で見る通り、短期と長期で矛盾して見える消費の謎に対して、いくつかの説明が提示された。いずれも短期と長期に関する上記の性質を満たすように立てられた仮説である。つまり、**平均消費性向は、短期では所得の増加に伴い減少し、長期では所得に関係なく一定となる。**

この点に即して言えば、短期しか表していないのがケインズ型、長期しか表していないのがクズネッツ型、それ以外は基本的に短期と長期を兼ね備えた仮説である。

---

2 ここでの短期・長期の違いは文字通り、年月の長さの違いを指す。例えば、異なる5年ごとのデータの集まりはそれぞれの短期消費関数を表し(各5年間のデータによく当てはまる直線)、長期はこれらすべてを表す長期消費関数である(数十年分のデータ全体によく当てはまる直線)。図では、各短期のデータの付近をそれぞれの短期消費関数が通りつつ、これらは長期の消費関数の付近にもある。なお、実際的なデータ集計では、家計データ(所得水準が異なる)を短期とすることが多い。

❷ ライフサイクル仮説

ケインズ型の場合、消費はそのときの所得にのみ依存して決まる。これに対して、**モディリアーニ**らの**ライフサイクル仮説**では、**「消費は生涯所得に依存して決まる」**としている(共同研究者はブランバーグと安藤)。

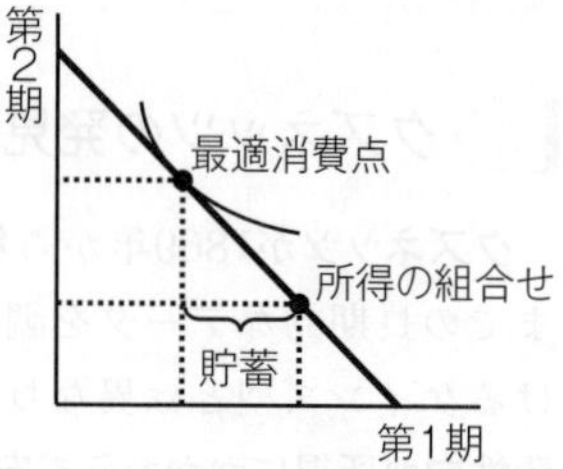

ライフサイクル仮説は、フィッシャーの異時点間の効用最大化モデルを拡張したものである(図は効用最大化により第1期に貯蓄する個人を表す)[3]。ライフサイクルとは、その人の生涯を指す。フィッシャーのモデルでは、効用最大化によって異時点間(今期と来期の2期間から成る生涯)の消費選択が決まる(今期どれだけ消費し、貯蓄するかで来期の消費も決まる)。

モディリアーニらの仮説はこのモデルを拡張したものであり、ライフサイクル仮説にフィッシャーのモデルを含む場合がある。

ライフサイクル仮説では、人々は**生涯所得**(勤労期の所得、資産など消費に使うことができる総額)から、毎年の消費を決定する。

(背後にあるフィッシャー流の効用最大化から)人々は**毎年の消費を平準化しようとする**ため、勤労期には所得のいくらかを貯蓄し、引退後には所得が減るから(あるいは所得がないから)それまでの貯蓄や資産を使って消費する(貯蓄を取り崩して消費する、という)。

例2

現在20歳で60歳まで年収400万円を得る個人は、60歳で引退した後に年収はなく、寿命が80歳と予想している。この個人は、いま2,000万円の資産を保有している。利子率はゼロとし、いかなる遺産も残さないものとする。

個人が毎年同額の消費Cを行うとすると、生涯の消費総額(生涯消費)は、生存期間(年数)を消費Cにかけて、

$$\underbrace{(80-20)}_{\text{生存期間}}C=60C$$

である。他方、生涯所得は、勤労期間に稼ぐ年収の総額と保有する資産の合計、

$$\underbrace{(60-20)}_{\text{勤労期間}}\cdot\underbrace{400}_{\text{年収}}+\underbrace{2{,}000}_{\text{資産}}=18{,}000$$

である。

3　詳細はミクロ経済学参照。

生涯の予算制約から、毎年の消費額Cを求めると、

$$[\text{生涯予算制約}]\quad \underbrace{(80-20)}_{\text{生存期間}}C=\underbrace{(60-20)}_{\text{勤労期間}}\cdot\underbrace{400}_{\text{年収}}+\underbrace{2{,}000}_{\text{資産}}$$

$$\rightarrow\ 60C=18{,}000\ \rightarrow\ C=\frac{18{,}000}{60}=300$$

よって、ライフサイクル仮説に基づく個人の毎年の消費は300万円である。

勤労期には毎年400万円の所得があるから、この期間には、毎年、$S=400-300=100$万円を貯蓄し、資産とともに引退後の消費に充てる(単純化のため利子率はゼロとしている)。

また、年収をYで表せば、上記の生涯予算制約は、

$$\underbrace{(80-20)}_{\text{生存期間}}C=\underbrace{(60-20)}_{\text{勤労期間}}\cdot\underbrace{Y}_{\text{年収}}+\underbrace{2{,}000}_{\text{資産}}$$

で表されるから、両辺を生存期間で割ると、

$$C=\frac{\overbrace{60-20}^{\text{勤労期間}}}{\underbrace{80-20}_{\text{生存期間}}}\cdot\underbrace{Y}_{\text{年収}}+\frac{\overbrace{2{,}000}^{\text{資産}}}{\underbrace{80-20}_{\text{生存期間}}}=\frac{40}{60}\cdot\underbrace{Y}_{\text{年収}}+\frac{2{,}000}{60}=\frac{2}{3}\cdot\underbrace{Y}_{\text{年収}}+\frac{100}{3}$$

となる。このとき、**年収の係数を限界消費性向とみなすことができる。**

これに対して、勤労期間における平均消費性向は、

$$\left.\begin{array}{l}C=300\\ Y=400\end{array}\right\}\rightarrow\frac{C}{Y}=\frac{300}{400}=\frac{3}{4}$$

である[4]。

---

4 経済全体で考えると、長期的に国民所得が増加すると国民の保有する資産も比例的に増加すると考えられる。このとき、経済全体の消費関数はクズネッツ型で表される。この形式の出題はほぼないので本編では省略する。

❸ 恒常所得仮説

フリードマンは「消費は恒常所得に依存して決まる」とした（恒常所得仮説）。

恒常所得をY^P (Permanent income)とすると、消費Cは、

$$C = a \cdot Y^P$$

で表される（aは正の定数、$a = 0.9$など）。この恒常所得は、ライフサイクル仮説における生涯所得を1年あたりにしたものと実質的に同じものである。

これに対して、毎年の所得Yは、恒常所得Y^Pと変動所得Y^T (Transitory income、一時所得)から成る。

$$Y = Y^P + Y^T$$

変動所得は毎年の所得が恒常所得から不規則に乖離する大きさである（所得と恒常所得の差）。例えば、ギャンブルや宝くじで収入を得たとき、たまたまだと考えることはできるが、毎回得られると考える人はいないだろう。このような一時的な収入は消費ではなく、貯蓄に回されるだろう。

例えば、ある人は今後3年間の所得Yをそれぞれ、390万円、408万円、402万円と予想している。3年間の所得の平均値（1年あたり）は、

$$\frac{390+408+402}{3} = 400$$

で、これがこの人の3年間の恒常所得Y^Pである。

毎年の所得と恒常所得（3年間の平均値）がわかれば、変動所得が計算できる。1年目の変動所得は、

$$Y = Y^P + Y^T \quad \rightarrow \quad Y^T = Y - Y^P = 390 - 400 = -10$$

2年目・3年目は、それぞれ、

$$Y^T = Y - Y^P = 408 - 400 = 8$$
$$Y^T = Y - Y^P = 402 - 400 = 2$$

である。通年では、変動所得の和はゼロであり、その平均値もゼロである。

$$(-10 + 8 + 2) \div 3 = 0$$

ここでは説明のため3年間としたので、これが長期に相当する。

恒常所得仮説では、消費Cは変動所得Y^Tを除いた恒常所得Y^Pによって決まり、毎年の平均消費性向は消費Cと所得Yの比率で表される（定義）。

$$\left.\begin{aligned} C &= a \cdot Y^P \\ Y &= Y^P + Y^T \end{aligned}\right\} \rightarrow \quad \frac{C}{Y} = \frac{a \cdot Y^P}{Y^P + Y^T}$$

分母の所得Yは、短期的には変動所得の影響を受ける。例えば、1年目の変動所得は$Y^T = -10$だから、

$$\frac{C}{Y}=\frac{a\cdot\overbrace{400}^{Y^P}}{\underbrace{400}_{Y^P}+\underbrace{(-10)}_{Y^T}}=\frac{400a}{390}\fallingdotseq 1.03a\,(>a)$$

であり、2年目は $Y^T=8$ より、

$$\frac{C}{Y}=\frac{a\cdot\overbrace{400}^{Y^P}}{\underbrace{400}_{Y^P}+\underbrace{8}_{Y^T}}=\frac{400a}{408}\fallingdotseq 0.98a\,(<a)$$

となるが（3年目は省略）、通年（長期）では $Y^T=0$ だから、

$$\frac{C}{Y}=\frac{a\cdot\overbrace{400}^{Y^P}}{\underbrace{400}_{Y^P}+\underbrace{0}_{Y^T}}=\frac{400a}{400}=a$$

となる。つまり、長期的な平均消費性向は a で表されるが、短期的には、1年目が a より大きく（所得は恒常所得より小さい）、2年目が a より小さい（所得は恒常所得より大きい）。したがって、短期的に所得が増加すると、平均消費性向は減少する。

恒常所得の根底にもまた、フィッシャー流の異時点間の消費理論があるとされる。

④ 相対所得仮説

デューゼンベリーは、消費は過去の習慣、特に過去の最高所得（とそのときの消費）に影響されるとした（習慣形成仮説）。

例えば、これまで400万円の年収を得てきた個人の消費が年間360万円であったとする。ここで、景気が悪化し年収が320万円に下がったとする（20%減）。このとき、消費は年収の減少ほどには減ることがなく、例えば10%減の324万円であったとする（それまでの消費生活を大きく変えることができない）。

この短期的な所得（年収）の変動によって、平均消費性向が上昇する。

$$\frac{C}{Y}=\frac{360}{400}=0.9 \rightarrow \frac{C}{Y}=\frac{324}{320}>1$$

短期的に所得の減少ほどには消費が減らないことを**ラチェット効果**（歯止め効果）という。

デューゼンベリーは、消費がその人の属する社会階層（友人など）にもまた影響を受けるとしている。

デューゼンベリーが提示したこれらの仮説を**相対所得仮説**という。

⑤ 流動資産仮説

トービンは、消費がそのときの所得だけでなく、貨幣などの流動的な資産にも依存するとした。これを**トービンの流動資産仮説**という。

重要事項 一問一答

01 ケインズ型の消費関数は短期と長期のどちらに当てはまるか。

短期

02 ケインズ型の消費関数は何仮説と呼ばれるか。

絶対所得仮説

03 短期において、所得の増加は平均消費性向をどう変化させるか。

減少させる

04 クズネッツが発見した消費関数は短期と長期のどちらに当てはまるか。

長期

05 長期において、所得の増加は平均消費性向をどう変化させるか。

変化させない

06 モディリアーニらは、消費は何に依存するとしたか。

生涯所得

07 フリードマンは、消費は何に依存するとしたか。

恒常所得

08 フリードマンは各期の所得は何に等しいとしたか。

恒常所得＋変動所得

09 デューゼンベリーが立てた仮説を何というか。

相対所得仮説

10 デューゼンベリーは、短期的に消費が所得ほど減少しないことを何効果と呼んだか。

ラチェット効果（歯止め効果）

11 トービンの唱えた仮説を何というか。

流動資産仮説

過去問 Exercise

問題1 消費に関する記述として、妥当なのはどれか。

特別区Ⅰ類2016

❶ 絶対所得仮説は、消費は、その時々の所得水準に依存して決まるとするもので、この仮説に基づいたケインズ型の消費関数では、所得水準が高まるにつれて平均消費性向は上昇するとした。

❷ 相対所得仮説によれば、消費は、過去の消費水準の影響を受けるとされ、景気の後退局面においても、生活水準を低下させるには時間がかかり、ラチェット効果があるとした。

❸ トービンは、消費は、所得のみならず現金や預貯金などの流動的な資産によって影響を受けるとし、長期的には平均消費性向が下落していくことを説明した。

❹ モディリアーニは、政府が一定の支出を租税で賄おうと、公債発行による借入で賄おうと、ライフサイクルにおける所得総額は変化しないため、現在の消費には変わりはなく、同じ影響を及ぼすとした。

❺ フィッシャーは、異時点間にわたる消費理論を築き、消費は、現在の所得水準にのみ依存するのではなく、現在から将来にわたって稼ぐことができる平均値に依存して決まるとした。

解説

正解 ❷

❶ × 例えば、$C=0.8Y+50$ ［C：消費、Y：(可処分)所得］とすれば、平均消費性向は、

$$\frac{C}{Y}=0.8+\frac{50}{Y} \rightarrow \frac{C}{Y}=\begin{cases} 0.8+\dfrac{50}{\underbrace{100}_{Y}}=0.8+0.5 \\ 0.8+\dfrac{50}{\underbrace{200}_{Y}}=0.8+0.25 \end{cases}$$

であるから、短期の平均消費性向は所得の減少関数である。

❷ ○ ラチェット効果(歯止め効果)が短期的に働くため、短期ではケインズ型(平均消費性向が所得の減少関数)、長期ではクズネッツ型(平均消費性向が一定)となる。

景気が後退したとき(所得が減ったとき)、生活水準を低下させるとは消費を減らすことを指す。歯止め効果がかかれば、消費(生活水準)は所得の減少ほどには下がらない。つまり、短期的には平均消費性向が増加する。

$$\frac{C\downarrow}{Y\downarrow\downarrow}\uparrow$$

❸ × 誰の仮説であっても、短期的にはケインズ型、長期的にはクズネッツ型とならなければデータ(経験則)に対する説明にならない。

❹ × ライフサイクル仮説は、今期の消費が生涯所得に依存するというものだから、この記述は全く異なる。財政学で学習するリカードの等価定理の内容が書かれている。

❺ × 最後の「現在から将来にわたって…平均値に依存して」は、フリードマンの恒常所得を指している。恒常所得仮説は結局ライフサイクル仮説と同じ内容を持つが、ライフサイクル仮説の場合には「生涯所得に依存する」がキーワードであり、フィッシャーの場合には、生涯予算制約の下、効用最大化によって今期の消費と貯蓄、来期の消費がそれぞれ決定される。

問題2

次のケインズ型消費関数について考える。

$$C = c_0(Y-T) + c_1$$

ここで、Cは消費支出、Yは総所得、c_0、c_1は正の定数、$0 < c_0 < 1$である。

このケインズ型消費関数に関する次の記述の［ア］～［オ］に入るものの組合せとして妥当なのはどれか。

国家一般職2015

家計の消費支出は、租税を総所得から差し引いた［ア］と、所得水準に関係なく消費される基礎的消費c_1に基づいて決定される。

［ア］が1単位増加した際の消費の増加分c_0を［イ］といい、縦軸に消費支出、横軸に［ア］をとった平面上に、線形の消費関数を描いた際の［ウ］に相当する。

また、［ア］に対する消費支出の割合を［エ］といい、上記の平面上においては原点と消費関数上の点を結ぶ直線の傾きに相当し、［ア］が大きくなるほど［エ］は［オ］。

	ア	イ	ウ	エ	オ
1	可処分所得	限界消費性向	傾き	平均消費性向	小さくなる
2	可処分所得	限界消費性向	傾き	平均消費性向	大きくなる
3	可処分所得	平均消費性向	切片	限界消費性向	大きくなる
4	恒常所得	限界消費性向	切片	平均消費性向	小さくなる
5	恒常所得	平均消費性向	傾き	限界消費性向	大きくなる

解説

正解 1

可処分所得（**ア**）が1単位増加すると、

$$C=c_0(Y-T)+c_1 \quad \to \quad \frac{\Delta C}{\Delta(Y-T)}=c_0$$

だけ消費が増加するから、これを限界消費性向（**イ**）という。これは縦軸に C、横軸に $Y-T$ をとった平面に描いた消費関数の傾き（**ウ**）を表す。

可処分所得に占める消費支出の割合を平均消費性向(**エ**)と呼び、原点と消費関数上の点を通る直線の傾きで表す。ケインズ型消費関数は線形(1次式)であり、消費関数の縦軸切片 c_1 が正であるから、平均消費性向は可処分所得の増加に伴い小さくなる(**オ**)。

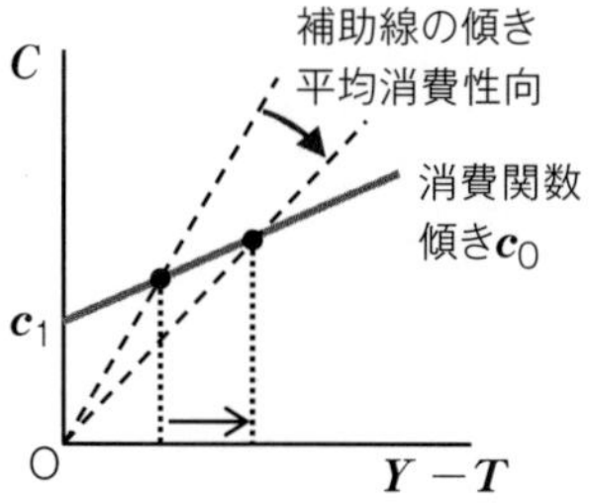

問題3 現在800万円の年収があり、1000万円の資産を保有している35歳の人がいる。この人が65歳まで働き、85歳まで寿命があり、今後30年間は現在と同額の所得があるが、その後は所得がないという予想の下で、今後生涯に渡って毎年同額の消費を行うとしたとき、この人の稼得期の毎年の貯蓄額はいくらか。ただし、個人の消費行動はライフサイクル仮説に基づき、遺産は残さず、利子所得はないものとする。

特別区Ⅰ類2019

1. 280万円
2. 300万円
3. 320万円
4. 480万円
5. 500万円

解説

正解 ②

毎年同額の消費をCとすると、今後50年間消費する。この50年間について、最初の30年間は毎年800万円の年収があり、また、遺産を残さないから、資産1000万円も消費して死ぬ。つまり、生涯予算制約は、

$$50C = 30 \times 800 + 1000$$

である。両辺を50で割ると、

$$C = \frac{30 \times 800}{50} + \frac{1000}{50} = 480 + 20 = 500$$

となる。よって、稼得期には、毎年、800－500＝300万円を貯蓄する。

問題4 ある個人は、現在40歳で、今後の稼得期間を20年、その後の引退期間を30年と予想している。この個人は現在2,500万円の資産を有しており、稼得期間には毎年500万円の所得があると想定される一方、引退期間には全く所得がないものとする。この個人はライフサイクル仮説に従って、生涯にわたって毎年同額の消費を行うとした場合、現在の限界消費性向及び現在の平均消費性向はいくらか。

ただし、遺産は残さず、利子所得はないものとする。また、限界消費性向とは想定年収の限界的変化に対する消費額の限界的な変化とし、平均消費性向とは想定年収に対する消費額の割合とする。

財務専門官・労働基準監督官2014

	限界消費性向	平均消費性向
1	0.4	0.25
2	0.4	0.5
3	0.5	0.25
4	0.5	0.4
5	0.6	0.5

解説

正解 ②

生涯予算制約は、

$$50C = 20 \cdot \underbrace{500}_{Y} + 2{,}500 \rightarrow C = \frac{20}{50} \cdot \underbrace{500}_{Y} + \frac{2{,}500}{50}$$

$$= \frac{2}{5} \cdot \underbrace{500}_{Y} + 50$$

$$= 250$$

したがって、限界消費性向は、

$$C = \frac{2}{5}Y + 50 \rightarrow \frac{\Delta C}{\Delta Y} = \frac{2}{5} = 0.4$$

また、平均消費性向は、

$$\frac{C}{Y} = \frac{250}{500} = \frac{1}{2} = 0.5$$

問題5 これから働き始めようとしているある個人が、ライフサイクル仮説に基づいて、消費と貯蓄の計画を立てるものとする。この個人は、今後60年間生きること、これからの稼得期間が40年間で、その後の引退期間が20年間あること、稼得期間の前半の20年間の毎年の所得は550万円であるが、後半の20年間の毎年の所得は750万円であり、引退期間には所得はないことをあらかじめ分かっているものとする。

さらに、この個人は、稼得期間の最初には100万円の資産を保有しているが、遺産を残さないものとする。利子率は0とする。

このとき、この個人がこれから生涯にわたって毎年同じ金額の消費を行うとした場合、稼得期間の後半の20年間の毎年の貯蓄額はいくらになるか。

国家一般職2015

---

1. 35万円
2. 115万円
3. 235万円
4. 315万円
5. 435万円

解説

正解 4

生涯予算制約より、毎年の消費を求めると、

$$60C = \overbrace{20 \cdot 550}^{\text{稼得期前半}} + \overbrace{20 \cdot 750}^{\text{稼得期後半}} + \overbrace{100}^{\text{資産}}$$

$$\rightarrow \quad C = \frac{20}{60} \cdot 550 + \frac{20}{60} \cdot 750 + \frac{100}{60}$$

$$= \frac{550}{3} + 250 + \frac{5}{3}$$

$$= 250 + \frac{550 + 5}{3}$$

$$= 250 + \frac{555}{3}$$

$$= 250 + 185$$

稼得期間の後半の所得750万円からこの消費額を引けば求める貯蓄額となる。

$$750 - C = 750 - (250 + 185)$$

$$= 500 - 185$$

$$= 315$$

問題6

ある人は、ライフサイクル仮説に基づき行動し、稼得期以降の生涯を通じて消費を平準化するものとする。この人は、稼得期の初期時点に1000万円の資産を持っており、稼得期の40年間に毎年250万円ずつの労働所得を得る。また、この人は引退してから20年後には死亡するが、引退後の所得は0であり、死後、子孫に2000万円を残すことを予定している。なお、利子率は0とする。

ここで、稼得期の30年目の終わりにこの人が突然転職を決め、31年目以降の残り10年間の労働所得が250万円から400万円に増加するものとする。このとき、この人は30年目の終わりに31年目以降の消費計画を立て直すものとする。この場合、この人の31年目以降の残り30年間の各年の消費水準はいくらになるか。

国家一般職2020

---

1. 100万円
2. 150万円
3. 175万円
4. 200万円
5. 250万円

解説

正解 ❹

当初の計画では60年間毎年同額の消費を行い、これを40年間の所得(毎年250万円)と資産1000万円から遺産2000万円を引いた生涯所得から捻出する。生涯予算制約は、

$$60C = 40 \cdot 250 + 1{,}000 - 2{,}000 = 10{,}000 - 1{,}000 = 9{,}000$$

$$\rightarrow \quad C = \frac{9{,}000}{60} = 150$$

転職するまでは、この消費額で毎年、

$$S = 250 - 150 = 100$$

の貯蓄を行い、突然転職する時点で、

$$30S = 3{,}000$$

の積み立てがある。したがって、転職するとき、10年間稼得する年収400万円に貯蓄3000万円と資産1000万円を加えた金額から遺産2000万円を引いたものを生涯所得として消費計画を立て直す。残りの30年間の生涯予算制約は、毎年の消費額を $\boldsymbol{c}$ として、

$$30\boldsymbol{c} = 10 \cdot 400 + \overbrace{3{,}000}^{30S} + 1{,}000 - 2000$$

$$\rightarrow \quad \boldsymbol{c} = \frac{6{,}000}{30} = 200$$

第7章 貨幣・消費・投資

★★★

3 投　資

本節では、ケインズ以外の投資理論についても学習します。ここでも、ケインズ派かどうかなどの区別ではなく、それぞれどんな考え方かを覚えましょう。

1 ケインズの投資の限界効率

1 投資の限界効率 発展

ケインズは、**投資の限界効率(予想収益率)が利子率よりも高い場合に投資が行われる**ことを示し、経済全体の投資を利子率の減少関数とした。

① 投資の限界効率

次の仮設例を使って、投資の限界効率を見てみよう。

例1　ある企業は、現在100億円を投じると1年後には120億円の収益が見込まれる投資について考えている。

この投資について、予想収益率をmとして、次式が成り立つ。

$$(1+m)\underbrace{100}_{\text{現在}}=\underbrace{120}_{\text{1年後}}$$

これは、「1年間の金利がmの資産を100億円分購入したとき、1年後には元利合計で120億円になる」と考えるのと同じことである。

投資費用(投資額)を$C=100$、1年後の予想収益を$R_1=120$と置けば、上記の関係式は、

$$(1+m)\underbrace{C}_{100}=\underbrace{R_1}_{120}\cdots(1)\ \rightarrow\ C=\frac{R_1}{1+m}\cdots(1')$$

と書けるから、投資の予想収益率mは、**投資収益の割引現在価値を投資費用と一致させる割引率**ということができ、これを**投資の限界効率**という。

実際にmを求めると、

$$(1+m)\underbrace{C}_{100}=\underbrace{R_1}_{120}\ \rightarrow\ 1+m=\frac{120}{100}\ (=1.2)\ \rightarrow\ m=1.2-1=0.2$$

である(20%)。

② 利子率

上記の投資が行われるかどうかは、利子率rと投資の限界効率mの大小関係によって決まる。

企業が投資費用$C=100$億円を利子率$r=0.15$で、金融機関から借り入れるか、社債(債券)を発行して借り入れる場合を考えよう。

この借入を1年後に返済する場合、元利合計で、

$(1+r)C=(1+0.15)100=115$（億円）

だけ返さなければならない。つまり、この場合の利子率は返済の利子率である（企業にとっての借入コスト）。

例1 では、投資の1年後の予想収益は$R_1=120$億円であったから、儲け(利潤)を求めるため、借入の返済を差し引こう。

$R_1-(1+r)C$　…(2)

$=120-115=5$（億円）

の儲け（利潤）が出る。よって、企業はこの投資を行う。

(2)に(1)を代入すると、

$$(2)\ \underbrace{R_1}_{(1)}-(1+r)C=(1+m)C-(1+r)C$$

と表せるから、これが正であれば（あるいは負でなければ）企業によってこの投資が行われる。

$(1+m)C-(1+r)C>0 \rightarrow (1+m)C>(1+r)C$

両辺を$C(>0)$で割り、両辺から1を引くと、

$(1+m)C>(1+r)C \rightarrow 1+m>1+r \rightarrow m>r$

したがって、**投資の限界効率mが利子率rより大きいとき投資が行われる。**

ここでは、投資資金を借入で賄うとしたが、企業が自己資金100億円を投じると考えた場合でも、この自己資金100億円を別の誰かに貸し付けるときの利子率がrであれば同じ議論が適用できる。つまり、企業は$r=0.15$で資金を貸し付ける機会と、投資に使って限界効率$m=0.2$で収益を得る機会を比較する。

なお、実際の投資計画はもっと複雑であり、例えば、予想される収益が3年間で、R_1、R_2、R_3の場合(これ以降は収益がないと予想される)、投資の限界効率mは全期間にわたる予想収益の割引現在価値である。(1′)を参照すれば、3期間にわたる場合は、

$$C=\frac{R_1}{1+m}+\frac{R_2}{(1+m)^2}+\frac{R_3}{(1+m)^3}$$

となる割引率が投資の限界効率mである。ただし、投資の限界効率mが利子率rより大きいとき投資が行われることに変わりない。

③ 投資は利子率の減少関数

多くの企業の投資計画を限界効率が高い順に連続的に並べると、右下がりの曲線として描くことができる[1]。

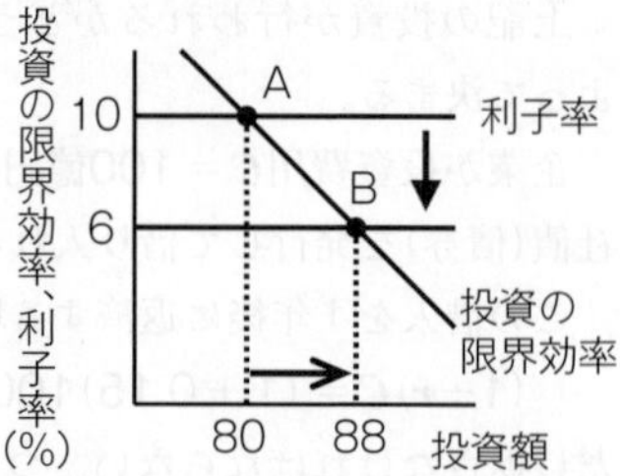

いま、利子率を10%とすると、投資の限界効率が10%以上の企業は投資を行うから、点Aの水準で経済全体の投資額が80に決まる。

利子率が6%に下がると投資の限界効率が6%以上であれば投資が行われるから、点Bの水準で投資額は88となる。

このようにして、投資(投資額)は利子率の減少関数であることが確認できる。

2 アニマル・スピリッツ

ケインズは、企業の投資が、企業家(経営者)がどれだけ将来に対して楽観的かに左右されるということにも触れている。この企業の投資判断を**アニマル・スピリッツ**(アニマル・スピリット、動物的な精神)と呼んだ。

2 加速度原理

以下、ケインズ以外の投資理論を紹介する。

1 資本係数

投資は現在の資本ストック(機械など)を増やし、生産量を増やすために行われる[2]。つまり、資本ストックと生産量の間には何らかの関係がある。

加速度原理では、資本ストックと生産量の間には比例的な関係があるとする。生産量1単位あたりに必要な資本ストックの量を**資本係数**という。これをvで表せば、Yだけ生産するのに必要な資本ストックKは、

$K = v \cdot Y$…(1)

となる。また、これを変形すると、資本係数が資本ストックと生産量の比率であることがわかる。

---

1 これをこのマクロ経済における投資のための資金の需要曲線と考えてもよい(投資の限界効率表という。「表」はグラフのこと)。また、下記の利子率(一定)を資金の供給曲線と捉えても構わない。つまり、資金の貸し手は利子率の水準でいくらでも資金を供給する。

2 資本減耗を考慮してもよいが、ここでは省略する。

(1) $K=v\cdot Y \rightarrow \dfrac{K}{Y}=v$ …(2)

加速度原理では、この**資本係数が一定**（定数）であると仮定される。

2 投資の調整速度

第1期と第2期の資本ストックの差が第2期の投資Iの大きさである。各期を添字で表すと、

$I_2=K_2-K_1$ …(3)

と書ける。例えば、$K_2-K_1=20$であれば、この1期間に100％投資されることを意味する（$I_2=20$）。増やすべき資本ストックの量が1期間にどれだけ投資されるかを投資の**調整速度**（伸縮的加速子）という。加速度原理では、**投資の調整速度は1で一定**である。

同様に第3期の投資は、

$I_3=K_3-K_2$ …(4)

と書ける。

ここで、加速度原理における資本係数vが毎期一定とすると、(2)は

(2) $\dfrac{K_1}{Y_1}=\dfrac{K_2}{Y_2}=\dfrac{K_3}{Y_3}=\cdots=v$

と書ける。各期について、

$\dfrac{K_1}{Y_1}=v \rightarrow K_1=v\cdot Y_1$

$\dfrac{K_2}{Y_2}=v \rightarrow K_2=v\cdot Y_2$

$\dfrac{K_3}{Y_3}=v \rightarrow K_3=v\cdot Y_3$

である。これらを(3)(4)それぞれに代入すると、

(3) $I_2=K_2-K_1=v\cdot Y_2-v\cdot Y_1=v(Y_2-Y_1)$

(4) $I_3=K_3-K_2=v\cdot Y_3-v\cdot Y_2=v(Y_3-Y_2)$

したがって、加速度原理を簡単に表せば、

$I=\Delta K=v\cdot \Delta Y$

となる。ここで、ΔKは資本ストックの増加、ΔYは生産量の増加を表す。

例題7-1　第１期、第２期と第３期の生産量がそれぞれ100、120、150であり、第３期の投資が60であったとする。加速度原理に基づいた場合、第２期の投資はいくらであったか。

解説

第２期と第３期の投資は、資本係数をvとして、

$$I_2 = v(Y_2 - Y_1) = v(120 - 100) = 20v \cdots (1)$$

$$I_3 = v(Y_3 - Y_2) = v(150 - 120) = 30v \cdots (2)$$

で表される。ここで、第３期の投資は$I_3 = 60$だから、(2)より、

$$(2)\ (I_3 =)\ 30v = 60 \rightarrow v = \frac{60}{30} = 2$$

したがって、第２期の投資は資本係数を$v = 2$として、(1)より、

$$(1)\ I_2 = 20v = 20 \cdot 2 = 40$$

3 資本ストック調整原理

資本ストック調整原理（ストック調整原理）は、加速度原理における**投資の調整速度を0と1の間で一定**としたものである。**資本係数**については**同様に一定**と仮定される。

例えば、投資の調整速度が0.8であれば、１期間で行われる投資は、増やすべき資本ストックΔKの80％であるから、

$$I = 0.8\Delta K = \underbrace{0.8}_{\text{調整速度}} \cdot v \cdot \Delta Y$$

4 新古典派とジョルゲンソンの投資理論

1 新古典派の投資理論

新古典派の投資理論においても、投資は望ましい資本ストックと現存の資本ストックの差がある場合にこの差を埋めるために行われる。

新古典派における望ましい資本ストックの大きさは、利子率(資本の調達コスト)[3]との関係で決まる。企業が望ましいと考える資本ストックは、利潤最大化によって求められ、その大きさは利子率の減少関数となる。

利子率が下がると、資本ストックを調達するコストが下がるため、より多くの資本ストックを使って(たくさん投資して)生産することが利潤最大化に適う。

新古典派における生産関数は、**資本と労働が代替的**である。生産量を増やすとき、労働と比較して資本が高ければ、相対的に安価な労働投入を増やせばよく、この場合、相対的に高価な資本ストックを増やす必要がないから、場合によっては資本ストックを増やすための投資は行われないかもしれない。

生産において資本と労働が代替的であれば、財を1単位生産するのに必要な資本ストック、つまり、**資本係数は定数ではなく可変的**である。

$I = \Delta K$, vは可変的

2 ジョルゲンソンの投資理論

ジョルゲンソンの投資理論は、新古典派の投資理論に**投資の調整速度は0と1の間で一定**という仮定を導入したものである。例えば、これを0.8とおけば、

$I = 0.8\,\Delta K$, vは可変的

なお、ΔKは望ましい資本ストックと現存の資本ストックとの差(乖離)を表す。

3　これはミクロ経済学で資本の価格としていたものを言い換えたものと考えてよい。より厳密には生産物の単位に直した実質利子率である。

5 トービンの q 理論

1 トービンの q 理論

トービンは株式市場における企業の評価を考慮して、次のような指標を用いた。より一般化された形では、

$$q=\frac{\text{株式市場における企業の価値}+\text{負債総額}}{\text{資本の再取得費用}}$$

と書け、これを**トービンのq**という。

ここで、分子第１項は企業の株式総額であり、株式市場でより高い評価を受けた企業ほど株式総額が大きくなる。分子第２項は社債などによる負債(借入)である。これが第１項に足してあるのは、資金調達の方法が株式発行と違うだけであり、企業の経営資源であることに変わりないからと考えられる。なお、問題によっては負債総額が明記されない場合もある。

これに対して分母は、企業が保有する生産設備等の資本ストックを、いま、市場で再取得しようとしたときの費用を表す。現実的には、企業が資本ストックを全部売却したときに得られる金額を表す(このときの金額が再取得費用に等しい)。

トービンのqの値が１より大きいとき、

$$q=\frac{\text{株式市場における企業の価値}+\text{負債総額}}{\text{資本の再取得費用}}>1$$

→ 株式市場における企業の価値 ＋ 負債総額 ＞ 資本の再取得費用

が成り立ち、企業が保有する資本ストックを市場で売却するよりも、その資本ストックを使って生み出す利益の方が大きいことを意味する(収益性のある事業を行えるということ)。

この場合、資本ストックを増やして生産を拡大させればより大きな利益が得られる。

以上より、**トービンのqの値が1を超えるとき企業は投資を行う**。また、トービンのqが１より小さい場合には、生産設備を売却して事業を縮小する。

qの値によって投資を行うかどうかが変わってくるため、資本係数を考えると可変的である。

なお、トービンのq理論は、投資の調整コスト(調整費用)が考慮されたものと考えられる(加速度原理からジョルゲンソンまでの投資理論にはまったく考慮されていない)。このため、q理論では、資本係数だけでなく、投資の調整速度もまた可変的となる。

2 投資の調整コスト 発展

投資の調整コスト(調整費用)とは、投資に伴う有形・無形の費用を指す。例えば、新たなショッピングモールを造り、全国に展開することを想定してみよう。物理的な建造物以外にも、新たなマネージャーの育成・雇用や、社内での投資計画の合意などさまざまなコストが必要になる。これらを総称して投資の調整コストという。

例えば、全国20都市にショッピングモールを建設しようとしている企業を考える。今後10年をかけてすべてを建設するのと、1・2年ですべてを建設するのでは、投資の調整コストが異なるだろう。

投資の調整コスト理論では、一度(一期)に行う投資量を2倍にすると、調整コストが2倍より大きく増える(逓増する)としている。これは、一度に行う投資量が20のときの調整コストが400とすると、一度に行う投資量が例えば10なら100しかかからないということであり、合計の投資量が20なら、2回に分けた方が調整コストは安上がりになることを意味している($100 \times 2 = 200 < 400$)。

したがって、投資の調整コストを考慮すれば、投資の調整速度(一定期間でどれだけ投資するか)が可変的になると考えられる。

重要事項 一問一答

01 ケインズは投資の限界効率と利子率のどちらが大きいとき、投資が行われるとしたか。

投資の限界効率

02 ケインズは投資が企業家の将来に対する予想にも依存することを何と呼んだか。

アニマル・スピリッツ（アニマル・スピリット）

03 加速度原理における二つの仮定は何か。

資本係数一定、調整速度1

04 ストック調整原理における二つの仮定は何か。

資本係数一定、調整速度が0と1の間で一定

05 新古典派およびジョルゲンソンの投資理論では資本と労働の間にどんな関係を仮定するか。

代替性

06 新古典派とジョルゲンソンの投資理論では、資本係数は一定か。

可変的

07 トービンの q を表せ。

株式市場における企業の価値に負債総額を加え、資本の再取得費用で割ったもの

08 トービンの q がどのような条件なら、投資が行われるか。

1より大きい

09 トービンの q 理論では、資本係数や調整速度は一定か。

可変的

過去問 Exercise

問題1 次の文は、投資理論に関する記述であるが、文中の空所A～Dに該当する人物名、語句又は数式の組合せとして、妥当なのはどれか。

特別区Ⅰ類2020

［ A ］が提唱したq理論は、$q=$［ B ］で定義され、［ C ］ならば、投資が行われるとした。

なお、［ D ］が存在するため、qは1から乖離(かいり)する。

	A	B	C	D
❶	トービン	$\dfrac{\text{企業の市場価値}}{\text{資本ストックの再取得費用}}$	$q>1$	加速度原理
❷	ジョルゲンソン	$\dfrac{\text{企業の市場価値}}{\text{資本ストックの再取得費用}}$	$q<1$	調整費用
❸	トービン	$\dfrac{\text{企業の市場価値}}{\text{資本ストックの再取得費用}}$	$q>1$	調整費用
❹	ジョルゲンソン	$\dfrac{\text{資本ストックの再取得費用}}{\text{企業の市場価値}}$	$q<1$	加速度原理
❺	トービン	$\dfrac{\text{資本ストックの再取得費用}}{\text{企業の市場価値}}$	$q>1$	加速度原理

解説

正解 ❸

q理論を提唱したのはトービン(A)であり、トービンのqは、企業の市場価値を資本ストックの再取得費用で割ったもの$\left(\dfrac{\text{企業の市場価値}}{\text{資本ストックの再取得費用}}\text{(B)}\right)$である。この値が、1より大きい($q>1$ (C))とき、投資が行われる。

トービンのq理論は、調整費用を考慮したモデルと同様であるため、調整費用(D)が存在する。

問題2　投資理論に関する記述として、妥当なのはどれか。

特別区Ⅰ類2017

1 ケインズの投資理論では、投資の限界効率が利子率より大きい場合に、投資が実行されるが、投資の限界効率は、投資を行う企業家のアニマル・スピリッツに基づいた将来の期待形成には左右されないとする。

2 加速度原理は、投資は国民所得の変化分に比例して増減するという考え方であり、望ましい資本ストックが1期間で即座に実現するように投資が行われるが、資本と労働の代替性を考慮していない。

3 トービンのq理論は、資本ストックの再取得価格を株式市場における企業の市場価値で割ったものをqと定義し、qの値が1よりも大きいとき、投資は実行されるとする。

4 ジョルゲンソンの投資理論では、企業による市場価値の最大化から資本ストックの望ましい水準を求め、望ましい資本ストックと現実の資本ストックの間の乖離が拡大されるとする。

5 資本ストック調整原理では、資本係数は固定されておらず、望ましい資本ストックと現実の資本ストックの乖離を、毎期一定の割合で埋めていくように投資が実行されるとする。

解説

正解 ❷

❶ × 限界効率については正しいが、ケインズは企業経営者のアニマル・スピリッツに依存するとした。

❷ ○ 国民所得（産出量）に資本係数（一定）をかけて必要な資本ストックが決まる（$K_t = vY_t$）から、必要な投資は、$I_t = K_t - K_{t-1} = vY_t - vY_{t-1} = v(Y_t - Y_{t-1})$で国民所得の増加分に比例する。また、資本係数が一定ということは、労働投入に関係なく必要な資本ストックが決まるということだから、労働と資本の代替性はない。

❸ × 株式市場における企業の市場価値を資本ストックの再取得価格（再取得費用）で割ったものをqとする。

❹ × 投資はそもそも不足する資本ストック（望ましい資本ストックと現実の資本ストックの間の乖離）を埋めるものである。

❺ × 資本ストック調整原理では、資本係数が固定されている。なお、調整速度は0と1の間で一定だから、望ましい資本ストックと現実の資本ストックの乖離を毎期一定の割合で埋めていく。

問題3　第１期の国民所得を560、第２期の国民所得を580、第３期の国民所得を600、資本ストックを900とするとき、加速度原理により求められる第２期の投資の値はどれか。ただし、資本係数は一定とする。

特別区Ⅰ類2019

1. 15
2. 20
3. 25
4. 30
5. 35

解説

正解 4

加速度原理におけるt期の投資I_tは、t期と$t-1$期の資本ストックの差で定義される。

$$I_t = K_t - K_{t-1} \rightarrow I_2 = K_2 - K_1 \cdots (1)$$

また、加速度原理では資本係数vが一定値で固定されているから、$Y_2 = 580$、$Y_1 = 560$を使って(∵与件)、

$$v = \frac{K_t}{Y_t} \rightarrow K_t = vY_t \rightarrow \begin{cases} K_2 = vY_2 = 580v \cdots (2) \\ K_1 = vY_1 = 560v \cdots (3) \end{cases}$$

これらを(1)に代入して、

$$(1)\ I_2 = \underbrace{K_2}_{(2)} - \underbrace{K_1}_{(3)} = 580v - 560v = 20v \cdots (4)$$

あとは資本係数を求めればよい。残りの与件から、

$$\left.\begin{aligned} v &= \frac{K_t}{Y_t} \\ K_3 &= 900 \\ Y_3 &= 600 \end{aligned}\right\} \rightarrow \quad v = \frac{K_3}{Y_3} = \frac{900}{600} = \frac{3}{2}$$

これを(4)に代入して、

$$(4)\ I_2 = 20v = 20 \cdot \frac{3}{2} = 30$$

問題4 第 $t-1$ 期の国民所得 $Y_{t-1}=300$、第 t 期の国民所得 Y_t が350、第 $t-1$ 期の資本ストック K_{t-1} が420、資本減耗率がゼロであったとき、投資理論に関する次のア～エの記述のうち、妥当なもののみを全て挙げているものはどれか。

裁判所一般職2018

ア この経済における資本係数は1.2である。

イ 資本係数が一定の場合、加速度原理により第 t 期の投資は70である。

ウ ジョルゲンソンの投資理論より、投資の調整速度が0.8で、最適資本ストック＝450のとき、第 t 期の粗投資は28である。

エ 加速度原理の投資の調整速度は1である。

1. ア、ウ
2. ア、エ
3. イ、ウ
4. イ、エ
5. ウ、エ

解説

正解 ❹

ア × 与件から求められる第$t-1$期の資本係数vは、

$$v=\frac{K_{t-1}}{Y_{t-1}}=\frac{420}{300}=1.4$$

で1.2にはならない。その他の期は求めることができない。

したがって、**ア**を含む❶、❷を排除できる。

イ ○ 資本係数が一定(固定)であれば、**ア**より、$v=1.4$である。このとき、加速度原理から、

$$I_t=K_t-K_{t-1}=\underbrace{vY_t}_{K_t}-K_{t-1}=\underbrace{1.4\cdot 350}_{490}-420=70$$

ウ × 与件より、

$$\begin{aligned} I_t &=0.8(K_t-K_{t-1}) \\ &=0.8(450-420) \\ &=24 \end{aligned}$$

である。

なお、新古典派とその拡張であるジョルゲンソンの投資理論は、最適な資本ストックK_tが利潤最大化から求められるという点で、資本係数を一定とした加速度原理・資本ストック調整原理と異なるが、本問では$K_t=450$が与えられている。

エ ○ 加速度原理は資本係数一定(固定)と投資の調整速度が1で一定という二つの仮定が置かれる。

なお、本問は小難しそうな**ウ**を未解答のまま正解することができる(選択肢の組み合わせ方をよく見よう)。

第8章

国際マクロ経済学

本章ではこれまで省略されてきた外国との取引を考慮します。外国との取引には、財・サービスの貿易と金融資産(債券など)の資本取引があります。また、外国との通貨の違いも同時に考慮するため、為替レートについても学習します。これらの学習を通じて、国際マクロ経済学におけるマンデル=フレミング・モデル(ケインズ経済学の拡張)を扱っていきます。

★★★

1 国際収支

本節では、これまで捨象してきた海外との取引を記述する統計の知識を紹介します。

❶ 国際収支

国際収支(Balance of Payment)は、一国のすべての対外取引を統計的に記録したもので、一定期間内に発生した国際取引の内容を数値でまとめたものである。

2014年から、国際収支の統計の取り方が改訂された。大まかな分類として、以下の**経常収支**・**金融収支**・**資本移転等収支**となった。

❷ 経常収支

経常収支は、**貿易・サービス収支**(財・サービスの海外との取引)、**第一次所得収支**(海外との投資収益のやりとり)、第二次所得収支(海外援助・国際機関への拠出など)からなる。

国際収支統計上は、財の純輸出(次式)を貿易収支という。

貿易収支＝財の輸出額−財の輸入額

これに対し、サービス収支には輸送、旅行、特許権・著作権等の使用料などが含まれる。

これらを合わせて、貿易・サービス収支という。

3 金融収支と資本移転等収支

債券や株式などの金融資産の取引は海外との間でも行われている。これら金融資産の海外との取引に関する収支(対外資産・負債)を計上するのが金融収支である。

金融収支は、直接投資、証券投資、金融派生商品、その他投資、および**外貨準備**から成る。外貨準備は、為替介入等のための外貨準備資産で外貨証券が最も多い(後述の金利平価説を参照)。

金融収支の特徴は、資産の増加をプラス、資産の減少をマイナスで記録することにある。

金融収支＝海外の資産取得額－海外への資産売却額

また、資本移転等収支は、道路など社会資本への無償資金援助などに関する収支を計上する。

4 国際収支統計のルール

統計上のルールとして、国際収支は以下のように表され、ゼロになると約束する。

国際収支＝経常収支－金融収支＋資本移転等収支＝0

ゼロになるように記録されるので、実際には統計上の誤差(誤差脱漏)を含めてゼロと記載されている。

重要事項 一問一答

01 誤差脱漏を除いて、国際収支を表せ。

国際収支＝経常収支－金融収支＋資本移転等収支＝0

02 誤差脱漏を除くと、経常収支と資本移転等収支の和は何に等しいか。

経常収支＋資本移転等収支＝金融収支

★★★

2 為替レート

海外と取引する場合、通貨単位（円やドルなど）の違いが問題になります。本節では為替レートについて学びます。

❶ 為替レート

1 異なる通貨の交換比率

1ドル＝120円（1ドル当たり120円、1ドルにつき120円）のように、異なる通貨の交換比率を**為替レート**（為替相場）という。例えば、100ドルを円に換算する場合、両辺を100倍すればよい。

1ドル＝120円 →（両辺を100倍）→ 100ドル＝12,000円

1ドル＝120円を円建てレート（邦貨建て、自国通貨建て）という。これに対してドル建てレートは、1円が何ドルに相当するかを表したものである。両辺を120で割って、

1ドル＝120円 →（両辺を120で割る）→ $\frac{1}{120}$ドル＝1円

→ 1円＝0.008333…ドル

2 円の減価と増価

以下、為替レート(foreign **e**xchange rate)を、1ドル＝e円で表す。1ドル＝120円であればe＝120と表示する。

為替レートの値が上昇すること(e↑)を**円の減価**(円安)という(厳密に言えばドルに対して円が減価するという)。例えば、e＝100からe＝200に上昇すれば、円の減価である。なお、「為替レートの減価」ということがある。

財の場合、1個＝200円であれば、右辺の数値「200円」は、左辺の「財1個」の値段を表す。もしも、1個＝400円になれば、財1個の価値(価格)が増加したと答えるだろう。

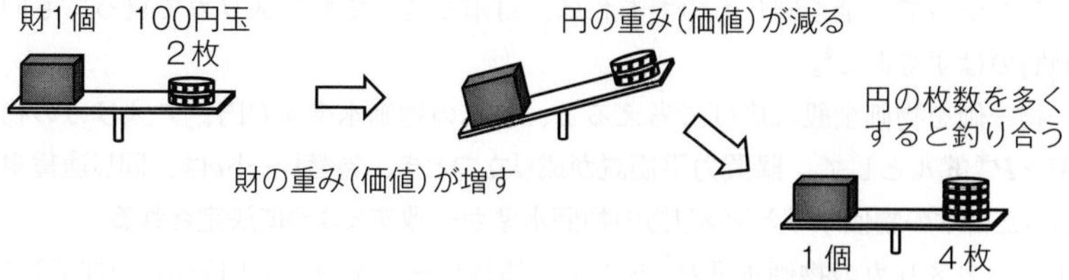

為替レートについても同じようにして考えれば、1ドル＝100円から、1ドル＝200円になったということは、1ドルの値段が上昇した(ドルの価値が増加した)ことを意味する。

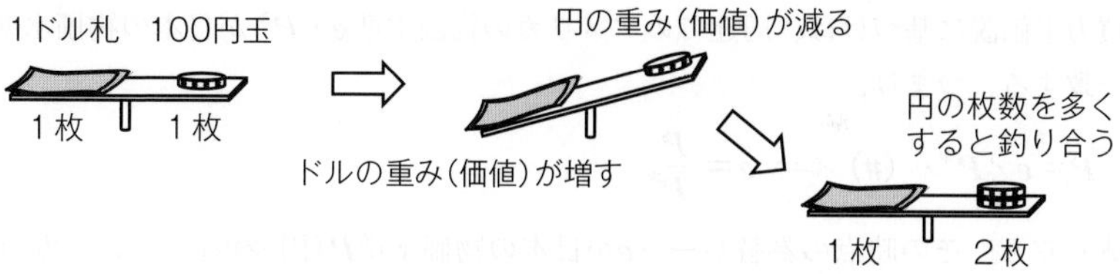

為替レートは二つの通貨の交換比率であり(相対的なものであり)、ドルの値段(価値)が増せば、円の価値は自動的に減ることになる。円の価値が減ったので、同じ1ドルを手に入れる(買う)のに、100円多く支払う必要がある。

反対に、為替レートの値が低下する(e↓)ことを**円の増価**(円高)と呼ぶ(為替レートの増価ということがある)。

円建てレートは計算しやすいが(1円＝0.008333…ドルより、1ドル＝120円の方が計算しやすい)、その代償として数値の増減(e↑↓)と価値の増減(減価・増価)が逆になってしまう。

為替レート(自国通貨建て、円建て)は、あくまで「1ドル」が何円か、ドルを基準とした表現である。

❷ 為替レートの決定要因

1 購買力平価説

購買力平価説の「平価」とは為替レートのことを指し、「購買力」は、例えば、10万円でモノをどれだけ買えるか(購買量＝購買力)といった意味を持つ、物価水準に関わる用語である[1]。

購買力平価説の前提となる考え方は、二国間の一物一価の法則にある。

一物一価の法則とは、同じものであれば同じ価格だ、ということで、その背後には、誰でもどこでも買えるようなものは値段が同じになるという原理が働いている。したがって、全く同じものであれば、日本で買ってもアメリカで買っても同じ「価値」のはずである[2]。

一物一価を物価全般に広げて考えると、日本の物価水準をP円、アメリカの物価水準をP^*ドルとして、**購買力平価説が成り立つとき、為替レートeは、同じ通貨単位で表した日本の物価水準とアメリカの物価水準が一致するように決定される。**

まず、アメリカの物価水準P^*ドルを、為替レートを使って円表示(円建て)に直すと(円に換算すると)、

1ドル＝e円 ⇒(両辺をP^*倍する) P^*ドル＝$(e \cdot P^*)$円

購買力平価説に基づけば、円建てのアメリカの物価水準$e \cdot P^*$が日本の物価水準Pに一致する。つまり、

$$P = e \cdot P^* \cdots (\#) \iff e = \frac{P}{P^*}$$

が成り立ち、その時点の為替レートeが日本の物価水準P(円表示)とアメリカの物価水準P^*(ドル表示)の比率に一致する。

なお、両辺の物価水準をドル表示(ドル建て)にしても同じことが言える。(#)の両辺を為替レートeで割ると、

(#) P円＝$(e \cdot P^*)$円 $\iff$ $\dfrac{P}{e}$ドル＝P^*ドル

このように、円表示かドル表示かに関わらず、同じ通貨単位で表した日米の物価水準が一致すると考えるのが購買力平価説である。

---

1 購買力は「1円で買える財・サービスの数量」(1円÷物価水準＝物価水準の逆数)と説明される。

2 現実的には貿易されている財に限定される。また、貿易に際して、関税・輸送費などがかからないなどの仮定も必要だろう。

なお、物価以外であっても、一般に、1ドル＝e円のとき、

ドル表示価格×e＝円表示価格

円表示価格÷e＝ドル表示価格

として、相互に変換可能である(逆に、この変換方法の物価版が購買力平価説だと考えてもよい)。

例題8-1 日本の物価水準が200、アメリカの物価水準が2のとき、為替レートは1ドル何円か。ただし、購買力平価説が成り立つものとする。

解説

購買力平価説によれば、

$$\underbrace{2}_{P^*}e=\underbrace{200}_{P}$$

が成り立つ。したがって、

$$\underbrace{2}_{P^*}e=\underbrace{200}_{P}\ \rightarrow\ e=\frac{\overbrace{200}^{P}}{\underbrace{2}_{P^*}}=100\left(=\frac{P}{P^*}\right)$$

第8章 国際マクロ経済学

2 インフレと購買力平価説

時間が経っても購買力平価説が成り立つとき、為替レートはどのように変化するだろうか。

$$P = e \cdot P^* \rightarrow e = \frac{P}{P^*}$$

日本でインフレが発生すると分子が大きくなり($P\uparrow$)、アメリカでインフレが発生すると分母が大きくなる($P^*\uparrow$)から、為替レートに与える影響はどちらのインフレ率が大きいかによって変わってくる。

例えば、今年の為替レートを$e_0 = 170$とし、日本とアメリカでそれぞれ年率8%と2%のインフレが発生するときの来年の為替レートを求めよう。

今年の日本とアメリカの物価水準をそれぞれP_0およびP_0^*として、

$$e_0 = \frac{P_0}{P_0^*} = 170 \cdots (1)$$

が成り立つ。添字1を来年として、日本とアメリカの物価水準はそれぞれ、

$$P_1 = (1+0.08)P_0 = 1.08P_0$$
$$P_1^* = (1+0.02)P_0^* = 1.02P_0^*$$

になるから、来年の為替レートe_1は、

$$e_1 = \frac{P_1}{P_1^*} = \frac{1.08P_0}{1.02P_0^*} = \frac{1.08 \times 100}{1.02 \times 100} \cdot \frac{P_0}{P_0^*} = \frac{108}{102} \cdot \frac{P_0}{P_0^*} \cdots (2)$$

ここで、(1)を使うと(2)は、

$$(2)\ e_1 = \frac{108}{102} \cdot \frac{P_0}{P_0^*} = \frac{108}{102} \cdot \underbrace{e_0}_{(1)} = \frac{108}{102} \cdot 170$$

$$\left(\rightarrow \text{将来の為替レート} = \frac{1+\text{日本のインフレ率}}{1+\text{米国のインフレ率}} \times \text{現在の為替レート}\right)$$

と表せる。計算を続けると、$102 = 6 \cdot 17$および$108 = 6 \cdot 18$だから、

$$e_1 = \frac{108}{102} \cdot 170 = \frac{6 \cdot 18}{6 \cdot 17} \cdot 170 = 18 \cdot 10 = 180$$

となり、円は(ドルに対して) 10だけ減価する(円安になる)。

為替レートの上昇率(減価率という)を求めると、近似的に

$$\frac{\Delta e}{e} = \frac{e_1 - e_0}{e_0} = \frac{180-170}{170} = \frac{10}{170} = 0.058 \cdots \fallingdotseq 6\%$$

となる。この近似値は日本のインフレ率$\pi = 8\%$とアメリカのインフレ率$\pi^* = 2\%$の差に等しい。

$$\pi - \pi^* = 8\% - 2\% = 6\%$$

実際に近似値で計算してみる。今年の為替レート$e_0 = 170$が6%上昇すると、

$$e_1 = (1 + 0.06) \cdot \underbrace{170}_{e_0} = 170 + 10.2 = 180.2$$

となって、ほとんど上記の$e_1 = 180$に等しい。

以上より、購買力平価説が成り立つとき、

為替レート上昇率≒日本のインフレ率－米国のインフレ率

もまた成り立つ。

例題8-2 現在の為替レートは1ドル＝98円である。日本で3%のインフレが発生する中、米国で2%のデフレが生じたとすると、為替レートはいくらになるか。

解説

為替レートの上昇率を、日米のインフレ率の差として求めると、

$$\frac{\Delta e}{e} = 3\% - (-2\%) = 5\% \ (= 0.05)$$

である（デフレは負のインフレ）。したがって、為替レートは、近似的に、

$$e = (1 + 0.05) \cdot 98 = 98 + 4.9 = 102.9$$

に上昇する。

正確に求める場合、

$$\text{将来の為替レート} = \frac{1 + \text{日本のインフレ率}}{1 + \text{米国のインフレ率}} \times \text{現在の為替レート}$$

より、

$$e = \frac{1 + 0.03}{1 - 0.02} \cdot 98 = \frac{1.03}{0.98} \cdot 98 = \frac{103}{98} \cdot 98 = 103$$

である。

3 金利平価説 発展

ここでは厳密なものは扱わず、試験の出題に対応することを念頭に説明する。

初めに、経済学における「裁定(行動)」を考える。例えば、全く同じジュースが店内と、店舗のすぐ脇に設置された自動販売機で購入できるとき、安い方しか売れないので値段が同じになるということを説明するときに用いられる。裁定によって(価値基準に照らした判断によって)、購入者は高い方を買うことがないので、売る方も安い値段にせざるを得ない。

購買力平価説の説明で「一物一価」(同一のものは同一の価格)が出てきたが、これも裁定が働くことによる。

金利平価説における裁定の対象は、円建て・ドル建ての金融商品であり、ここでの通貨の違いは債券など金融商品の金利(利子率)に結び付けられたものとして考える。例えば、日本の国債の金利が8%だとすれば、この国債を円で購入すれば、元本とその8%分の利子が円で支払われる。

裁定行動により(この場合は金利裁定という)、**同じ通貨単位で表した将来の収益が一致するように為替レートが決まる**とする考え方を**金利平価説**(利子平価説)という。

例えば、現在の為替レートを$e_0=170$ (1ドル=170円)とし、日本国債の金利が年率8%、米国債の金利が年率2%だとする。

いま、1ドルを保有する人が米国債を購入すると、一年後には、

$$(1+\underbrace{r^*}_{0.02})\times 1\text{ドル}=1.02\text{ドル}\cdots(1)$$

が得られる[r^*：米国債利子率]。

他方、保有する1ドルをいま円に交換し(1ドル=170円)、日本国債を購入すれば、rを日本国債の利子率として、一年後に、

$$(1+\underbrace{r}_{0.08})\ \underbrace{e_0}_{170}\text{円}=1.08\times 170\text{円}\cdots(2)$$

を手に入れる。

金利裁定により、これらが一致するように一年後の為替レートe_1が決まるとすると、e_1をかけて円表示に直した(1)と既に円表示である(2)について、

$$e_1\times\underbrace{1.02}_{(1)}\text{円}=\underbrace{1.08\times\overbrace{170}^{e_0}}_{(2)}\text{円}$$

$$\rightarrow e_1=\frac{1.08\times\overbrace{170}^{e_0}}{1.02}=\frac{\overbrace{108}^{6\times 18}}{\underbrace{102}_{6\times 17}}\cdot\overbrace{170}^{e_0}=180$$

が成り立つ。

以上が金利平価説の考え方であり、将来と現在の為替レートについて、

$$将来の為替レート = \frac{1 + 日本の金利}{1 + 米国の金利} \times 現在の為替レート$$

が成り立つ。つまり、形式上は、購買力平価説におけるインフレ率を利子率(金利)に変えただけのものである。したがって、為替レートの上昇率(減価率)についても近似的に、

$$為替レート上昇率 \fallingdotseq 日本の利子率 - 米国の利子率$$

とすることができる。

購買力平価説では、以下のとおりだったことと比較しよう。

$$将来の為替レート = \frac{1 + 日本のインフレ率}{1 + 米国のインフレ率} \times 現在の為替レート$$

$$為替レート上昇率 \fallingdotseq 日本のインフレ率 - 米国のインフレ率$$

重要事項 一問一答

01 為替レート（1ドル＝e円）の数値が上がることを何というか。

円の減価（円安、為替レートの減価）

02 購買力平価説とはどんなものか。

同じ通貨単位で表した二国の物価水準を一致させるように為替レートが決まる

03 購買力平価説に基づき、為替レート（1ドル＝e円）の上昇率を近似的に表せ。

日本のインフレ率 − 米国のインフレ率

04 金利平価説に基づき、為替レート（1ドル＝e円）の上昇率を近似的に表せ。

日本の金利 − 米国の金利

過去問 Exercise

問題1　我が国と米国の為替レートが、現時点で1ドル＝120円であり、また、１年間の我が国のインフレ率は5% である一方、米国のインフレ率はゼロであるものとする。購買力平価説が成り立つ状況の下において、１年後の為替レートは1ドルいくらになると考えられるか。

労働基準監督官2018

1. 114円
2. 117円
3. 120円
4. 123円
5. 126円

解説

正解 5

為替レートを1ドル＝e円で、物価水準を我が国はP、米国はP^*とすると、購買力平価説は、現時点において、

$$P = eP^* \rightarrow e = \frac{P}{P^*} = 120 \cdots (\#)$$

が成り立つことを意味する。

インフレ率を考慮すると、1年後の為替レートは、購買力平価説により、

$$1年後の為替レート = \frac{1 + 日本のインフレ率}{1 + 米国のインフレ率} \times 現在の為替レート$$

で表されるから、与件および (#) を代入して、

$$1年後の為替レート = \frac{1 + 0.05}{1 + 0} \cdot \underbrace{120}_{(\#)} = 126$$

なお、近似的に、

$$為替レート上昇率 \fallingdotseq 日本のインフレ率 - 米国のインフレ率$$
$$= 5\% - 0\% = 5\%$$

が成り立つから、

$$1年後の為替レート = (1 + 0.05) \cdot \underbrace{120}_{現在の為替レート} = 126$$

としてもよい(米国のインフレ率がゼロなので近似ではなくピッタリ一致する)。

問題2

次の①、②は為替レートに関する記述であるが、A及びBに当てはまるものの組合せとして妥当なのはどれか。

国税専門官・財務専門官・労働基準監督官2016

① 現在の為替レートが1ドル＝105円、円建て日本国債の金利が年率3%、ドル建て米国債の金利が年率5%であったとする。金利平価説に基づくと、1年後の為替レートは1ドル＝[A]円になる。

② 1年間に日本で3%のインフレーションが進行し、米国で1%のインフレーションが進行した場合、購買力平価説に基づくと、円・ドルレートはその1年間に2%だけ[B]になる。

	A	B
1	103	円安
2	103	円高
3	107	円安
4	107	円高
5	110	円安

解説

正解 ❶

①について、近似的に、

為替レート上昇率 ≒ 日本の利子率 − 米国の利子率

＝3% − 5% ＝ −2%

つまり、為替レートは値が低下する。現在は、1ドル＝105円だから、選択肢を見るとこれ以上計算することもなく、1ドル＝103(**A**)円に増価することがわかる。

②についても同様に、

為替レート上昇率 ≒ 日本のインフレ率 − 米国のインフレ率

＝3% − 1% ＝ 2%

より、為替レートの値が上昇するので、円安(**B**)になる(円の減価)。

★★★

3 経常収支

本節では国際収支を構成する経常収支について学びます。ただし、第1節で学習した統計的な分類よりもかなり簡略化して考えます。ここでので経常収支は、実質的に財・サービスの純輸出と同じとして扱います。

---

❶ ISバランス・アプローチ

国内総生産をY、民間部門の消費をC、投資をI、公的部門の支出を政府支出G、経常収支をNXとして、以下が成立するものとする(恒等的に成り立つと約束する)。

$$Y = C + I + G + NX$$

右辺は第1章で学習した国内総支出と同じ内容を表す。

他方、可処分所得は民間の消費と貯蓄Sに分かれるから、租税をTとして、

$$Y - T = C + S \rightarrow Y = C + S + T$$

が成り立つ(恒等的に成り立つと約束する)。

これらを合致させると、

$$\overbrace{C + I + G + NX}^{Y} = \overbrace{C + S + T}^{Y} \rightarrow NX = (S - I) + (T - G)$$

となり、**経常収支NXは、民間の貯蓄超過($S - I$)と政府(公的部門)の財政収支($T - G$)の和で表される**。この考え方をISバランス・アプローチ(貯蓄投資バランス・アプローチ)という。

なお、ここでの経常収支は財(・サービス)の純輸出、貿易(・サービス)収支と書かれている場合も多くあり、第1節で学習したものをより簡略化したものと考えてよい。以下、経常収支とある場合、貿易収支や純輸出と捉えてよい。

例題8-3 民間の貯蓄が10、民間の投資が20で、政府の財政収支が40である経済について、ISバランス・アプローチで求めた経常収支はいくらか。

解説

経常収支は、

$$NX = (S - I) + (T - G)$$

で表される。与件を代入すると、

$$NX = (S - I) + (T - G) = (\underbrace{10}_{S} - \underbrace{20}_{I}) + \underbrace{40}_{T-G} = 30$$

2 アブソープション・アプローチ

国内で生産された最終財が、国内でどれだけ吸収されたかをもとに経常収支を表す考え方を**アブソープション・アプローチ**という(absorption、吸収)。

上記と同様に、

$$Y = C + I + G + NX$$

とすれば、左辺Yが国内総生産、右辺の初めの三つの項が国内需要$(C + I + G)$であり、経常収支は、

$$Y = \underbrace{(C + I + G)}_{\text{国内需要}} + NX \rightarrow Y - \underbrace{(C + I + G)}_{\text{国内需要}} = NX$$

$$\rightarrow NX = Y - \underbrace{(C + I + G)}_{\text{国内需要}}$$

で表される。つまり、経常収支の黒字は、国内で生産された財・サービスのうち、国内で需要されなかった部分である(純輸出と考えた方が理解しやすい)。

逆に、経常収支が赤字であれば、国内で生産した以上に国内で需要したことを表す。

例題8-4　国内総生産が500で、国内における消費、投資、政府支出がそれぞれ300、100、50であるとき、アブソープション・アプローチによる経常収支はいくらか。

解説

経常収支は、

$$\begin{aligned} NX &= Y-(C+I+G)=500-(300+100+50) \\ &=500-450=50 \end{aligned}$$

より50だけ黒字である。

3 弾力性アプローチ

1 Jカーブ効果

以下、経常収支＝輸出額－輸入額について、値が増えることを経常収支の改善、値が減ることを経常収支の悪化という。

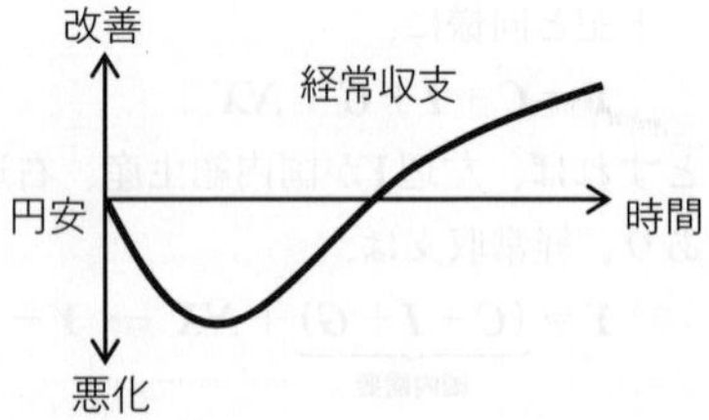

データから経験的に分かっていることは、**円安によって短期的に経常収支は悪化するが、その後しばらくすると経常収支が改善する。**

同様に、**円高は短期的に経常収支を改善し、その後、経常収支を悪化させる。**

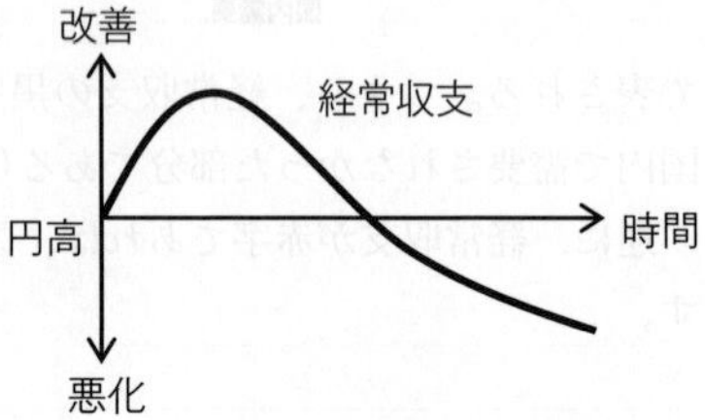

円安の場合(図上)にはJの字を右に倒した形状であり、また、円高の場合(図下)には右に倒したJの字をひっくり返した形状である。

このような時間を通じた経常収支の変動を総称して、**Jカーブ効果**という。

2 経常収支の中長期的な変動

経済学で支配的な考え方(ここでの中長期的な変動)から先に説明する。

通常、円安(ドル高)は次のように輸出品・輸入品の需要を変化させる。例えば、日本で生産された価格p＝200円のX財を考える。日本がこの財をアメリカに輸出すると現地で販売されるときの価格は、為替レートがe＝100であれば、

$$\frac{p\text{円}}{e}=\frac{200\text{円}}{100}=2\text{ドル}$$

である。円安(ドル高)により、為替レートがe＝200になると、現地での価格は安くなる。

$$\frac{p\text{円}}{e}=\frac{200\text{円}}{200}=1\text{ドル}$$

つまり、「円安」は、日本の通貨だけでなく、日本の生産物をアメリカで安くする効果がある。したがって、アメリカにおけるX財の需要は増加する。

また、日本がアメリカで生産された価格p^*＝5ドルのY財を輸入するとすれば、為替レートがe＝100のとき、日本での販売価格は、

$$e\times(p^*\text{ドル})=100\times(5\text{ドル})=500\text{円}$$

であるが、円安(ドル高)により、e＝200になると、

$$e\times(p^*\text{ドル})=200\times(5\text{ドル})=1{,}000\text{円}$$

になる。つまり、円安(ドル高)は、アメリカの通貨だけでなく、アメリカの生産物を日本で高くしてしまい、日本におけるY財の需要が減少する。

この効果は中長期的な変化(最終的な効果)であり、経常収支は改善する。

円安 → 経常収支↑＝輸出額↑ － 輸入額↓

3 経常収支の短期的な変動

Jカーブ効果が観察されるのは、短期的な経常収支の変動が、中長期的な変動とは逆方向に動くためである。

これを説明するために、ここでは円建ての経常収支NXを次式で表す[1]。

$$NX = p \cdot D^* - e \cdot p^* \cdot D \cdots (1)$$

[p：日本から輸出される財の価格(円建て)、D^*：アメリカの輸入量、e：為替レート、p^*：アメリカから輸入される財の価格(ドル建て)、D：日本の輸入量]

円安になった場合、思い切って数量を一定と仮定すれば、

(1) $NX\downarrow = p \cdot \overline{D^*} - e\uparrow \cdot p^* \cdot \overline{D}$ ＝輸出額－輸入額↑

となって、経常収支は悪化する。つまり、短期的な変動が中長期的な変動と逆方向に働くのは、数量調整(日米の輸出量・輸入量の増減)が(あまり)働かず、価格調整が先に働くためと考えることができる。

4 マーシャル=ラーナーの条件

このような経常収支の複雑な変動を、弾力性アプローチでは数学的な条件を使って説明する(導出は省略)。円安(ドル高)によって短期的に経常収支が悪化する場合[2]、

輸出(輸出需要)の価格弾力性＋輸入(輸入需要)の価格弾力性＜1

が成り立ち、いずれ経常収支が改善するとき、

輸出(輸出需要)の価格弾力性＋輸入(輸入需要)の価格弾力性＞1

が成り立つ。後者を**マーシャル=ラーナーの条件**という。

したがって、現実の経常収支の動き(Jカーブ効果)が示しているのは、短期的にはマーシャル=ラーナーの条件が成り立たず、その後はマーシャル=ラーナーの条件が成立するということである。

なお、円高(ドル安)の場合、経常収支は短期的に改善し、中長期的には悪化するが、マーシャル=ラーナーの条件自体は変わらない(不等号の向きは同じ)。よって、この場合にも、短期的には、

1 本来は実質為替レートを導入する必要があるが、ここでは特に意味がないのでこれまで通りの為替レート(名目為替レート)を使う。

2 これらは、需要の価格弾力性と同じものである。ただし、輸出される財と輸入される財やその需要者が異なるため、「輸出」と「輸入」を区別している。

輸出（輸出需要）の価格弾力性＋輸入（輸入需要）の価格弾力性＜1

であり、中長期的にマーシャル=ラーナーの条件

輸出（輸出需要）の価格弾力性＋輸入（輸入需要）の価格弾力性＞1

が成立している。

重要事項 一問一答

01 ISバランス・アプローチにおける経常収支を表せ。

経常収支＝（貯蓄－投資）＋財政収支
＝（貯蓄－投資）＋（税収－政府支出）

02 アブソープション・アプローチにおける経常収支を表せ。

経常収支＝国内総生産－国内需要
＝国内総生産－（消費＋投資＋政府支出）

03 Jカーブ効果を考慮したとき、円安による経常収支の変動はどうなるか。

短期的には悪化し、中長期的には改善する

04 円高によって経常収支が悪化するとき、どのような条件が成立するか。

マーシャル=ラーナーの条件（輸出の需要弾力性＋輸入の価格弾力性>1）

過去問 Exercise

問題1 ある国の経済が、

$$Y = C + I + G + X - M$$
$$Y = C + S + T$$

［Y：国民所得、C：民間消費、I：民間投資、G：政府支出、X：輸出、M：輸入、S：民間貯蓄、T：租税］

で示されるとき、IS バランス・アプローチにおける、この国の民間部門の貯蓄超過、経常収支の黒字及び政府部門の黒字に関する記述として、妥当なのはどれか。

特別区Ⅰ類2021

1. 経常収支が黒字で、民間部門において投資が貯蓄を上回るならば、政府部門は赤字である。

2. 政府部門が黒字で、民間部門において貯蓄が投資を上回るならば、経常収支は赤字である。

3. 民間部門において貯蓄と投資が等しく、政府部門が赤字ならば、経常収支は黒字である。

4. 政府部門の収支が均衡し、民間部門において投資が貯蓄を上回るならば、経常収支は黒字である。

5. 経常収支が均衡し、民間部門において貯蓄が投資を上回るならば、政府部門は赤字である。

解説

正解 ❺

初めに経常収支を表しておく。

$$\left.\begin{array}{l} Y=C+I+G+(X-M) \\ Y=C+S+T \end{array}\right\} \rightarrow X-M=\underbrace{C+S+T}_{Y}-C-I-G$$
$$=(S-I)+(T-G)$$

❶ × 与件から、民間の貯蓄超過は負であり、これに財政収支を足した結果、経常収支が正となる。よって、財政収支(政府部門)は黒字である。

$$\underbrace{X-M}_{(+)}=\underbrace{(S-I)}_{(-)}+(T-G) \rightarrow T-G>0$$

❷ × 以下のとおり、経常収支は黒字である。

$$X-M=\underbrace{(S-I)}_{(+)}+\underbrace{(T-G)}_{(+)}>0$$

❸ × 以下のとおり、経常収支は赤字である。

$$X-M=\underbrace{(S-I)}_{\text{ゼロ}}+\underbrace{(T-G)}_{(-)}<0$$

❹ × 以下のとおり、経常収支は赤字である。

$$X-M=\underbrace{(S-I)}_{(-)}+\underbrace{(T-G)}_{\text{ゼロ}}<0$$

❺ ○ 与件から、民間の貯蓄超過は正であり、これに政府部門の財政収支を足した結果、経常収支が均衡する($X-M=0$)。よって、政府部門は赤字である。

$$\underbrace{X-M}_{\text{ゼロ}}=\underbrace{(S-I)}_{(+)}+(T-G) \rightarrow T-G=-\underbrace{(S-I)}_{(+)}<0$$

★★★

4 輸入関数

本節では45度線分析に純輸出を考慮します。ここでは為替レートを明示することなく、輸入関数を導入します。ただし考え方は同じです。

1 輸入関数

国民所得Yが増加するとき(景気がよくなると)、輸入は増加すると考えられる。このことを輸入関数を使って表す。例えば、輸入IMが、輸入関数

$$IM = 0.2Y + 20$$

で表されるとすると、国民所得の係数は、国民所得が1単位増加したとき、輸入が0.2単位増加することを示している。

$$IM = 0.2Y + 20 \rightarrow \frac{\Delta IM}{\Delta Y} = 0.2 (= m\text{と置く})$$

この係数$m = 0.2$を**限界輸入性向**と呼ぶ[1]。

45度線分析においては、財市場の均衡条件の右辺(総需要)の項目が二つ増える[2]。

$$Y = C + I + G + EX - IM \quad \left[\begin{array}{l} Y\text{：国民所得、}C\text{：消費、}I\text{：投資} \\ G\text{：政府支出、}EX\text{：輸出、}IM\text{：輸入} \end{array}\right]$$

なお、通常、輸出は定数として与えられる。

---

1 なお、テキストによっては輸入関数を可処分所得の増加関数としているものがある(例えば、$IM = 0.2(Y - T) + 20$)。ほとんどの出題は本文のように、可処分所得ではなく、国民所得の増加関数としている。

2 どうしても為替レートを考えたければ、定数で数値化され、見た目にはわからないと考えればよい。

例題8-5 マクロ経済が次に示されている。

$$Y = C + I + G + EX - IM$$
$$C = 0.6(Y - T) + 20$$
$$I = 10、G = 30、EX = 50、T = 50$$
$$IM = 0.2Y + 20$$

［Y：国民所得、C：消費、I：投資
G：政府支出、EX：輸出
IM：輸入、T：租税］

この経済における国民所得はいくらか。

解説

財市場の均衡条件に残りの与件を代入して解けばよい。

$$Y = \overbrace{0.6(Y - \underbrace{50}_{T}) + 20}^{C} + \overbrace{10}^{I} + \overbrace{30}^{G} + \overbrace{50}^{EX} - \overbrace{(0.2Y + 20)}^{IM}$$

$$= 0.4Y + 60$$

$$\rightarrow Y - 0.4Y = 60 \rightarrow \underbrace{0.6}_{3/5}Y = 60$$

$$\rightarrow Y = 60 \times \frac{5}{3} = 100$$

❷ 外国貿易乗数

輸入関数(国民所得の増加関数)を導入したことにより、乗数が変わる。次の例で、政府支出乗数を確認しよう。

例1

次のマクロ経済を考える。

$$Y = C + I + G + EX - IM$$
$$C = 0.8(Y - T) + 20$$
$$T = 0.1Y$$
$$IM = 0.12Y + 5$$

ここで政府支出が20増加したとする。このとき、乗数過程における連鎖反応を、以前と同様に「□部分が変化」として表すと、

$$\boxed{Y} = \boxed{C} + I + \boxed{G} + EX - \boxed{IM}$$
$$\boxed{C} = 0.8(\boxed{Y} - \boxed{T}) + 20$$
$$\boxed{T} = 0.1\boxed{Y}$$
$$\boxed{IM} = 0.12\boxed{Y} + 5$$

変化する部分を増加分で表すと、

$$\Delta Y = \Delta C + \overbrace{20}^{\Delta G} - \Delta IM$$
$$\Delta C = \underbrace{0.8}_{c}(\Delta Y - \Delta T)$$
$$\Delta T = \underbrace{0.1}_{t}\Delta Y$$
$$\Delta IM = \underbrace{0.12}_{m}\Delta Y$$

第1式に他を代入すると、

$$\Delta Y = \overbrace{\underbrace{0.8}_{c}(\Delta Y - \overbrace{\underbrace{0.1}_{t}\Delta Y}^{\Delta T})}^{\Delta C} + \overbrace{20}^{\Delta G} - \overbrace{\underbrace{0.12}_{m}\Delta Y}^{\Delta IM}$$

$$= \underbrace{0.8}_{c} \times \underbrace{0.9}_{1-t}\Delta Y + \overbrace{20}^{\Delta G} - \underbrace{0.12}_{m}\Delta Y$$

$$= \underbrace{0.72}_{c(1-t)}\Delta Y - \underbrace{0.12}_{m}\Delta Y + \overbrace{20}^{\Delta G}$$

$$= \underbrace{0.6}_{c(1-t)-m}\Delta Y + \overbrace{20}^{\Delta G}$$

左辺でΔYの項をまとめると、

$$\Delta Y - \underbrace{0.6}_{c(1-t)-m}\Delta Y = \overbrace{20}^{\Delta G} \rightarrow \underbrace{0.4}_{1-c(1-t)+m}\Delta Y = \overbrace{20}^{\Delta G}$$

$$\rightarrow \Delta Y = \frac{20}{0.4} = 50 \left(= \frac{1}{1-c(1-t)+m}\Delta G \right)$$

となる。したがって、この場合の政府支出乗数は、

$$\frac{\Delta Y}{\Delta G} = \frac{1}{1-c(1-t)+m}$$

である。

なお、租税が一定であれば(租税関数がない)、$t=0$として、

$$\frac{\Delta Y}{\Delta G} = \frac{1}{1-c(1-\underbrace{0}_{t})+m} = \frac{1}{1-c+m}$$

政府支出乗数を含め、輸入関数を考慮した乗数を総称して外国貿易乗数ということがある[3]。

---

3 なお、テキストによっては次のものを外国貿易乗数と呼んでいる。まず、輸入が関数でなく定数項の場合、純輸出が１単位増加したときの国民所得の増加を外国貿易乗数とする。次に、輸入関数がある場合に、輸出が１単位増加したときの国民所得を外国貿易乗数と呼ぶ。これらに共通しているのは、外国との貿易が変化したときの乗数という点である。
通常の出題では特に問われることはないのであまり気にする必要もない（例題、過去問を参照のこと）。

例題8-6　マクロ経済が次に示されている。

$$Y = C + I + G + EX - IM$$
$$C = 0.6(Y - T) + 20$$
$$I = 10、G = 30、EX = 50、T = 50$$
$$IM = 0.2Y + 20$$

［Y：国民所得、C：消費、I：投資
G：政府支出、EX：輸出
IM：輸入、T：租税］

輸出が30増加したとき、貿易収支はどのように変化するか。

解説

貿易収支の変化は、輸出の増加分から輸入の増加分を引いたもので表される。

$$EX - IM = EX - (0.2Y + 20) \rightarrow \boxed{EX} - \boxed{IM} = \boxed{EX} - (0.2\boxed{Y} + 20)$$

このうち輸出の増加は30であり、輸入の増加は国民所得の増加に比例する。

与件に注意して、

$$\left.\begin{array}{l} \boxed{Y} = \boxed{C} + I + G + \boxed{EX} - \boxed{IM} \\ \boxed{C} = 0.6(\boxed{Y} - T) + 20 \\ \boxed{IM} = 0.2\boxed{Y} + 20 \end{array}\right\} \rightarrow \Delta Y = \overbrace{0.6\Delta Y}^{\Delta C} + \overbrace{30}^{\Delta EX} - \overbrace{0.2\Delta Y}^{\Delta IM}$$

$$\rightarrow \Delta Y - \overbrace{0.6\Delta Y}^{\Delta C} + \overbrace{0.2\Delta Y}^{\Delta IM} = \overbrace{30}^{\Delta EX}$$

$$\rightarrow 0.6\Delta Y = 30 \rightarrow \Delta Y = 30 \times \frac{10}{6} = 50$$

よって、貿易収支について、

$$\boxed{EX} - \boxed{IM} = \boxed{EX} - (0.2\boxed{Y} + 20) \rightarrow \Delta EX - \Delta IM = 30 - 0.2\Delta Y$$

であるから、上記を代入して、

$$\Delta EX - \Delta IM = 30 - 0.2 \times \underbrace{50}_{\Delta Y} = 20$$

となって20だけ改善する（増加する）。

重要事項 一問一答

01　国民所得が１単位増加したときの輸入の増加を何というか。

限界輸入性向

02　外国との貿易を考慮したときの財市場の均衡条件を表せ。

国民所得＝消費＋投資＋政府支出＋輸出－輸入

過去問 Exercise

問題1

次のような開放マクロ経済のモデルを考える。

$Y=C+I+G+X-M$ $\left[\begin{array}{l} Y\text{：国民所得、}C\text{：消費、}I\text{：投資} \\ G\text{：政府支出、}X\text{：輸出、}M\text{：輸入}\end{array}\right]$

ここで、消費関数が、

$C=0.8(Y-T)+30$　[T：租税]

で与えられ、輸入関数と租税関数が、それぞれ、

$M=0.1Y$

$T=0.25Y$

で与えられ、I、G、Xがそれぞれ一定として、

$I=40$、$G=60$、$X=20$

で与えられているとする。

このとき、貿易収支はいくらになるか。

国税専門官・財務専門官・労働基準監督官2015

1. 20の貿易赤字
2. 10の貿易赤字
3. 0
4. 10の貿易黒字
5. 20の貿易黒字

解説

正解 2

輸入の大きさを知るには国民所得を求める必要がある。財市場の均衡について、

$$Y=\overbrace{\underbrace{0.8(Y-\underbrace{0.25Y}_{T})}_{0.6Y}+30}^{C}+\overbrace{40}^{I}+\overbrace{60}^{G}+\overbrace{20}^{X}-\overbrace{0.1Y}^{M}$$

$$\rightarrow\ 0.5Y=150\ \rightarrow\ Y=\frac{150}{0.5}=300$$

これを輸入関数に代入すると、

$$M=0.1\cdot\underbrace{300}_{Y}=30$$

したがって、貿易収支は、

$$X-M=20-30=-10$$

つまり、10の赤字である。

第8章 国際マクロ経済学

問題2

ある国の経済において、マクロ経済モデルが次のように表されている。

$Y = C + I + G + X - M$
$C = 0.5Y + 24$
$I = 40$
$G = 64$
$X = 95$
$M = 0.2Y + 55$

［Y：国民所得、C：民間消費、I：民間投資、G：政府支出、X：輸出、M：輸入］

このモデルにおいて、貿易収支を均衡させるために必要となる政府支出 G の変化に関する記述として、妥当なのはどれか。

特別区Ⅰ類2018

1. 政府支出を8減少させる。
2. 政府支出を18減少させる。
3. 政府支出を28減少させる。
4. 政府支出を8増加させる。
5. 政府支出を28増加させる。

解説

正解 ③

貿易収支が均衡するのは、輸出入が一致するときである。

$$\overbrace{0.2Y+55}^{M}=\overbrace{95}^{X} \rightarrow Y=(95-55)\cdot\frac{1}{0.2}=40\cdot\frac{10}{2}=200$$

より、国民所得が200のとき貿易収支が均衡する。

財市場の均衡において国民所得が200となる政府支出Gを求めると、貿易収支はゼロだから、

$$\underbrace{200}_{Y}=\overbrace{0.5\cdot\underbrace{200}_{Y}+24}^{C}+\overbrace{40}^{I}+G+\overbrace{0}^{X-M} \rightarrow 0.5\cdot\underbrace{200}_{Y}=64+G$$

$$\rightarrow G=100-64=36$$

当初の値は$G=64$だから、28だけ減少させればよい。

第8章 国際マクロ経済学

問題3

ある国の経済において、マクロ経済モデルが次のように表されているとする。

$Y = C + I + G + X - M$
$C = 0.4Y + 8$
$I = 16$
$G = 52$
$X = 60$
$M = 0.4Y + 20$

［Y：国民所得、C：民間消費、I：民間投資、G：政府支出、X：輸出、M：輸入］

このモデルにおいて、貿易収支を均衡させるために必要となる政府支出 G の変化に関する記述として、妥当なのはどれか。

特別区Ⅰ類2021

1. 政府支出を12減少させる。
2. 政府支出を16減少させる。
3. 政府支出を20減少させる。
4. 政府支出を24増加させる。
5. 政府支出を28増加させる。

解説

正解 ②

貿易収支が均衡するならば、

$$\left.\begin{array}{l} X=60 \\ M=0.4Y+20 \end{array}\right\} \rightarrow \overbrace{0.4Y+20}^{M}=\overbrace{60}^{X} \rightarrow Y=\frac{40}{0.4}=100 \cdots(1)$$

よって、国民所得が100になるような政府支出を求めればよい。

財市場の均衡について、

$$\left.\begin{array}{l} Y=C+I+G+X-M \\ C=0.4Y+8 \\ I=16、X-M=0 \\ Y=100 \end{array}\right\} \rightarrow \overbrace{100}^{Y}=\overbrace{0.4\cdot\underbrace{100}_{Y}+8}^{C}+\overbrace{16}^{I}+G+\overbrace{0}^{X-M}$$

$$\rightarrow 0.6\cdot\underbrace{100}_{Y}=24+G \rightarrow G=60-24=36$$

当初、政府支出は52だから、16減少させて36にすればよい。

[別　解]

本問は単純な構造をしており、次のことにすぐ気がつく。当初の国民所得を求めると、

$$Y=\overbrace{\underbrace{0.4}_{c}Y+8}^{C}+\overbrace{16}^{I}+\overbrace{52}^{G}+\overbrace{60}^{X}-\overbrace{(\underbrace{0.4}_{m}Y+20)}^{M}$$

$$=136-20=116 \cdots(2)$$

つまり、限界消費性向と限界輸入性向が一致している。この場合、乗数効果が全く働かない。

$$c=m\ (=0.4) \rightarrow \Delta Y=\frac{1}{1-c+\underbrace{m}_{c}}\Delta G=\Delta G \cdots(3)$$

貿易収支の均衡は上記と同じようにして表されるから、このとき国民所得は(1) $Y=100$でなければならない。当初の国民所得は(2) $Y=116$だから、国民所得を16減少させればよい。(3)から$\Delta Y=\Delta G$であり、政府支出も同じだけ減少させればよい。

問題4

ある国の経済において、マクロ経済モデルが次のように表されているとする。

$Y = C + I + G + X - M$
$C = 56 + 0.6\,(Y - T)$
$M = 10 + 0.1Y$
$I = 100$
$G = 60$
$X = 60$
$T = 60$

［Y：国民所得、C：民間消費、I：民間投資、G：政府支出、X：輸出、M：輸入、T：租税］

このモデルにおいて、完全雇用国民所得が520であるとき、完全雇用を減税によって達成するために、必要となる減税の大きさはどれか。

特別区Ⅰ類2017

1. 24
2. 30
3. 40
4. 50
5. 60

解説

正解 ❹

国民所得が完全雇用水準520となる場合の租税を求めると、

$$Y = \overbrace{56 + 0.6(Y - T)}^{C} + \overbrace{100}^{I} + \overbrace{60}^{G} + \overbrace{60}^{X} - \overbrace{(10 + 0.1Y)}^{M}$$

$$= 0.5Y + 266 - 0.6T$$

$$\rightarrow \underbrace{0.5}_{1/2} \cdot \underbrace{520}_{Y} = 266 - 0.6T \rightarrow 0.6T = 266 - 260 = 6$$

$$\rightarrow T = \frac{6}{0.6} = 10$$

よって、当初の値$T = 60$から50だけ減らせばよい。

第8章 国際マクロ経済学

問題5

ある国のマクロ経済が、以下の式で示されているとする。

$Y = C + I + G + EX - IM$
$C = 50 + 0.6(Y - T)$
$I = 100 - 3r$
$G = 60$
$EX = 90$
$IM = 0.2Y$
$T = 0.25Y$
$M = L$
$M = 100$
$L = Y - 8r + 60$

［Y：国民所得、C：消費、I：投資、G：政府支出、EX：輸出、IM：輸入、T：租税、M：貨幣供給、L：貨幣需要、r：利子率］

いま、この経済において、政府支出を60% 拡大した。この場合におけるクラウディング・アウト効果による国民所得の減少分はいくらか。

国家一般職2016

1. 8
2. 12
3. 16
4. 20
5. 24

解説

正解 3

利子率(よって投資)が一定の場合、政府支出を60の60%だけ拡大したとき(ΔG $=0.6\times 60=36$)、IS曲線のシフト幅(水平方向)は、

$$\left.\begin{array}{l}\boxed{Y}=\boxed{C}+I+\boxed{G}+EX-\boxed{IM} \rightarrow \Delta Y=\Delta C+\Delta G-\Delta IM \\ \boxed{C}=50+0.6(\boxed{Y}-\boxed{T}) \rightarrow \Delta C=0.6(\Delta Y-\Delta T) \\ \boxed{IM}=0.2\boxed{Y} \rightarrow \Delta IM=0.2\Delta Y \\ \boxed{T}=0.25\boxed{Y} \rightarrow \Delta T=0.25\Delta Y\end{array}\right\}$$

$$\rightarrow \Delta Y=\overbrace{0.6\,\underbrace{(\Delta Y-\underbrace{0.25\Delta Y}_{\Delta T})}_{0.75\Delta Y}}^{\Delta C}+\overbrace{36}^{\Delta G}-\overbrace{0.2\Delta Y}^{\Delta IM}$$

$$=\overbrace{0.6\cdot\underbrace{3/4}_{0.75}\cdot\Delta Y}^{\Delta C}+\overbrace{36}^{\Delta G}-\overbrace{0.2\Delta Y}^{\Delta IM}$$

$$=\overbrace{\frac{1.8}{4}}^{\Delta C}\Delta Y+\overbrace{36}^{\Delta G}-\overbrace{0.2\Delta Y}^{\Delta IM}$$

$$\rightarrow \Delta Y=\overbrace{0.45\Delta Y}^{\Delta C}+\overbrace{36}^{\Delta G}-\overbrace{0.2\Delta Y}^{\Delta IM}\cdots(1)$$

$$\rightarrow \Delta Y-0.45\Delta Y+0.2\Delta Y=36 \rightarrow \underbrace{0.75}_{\frac{3}{4}}\Delta Y=36$$

両辺に$\frac{4}{3}$をかけて、

$$\Delta Y(\bar{r})=\frac{4}{3}\cdot 36=48\cdots(2)$$

LM曲線から利子率の増加分を求めて投資の増加分に代入する。後者を(1)の右辺に加えると、均衡国民所得の増加分が求められる。

$$\left.\begin{array}{l}M=\boxed{L} \\ \boxed{L}=\boxed{Y}-8\boxed{r}+60\end{array}\right\} \rightarrow \overbrace{\Delta Y-8\Delta r}^{\Delta L}=0 \rightarrow \Delta r=\frac{1}{8}\Delta Y\cdots(3)$$

投資関数から、

$$\boxed{I} = 100 - 3\boxed{r} \quad \rightarrow \quad \Delta I = -3\underbrace{\Delta r}_{(3)} = -3 \cdot \frac{1}{8}\Delta Y = -\frac{3}{8}\Delta Y \cdots (4)$$

これを(1)の右辺に加えると、

$$(1) \quad \rightarrow \quad \Delta Y = \overbrace{\underbrace{0.45}_{\frac{0.9}{2}}\Delta Y}^{\Delta C} + \overbrace{\left(-\frac{3}{8}\Delta Y\right)}^{(4)\,\Delta I} + \overbrace{36}^{\Delta G} - \overbrace{0.2\Delta Y}^{\Delta IM}$$

綺麗に計算できるように見えないので、初めに両辺を8倍してから計算しよう。

$$8\Delta Y = 3.6\Delta Y - 3\Delta Y + 8 \cdot 36 - 1.6\Delta Y$$

$$\rightarrow \quad \underbrace{8\Delta Y + 3\Delta Y}_{11\Delta Y} + \underbrace{1.6\Delta Y - 3.6\Delta Y}_{-2\Delta Y} = 8 \cdot 36 \quad \rightarrow \quad 9\Delta Y = 8 \cdot \underbrace{36}_{4\times 9}$$

$$\rightarrow \quad \Delta Y = 32 \cdots (5)$$

したがって、クラウディング・アウト効果による国民所得の減少分は

$$\underbrace{\Delta Y(\bar{r})}_{(2)} - \underbrace{\Delta Y}_{(5)} = 48 - 32 = 16$$

★★★

5 マンデル=フレミング・モデル

本節はIS－LM分析に国際的な資本移動の有無を考慮したモデルを使って、金融政策・財政政策の効果を調べます。一国が採用する外国為替相場制度によってこれらの政策の効果が変わってきます。

1 国際的な資本取引（資本移動が完全に自由なケース）

1 国際的な資本の移動

① 前　提

これから学習するマンデル=フレミング・モデルという枠組みでは、分析の対象となる国(自国と呼ぶ)は**小国**と仮定される。自国は小国であり、自国経済や自国の政策によって他の世界(外国、海外)の経済が影響を受けることはなく、特に、**国際的な利子率**(世界利子率、外国の利子率)**は一定**とされる。

② 金融資産

自国(小国)が外国と金融資産(または単に資産と呼ぶ)の取引を行うことを、国際的な(国境を越えた)**資本移動**という。また、ここで考慮する国際的な資本取引についての仮定を、**資本移動が完全**(に自由)なケースと呼ぶ。

金融資産は、**自国通貨建て**と**外国通貨建て**の２種類が存在する[1]。ここで、「～通貨建て」とは、その国の通貨でしか購入できないことを意味すると考えるとよい。つまり、自国通貨建ての金融資産を購入する場合、自国の国民にしろ、外国の国民にしろ、自国の通貨で購入しなければならない。外国通貨建ての金融資産なら外国の通貨で購入する必要がある[2]。

なお、自国通貨建ての金融資産を短縮して自国資産、また、外国通貨建ての金融

1　一般的には、例えば「円建て」という場合には「円で表示すると」という意味しかなく、例えば日本の経常収支を円建てで表すこともドル建てで表すこともできる。金融資産の場合は、金利平価説で学習したように、その国の利子率に結びつけて考える（下記参照）。

2　例えば、ドルが欲しければ、取扱いのある金融機関（大きめの銀行）に行けば、「１ドル120円」などとあり、そのレート（＋手数料）で交換できる。不満であれば、「１ドル118円」で交換してくれる金融機関を探せばよい。

資産も短縮して外国資産と表記することがある。

③ 資本の流出入

マンデル=フレミング・モデルでは、国際的な資本取引(金融資産の売買)について、金融資産自体ではなく、購入する際の支払い(お金の流れ)を考える。

自国や外国の国民が、**❶自国通貨建て資産を購入**する(需要する)場合、代金の支払いのため自国通貨が必要になる。外国通貨を持つ者[3]は、まず外国通貨を自国通貨に交換し(**❷自国通貨に対する需要が増加**)、自国通貨建て資産を購入する。つまり、次の関係が成り立つ。

自国通貨建て資産の需要増加 ⟹ 自国通貨の需要増加

外国の国民が自国通貨建て資産を購入すると、国境を越えて資本移動が生じる(自国の国民も購入するが、国境を越えることはないのでこれ以上考えない)。金融資産自体は外国の国民が保有することになるが、**❸購入資金は外国から自国に支払われる**。つまり、資本(購入資金)が自国に流れ込む。これを「自国へ資本が流入する」という(**資本流入**)。

ところで、自国通貨建て資産の需要が高まるのはどういうときだろうか。**❹自国通貨建て資産の収益率**(これを自国の利子率という)**が外国通貨建て資産の収益率**(これは国際利子率、世界利子率である)**より高い**ためと考えられる。以下、しばらく説明のため、国際利子率を「外国通貨」に合わせて「外国利子率」とする。

したがって、上記の❶〜❹より、次の関係が成り立つ。

自国利子率＞外国利子率 → 自国通貨建て資産の需要増加
→ 自国通貨の需要増加(∵支払い)
→ 資本流入[4]

自国の利子率が外国の利子率より低く、外国通貨建て資産の収益率が相対的に高い場合、支払いのために外国通貨の需要が高まる。自国から外国へ支払いが向かうため、これを「自国から資本が流出する」という(**資本流出**)。この場合、資本流入とは真逆になる。

自国利子率＜外国利子率 → 外国通貨建て資産の需要増加
→ 自国通貨の需要減少
→ 資本流出

という構図が成り立つが、２番目の矢印に注意しよう。分析の対象はあくまで自国である。したがって、自国通貨を外国通貨に交換したい場合、もちろん、外国通貨

---

3 外国通貨を持つ者は、自国・外国問わず誰でもよい。

4 三つの矢印で表した出来事は同時に起きているが、考えを整理するための順序を示している。

に対する需要は増加するが、裏を返せば自国通貨に対する需要が減少していることになるから、次のように考える。

外国通貨建て資産の需要増加 ⟹ 自国通貨の需要減少

2 自国通貨の増価と減価

上記の通り、自国の利子率が外国の利子率(定数、∵小国の仮定)より高いか低いかによって、自国通貨に対する需要の変化が生じる。

自国通貨の需要の変化は、そのまま、外国の通貨との交換比率、つまり、為替レートの変化につながる。自国通貨(自国の貨幣)の供給量を一定として、

自国利子率＞外国利子率 → 自国通貨建て資産の需要増加
→ 自国通貨の需要増加
→ 自国通貨に増価圧力
→ 資本流入

であり、外国通貨よりも自国通貨の需要が高まるため、自国通貨の相対的な価値(為替レート)を増加させる力が働く。

逆に、自国通貨よりも外国通貨の需要が高まると、自国通貨の相対的な価値(為替レート)を減少させる力が働いて、

自国利子率＜外国利子率 → 外国通貨建て資産の需要増加
→ 自国通貨の需要減少
→ 自国通貨に減価圧力
→ 資本流出

と表せる。

ここで、「圧力」としたのは、自国通貨が実際に増価・減価するケースとしないケースを考慮するためである。

以上の通り、自国通貨建て資産や外国通貨建て資産の需要を通じて、自国通貨に対する需要が増減する。このような国際的な金融資産の取引を通じた自国通貨と外国通貨の交換をここでは外国為替市場と呼ぶ。

他方、自国通貨(小国の貨幣)を供給するのは自国の中央銀行である。外国為替市場(金融資産の取引に伴う通貨の交換)を考える場合、中央銀行についても考慮する場合がある。

3 固定為替相場制度と中央銀行の役割

自国が**固定為替相場制度**を採用する場合、一般的には中央銀行(または通貨当局)が固定された為替レート(1ドル=360円など)を下記のようにして維持する。金融政策との関わりから、本書では中央銀行がこの役割を担うものとする。

自国通貨の供給量(自国の貨幣供給量)が一定の場合、為替レートの変動は自国通貨に対する需要の変化によって生じることを上記で学んだ。例えば、自国通貨の需要が高まったとする(=自国通貨建て資産の需要増加)。このとき、自国通貨に増価圧力がかかる。

このまま放置すれば自国通貨は増価してしまうが、中央銀行が自国通貨の供給量を十分に増やせば、自国通貨は増価しない。

自国利子率>外国利子率 → 自国通貨建て資産の需要増加
→ 自国通貨の需要増加
→ 自国通貨に増価圧力
→ 資本流入
→ 中央銀行が貨幣供給量を増やす

この中央銀行の政策を、「自国通貨売り(=外国通貨買い)の介入を行う」、ということがある(自国を日本とすれば、円売りドル買い介入)。この場合の外国為替市場への「介入」は、為替レートをコントロールする目的で政策を行うことを指す(ここでは、為替レートを維持する目的で介入する)。

外国為替市場への介入では、中央銀行もまた外国通貨建て資産を売買する。購入した外国通貨建て資産は外貨準備となる(外貨は外国通貨のこと)。また、中央銀行の介入については直接、外国通貨を売買すると考えても支障はない。

中央銀行が外国通貨建て資産を購入するとき、その支払いを自国通貨で行うと考える。この場合、自国通貨の供給量(貨幣供給量)が増加する。

逆に、自国通貨の需要が減る(=外国通貨建て資産の需要増)場合には、中央銀行は保有する外国通貨建て資産を売ってその支払いを自国通貨で受け取る。このように自国通貨買い(=外国通貨売り)の介入(円買いドル売りの介入)を行うことで、自国の通貨に生じた減価圧力を解消する。

自国利子率<外国利子率 → 外国通貨建て資産の需要増加
→ 自国通貨の需要減少
→ 自国通貨に減価圧力
→ 資本流出
→ 中央銀行が貨幣供給量を減らす

以上を簡単にまとめると、次のように表せる。

	資本移動	自国通貨	介入の結果
自国利子率＞外国利子率	資本流入	増価圧力	貨幣供給量増加
自国利子率＜外国利子率	資本流出	減価圧力	貨幣供給量減少

［参　考］　金利平価説との関係

金利平価説で円建て・ドル建て資産の収益率と為替レートの関係を学習した。ここでは、将来の為替レートを不変と予想して、自国と外国の金利差が拡大・縮小したときに、現在の為替レートが直ちに変化しようとするという考え方に基づいている。以下、現在の為替レートが変動するものとして考える(固定為替相場制度であればこうした変化を生じさせないよう介入が行われる)。

例えば、1年後の為替レートが1ドル＝144円で一定と予想しており、外国利子率が5%とする。現在の為替レートをeとして、自国(小国)の利子率が外国利子率と一致しているとしよう。

いま、保有する1ドルで外国通貨建て資産を購入すると、外国利子率が5%だから、1年後には、(1＋0.05)×1ドル＝1.05ドルを受け取る。これを1年後の為替レートで円表示に直すと、1.05×144円である。

他方、いま保有する1ドルを円に変えるとe円になる(ここでは、現在の為替レートをeとして、金利平価説から値を求める)。自国通貨建て資産を購入すると、自国利子率が外国利子率5%と一致しているとして、$(1+0.05)\times e=1.05e$円を受け取る。

裁定行動によって、自国通貨建て資産と外国通貨建て資産の受け取りは一致するから、

$$1.05e=1.05\times 144 \rightarrow e=\frac{1.05\times 144}{1.05}=144$$

よって、現在の為替レートは、将来の為替レートの予想と一致している。

ここで、自国利子率が8%に上昇した場合の現在の為替レートeを求めてみよう。外国利子率5%、将来の為替レート1ドル＝144円は同じだから、1ドルで外国通貨建て資産を購入するときの1年後の受け取りは上記と同じ、1.05×144円である。

自国通貨建て資産についても自国利子率以外は同じだから、1年後に、$(1+0.08)e=1.08e$円を受け取る。裁定行動によって、

$$1.08e=1.05\times 144 \rightarrow e=\frac{1.05\times 144}{1.08}=\frac{\overbrace{105}^{3\times 35}\times\overbrace{144}^{12\times 12}}{\underbrace{108}_{9\times 12}}=35\cdot 4=140$$

となる。つまり、

自国利子率(5%)＝外国利子率(5%) → 現在の為替レートe＝144

自国利子率(8%)＞外国利子率(5%) → 現在の為替レートe＝140

であり、自国利子率の方が外国利子率より高くなると、自国通貨が増価する。

このように、金利平価説と同じ理屈ではあるものの、マンデル=フレミング・モデルでは、将来の為替レート(予想)を不変として、現在の為替レートの変動方向(増価・減価)と資本の移動方向(流出入)を説明している。

4 変動為替相場制度と為替レートの変動

変動為替相場制度を採用する場合、為替レートが変動しても、**中央銀行は何もせず**、文字通り、**為替レートが変動する**。つまり、変動為替相場制度は中央銀行が介入しない制度を指す。

前の二つの節で学習したことを応用すると、まず、マンデル=フレミング・モデルでは、マーシャル=ラーナーの条件が成立するという前提が置かれる。このことは次に、自国通貨が減価すると、純輸出が増加して経常収支(貿易収支)が改善することを意味する。もちろん、自国通貨が増価すれば、純輸出は減少し、経常収支は悪化する。

この点以外は上記の分析がほとんど同じように適用される(結果だけ異なる)。

すなわち、

自国利子率＞外国利子率 → 自国通貨建て資産の需要増加
→ 自国通貨の需要増加
→ 自国通貨に増価圧力
→ 資本流入
→ 自国通貨が増価
→ 純輸出減少

反対に、

自国利子率＜外国利子率 → 外国通貨建て資産の需要増加
→ 自国通貨の需要減少
→ 自国通貨に減価圧力
→ 資本流出
→ 自国通貨が減価
→ 純輸出増加

が成立する。

以上で準備が整ったので、いよいよマンデル=フレミング・モデルを扱う。

❷ IS－LM－BP均衡

1 国際収支の均衡

① 国際収支

マンデル=フレミング・モデルにおける均衡(後述)においては、国際収支が均衡する。ここで、国際収支とその均衡は次のように表される。

国際収支＝経常収支＋資本収支＋外貨準備増減＝0

第1節で学習したものと比較すると次の点で異なる。まず、資本移転等収支は無償資金援助などを対象としており、本節における経済分析の対象とならない(通常の経済取引に入らない)ので省略される。

次に、経常収支の中身は財・サービスの純輸出とする(第一次所得などは考慮しない)。また、純輸出(ここでの経常収支)は、為替レートの増加関数および国民所得の減少関数とする。自国通貨が減価すると純輸出は増加し、自国通貨が増価すると純輸出は減少する(マーシャル=ラーナーの条件が成立することを前提とする)。

他方、国民所得の増加(景気がよくなる)は輸入を増加させ、純輸出を減らす(純輸出は輸出から輸入を引いたもの)。

最後に、資本収支と外貨準備増減について、ここでは

資本収支＋外貨準備増減＝－金融収支

と考えてよい。資本収支については、外国から自国に資本が流入すると資本収支は増加し、自国から外国に資本が流出すると資本収支が減少する。

外貨準備増減は、金融収支に含まれる外貨準備に対応するものであり、外国の資産を中央銀行(または通貨当局)が購入した場合にはマイナスに(減)、売却した場合にはプラス(増)に計上するもので、中央銀行(または通貨当局)が管理する。

以下、経常収支と資本収支の関係を見るため、ひとまず外貨準備増減を一定として考える。例えば、経常収支の赤字が100の国は、純輸出が100だけ赤字である。単純に考えると、外国に輸出して稼いだ分だけ輸入するなら純輸出はゼロになるが、純輸出が赤字の場合には輸出で稼いだよりも多く輸入していることになる。純輸出が100の赤字の場合、外国に不足分100を借りて輸入したと言える。このとき、債券を発行して100だけ外国に買ってもらったとすると、外国から資本が100だけ流入することになる。

経常収支(－100)＋資本収支(＋100)＝0

逆に経常収支が黒字の国は、黒字の分だけ外国に資金を貸し付けていることになり、この貸付けは外国の債券の購入を通じて行われると考えられる。つまり、経常収支の黒字の分だけ外国に資本が流出する。

このようにして、国際収支均衡を前提とすれば、経常収支と資本収支(資本の流出入)を相互に関連づけて考えることができる。

② 資本の流出入と国際収支

上記「❶国際的な資本取引」のとおり、自国の利子率rと国際利子率r^*(外国利子率)に差が生じると、資本の流出入が生じる。

自国利子率＞国際利子率の場合、自国に資本が流入するため、資本収支が増加する。ここで、当初、国際収支が均衡していたとすると、資本流入によって国際収支は黒字化する。

国際収支＝経常収支＋**資本収支↑**＋外貨準備増減＞0

国際収支が再び均衡するには、経常収支が悪化(減少)するか、外貨準備増減がマイナス(外貨準備の増加)になるかのいずれかが必要になる。このうち、外貨準備に関するものは「3 固定為替相場制度と中央銀行の役割」、経常収支に関するものは「4 変動為替相場制度と為替レートの変動」で学習した通りである。

固定為替相場制度では外貨準備増減が変化することによって国際収支均衡が実現し、変動為替相場制度では為替レートの変動により経常収支が変化して国際収支均衡が実現する。このとき、以下で確認する通り、自国利子率と国際利子率が一致する(そうでなければ永遠に資本流入が続くことになり、現実的でない)。

国際収支＝0　→ **自国利子率＝国際利子率**(資本の流入停止)

逆に、自国利子率＜国際利子率の場合、自国から資本が流出するため、資本収支が減少する。よって、国際収支が赤字化する。

国際収支＝経常収支＋**資本収支↓**＋外貨準備増減＜0

この場合にも、固定為替相場制度では外貨準備増減が変化し、変動為替相場制度では為替レートの変動により経常収支が変化して国際収支均衡が実現する。

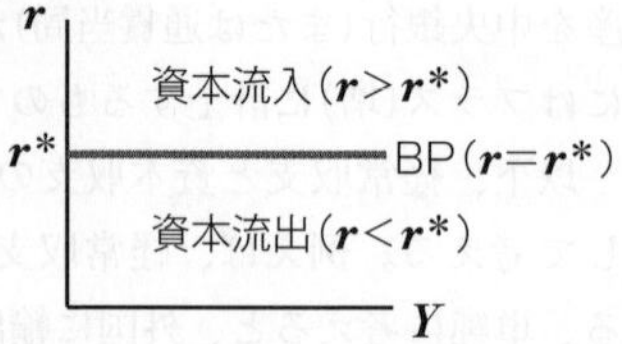

同様に、国際収支が均衡するとき、

国際収支＝0　→ **自国利子率＝国際利子率**(資本の流出停止)

となる(図のBPは国際収支均衡線)。

2 IS－LM－BP均衡

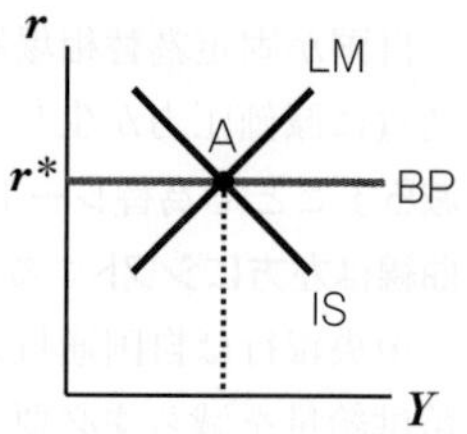

マンデル=フレミング・モデルにおける均衡はIS－LM－BP均衡とも呼ばれ、財市場の均衡(IS曲線)、貨幣市場の均衡(LM曲線)、国際収支の均衡(BP曲線)が同時に成立する小国の利子率と国民所得の組合せで表される。IS－LM－BP均衡は、図の点Aのような交点で表される。

3 金融政策の効果

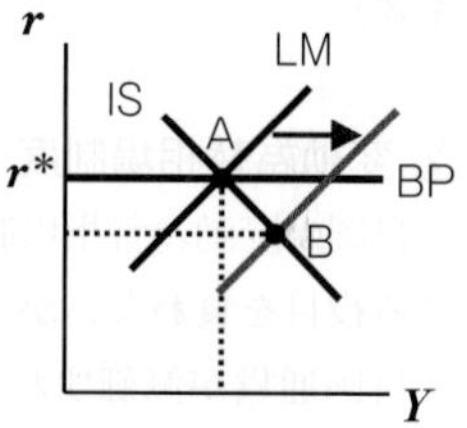

自国(小国)が金融政策を行った場合の効果を調べよう。ここでは金融緩和を考える。

金融緩和により貨幣供給量が増加すると、LM曲線が右方にシフトして一時的に自国利子率rは低下する(点B)。このとき、外国通貨建て資産の収益率(国際利子率r^*)の方が高いので、外国通貨建て資産の需要が高まる。

自国通貨に対する需要が減って、**資本が流出**し、自国通貨に**減価圧力**が生じる。また、点Aにおいて均衡していた国際収支は、資本流出によって赤字になる[5]。

国際収支＝経常収支＋**資本収支↓**＋外貨準備増減＜0

新たなIS－LM－BP均衡がどこに来るかを考える上で、自国の外国為替相場制度が重要になる。

---

5 出題傾向からこの時点での経常収支の変化は気にしなくてよい。もし考えるのであれば、国民所得の増加（点B）によって輸入が増加するので経常収支も悪化する（値が小さくなる）。

① 固定為替相場制度

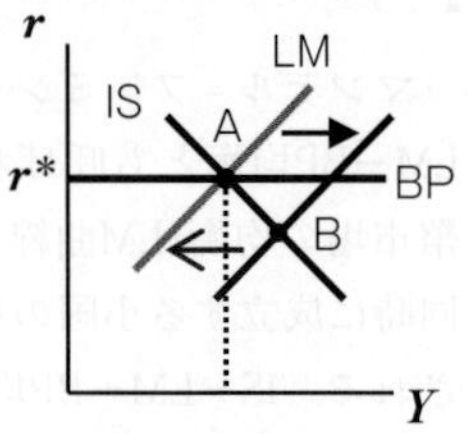

自国が固定為替相場制度を採用している場合、自国通貨に減価圧力が生じると、中央銀行は**貨幣供給量を減らす**ことで為替レートを維持する。したがって、**LM曲線は左方にシフト**する。

中央銀行は自国通貨の減価圧力が解消されるまで貨幣供給量を減らす必要があり、これは資本の流出が止まったときに達成される。

資本流出はIS曲線とLM曲線の交点がBP曲線上にきたときに止まる。つまり、新たなIS－LM－BP均衡は当初の点Aそのものである。したがって、**資本移動が完全なケースにおいて、固定為替相場制度の下での金融政策は無効である**(国民所得が不変)。

② 変動為替相場制度

自国が変動為替相場制度を採用している場合には、中央銀行が為替レートを維持する役目を負わないから、**自国通貨は実際に減価**する。

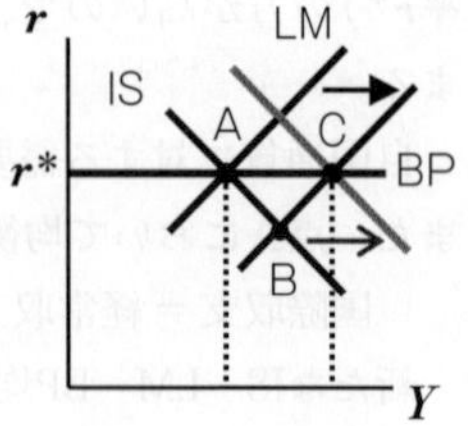

自国通貨が減価すれば、**純輸出が増加**することで総需要が増えるため、**IS曲線が右方にシフト**する。

自国利子率が国際利子率より低い限り、資本流出により自国通貨は減価し続け、純輸出が増加してIS曲線は右方にシフトする。つまり、新たなIS－LM－BP均衡はやはり資本流出が止まるBP曲線上にくる(点C)。

点Cでは当初(点A)より国民所得が増加しているから、**資本移動が完全なケースにおいて、変動為替相場制度の下での金融政策は有効である。**

4 財政政策の効果

自国(小国)が財政政策を行った場合の効果を調べよう。ここでは拡張的な財政政策を考える。

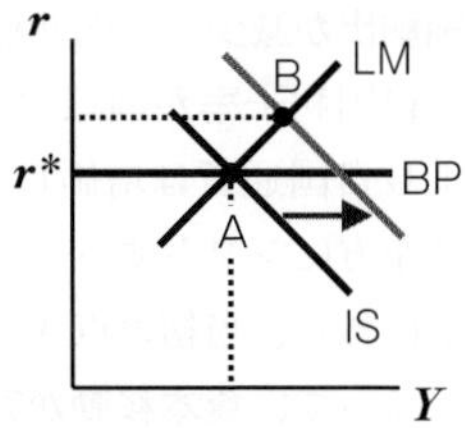

自国が政府支出を増加する(and/or減税する)とIS曲線が右方にシフトして、一時的に自国利子率が国際利子率より大きくなる(点B)。自国通貨建て資産の方が収益率は高いから、自国通貨の需要が増加して**資本が流入**する。

国際収支

＝経常収支＋**資本収支↑**＋外貨準備増減＞0

つまり、BP曲線より上側では自国の国際収支は黒字となる。

点Bにおいて自国の国際収支は黒字となり、また、自国通貨には**増価圧力**が生じる。

以下、新たなIS－LM－BP均衡を調べるが、先ほどと真逆の結果になることは容易に想像できる。

① 固定為替相場制度

自国が固定為替相場制度を採用している場合、自国通貨に増価圧力が生じると、中央銀行は**貨幣供給量を増やす**ことで為替レートを維持する。したがって、**LM曲線は右方にシフト**する。

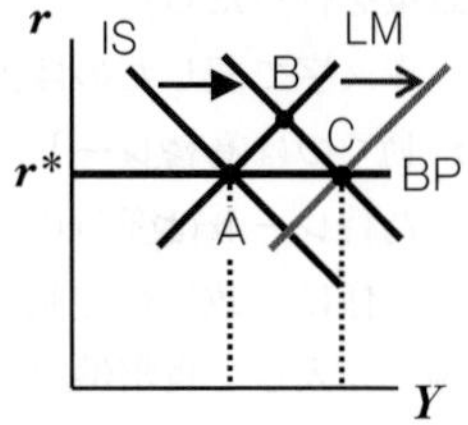

中央銀行は自国通貨の増価圧力が解消されるまで貨幣供給量を増やし、資本の流入が止まる。新たなIS－LM－BP均衡では国民所得が増加している(点C)。よって、**資本移動が完全なケースにおいて、固定為替相場制度の下での財政政策は有効である。**

② 変動為替相場制度

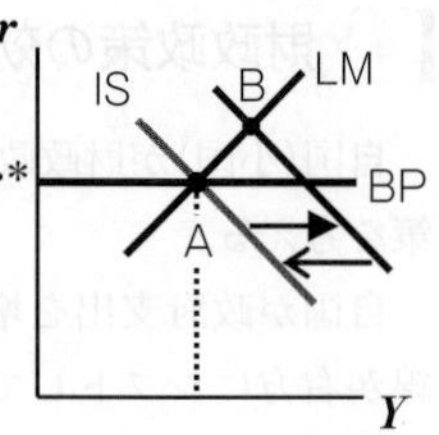

自国が変動為替相場制度を採用している場合には、中央銀行が為替レートを維持する役目を負わないから、自国通貨は実際に増価する。自国通貨の**増価**により、**純輸出が減少してIS曲線が左方にシフト**する。

自国利子率が国際利子率より高い限り、資本流入により自国通貨は増価し続け、純輸出が減少してIS曲線は左方にシフトする。つまり、新たなIS－LM－BP均衡は資本流入が止まるBP曲線上にあり、当初の点Aとなる。

よって、**資本移動が完全なケースにおいて、変動為替相場制度の下での財政政策は無効である。**

5 資本移動が完全なケースの結果

国民所得に与える効果(有効、無効)を考慮すれば以下のようになる。なお、金融政策は金融緩和、財政政策は財政拡大とするので、有効ならばIS－LM－BP均衡における国民所得は増加し、無効であれば不変となる[6]。

効果(有効、無効)の下の欄はIS・LM曲線の動きを記してある。例えば、金融緩和を行うとまずLM曲線が右方シフトするから、「①右」などとしてある。同様に財政拡大を行うとまずIS曲線が右方シフトする。これらは単なる前提である(もし～政策を行ったら)。

赤文字で記したのは、その後の動きである。政策の発動❶と🅱を除けば、IS曲線が動くのは為替レートが変わって純輸出が変化するときであり、固定為替相場制度で為替レートは変わらないので、IS曲線が動くことはない。

同様に、政策の発動①と[1]を除けば、LM曲線が動くのは中央銀行が外国為替市場に介入して貨幣供給量が変動するときであり、変動為替相場制度では介入しないから、LM曲線が動くことはない。

	固定相場制		変動相場制	
	金融政策	財政政策	金融政策	財政政策
効果	無効	有効	有効	無効
IS曲線	不動	❶右	[2]右(減価)	🅱右→🅲左(増価)
LM曲線	①右→②左	❷右	[1]右	不動

6　金融引締めや緊縮財政の場合には、国民所得は、有効であれば減少、無効であれば不変となる。

赤文字に注目すると、景気を良くしようとした場合(金融緩和、財政拡大)、**最終的にLM曲線(固定為替相場制度)かIS曲線(変動為替相場制度)が左方シフトすることで無効となる**(国民所得は不変)ことがわかる。このとき、動かない曲線がある。

同様に、景気を良くしようとした場合(金融緩和、財政拡大)、**最終的にLM曲線(固定為替相場制度)かIS曲線(変動為替相場制度)が右方シフトすることで有効となる**(国民所得が増加)。

また、各政策の効果(有効・無効)は固定為替相場制度と変動為替相場制度で正反対になることも特徴的である。どちらかをしっかり覚えていれば、少なくとも結論(効果)について間違うことはない。そこで、マンデルが示した主要な結果を覚えるとよいかもしれない。

固定相場制における金融政策は無効である

これらを踏まえると素早く結果の表を書き出すことが可能になる(M↑で金融緩和、G↑で財政拡大を表し、有効なら○、無効なら×とする)。

(ア)固定為替相場制度で金融政策は無効
(イ)固定為替相場制度で財政政策は有効
(ウ)変動為替相場制度はこれらを逆にする

固定相場制		変動相場制	
M↑	G↑	M↑	G↑
×	○	○	×

結果については次のように解釈できる。各政策の発動によるシフトを除いて、

(エ)固定為替相場制度で無効ならLMが左へ、有効ならLMが右へ
(オ)変動為替相場制度で無効ならISが左へ、有効ならISが右へ

例えば、(エ)でLM曲線が動くのは固定為替相場制度だからであり、また、図の横軸は国民所得だから、左にシフトして国民所得が減り(よって、無効になる)、右にシフトして国民所得が増える(よって、有効)のは自然である[7]。

よって、「**固定為替相場制度で最後に動くのはLM曲線**」、「**変動為替相場制度で最後に動くのはIS曲線**」ということをしっかり念頭に置くとよい。

---

7 LM曲線を右にシフトさせて(IS−LMの交点が右に移る)無効にすることはできないし、左にシフトさせて(IS−LMの交点が左に移る)有効にすることはできない。

第8章 国際マクロ経済学

例題8-7　資本移動が完全に自由な場合の政策の効果を考える。次の空欄(**ア**)～(**カ**)に入る語句を答えよ。

固定為替相場制度の下、小国が金融緩和を行って(**ア**)曲線がシフトすると、資本が流出するため、中央銀行が貨幣供給量を(**イ**)させる。この結果、国民所得は(**ウ**)。

また、変動為替相場制度の下、小国が拡張的な財政政策を行い(**エ**)曲線がシフトすると、資本が流入するため、小国通貨は(**オ**)する。この結果、国民所得は(**カ**)。

解説

簡易的な表を作る。

固定		変動	
M↑	*G*↑	*M*↑	*G*↑
×	○	○	×

金融緩和によりLM(**ア**)曲線が右方シフトする。固定為替相場制度で金融政策は無効であり(変わらない(**ウ**))、これはLM曲線の左方シフトによるものだから、中央銀行が貨幣供給量を減少(**イ**)させた証である。

また、拡張的な財政政策を行えばIS(**エ**)曲線が右方シフトする。変動為替相場制度では無効だから(変わらない(**カ**))、要因はIS曲線の左方シフトである。小国通貨が増価(**オ**)すると純輸出が減少してIS曲線の左方シフトが生じる。

6 その他 発展

これまで、財政・金融政策の効果を学習してきたが以下の論点も同様に考えることができる(出題は稀)。

① 為替レートの変更

固定為替相場制度において、固定された為替レートを減価させることを自国通貨の切り下げ、為替レートの切り下げ(平価切り下げ)という。

自国通貨が切り下げられると(例えば、1ドル＝200円から1ドル＝300円に変更する)、純輸出が増加するためIS曲線が右方にシフトする。この変化自体は財政政策(拡張的)を発動したときにIS曲線が右方シフトしたのと全く同じ状況であり、一時的に自国利子率＞国際利子率となって資本が流入し、以下、上記の財政政策の効果と同じである。

なお、変動為替相場制度の場合にも、財政・金融政策の発動の代わりに、初めに為替レートを減価させる介入が行われたとすれば、同様にIS曲線が右方にシフトして一時的に自国利子率＞国際利子率となり、資本が流入するので、やはり、財政政策(拡張的)を発動したときと同じことが生じる。

② 輸入関税など保護主義的な貿易政策

国内産業を保護するために輸入関税など外国生産物の輸入を減らす政策が行われると、純輸出が増加する(純輸出↑＝輸出－輸入↓)。

①と同様にIS曲線が右方シフトして、自国利子率＞国際利子率となって資本が流入する。以下、財政政策の効果と同じ結論に至る。

③ 国際利子率の低下

外国が金融緩和を行えば、国際利子率が低下する。この場合、当初の国際利子率r^*がr^{**}に下落して自国利子率＞国際利子率r^{**}となるため、自国に資本が流入する。以下、財政政策の効果と同じことが起こるが、新たなBP曲線は国際利子率r^{**}の水準で水平な直線である。

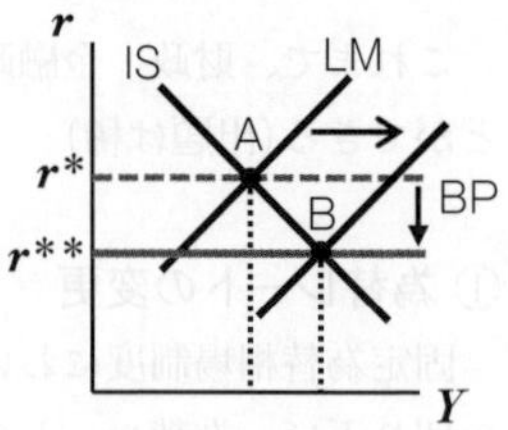

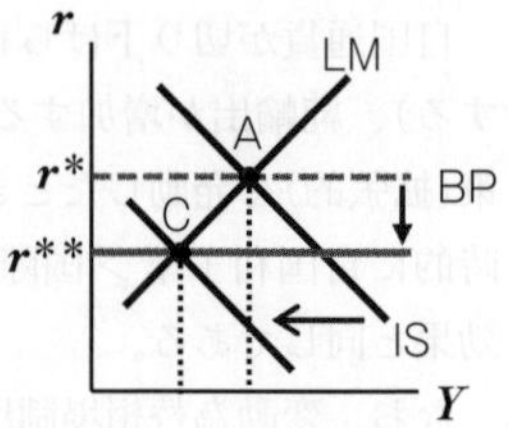

固定為替相場制度の場合(図上)、資本流入によって生じる自国通貨の増価圧力を解消するため、中央銀行は貨幣供給量を増やす(LM曲線の右方シフト)。したがって、均衡は当初の点AからBに移り、国民所得は増加する。

変動為替相場制度の場合(図下)、自国通貨は実際に増価し純輸出が減少するため、IS曲線が左方にシフトする。均衡は点AからCに移り、国民所得は減少する。

3 資本移動がないケース 発展

1 国際収支の均衡

自国(小国)が海外との資本取引を禁止する場合、国境を越えた資本移動(資本の流出入)は起こらない。この場合、資本収支は変動しないから、国際収支は主に経常収支(純輸出)によって変動する。

例えば資本収支と外貨準備増減の和をゼロとおけば、国際収支は純輸出(経常収支)がゼロのときに均衡する。

国際収支＝純輸出NX(経常収支)＋資本収支と外貨準備増減の和(ゼロ)＝0

→ 国際収支＝純輸出NX＝0

純輸出NXは、為替レートeの増加関数、国民所得Yの減少関数だから、例えば、

$$NX = 0.5e - 0.2Y + 50$$

とする。純輸出NXがゼロになれば、国際収支は均衡する。ここで、為替レートをe＝100とすれば、NX＝0になるとき、

$$(NX=)\ 0.5 \cdot \overbrace{100}^{e} - 0.2Y + 50 = 0 \ \rightarrow\ 100 - 0.2Y = 0 \ \rightarrow\ Y = 500$$

であり、また、e＝140とすれば、

$$(NX=)\ 0.5 \cdot \overbrace{140}^{e} - 0.2Y + 50 = 0 \ \rightarrow\ 120 - 0.2Y = 0 \ \rightarrow\ Y = 600$$

である。

つまり、国際収支が均衡するとき、純輸出はゼロであり、為替レートの値が大きいほど、純輸出がゼロになる国民所得は大きい。

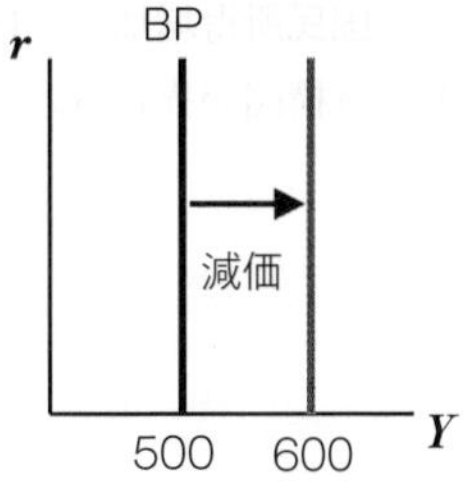

したがって、資本移動がないケースにおいて、国際収支均衡線BPは、為替レートを一定として、垂直な直線で表され、為替レートが減価すると右側にシフトする。資本収支と外貨準備増減の和がゼロ以外の値でも、BP曲線は垂直で為替レートの減価により右にシフトする。

2 自国通貨に対する圧力

① 輸入の変化

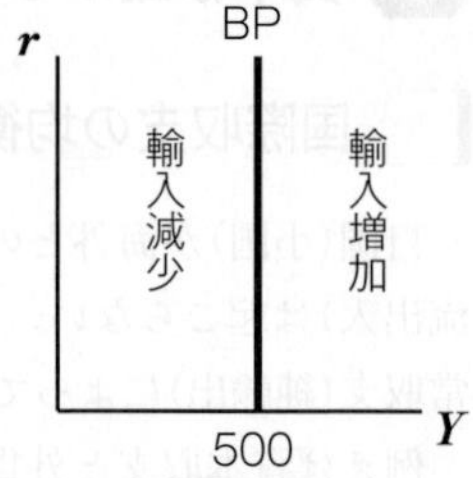

資本移動に関する仮定が変わっても、同様に議論することができる。ただし、資本移動そのものがない(流出入が生じない)から、自国利子率が国際利子率と一致する必要がない。したがって、国際収支の黒字化・赤字化は純輸出の変動によって生じる。

BP曲線は垂直であり、為替レートを一定として(一本のBP曲線を基準として)、国民所得にのみ依存する。つまり、政策によって国民所得が一時的に増加すれば(BP曲線の右側)、輸入が増加して純輸出は減少する(∵輸出から輸入を引いた値)。

純輸出(経常収支)が減少すれば、国際収支も減少するから、BP曲線の右側(∵国民所得が大きい)では国際収支が赤字になる(よって、左側では黒字になる。)

以下、一時的に国民所得が増加し、一時的に輸入が増加するケースを扱う。

② 輸入の増加と自国通貨

輸入の増加は外国生産物の購入が増加することであり、購入に際して代金は外国通貨で支払われると考えよう(購入対象が外国の金融資産から外国の生産物に変わっただけ)。

輸入増加は、支払いのための外国通貨に対する需要の増加をもたらし、自国通貨が外国通貨に交換されるため、自国通貨の需要は減少する。つまり、

国民所得増加 → 自国通貨需要減少 → 自国通貨に減価圧力

という構図が描ける。

3 金融政策と財政政策の効果

ここでも、金融緩和と財政拡大で考える。どちらの政策を行っても、一時的に国民所得が増加することに注意しよう。これらの政策の主な違いは自国利子率を下落させるか(金融緩和)、上昇させるか(財政拡大→クラウディング・アウト)である。

資本移動が完全な場合には自国利子率の変動に注意する必要があったが、資本移動がない場合には、自国利子率が変動しても政策の効果にはまったく影響しない(∵資本の流出入が起こらない)。

したがって、国民所得に与える効果(有効・無効)を考える場合、金融政策と財政政策にはまったく違いがない。

以上を踏まえた上で、結果の表を先に提示する。このとき、「固定相場制において金融政策は無効である」という結論が重要になる(このモデルの絶対的な帰結)。

資本移動	固定相場制		変動相場制	
	M↑	**G**↑	**M**↑	**G**↑
完全	×	○	○	×
なし	×	×	○	○

こうしてみると、これら八つのケースは単純な結果に集約される。各相場制度で「資本移動が完全」で「財政政策」のときのみ、他の結果と異なる。

① 金融政策の効果

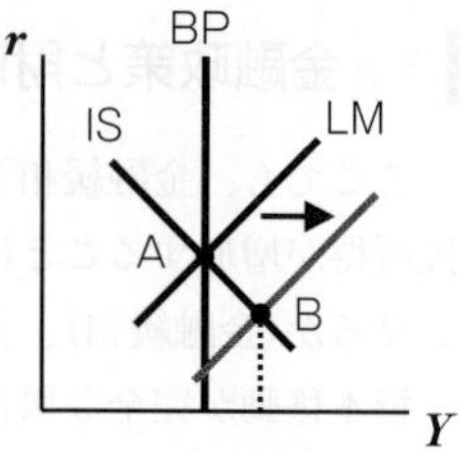

当初のIS－LM－BP均衡が点Aで示されている。自国が金融緩和を行うと、まず、LM曲線が右方シフトして、一時的に国民所得が増加、輸入が増加する(点B)。

資本移動に関する仮定が変わっても、同様に自国通貨にかかる圧力を調べる。

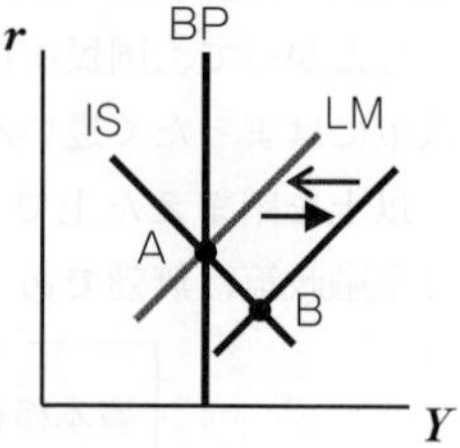

輸入の増加は自国通貨に減価圧力を生じさせる(外国通貨が欲しい、自国通貨は要らない)。ここまでは、外国為替相場制度による違いは全くない。

自国が固定為替相場制度を採用している場合、中央銀行は自国通貨の需要が減ったので、貨幣供給量を減らして為替レートを維持する。貨幣供給量が減ると**LM曲線が左方シフト**して元の位置に戻る。IS－LM－BP均衡は点Aに一致し、国民所得は全く変わらない。つまり、金融政策は**無効**である。

なお、固定為替相場制度で無効の場合には、やはり最後にLM曲線が左方シフトすることに注目しよう。

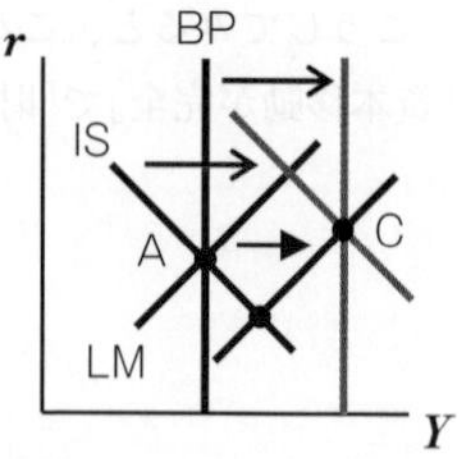

次に自国が変動為替相場制度を採用している場合を考える。自国通貨の需要が減っているので、自国通貨は減価する。このとき、純輸出が増加するため**IS曲線が右方シフト**する。また、自国通貨の減価はBP曲線も右方シフトさせるため、新たなIS－LM－BP均衡(点C)において国民所得は増加するから、財政政策は**有効**である。

やはり、変動為替相場制度で有効な場合、最後にIS曲線が右方シフトしている。

なお、BP曲線の右方シフトについては、それほど苦労して覚える必要はない。まず、固定為替相場制度では為替レートが変動しないから、決してシフトしない。変動為替相場制度でシフトする場合には、国際収支の中身が実質的に純輸出であるため、必ずIS曲線と同じ方向にシフトする[8]。

---

8 IS曲線とBP曲線を逆方向にシフトさせるとすぐにわかるが、IS－LM－BP均衡がどこにも見つからない。

② 財政政策の効果

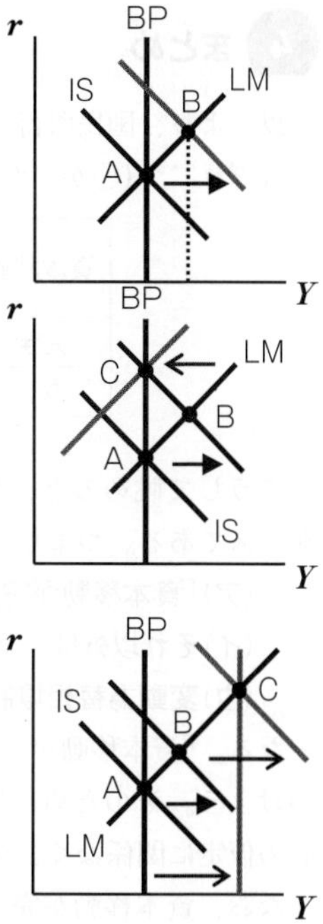

当初のIS－LM－BP均衡が点Aで示されている。自国が財政拡大を行うと、まず、IS曲線が右方シフトして、一時的に国民所得が増加、輸入が増加する(点B)。

輸入の増加は自国通貨に減価圧力を生じさせるから、自国の利子率を別にすれば、上記の金融政策と出だしがまったく同じだ。

自国が固定為替相場制度を採用している場合、中央銀行は自国通貨の需要が減ったので、貨幣供給量を減らして為替レートを維持する。貨幣供給量が減ると**LM曲線が左方シフト**して、新たなIS－LM－BP均衡は点Cとなるが、国民所得は全く変わらない。つまり、金融政策は**無効**である。

次に自国が変動為替相場制度を採用している場合を考える。自国通貨の需要が減っているので、自国通貨は減価し、純輸出が増加するため**IS曲線が右方シフト**する。同時に、自国通貨の減価はBP曲線も右方シフトさせるため、新たなIS－LM－BP均衡(点C)において国民所得は増加するから、財政政策は**有効**である。

このように、資本移動がない場合、金融政策と財政政策の効果(有効・無効)は同じになる。

4 まとめ

以上より、国民所得に与える効果(有効・無効)だけを考えれば、八つのケースはそれぞれ二つ(○か×か)に分かれる。

<table>
<tr><th rowspan="2">資本移動</th><th colspan="2">固定相場制</th><th colspan="2">変動相場制</th></tr>
<tr><th>M↑</th><th>G↑</th><th>M↑</th><th>G↑</th></tr>
<tr><td>完全</td><td rowspan="2">×</td><td>○</td><td rowspan="2">○</td><td>×</td></tr>
<tr><td>なし</td><td>×</td><td>○</td></tr>
</table>

こうして眺めると、異質な結果を産むのは、資本移動が完全で財政政策を行うケースである。つまり、

(ア)「資本移動が完全」＋「財政政策」＋「固定相場制」＝有効

(イ)それ以外は、固定為替相場制度で無効

(ウ)変動為替相場制度は固定為替相場制度と有効・無効が逆転

となる。「資本移動が完全」＋「財政政策」＋「固定相場制」＝？とならないように気をつけよう。そのためには、ガッチリ覚えればよいから、「固定相場制では、資本移動の仮定に関係なく、金融政策は無効」と覚えておくとよいかもしれない。

なお、資本移動が完全なケースの出題が圧倒的に多いので(おそらく、有効、無効がきっちり異なるからであろう)、まずはこのケースから覚えるようにするとよい。

5 計算問題

特に解答時間が短い試験で出題されると、条件式の多さから見た目にはギョッとするが、要領を押さえると、それほど難しくはない。

上記の政策の効果を踏まえて解答してももちろんよいが、ここでは与式を眺めながら解いてみよう。

例題8-8 小国の経済が、変動為替相場制度の下で、次のように示されているとする。

$$
\begin{aligned}
&Y=C+I+G+EX-IM \\
&C=20+0.7Y \\
&I=30-300r \\
&EX=10+0.1e \\
&IM=10+0.1Y-0.3e \\
&M=L \\
&L=0.8Y-500r \\
&r^*=0.02
\end{aligned}
$$

［Y：国民所得、C：消費、I：投資
G：政府支出、EX：輸出、IM：輸入
M：貨幣供給量、L：貨幣需要量
r：国内利子率、e：為替レート
r^*：国際利子率］

国家間の資本移動は完全である。小国で金融緩和政策が行われ、貨幣供給量が40増加したとき、為替レートはどのように変化するか。ただし、物価水準は1で一定とする。

解説

小国の仮定から、資本移動が完全なとき、IS－LM－BP均衡における小国の利子率は国際利子率と一致して不変である。つまり、利子率は定数であり、国際収支均衡(BP曲線)は、

$$r=0.02\ (=r^*)$$

貨幣市場の均衡について、貨幣供給量が増加すると、実質貨幣需要も増加する。利子率一定(均衡では不変)に注意して、

$$\left.\begin{aligned}&\boxed{M}=\boxed{L}\\&\boxed{L}=0.8\boxed{Y}-500r\end{aligned}\right\}\rightarrow \overbrace{40}^{\Delta M}=\overbrace{0.8\Delta Y}^{\Delta L}\rightarrow \Delta Y=\frac{40}{0.8}=50$$

となり、国民所得の増加がすぐにわかる。

残りは財市場だけである(BP曲線は利子率が不変ということだけ)。式が多いので、一度、じっくり眺めてみる。

$$
\begin{aligned}
&Y=C+I+G+EX-IM \\
&C=20+0.7Y \\
&I=30-300r \\
&EX=10+0.1e \\
&IM=10+0.1Y-0.3e
\end{aligned}
$$

第3式は投資関数であるが、小国の仮定から利子率は一定だから、投資も一定である。

変動為替相場制度において為替レートeが変動することに注意すれば、国民所得が50増加すると、消費、輸出、輸入が変化して、

$$\left.\begin{array}{lcl} \boxed{Y}=\boxed{C}+I+G+\boxed{EX}-\boxed{IM} & & \Delta Y=\Delta C+\Delta EX-\Delta IM \\ \boxed{C}=20+0.7\boxed{Y} & \rightarrow & \Delta C=0.7\Delta Y \\ \boxed{EX}=10+0.1\boxed{e} & & \Delta EX=0.1\Delta e \\ \boxed{IM}=10+0.1\boxed{Y}-0.3\boxed{e} & & \Delta IM=0.1\Delta Y-0.3\Delta e \end{array}\right\}$$

$$\rightarrow\ \Delta Y=\overbrace{0.7\Delta Y}^{\Delta C}+\overbrace{0.1\Delta e}^{\Delta EX}-\overbrace{(0.1\Delta Y-0.3\Delta e)}^{\Delta IM}\ \cdots(\#)$$

$$\rightarrow\ \Delta Y-0.7\Delta Y+0.1\Delta Y=0.1\Delta e+0.3\Delta e$$

$$\rightarrow\ 0.4\cdot\underbrace{50}_{\Delta Y}=0.4\Delta e \quad \xrightarrow{\text{両辺を0.4で割る}} \quad 50=\Delta e \quad \therefore\ \Delta e=50$$

よって、為替レートの値は50上昇するから、小国通貨は50だけ減価する。

財市場については、試験では問題文に印□をつけて(○でもよい)、(#)から計算し始めるとよい。

闇雲に「これはこう解く」と決めてかかってもよいが、式が与えられれば与えられるほど、仕組みを見極めて無駄な計算を省くようにしたい。

なお、固定為替相場制度の場合には為替レートが不変となる。

[参　考]　固定為替相場制度と不胎化政策

通常、問題文に出てくるときには「なお、不胎化政策は行わないものとする」となるから、気にしなくてよい(もちろん、何も書いてないときも同様に、不胎化政策はしない)。

例えば、中央銀行が固定相場(為替レートの固定された水準)を維持するため円買いドル売りの介入を行うとする。これは、中央銀行が保有する外貨準備(外国資産)を使って行われる。中央銀行が保有していた外国資産を自国の市場で売り、その代金として自国通貨を受け取る。このとき、自国の貨幣供給量は減少する。

不胎化政策とは、中央銀行が外国資産と自国資産の売買を同時に、そして、逆方向に行うことを指す。

中央銀行が外貨準備(保有する外国資産)を売ると貨幣供給量が減少するが、同時に、自国資産を買いオペで購入すれば、貨幣供給量が増加する。つまり、貨幣供給量の変化を相殺することができる。

重要事項 一問一答

01 マンデル＝フレミング・モデルにおいて、固定為替相場制度が採用された小国の金融政策は国民所得を増やすか。

金融政策は無効（国民所得は不変）

02 マンデル＝フレミング・モデルにおいて、財政政策が有効になるのはどのようなケースか。

資本移動が完全、固定為替相場制度

03 マンデル＝フレミング・モデルにおいて、財政政策が無効になるのはどのようなケースか。

資本移動が完全、変動為替相場制度

04 資本移動が完全な場合、資本流入が生じるのときの自国利子率と国際利子率の大小関係を表せ。

自国利子率＞国際利子率

05 資本流入が生じた場合、中央銀行は何を行うか。

貨幣供給量の増加（自国通貨売り、外国通貨買いの介入）

過去問 Exercise

問題1 資本移動が完全に自由なマンデル＝フレミング・モデルに関する記述として、最も妥当なものはどれか。

裁判所一般職2021

---

❶ 固定相場制のもとで拡張的な財政政策がとられると、IS曲線が右にシフトし、国内の利子率は上昇する。その結果、資本が流出しマネーストックが減少するので、所得水準は減少する。

❷ 固定相場制のもとで拡張的な金融政策がとられると、LM曲線が右にシフトし、国内の利子率は低下する。その結果、資本が流入しIS曲線が右にシフトするので、所得水準は増加する。

❸ 固定相場制のもとで為替レートが切り下げられると、自国製品の国際競争力が低下するのでIS曲線が左にシフトし、国内の利子率は低下する。その結果、資本が流出し、LM曲線が左にシフトするので、所得水準は減少する。

❹ 変動相場制のもとで拡張的な財政政策がとられると、IS曲線が右にシフトし、国内の利子率は上昇する。その結果、資本が流入し自国通貨建て為替レートは下がり、マネーストックが増加するのでLM曲線が右にシフトし、所得水準は増加する。

❺ 変動相場制のもとで拡張的な金融政策がとられると、LM曲線が右にシフトし、国内の利子率は低下する。その結果、資本が流出し自国通貨建て為替レートは上がり、経常収支が増加してIS曲線は右にシフトし、所得水準は増加する。

解説

正解 5

選択肢はいずれも国民所得の変化に言及しているから、まずはこの点から確認するとよい。

資本移動が完全なケースで有効なのは(国民所得が増加)、固定相場制＋財政政策と変動相場制＋金融政策である。この点から、❶・❷・❹は除外される。

❶ × 有効だから国民所得(所得水準)は増加する。

❷ × 無効だから国民所得(所得水準)は変わらない。

❸ × 為替レートが切り下げられ、自国通貨が減価すると純輸出が増加してIS曲線が右にシフトする。つまり、財政政策を行うのと同じ結果になる。

❹ × 無効だから国民所得(所得水準)は変わらない。

❺ ○ 有効だから国民所得(所得水準)は増加する。

金融緩和は一時的に国内利子率を低下させるから、外国資産を求めて資本が流出する。これは自国通貨の減価をもたらすため、自国通貨建て為替レートの値は上昇する。このとき純輸出(経常収支)は増加するからIS曲線が右にシフトする。

「為替レートは上がり」という表現はあいまいだが、他の選択肢は妥当でないから、ここでは「為替レートの値が上がる」と解釈した。

問題2 次の図は、点Eを自国の政策が発動される前の均衡点とし、資本移動が完全である場合のマンデル＝フレミングモデルを表したものであるが、これに関する記述として、妥当なものはどれか。ただし、このモデルにおいては、世界利子率に影響を与えることはない小国を仮定し、世界利子率はr_Wで定まっているものとし、物価は一定とする。

特別区Ⅰ類2021

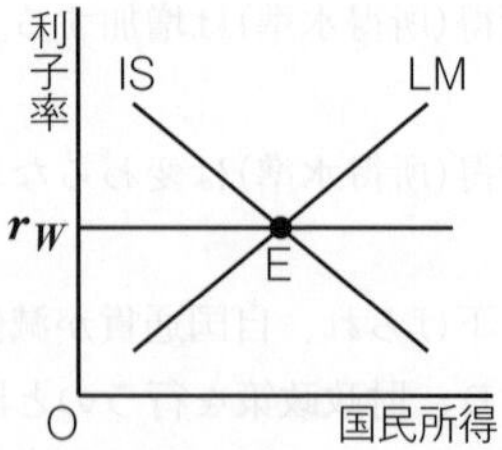

❶ 変動為替相場制の下で、金融緩和政策がとられると、LM曲線が右にシフトし国内利子率が下落するので、資本流出が起こり、為替レートの減価により輸出が拡大し、需要が増加しIS曲線が右にシフトする。

❷ 変動為替相場制の下で、拡張的な財政政策がとられると、IS曲線が右にシフトし国内利子率が上昇するので、資本流出が起こり、貨幣供給量が増大するため、LM曲線が右にシフトする。

❸ 変動為替相場制の下で、金融緩和政策がとられると、LM曲線が右にシフトし国内利子率が下落するので、資本流出が起こり、為替レートの増価により輸入が拡大し、需要が増加しIS曲線が右にシフトする。

❹ 固定為替相場制の下で、金融緩和政策がとられると、LM曲線が右にシフトし国内利子率が下落するので、資本流出が起こり、貨幣供給量が増大するため、IS曲線が右にシフトする。

❺ 固定為替相場制の下で、拡張的な財政政策がとられると、IS曲線が右にシフトし国内利子率が上昇するので、資本流出が起こり、貨幣供給量が減少するため、LM曲線が左にシフトする。

解説

正解 ❶

資本移動が完全だから、有効な場合、

固定相場制 ＋ 財政政策 ＋ 最後にLM曲線が右方シフト（貨幣供給量増加）

変動相場制 ＋ 金融政策 ＋ 最後にIS曲線が右方シフト（減価により純輸出増加）

となる。無効な場合は、

固定相場制 ＋ 金融政策 ＋ 最後にLM曲線が左方シフト（貨幣供給量減少）

変動相場制 ＋ 財政政策 ＋ 最後にIS曲線が左方シフト（増価により純輸出減少）

となる。

❶ ○　変動相場制で有効だから、為替レートが減価して純輸出（輸出でも可）が増加してIS曲線が右方シフトする。

❷ ×　変動相場制で無効だから、最後にIS曲線が左方シフトする。

❸ ×　変動相場制で有効だから、最後にIS曲線が右方シフトするが、これは為替レートの減価に伴う純輸出の増加による。

❹ ×　固定相場制で無効だから、最後にLM曲線が左方シフトする。

❺ ×　固定相場制で有効だから、最後にLM曲線が右方シフトする。

問題3　マクロ経済政策に関するA～Dの記述のうち、妥当なもののみを全て挙げているのはどれか。

国税専門官・財務専門官・労働基準監督官2015

A　IS－LM分析においては、貨幣供給量を増加させる金融政策と財政支出を拡大する財政政策とでは、国民所得や利子率に与える効果は同一となるのが一般的である。

B　ケインジアンは、マクロ経済の動向に対応して財政・金融政策を裁量的に行うのではなく、政策にルールを持ち込むことを重視する一方、新古典派は、裁量的な財政・金融政策の実施を重視している。

C　マンデル=フレミング・モデルにおいて、貨幣供給量を増加させる金融政策について、①閉鎖経済における効果と②変動相場制の下の開放経済における効果を比較すると、一般的に②は①の効果に加えて、自国の金利低下が自国の通貨安を引き起こし輸出増をもたらすから、②は①と比較して需要を増やす効果が大きい。

D　M.フリードマンは、フィリップス曲線の形状について、縦軸を物価上昇率、横軸を失業率としたとき、短期においては予想インフレ率と現実のインフレ率が等しくなることから垂直となり、長期においては予想インフレ率と現実のインフレ率との間に乖離が生じることから右下がりとなるとし、長期フィリップス曲線に基づいて失業対策を行うべきとした。

1. A
2. C
3. A、D
4. B、C
5. B、D

解説

正解 ❷

A ×　いずれも国民所得を増やすが、財政拡大の場合には利子率が上昇して投資が減る(クラウディング・アウト効果)のに対して、金融緩和の場合には利子率が下落して投資を促進する。

B ×　「裁量的な」と「ルールに基づいた」政策は対照的なものである。
裁量的な財政・金融政策を支持するのがケインジアンであり、新古典派(古典派)の場合には裁量的な財政・金融政策は無効であり、物価が上昇するだけとする(セイの法則、古典派の二分法)。
なお、ルールに基づいた政策運営は、マネタリスト(フリードマン)や合理的期待形成理論の場合の主張である。

C ○　文脈から①は②の自国通貨安による輸出増が起こらない状況と考えることができる。国際的な資本移動が完全(に自由)でも、資本移動がない場合でも、変動為替相場制度における金融政策は有効である(∵固定為替相場制度の真逆)。金融緩和によって一時的に利子率が下落、国民所得が増加する。資本移動が完全な場合は外貨建て資産を買い求める(資本流出)ため自国通貨が減価し、資本移動がない場合は外国生産物を買い求める(輸入増加)ため自国通貨が減価する。自国通貨の減価は輸出を増加させるため、IS曲線が右方シフトする(純輸出が増加している)。純輸出(経常収支)の増加は総需要を増やす。

E ×　短期では貨幣錯覚により予想と現実のインフレ率が乖離するため右下がりになり、長期では予想と現実のインフレ率が一致するため、失業率は自然失業率の水準で一定となる(垂直)。

問題4

ある小国の経済が、固定相場制の下で、次のように示されているとする。

$$Y = C + I + G + X - Q$$
$$C = 20 + 0.7Y$$
$$I = 30 - 300r$$
$$X = 10 + 0.1e$$
$$Q = 10 + 0.1Y - 0.3e$$
$$M = L$$
$$L = 0.8Y - 500r$$

［Y：国民所得、C：消費、I：投資
G：政府支出、X：輸出、Q：輸入
M：貨幣供給量、L：貨幣需要
r：国内利子率
e：自国通貨建て為替レート］

国際利子率が0.02で、国家間の資本移動は完全である。財政拡大政策を行い、政府支出 G を50から80に増やした時、貨幣供給量の変化として妥当なものはどれか。なお、自国通貨建て為替レートは5とする。また、物価水準は1と仮定する。

裁判所一般職2019

貨幣供給量の変化

1. −60
2. −30
3. +30
4. +60
5. +90

解説

正解 4

「小国」であり、国際利子率が与えられているから、利子率はこの水準で一定である。固定為替相場制度では為替レートを不変に保つよう貨幣供給量が変化する。このとき、貨幣市場の均衡から、

$$\left.\begin{array}{l}\boxed{M}=\boxed{L}\\ \boxed{L}=0.8\boxed{Y}-500r\end{array}\right\}\rightarrow\ \Delta M=\overbrace{0.8\,\Delta Y}^{\Delta L}\cdots(1)$$

であるから、国民所得の増加を求めればよい。

財市場の均衡について、利子率と為替レートは一定であり、政府支出が30増えると、

$$\left.\begin{array}{l}\boxed{Y}=\boxed{C}+I+\boxed{G}+X-\boxed{Q}\\ \boxed{C}=20+0.7\boxed{Y}\\ I=30-300r\\ X=10+0.1e\\ \boxed{Q}=10+0.1\boxed{Y}-0.3e\end{array}\right\}\rightarrow\ \begin{array}{l}\Delta Y=\overbrace{0.7\,\Delta Y}^{\Delta C}+\overbrace{30}^{\Delta G}-\overbrace{0.1\,\Delta Y}^{\Delta Q}\\ \quad=0.6\,\Delta Y+30\end{array}$$

$$\rightarrow\ 0.4\,\Delta Y=30\ \rightarrow\ \Delta Y=\frac{30}{0.4}\cdots(2)$$

となって、実際は(とんでもなく)シンプルな計算になる。

(1)(2)より、

$$(1)\quad \Delta M=0.8\underbrace{\Delta Y}_{(2)}=0.8\cdot\frac{30}{0.4}=60$$

なお、知識があれば、資本移動完全＋固定相場制＋財政政策＝有効より、IS曲線が右方シフトして新たなIS－LM－BP均衡に至るから、LM曲線は右方シフトするはずとして、❶、❷を除外できる。

第8章 国際マクロ経済学

問題5　ある小国の経済は変動相場制を採用しており、次のように示されているとする。

$$Y = C + I + CA$$
$$CA = 10 + 2e - 0.2Y$$
$$C = 10 + 0.8Y$$
$$I = \frac{1}{i}$$
$$M = 2Y + \frac{4}{i}$$

［Y：国民所得、C：消費、I：投資
CA：経常収支、e：為替レート
i：国内利子率、M：貨幣供給量］

国家間の資本移動が完全であり、世界利子率が0.02であるとする。さらに、$M = 1{,}800$とする。このとき、為替レートeはいくらか。

国家一般職2018

1. 100
2. 110
3. 115
4. 120
5. 125

解説

正解 5

貨幣市場の均衡条件（第5式）について、小国の国内利子率は世界利子率に一致する（∵資本移動が完全）から、与件より、

$$\left.\begin{array}{l} M = 2Y + \dfrac{4}{i} \\ M = 1800 \\ i = 0.02 \end{array}\right\} \rightarrow \overbrace{1800}^{M} = 2Y + \frac{4}{\underbrace{0.02}_{i}} \rightarrow 1800 = 2Y + 200$$

$$\rightarrow Y = \frac{1600}{2} = 800$$

である。財市場の均衡条件（第1式）に残りの与件とともに代入すると、

$$Y = \overbrace{10 + 0.8Y}^{C} + \overbrace{1/\underbrace{0.02}_{i}}^{I} + \overbrace{10 + 2e - 0.2Y}^{CA}$$

$$\rightarrow Y - 0.8Y + 0.2Y = 10 + 50 + 10 + 2e$$

$$\rightarrow 0.4Y = 70 + 2e \rightarrow 2e = 0.4Y - 70$$

$$\rightarrow e = 0.2 \cdot \underbrace{800}_{Y} - 35 = 160 - 35 = 125$$

第9章

経済成長

本章では長期的な経済の進展（経済成長）について学習します。統計的な手法として成長会計を学習し、また、対照的な二つの理論としてハロッド＝ドーマーの成長モデルと新古典派の成長モデルについて学びます。

★★★

1 成長会計

本節では、経済成長をもたらす要因を計測する方法を学習します。また、経済成長に関する基本的な用語や考え方とともに学習します。

❶ 経済成長

マクロ経済は、財・サービスを生産し続けることで雇用や生活を維持することができる。つまり、どれだけ生産できるかが重要であり、経済成長は生産能力の拡大によってもたらされると考えられる。

生産活動を考える場合、特に三つの要素に重点が置かれる。**労働人口、資本ストック、生産性(技術水準)**が経済の生産能力の源である。労働者が増加する経済は多くの働き手によって経済成長を持続的なものとし、資本ストック(機械など)は複雑で大規模な生産を可能とする。研究開発など新しいテクノロジーによって生産技術が向上すると(技術革新やコンピューターの発達など)これまで以上に生産性が高まる。

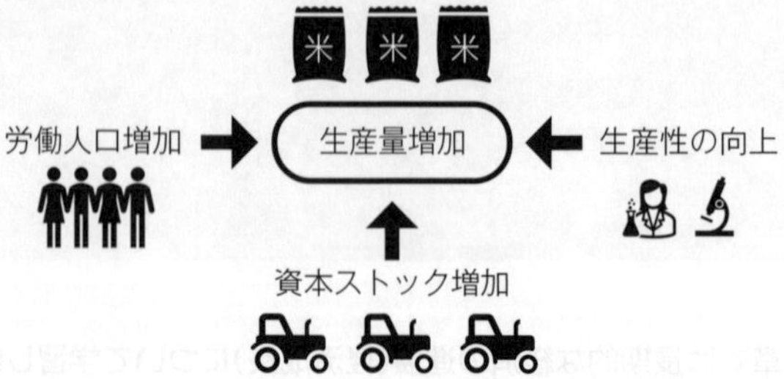

❷ 投入と産出

マクロ経済における産出量(実質GDP)は、2種類の生産要素、資本ストック(資本投入量、機械設備)、労働投入量(労働力)を用いて生産される(産出される)。

経済成長とは実質GDPが増加することであり、実質GDPの増加率を経済の成長率とみなす。

労働投入量や資本ストックが増えると、実質GDPは増加する。仮にこれらが一定であっても技術進歩により生産性が向上すれば実質GDPが増加する。

例えば、資本ストック1単位(トラクター1台)を労働者1人が使って農作物を50トン生産する小さな経済を考えた場合、生産性が向上すれば、資本ストックと労働力が同じままで農作物を60トン生産できるようになる。「資本ストックも労働力も同じまま生産量が1.2倍になったから、生産性は20%アップした」のように考える。

3 一次同次性

一般に、資本ストックKや労働投入量Lが増えると経済の生産量Yは増加する。ここで、すべての生産要素(KとL)を同時に2倍したとき、生産量も2倍になるならば、生産関数(生産技術)は**一次同次**だという。

もちろん、「生産要素をすべてt倍すれば生産量もt倍になる」といってもよい(等倍なら何でもよい)。

「一次同次」は数学用語であり、経済学では「規模に関して収穫一定(不変)」というが、試験では前者で言い表す方が多い。

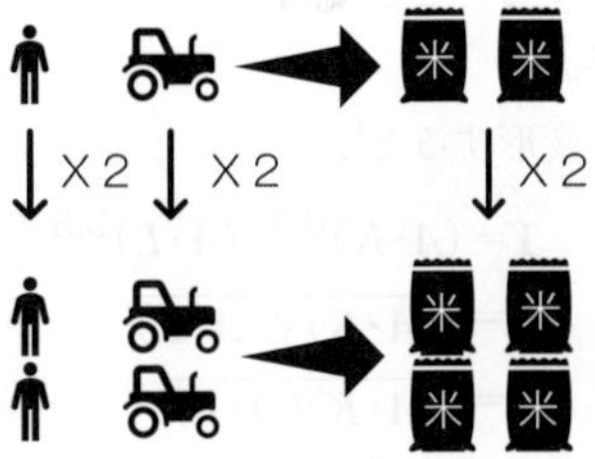

4 一次同次のコブ=ダグラス型生産関数

新古典派のソローは、マクロ経済全般の技術進歩を計測するため、次のようなコブ=ダグラス型生産関数を使うことを提唱した。

$$Y=A\cdot K^{a}\cdot L^{1-a}\quad [A>0,\ 0<a<1]$$

ここで右辺の係数Aは**全要素生産性**と呼ばれており、技術水準を表す(通常、文字式の掛け算は$x\cdot y\cdot z=xyz$と、掛け算の記号抜きで表されるが、慣れるまで「・」を表記することにする)。

一次同次性が仮定されたコブ=ダグラス型生産関数の場合、資本ストックKの指数aと労働投入量Lの指数$(1-a)$の和は1にならなければならない(数学上の性質)。

［参　考］生産性とは

ここでは生産要素の生産性をその係数で表す。例えば、労働のみを使って生産する場合、$Y=A\cdot L$で表せるとする。労働投入量を$L=10$で一定として、労働の生産性Aが、$A=1$と$A=2$の場合を比較すると、

$$Y=A\cdot L=\begin{cases}1\cdot 10=10\\ 2\cdot 10=20\end{cases}$$

となってAが大きいほど生産量が大きい。生産要素は労働だけだから、生産量が2倍になったのは、労働の生産性が高くなったから、と考える。

一般に、技術水準が高くなれば生産性が向上する。このため、生産性Aは技術水準とか技術係数とも呼ばれている。より優れた生産技術を持つ経済では、生産要素の投入が少なくても生産量が多い。

次に資本Kと労働Lで考えよう。係数Aを「全ての生産要素の生産性」と呼ぶのは次の理由による。計算しやすいように、$\alpha=0.5$として（よって、$1-\alpha=0.5$）、

$$Y=(A\cdot K)^{0.5}\cdot(A\cdot L)^{0.5}$$

とする。ここでAは全ての生産要素の係数Aになっているから、全要素生産性と呼ぶ。

変形すると[1]、

$$\begin{aligned}Y&=(A\cdot K)^{0.5}\cdot(A\cdot L)^{0.5}\\&=\sqrt{(A\cdot K)}\sqrt{(A\cdot L)}\\&=\sqrt{(A\cdot K)(A\cdot L)}\\&=\sqrt{A\cdot K\cdot A\cdot L}\\&=\sqrt{A^2\cdot K\cdot L}\\&=\sqrt{A^2}\sqrt{K\cdot L}\\&=A\cdot K^{0.5}\cdot L^{0.5}\end{aligned}$$

となって、先頭にAが現れる（係数A）。

これに対し、全要素生産性ではなく、労働の生産性だけを表すAについて考えてみよう。一次同次のコブ＝ダグラス型では、

$$Y=K^{\alpha}\cdot(A\cdot L)^{1-\alpha}$$

で定義され、労働投入量の係数にのみ現れる。例えば、$\alpha=0.5$の場合、

1　もちろん、指数の計算が得意であれば平方根を表示せずに計算してよい。逆に平方根の演算も苦手であれば初めに全体を２乗してから計算してもよい。

$$
\begin{aligned}
Y &= K^{0.5}(A \cdot L)^{0.5} \\
&= K^{0.5} \cdot \sqrt{A \cdot L} \\
&= K^{0.5} \cdot \sqrt{A} \cdot \sqrt{L} \\
&= A^{0.5} \cdot K^{0.5} \cdot L^{0.5} \\
&\quad (< A^{1} \cdot K^{0.5} \cdot L^{0.5})
\end{aligned}
$$

となって全要素生産性の場合の A^1 と一致しない。

A が資本の生産性だけを表す場合もまた同様に考えることができる。このように、一次同次のコブ＝ダグラス型の場合、全要素生産性は特定の形式で表される。

5 資本と労働への所得の分配

生産要素は２種類だから、GDP(生産面)は資本ストックの提供者と労働力の提供者(労働者)に所得として、余すことなく完全に分配される(分配面)。

例えば、Y＝500兆円が生産されたとして、200兆円を資本提供者に、300兆円を労働者に所得として分配したとする。

このとき、資本提供者に分配される割合を**資本分配率**、労働者に分配される割合を**労働分配率**という。この例では、資本分配率と労働分配率はそれぞれ、

$$
\frac{200}{500} = \frac{2}{5}, \quad \frac{300}{500} = \frac{3}{5}
$$

であり、これらの合計は1になる（100%）。

コブ＝ダグラス型生産関数 $Y = AK^{a} L^{1-a}$ の場合、資本分配率は a に、労働分配率は $(1-a)$ に一致する。本書ではコブ＝ダグラス型に限って、a を資本分配率、$(1-a)$ を労働分配率と呼ぶことにする。

第9章 経済成長

[参　考]

物価水準をP、資本と労働の価格をそれぞれw、rとすれば、利潤πおよびその最大化条件は次のように表される[2]。利潤を資本ストックKと労働力Lについて最大化すると、

$$\pi = P\cdot\underbrace{A\cdot K^{a}\cdot L^{1-a}}_{Y} - (w\cdot L + r\cdot K)$$

$$\frac{\Delta\pi}{\Delta K} = P\cdot\overbrace{a\cdot A\cdot \underbrace{K^{a-1}}_{K^a/K}\cdot L^{1-a}}^{\Delta Y/\Delta K} - r = 0 \;\rightarrow\; a\cdot P\cdot\frac{Y}{K} = r \;\rightarrow\; a = \frac{r\cdot K}{P\cdot Y}$$

$$\frac{\Delta\pi}{\Delta L} = P\cdot\overbrace{(1-a)\cdot A\cdot K^{a}\cdot \underbrace{L^{1-a-1}}_{L^{1-a}/L}}^{\Delta Y/\Delta L} - w = 0 \;\rightarrow\; (1-a)\cdot P\cdot\frac{Y}{L} = w$$

$$\rightarrow\quad 1-a = \frac{w\cdot L}{P\cdot Y}$$

このマクロ経済において、$P\cdot Y$は名目GDPを表し、$r\cdot K$は資本提供者への報酬(資本提供者の所得)、$w\cdot L$は労働力の提供者への報酬(労働者の所得)を表すから、

$$資本分配率 = \frac{r\cdot K}{P\cdot Y}$$

$$労働分配率 = \frac{w\cdot L}{P\cdot Y}$$

である。なお、便宜的に物価水準を$P=1$で一定とすれば、インフレの影響を除去して考えることができる（あるいは資本と労働の価格を実質値r/P、w/Pで考える）。

6 増加率と成長会計

変数xの増加率は、

$$\frac{\Delta x}{x} = \frac{増加分}{元の大きさ}$$

で表される。例えば、xを身長（㎝）として、昨年$x=160$㎝の生徒が今年は20㎝伸びて180㎝になった（身長の増加$\Delta x = 180-160=20$）とすると、その伸び率（増加率）は、

2　詳細はミクロ経済学参照。

$$\frac{\overbrace{180-160}^{\Delta x}}{\underbrace{160}_{x}}=\frac{20}{160}=\frac{1}{8}=0.125=12.5\cdot\frac{1}{100}=12.5\% \quad \left(\because \frac{1}{100}=1\%\right)$$

となる。

aを一定として、コブ＝ダグラス型生産関数を変形すると、

$$Y=A\cdot K^{a}\cdot L^{1-a} \quad \rightarrow \quad \frac{\Delta Y}{Y}=\frac{\Delta A}{A}+a\cdot\frac{\Delta K}{K}+(1-a)\cdot\frac{\Delta L}{L}$$

となる[3]（数学：『積→和』の公式の応用で、掛け算の部分を足し算にする。それぞれの項は指数を前にかけて増加率に直せばよい）。

経済成長の話だから、増加率を**成長率**(growth rate)という。分数の項が多いので解答時間を節約するため、変数xの成長率を

$$g_x=\frac{\Delta x}{x}$$

で省略して表すと、

$$Y=A\cdot K^{a}\cdot L^{1-a} \quad \rightarrow \quad g_Y=g_A+a\cdot g_K+(1-a)\cdot g_L$$

と書ける。つまり、**経済成長率**g_Y（Yの増加率）は、**全要素生産性の成長率**g_A（技術係数Aの増加率＝技術進歩率)、**資本ストックの成長率**g_K（Kの増加率）をa倍したもの、そして**労働人口成長率**g_L（Lの増加率）を$(1-a)$倍したものの和に等しい。

ところで、各国は経済データを収集し、経済活動の分析、経済政策の立案などに役立てているが、全要素生産性以外のデータはすべて入手することが可能である。したがって、

$$g_Y=g_A+a\cdot g_K+(1-a)\cdot g_L \quad \rightarrow \quad g_A=g_Y-[a\cdot g_K+(1-a)\cdot g_L]$$

とすると、右辺はすべて入手可能なデータであるから、左辺の全要素生産性の成長率（技術進歩率）を求めることができる。

このようにして、全要素生産性の成長率を表すことができるというのがソローの考えであり、残り物として求められることから、g_Aをソロー残差という（試験ではほとんど出てこない名称）。

3　これは対数（自然対数）をとって全微分したものである。物理学などでは「時間で微分したもの」というが、「時間で微分した記号はどこ？」となって不思議はない。経済学では、数学と同様に時間で微分したという代わりに「全微分した」ということがある（もちろん「時間で微分した」と言う場合もある）。数学的には全く同じものとして扱う。なお、「微分」しているので、近似していることになるが、経済成長の場合は特に近似していることを気にする必要はない。

第9章 経済成長

例題9-1　マクロ生産関数が次のように示されている。

$$Y=A\sqrt{KL}$$

産出量Yの成長率が3%、資本ストックKの成長率が2%、労働投入量Lの成長率が1%のとき、全要素生産性Aの成長率はいくらか。

解説

与えられた生産関数を成長率の形に直す。$\sqrt{x}=x^{0.5}$であることに注意して、

$$Y=A\cdot\sqrt{K\cdot L}=A\cdot K^{0.5}\cdot L^{0.5} \rightarrow \quad g_Y=g_A+\underbrace{0.5g_K+0.5g_L}_{0.5(g_K+g_L)}$$

$$\rightarrow \quad g_A=g_Y-0.5(g_K+g_L)=3\%-\frac{1}{2}(\underbrace{2\%+1\%}_{3\%})=1.5\%$$

7 一人当たりの成長率

次の表は、2005年から2020年までの日本(JPN)と中国(CHN)の名目GDP(兆ドル)を比較したものである(棒グラフ、破線は直線で近似した傾向(トレンド))。

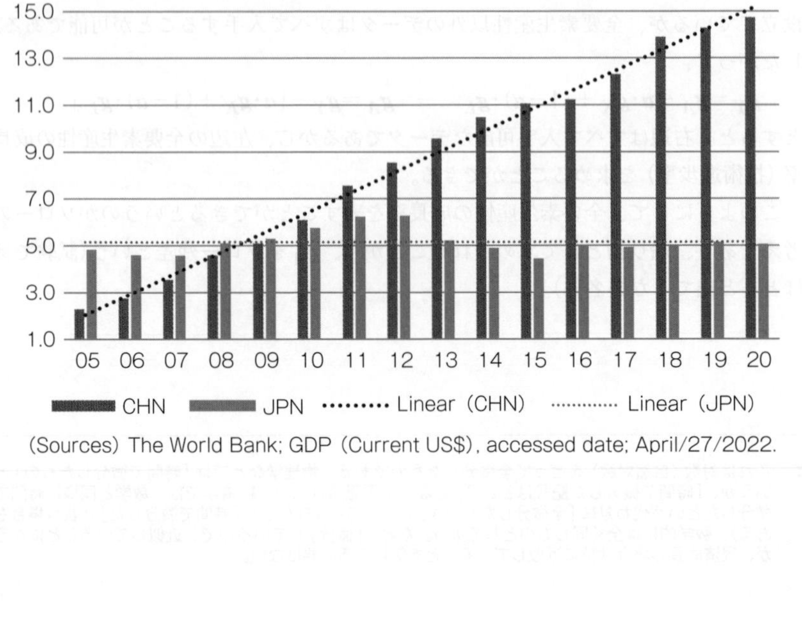

(Sources) The World Bank; GDP (Current US$), accessed date; April/27/2022.

2020年の中国の名目GDPは日本の約3倍である。同じ年の中国の人口は日本の約11倍であり、国全体の豊かさと1人当たりの豊かさにはかなり大きな差がある(単純計算では、中国の1人当たりGDPは日本の3/11＝27%程度)。

成長会計においても、一国全体ではなく、労働者1人当たりで表すことが可能である(以下、労働者1人当たりを単に1人当たりという)。

生産量Yを労働投入量Lで割ったものは1人当たり生産量(1人当たりの実質所得)であり、これをyで表す。

$$y=\frac{Y}{L}\ \cdots(1)$$

同様に、資本ストックKを労働投入量Lで割ったものは1人当たり資本ストックであり、これをkで表す。

$$k=\frac{K}{L}\ \cdots(2)$$

ここで、生産関数を1人当たり変数$\{y, k\}$を使って表すと、

$$Y=A\cdot K^{a}\cdot L^{1-a} \quad \rightarrow \quad \frac{Y}{L}=\frac{A\cdot K^{a}\cdot L^{1-a}}{L}=\frac{A\cdot K^{a}\cdot L^{1-a}}{\underbrace{L^{a}\cdot L^{1-a}}_{L}}$$

$$=A\cdot\frac{K^{a}}{L^{a}}\cdot\frac{L^{1-a}}{L^{1-a}}=A\cdot\left(\frac{K}{L}\right)^{a}\cdot 1$$

$$\rightarrow \quad y=A\cdot k^{a} \quad \left(\because y=\frac{Y}{L},\ k=\frac{K}{L}\right)\cdots(3)$$

よって、**1人当たり生産量yは全要素生産性Aに1人当たり資本ストックkをa乗**(資本分配率)**したもの**で表すことができる[4]。

さらに成長率も1人当たり表示に直すことができる。まずは直接(3)を変形して(資本分配率aは一定)、

$$(3)\ y=A\cdot k^{a} \quad \rightarrow \quad g_y=g_A+a\cdot g_k \quad \left(g_y=\frac{\Delta y}{y},\ g_k=\frac{\Delta k}{k}\right)$$

とすることができる。

1人当たり生産量の式(3)を忘れてしまった場合には、以下のようにすればよい。(1)(2)より、

4　労働者1人当たりの労働者数は1に決まっているから(100人を100人で割っても1にしかならない)、1人当たり生産量(生産関数)の式には小文字のエルが出てこないと思ってもよい。

(1) $y=\dfrac{Y}{L}=Y\cdot L^{-1} \ \rightarrow \ g_y=g_Y+(-1)g_L=g_Y-g_L \cdots (4)$

(2) $k=\dfrac{K}{L}=K\cdot L^{-1} \ \rightarrow \ g_k=g_K+(-1)g_L=g_K-g_L \cdots (5)$

これらは形式的に同じものだから、どちらか一方だけわかればよい(大文字・小文字の区別をつけて、YとK、yとkを入れ替えたもの)。

(4) (5)を大もとの成長会計の式に代入してみると、

$$g_Y=g_A+a\cdot g_K+(1-a)\cdot g_L$$
$$=g_A+a\cdot g_K+g_L-a\cdot g_L$$

両辺からg_Lを引くと、

$$g_Y-g_L=g_A+a\cdot g_K+g_L-g_L-a\cdot g_L$$
$$=g_A+a\cdot g_K-a\cdot g_L$$
$$=g_A+a(g_K-g_L)$$

左辺と右辺第2項に(4) (5)を代入すると、

$$\underbrace{g_Y-g_L}_{(4)}=g_A+a\underbrace{(g_K-g_L)}_{(5)} \ \rightarrow \ g_y=g_A+a\cdot g_K$$

となって上記と一致する。最低限、(4) (5)がわかれば何とかなりそうだ。

例題9-2 マクロ生産関数が次のように示されている。

$$Y=AK^{\frac{1}{3}}L^{\frac{2}{3}}$$

労働１単位あたり産出量(Y/L)の成長率が3%、労働１単位あたりの資本ストック(K/L)の成長率が3%のとき、全要素生産性Aの成長率はいくらか。

解説

経済全体の成長率は、

$$Y=AK^{\frac{1}{3}}L^{\frac{2}{3}} \quad \rightarrow \quad g_Y=g_A+\frac{1}{3}g_K+\frac{2}{3}g_L$$

$$\rightarrow \quad g_Y-g_L=g_A+\frac{1}{3}g_K+\underbrace{\frac{2}{3}g_L-g_L}_{\left(\frac{2}{3}-1\right)g_L}$$

$$=g_A+\frac{1}{3}g_K-\frac{1}{3}g_L=g_A+\frac{1}{3}(g_K-g_L)\cdots(\#)$$

ここで、１人当たりの産出量および資本ストックについて、

$$y=\frac{Y}{L}=Y\cdot L^{-1} \rightarrow \quad g_y=g_Y-g_L=3\%$$

$$k=\frac{K}{L}=K\cdot L^{-1} \rightarrow \quad g_k=g_K-g_L=3\%$$

これらを(#)の左辺と右辺に代入すると、

$$(\#)\ \underbrace{g_Y-g_L}_{3\%}=g_A+\frac{1}{3}\underbrace{(g_K-g_L)}_{3\%} \quad \rightarrow \quad 3\%=g_A+\frac{1}{3}\cdot 3\%$$

$$\rightarrow \quad g_A=3\%-1\%=2\%$$

なお、１人当たり産出量を表してから成長率に直すと、

$$Y=AK^{\frac{1}{3}}L^{\frac{2}{3}} \quad \rightarrow \quad y=Ak^{\frac{1}{3}} \quad \rightarrow \quad g_y=g_A+\frac{1}{3}g_k$$

であるから、これに与件を代入してもよい。

第9章 経済成長

例題9-3　マクロ生産関数が一次同次のコブ＝ダグラス型で表され、経済成長率が3%、全要素生産性の成長率が0.6%、資本ストック成長率が4%、労働投入量成長率が2%であったという。このとき、この経済の労働分配率はいくらであったか。

解説

経済成長率の式に与件を代入すると、

$$\underbrace{3\%}_{g_Y}=\underbrace{0.6\%}_{g_A}+a\cdot\underbrace{4\%}_{g_K}+(1-a)\cdot\underbrace{2\%}_{g_L}$$

$$=0.6\%+4\%\cdot a+(2\%-2\%\cdot a)$$

$$=2.6\%+2\%\cdot a$$

$$\rightarrow\quad 2\%\cdot a=0.4\%\ \rightarrow\ 2a=0.4\ \rightarrow\ a=0.2$$

よって、労働分配率は$1-a=0.8$である。

なお、%(＝1/100)のまま計算するのが不安であれば、最初の式の両辺を100倍してから計算するとよい。

$$3\%\times100=0.6\%\times100+a\cdot4\%\times100+(1-a)\cdot2\%\times100$$

$$\rightarrow\quad 3=0.6+4a+2(1-a)$$

$$=0.6+4a+2-2a$$

以下同じ。

重要事項 一問一答

01 一次同次のコブ＝ダグラス型生産関数について、資本分配率は何に等しいか。

資本ストックの指数

02 一次同次のコブ＝ダグラス型生産関数について、労働分配率は何に等しいか。

労働投入量の指数

03 成長会計において、経済成長率は何に等しいか。

全要素生産性成長率＋資本分配率×資本ストック成長率＋労働分配率×労働投入量成長率

第9章 経済成長

過去問 Exercise

問題1 次の式は、実質GDPをY、全要素生産性をA、資本ストックをK、労働投入量をLとして、コブ=ダグラス型生産関数で表したものである。実質GDPの成長率が8%、全要素生産性の成長率が4%、労働投入量の成長率が2%であるとき、資本ストックの成長率の値はどれか。

特別区Ⅰ類2020

$$Y=AK^{0.4}L^{0.6}$$

1. 6%
2. 7%
3. 8%
4. 9%
5. 10%

解説

正解 ❷

変数$\boldsymbol{x}$の成長率(増加率)をg_xで表すと、

$$Y=AK^{0.4}L^{0.6} \ \rightarrow \ g_Y=g_A+0.4g_K+0.6g_L$$

である。与件を代入して、

$$\underbrace{8\%}_{g_Y}=\underbrace{4\%}_{g_A}+0.4\,g_K+0.6\cdot\underbrace{2\%}_{g_L}$$

$$\rightarrow \quad g_K=\frac{8\%-4\%-1.2\%}{0.4}=\frac{2.8\%}{0.4}=7\%$$

第9章 経済成長

問題2 ある国の生産関数が

$$Y = AK^{0.2}L^{0.8} \quad \left[\begin{array}{l} Y：生産量、A：全要素生産性 \\ K：資本ストック量、L：労働投入量 \end{array}\right]$$

で示されるものとする。

いま、労働者一人当たりの資本ストック量の増加率が2.0%、全要素生産性の増加率が0.5%であるとき、この国が2.5%の経済成長率を達成するために必要な労働投入量の増加率として妥当なのはどれか。

国税専門官・財務専門官・労働基準監督官2017

1. 0.8%
2. 1.0%
3. 1.2%
4. 1.4%
5. 1.6%

解説

正解 5

生産関数および与件から、経済成長率が2.5%のとき、

$$g_Y = \underbrace{0.5\%}_{g_A} + 0.2 g_K + 0.8 g_L = 2.5\% \quad \rightarrow \quad 0.2 g_K + 0.8 g_L = 2\%$$

また、労働者一人当たりの資本ストック量 k の増加率が2.0% だから、

$$k = \frac{K}{L} = KL^{-1} \quad \rightarrow \quad (g_k =) g_K - g_L = 2\% \quad \rightarrow \quad g_K = 2\% + g_L$$

これを上記に代入すると、

$$0.2\underbrace{(2\% + g_L)}_{g_K} + 0.8 g_L = 2\% \quad \rightarrow \quad 0.4\% + \underbrace{0.2 g_L + 0.8 g_L}_{g_L} = 2\%$$

$$\rightarrow \quad g_L = 2\% - 0.4\% = 1.6\%$$

本問のように「一人当たり」で数値が与えられる出題にも対応できることが望ましい。

第9章 経済成長

問題3 一次同次のコブ＝ダグラス型の生産関数によって示される経済において、資本ストックの増加率が1.5%、労働投入の増加率が1%、全要素生産性で計算された技術進歩率が0.5%の場合、経済成長率が1.7%であった。労働投入量の増加率が1%から0%に低下したとき、経済成長率はいくらになるか。

労働基準監督官2016

---

❶ 0.5%

❷ 0.8%

❸ 1.1%

❹ 1.4%

❺ 1.7%

解説

正解 ❸

資本分配率を$0<a<1$とすれば、労働分配率は$1-a$と書ける。当初の与件を代入して、資本分配率は、

$$\underbrace{0.5\%}_{g_A}+a\cdot\underbrace{1.5\%}_{g_K}+(1-a)\cdot\underbrace{1\%}_{g_L}=\underbrace{1.7\%}_{g_Y}$$

両辺を100倍すると%が約分されて消える(1になる)から、

$$0.5+1.5a+(1-a)=1.7 \quad\rightarrow\quad 0.5a=1.7-1-0.5=0.2$$

両辺に2をかけると(両辺を0.5で割ると)、

$$\underbrace{2\times0.5}_{1}a=2\times0.2 \quad\rightarrow\quad a=0.4$$

したがって、

$$g_Y=g_A+\underbrace{0.4}_{a}g_K+\underbrace{0.6}_{1-a}g_L$$

が成り立つ。ここで、$g_A=0.5\%$、$g_K=1.5\%$で同じとし、労働投入量の増加率を$g_L=0\%$とすると、

$$g_Y=\underbrace{0.5\%}_{g_A}+\underbrace{0.4}_{a}\cdot\underbrace{1.5\%}_{g_K}+\underbrace{0.6}_{1-a}\cdot\underbrace{0\%}_{g_L}=0.5\%+0.6\%=1.1\%$$

★★★

2 ハロッド＝ドーマー・モデル

前節とは異なり、本節および次節では経済成長理論を学習します。これ以降は、どんなメカニズムによって経済成長がもたらされるか、経済は安定して成長することが可能なのかについて学びます。

1 背　景

1 一人当たりの経済成長率

前節の成長会計とは別に、経済成長の理論的なモデルを考える。

経済成長モデルでは、一般的に労働人口が一定率で増加していくことを前提としている。例えば、今年の労働人口が1,000万人でその成長率が2%であれば、来年の労働人口は20万人増加する。

$$(1+\underbrace{0.02}_{g_L})\cdot\underbrace{1{,}000}_{L}=1{,}020\text{（万人）}$$

同様に、今年の生産量（実質GDP）が$Y=500$でその増加率が4%であれば、来年の生産量は、

$$(1+\underbrace{0.04}_{g_Y})\cdot\underbrace{500}_{Y}=520$$

である。このとき、今年と来年の１人当たり生産量（１人当たりの実質所得）は[1]、

$$\frac{500}{1{,}000}=0.5\cdots\text{（今年）}$$

$$\text{（来年）}\ \frac{520}{1{,}020}=\frac{(1+\overbrace{0.04}^{g_Y})\cdot\overbrace{500}^{Y}}{(1+\underbrace{0.02}_{g_L})\cdot\underbrace{1{,}000}_{L}}=\frac{1+\overbrace{0.04}^{g_Y}}{1+\underbrace{0.02}_{g_L}}\cdot\underbrace{\left(\frac{500}{1{,}000}\right)}_{\text{（今年）}}$$

であり、来年は今年のおよそ1.02倍になる。

1　ここでは実物で考える（物価を考慮しない）ので、例えば、100トンの農作物を生み出したとして、実質的な所得はこの農作物の単位で100トンとなる。100トンのうち、例えば、70トンは労働者に、残りの30トンは資本提供者に所得して分配される（現物支給）。

$$\frac{1+\overbrace{0.04}^{g_Y}}{1+\underbrace{0.02}_{g_L}}=\frac{1.04}{1.02}=1.0196078431\cdots\fallingdotseq 1.02$$

つまり、１人当たりの生産量は約2% 増加する（成長する）。

前節で学習した知識を使えば、１人当たりの経済成長率は、近似的に経済成長率から労働人口の成長率を引いたものに等しい。

$$y=\frac{Y}{L}=Y\cdot L^{-1} \quad \rightarrow \quad g_y=g_Y+(-1)g_L=g_Y-g_L$$

したがって、$g_Y=4\%$、$g_L=2\%$のとき、

$$g_y=4\%-2\%=2\%$$

である。

以上より、１人当たり経済成長率g_yについて、

$$\begin{cases} g_Y>g_L & \text{ならば}\quad g_y=g_Y-g_L>0 \\ g_Y=g_L & \text{ならば}\quad g_y=g_Y-g_L=0 \\ g_Y<g_L & \text{ならば}\quad g_y=g_Y-g_L<0 \end{cases}$$

が成り立ち、１人当たりの豊かさを最低限持続させるためには、$g_Y=g_L$であることが必要になり、経済成長理論においても、$g_Y=g_L$を一つの目安として考える。

第9章 経済成長

2 生産量の増加をもたらすもの

生産要素は資本ストックKと労働人口L（労働投入量）の２種類とする。生産量Yは資本ストックおよび労働人口が生産に用いられることによってもたらされる。したがって、労働人口や資本ストックが増加すれば、必然的に生産量が増加する。

① 労働人口の増加

労働人口は自然に(勝手に)増加することを前提とする($g_L > 0$)。これに対し、以下で見る通り、資本ストックKや生産量Yは生産活動の中で増やさなければならない(勝手には増えない)。

② 資本ストックの増加

資本ストックは企業の投資Iによって増加する[ΔK：資本ストックの増加]。

$$I = \Delta K \cdots (1)$$

ここで、企業による投資I（機械の購入）は、家計の貯蓄Sに対する借入れによって行われると仮定する（単純化して、銀行や利子率については考えない）と、

$$I = S \cdots (2)$$

家計の貯蓄Sは、所得Yのうち一定割合(貯蓄率s)とする[2]。

$$S = sY \cdots (3)$$

(1) (2) (3) より、資本ストックの増加ΔKは、

$$\Delta K = I = sY$$

で表される。

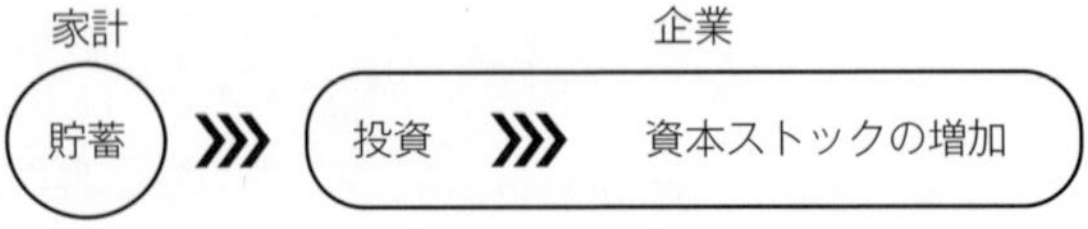

---

2 経済成長は長期を対象とするから、あるいは単純化のため、消費関数は原点を通る直線とする。平均消費性向(長期)は一定であり、傾きは限界消費性向(長期)に等しい(∵縦軸切片がない)。よって、ここでの貯蓄率は、長期の平均貯蓄性向（＝限界貯蓄性向）であり、1から平均消費性向（長期）を引いた値で定義される。単に貯蓄性向ということがある。

3 バランスの取れた経済成長

一つの目安として、経済成長率g_Y、資本ストック成長率g_K、労働人口成長率g_Lが同じである状態を考える。つまり、

$$g_Y = g_K = g_L$$

が成り立つとき、これを**均斉成長**（斉一成長）という（後述の通り、例外がある）。

経済が均斉成長する場合、1人当たり生産量および1人当たり資本ストックは一定となる。実際、$g_Y = g_K = g_L$が成り立つとき、1人当たり生産量と資本ストックについて、

$$y = \frac{Y}{L} \ (= Y \cdot L^{-1}) \quad \rightarrow \quad g_y = \underbrace{g_Y - g_L}_{\text{等しい}} = 0$$

$$k = \frac{K}{L} \ (= K \cdot L^{-1}) \quad \rightarrow \quad g_k = \underbrace{g_K - g_L}_{\text{等しい}} = 0$$

例えば、労働人口の成長率が$g_L = 2\%$で、生産量も資本ストックも同じ成長率で増加するとしよう。今年を添字0とし、1年経つごとに添字を1ずつ増やす方式で表すと、1年後の1人当たり生産量y_1は、赤文字を約分して、

$$y_1 = \frac{Y_1}{L_1} = \frac{\overbrace{1.02}^{1+g_Y} Y_0}{\underbrace{1.02}_{1+g_L} L_0} = \frac{Y_0}{L_0} \ (= y_0)$$

さらに翌年には、

$$y_2 = \frac{Y_2}{L_2} = \frac{\overbrace{1.02}^{1+g_Y} Y_1}{\underbrace{1.02}_{1+g_L} L_1} = \frac{Y_1}{L_1} = y_1 \ (= y_0) \quad \text{つまり} \quad y_0 = y_1 = y_2 = \cdots$$

1人当たり資本ストックについては、大文字・小文字を区別してYをKに、yをkに変えればよい（省略）。

このように、生産量Y、資本ストックKがそれぞれ労働人口Lと同じ速さ（成長率）で成長すると、1人当たりで一定の状態を持続する。

第9章 経済成長

［参　考］

カジュアルに矢印の本数で成長率を表すと、

$$y=\frac{Y\uparrow}{L\uparrow}$$

と書け、分母子が同じ率で増えるから、分数自体は一定となる。つまり、単純な分数の形で表されるものについて、

分子の成長率＝分母の成長率　→　分数は一定

としてよい。

2 ハロッド＝ドーマー理論

1 生産関数についての仮定

ハロッド＝ドーマーの成長理論は、「経済成長は不安定なものだ」ということを示すために構築された。このため、随所に特殊な仮定が置かれる。

生産関数については、資本ストックと労働人口（労働投入）に関して、財1単位を生産するのに必要な量が時間を通じて一定と仮定した（**固定係数の仮定**）。初めに資本ストックについて考える。

例えば、**財を1単位生産するのに必要な資本ストック**（これを**資本係数**とか必要資本係数という）が5単位であったとしよう。資本係数をvとすれば、

$$v=\frac{K}{Y}=\frac{5}{1}=5$$

である。

生産量を20単位にするには、資本ストックがいくら必要だろうか。資本係数が5のとき、

$$\frac{K}{\underbrace{20}_{Y}}=\underbrace{5}_{v}\ \rightarrow\ K=\underbrace{5}_{v}\cdot\underbrace{20}_{Y}=100$$

だけ資本ストックが必要である。

仮に、資本ストックが80単位しか存在しなければ、

$$\frac{\overbrace{80}^{K}}{Y}=\overbrace{5}^{v}\ \rightarrow\ 80=5Y\ \rightarrow\ Y=\frac{80}{5}=16$$

しか生産できない（Y＝20にするには資本ストックが不足する）。

また、資本ストックが100単位あるものの、景気が悪くなり生産量が14になってしまった場合には、

$$\frac{K}{\underbrace{14}_{Y}}=\underbrace{5}_{v} \rightarrow K=\underbrace{5}_{v}\cdot\underbrace{14}_{Y}=70$$

しか利用されず、100－70＝30単位の資本ストックが遊休設備となる（文字通り、生産活動に使われることなく、遊ばされ、休まされている資本ストックのこと）。

したがって、**ハロッド＝ドーマー理論では、資本係数が固定されているため、資本ストックを過不足なく利用する状態が必然的に成立することはない。**

2 資本ストックの完全利用

もしも経済が資本ストックを過不足なく完全に利用しながら成長するとすれば、その成長率は何に一致するだろうか。

① 資本係数

資本ストックの完全利用は、資本ストックKと生産量Yの比率が資本係数vに一致したとき実現する。例えば、$v=5$である経済の場合、

$$\frac{K}{Y}=\underbrace{5}_{v}\cdots(1)$$

が成り立てば、資本ストックの完全利用が果たされる。

資本ストックや生産量が増加したときも、資本ストックと生産量の比率が5であれば資本の完全利用が実現し、そうでなければ資本の完全利用は実現しない。

ここでは、「資本の完全利用が実現するとすれば、それはどんな条件のもとで成り立つか」を考える。

② 資本ストックの増加

冒頭の通り、投資Iは貯蓄Sと等しく、資本ストックKを増加させる。貯蓄は生産量Y(実質所得)に貯蓄率sをかけたものに等しい。例えば、貯蓄率を$s=0.2$とすれば、

$$\left.\begin{array}{l} I=S \\ S=\underbrace{0.2}_{s}\cdot Y \\ I=\Delta K \end{array}\right\} \rightarrow \overbrace{\Delta K}^{I}=\overbrace{\underbrace{0.2}_{s}\cdot Y}^{S}\cdots(2)$$

③ 保証成長率

(1)から、資本ストックと生産量の比率が資本係数に等しいとき、

$$(1)\ \frac{K}{Y}=\underbrace{5}_{v}\ \rightarrow\ K=\underbrace{5}_{v}\cdot Y\cdots(3)$$

一方、貯蓄に等しい投資が資本ストックを増やすとき、資本ストックの成長率は、(2)の両辺をKで割って、

$$(2)\ \Delta K=\underbrace{0.2}_{s}\cdot Y\ \rightarrow\ \Delta K\div K=\underbrace{0.2}_{s}\cdot Y\div K\ \rightarrow\ \frac{\Delta K}{K}=\underbrace{0.2}_{s}\cdot\frac{Y}{K}$$

ここで、右辺の分母に(3)を代入すると、赤文字を約分して、

$$\frac{\Delta K}{K}=\underbrace{0.2}_{s}\cdot\frac{Y}{\underbrace{K}_{(3)}}=\underbrace{0.2}_{s}\cdot\frac{Y}{\underbrace{5}_{v}\cdot Y}=\overbrace{0.2}^{s}\cdot\frac{1}{\underbrace{5}_{v}}=\frac{\overbrace{0.2}^{s}}{\underbrace{5}_{v}}=0.04\left(=\frac{s}{v}\right)\cdots(4)$$

よって、貯蓄率が$s=0.2$、資本係数が$v=5$の経済について、資本ストックの成長率が4%=0.04のとき、資本の完全利用が実現する。

ところで、資本係数が一定に保たれるとき、(1)より、分子Kと分母Yの成長率は同じでなければならない。

$$(1)\ \frac{K}{Y}=\underbrace{5}_{v}\ \rightarrow\ \frac{\Delta K}{K}=\frac{\Delta Y}{Y}\text{のとき一定}\cdots(5)$$

資本を完全利用しながら[(4)]、経済が成長するとき、(5)より、

$$\frac{\Delta K}{K}=\frac{\Delta Y}{Y}=\frac{s}{v}$$

が成り立つ。

以上より、経済の資本ストックを過不足なく完全に利用しながら経済が成長するとき、その成長率は**貯蓄率を資本係数で割った値に等しい**。これを、資本ストックの完全利用を保証する成長率という意味で、**保証成長率**(適正成長率)という。

$$\text{保証成長率}=\frac{\text{貯蓄率}}{\text{資本係数}}=\frac{s}{v}$$

例題9-4　ハロッド＝ドーマーの成長理論において、資本係数が0.1、貯蓄率が0.02であるとき、資本ストックの完全利用が保証される成長率はいくらか。

解説

保証成長率は貯蓄率を資本係数で割った値である。

$$\frac{s}{v}=\frac{0.02}{0.1}=\frac{0.2}{1}=0.2$$

3 労働の完全雇用

ハロッド＝ドーマー理論では、労働投入量Lと生産量Yの比率も一定とされる。例えば、

$$\frac{L}{Y}=2$$

とする。生産量が10のとき、労働投入量が20であればこの比率を満たすが、労働量が30の場合には30−20＝10だけ余分であり（生産活動に使われることがなく、失業者となる）、また、労働投入量が10の場合には10だけ不足してしまう。

したがって、上記の比率を維持し続けるとき、労働を過不足なく投入しながら生産活動が行われる。いま、この比率が2で固定されているとして、労働人口が増えたとき、生産量も同じ成長率で増えなければならない。

$$\frac{L\uparrow}{Y\uparrow}=\underbrace{2}_{\text{不変}}\quad\rightarrow\quad\frac{\Delta L}{L}=\frac{\Delta Y}{Y}$$

経済成長理論では、労働人口の成長率は定数であり、これをn（労働人口成長率）で表せば、**労働を完全雇用しながら経済が成長する**には、

$$\frac{\Delta Y}{Y}=\frac{\Delta L}{L}=n$$

でなければならない。これを**自然成長率**という。

4 労働増加的な技術進歩

労働生産性Aとして技術係数を定義すると、上記は、次のように書き換えられる(上記はA=1で一定と考えてもよい)。

$$\frac{A \cdot L}{Y}=2$$

分子の成長率は(積→和)、

$$分子=A \cdot L \quad \to \quad \frac{\Delta 分子}{分子}=\frac{\Delta A}{A}+\frac{\Delta L}{L}$$

(全要素生産性とは異なるので)労働生産性Aの成長率をλで置き換えると、

$$\frac{\Delta 分子}{分子}=\frac{\Delta A}{A}+\frac{\Delta L}{L}=\lambda+n$$

で表される。したがって、

$$\frac{A \cdot L}{Y}=2$$

が維持されるには、分母子の成長率が一致して、

$$\frac{\Delta Y}{Y}=\frac{\Delta A}{A}+\frac{\Delta L}{L}=\lambda+n$$

が成り立たなければならない。これが、持続的な労働生産性の向上($\lambda>0$)を考慮した場合に労働人口の完全雇用を実現する自然成長率である。

例題9-5　ハロッド=ドーマーの成長理論において、労働人口の成長率が2%であるとき、労働生産性が一定の場合と、労働生産性が1%で成長する場合に、労働の完全雇用が保証される成長率はそれぞれいくらか。

解説

労働生産性が一定の場合には、労働人口成長率2%と同じ成長率であり、

$n=2\%(=0.02)$

労働生産性が1%で成長する場合には、労働人口成長率にこれを加えた大きさである。

$n+\lambda=2\%+1\%=3\%(=0.03)$

3 不安定な経済成長

1 均斉成長

もしも経済が資本ストックKの完全利用と労働人口Lの完全雇用を維持しながら成長するならば、保証成長率と自然成長率が一致して、

$$\left.\begin{aligned}&\frac{\Delta Y}{Y}=\frac{\Delta K}{K}=\frac{s}{v}\\&\frac{\Delta Y}{Y}=\frac{\Delta A}{A}+\frac{\Delta L}{L}=\lambda+n\end{aligned}\right\}\rightarrow\ \frac{\Delta Y}{Y}=\frac{\Delta K}{K}=\frac{\Delta A}{A}+\frac{\Delta L}{L}\ \rightarrow\ \frac{s}{v}=\lambda+n$$

が成立する。ただし、労働生産性Aが一定で成長しない場合には($\lambda=0$)、

$$\left.\begin{aligned}&\frac{\Delta Y}{Y}=\frac{\Delta K}{K}=\frac{s}{v}\\&\frac{\Delta Y}{Y}=\frac{\Delta L}{L}=n\end{aligned}\right\}\rightarrow\ \frac{\Delta Y}{Y}=\frac{\Delta K}{K}=\frac{\Delta L}{L}\ \rightarrow\ \frac{s}{v}=n$$

が成立する。

資本ストックと労働人口が完全利用・完全雇用の状態で経済が成長するとき、この状態を**均斉成長**と呼ぶ。

第9章 経済成長

例題9-6

ハロッド＝ドーマーの成長理論において、資本係数が5、労働人口の成長率が2%の経済が均斉成長する場合の貯蓄率はいくらか。ただし、技術進歩率はゼロとする。

解説

労働生産性は一定だから、均斉成長の条件は、

$$\frac{s}{v}=n\ \rightarrow\ s=n\cdot v=2\%\times5=10\%(=0.1)$$

例題9-7 ハロッド＝ドーマーの成長理論において、貯蓄率が20%、資本係数が2、労働人口の成長率が2%、労働生産性の成長率が5%の経済は均斉成長するか。

解説

保証成長率は、

$$\frac{s}{v}=\frac{20\%}{2}=10\%(=0.1)$$

であり、自然成長率は、

$$n+\lambda=2\%+5\%=7\%$$

である。よって、この経済は均斉成長しない。

2 現実の経済成長率

ここまでは、「もし～だったら」という仮定のもとで成長率を検討した。これに対して、実際の経済成長率を提示する。

消費Cと投資Iから成る単純な財市場を考えると、限界消費性向を$c(=1-s)$として、財市場が均衡するとき、

$$\left.\begin{aligned}Y&=C+I\\C&=cY\end{aligned}\right\}$$

$$\rightarrow\quad Y=cY+I\quad\rightarrow\quad Y-cY=I\quad\rightarrow\quad\underbrace{(1-c)}_{s}Y=I\quad\rightarrow\quad s=\frac{I}{Y}$$

貯蓄率sは一定と仮定されるから、分母の国民所得Y(実質所得)と分子の投資Iは同じ速さで成長する。

$$\frac{\Delta Y}{Y}=\frac{\Delta I}{I}$$

ハロッド＝ドーマー理論はケインジアンの成長理論であり、**現実の成長率は投資の成長率に等しい**と考える(総需要の項目Iの増加率に一致する)。

3 投資の二面性と不安定な経済成長

ハロッド＝ドーマー理論における均斉成長は、貯蓄率、資本係数、労働人口成長率の三つのパラメータ(定数)で規定される(労働生産性の成長率を入れると四つ)。

均斉成長は現実の成長率が、

$$\frac{\boldsymbol{s}}{\boldsymbol{v}}=\boldsymbol{n}(+\lambda)$$

に一致するときのみ実現するが、この条件が満たされる必然性はまったくない。

また、この条件がたまたま(偶然)満たされ、経済が均斉成長したとしてもナイフの刃の上を渡るようなものであり(綱渡り的であり)、**一度、均斉成長から外れると均斉成長に戻るメカニズムがまったくなく、どんどん均斉成長から遠ざかっていく**。これを**不安定性原理**(ナイフエッジ原理)という。

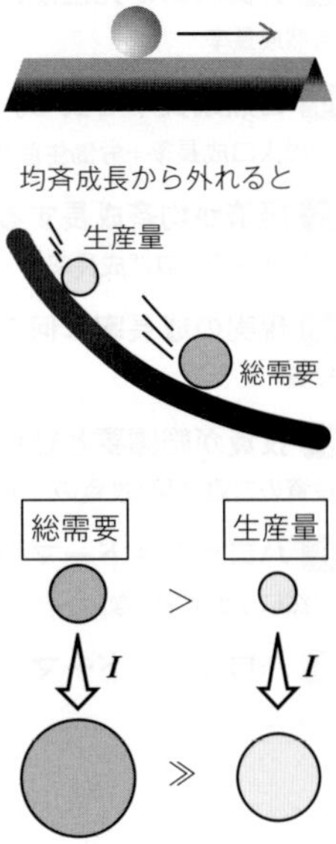

例えば、現実の成長率(投資の成長率)が保証成長率を超え、財の需要(総需要)が旺盛で、生産が追いつかなくなったとする(資本ストックが不足している)。

企業は生産量を増やすため投資を行う。投資によって資本ストックが増加し、生産量は増えるが、同時に投資は総需要(消費と投資の和)も増やしてしまう。つまり、投資には二面性があり、投資を行うと生産量と総需要の両方を増やす効果がある(**投資の二重効果**)。

旺盛な需要に対応しようと投資を増やせば増やすほど、さらに総需要が増えてしまう。財市場における超過需要は縮まるどころかどんどん拡大し、資本ストックの不足もどんどん拡大していく[3]。

逆もまた同様であり、現実の成長率が保証成長率を下回ると、資本ストックはどんどん生産活動に使われなくなってしまう。

また、労働人口についても同じことが生じる。現実の成長率が自然成長率を上回ればどんどん労働者不足となり、逆に現実の成長率が自然成長率を下回るとどんどん失業が増え続ける。

したがって、経済が均斉成長から外れてしまうと、均斉成長に戻ることはない。

3　最下段の図について、厳密には生産量を増加させるのは貯蓄であり、$I>S$が成立するため総需要の方が大きい(詳細は省略)。

つまり、ハロッド＝ドーマー理論における均斉成長は不安定である[4]。

重要事項 一問一答

01 資本ストックが完全利用される成長率を何というか。

保証成長率

02 保証成長率を表せ。

貯蓄率÷資本係数

03 労働人口が完全雇用される成長率を何というか。

自然成長率

04 自然成長率を表せ。

労働人口成長率＋労働生産性の成長率

05 経済が均斉成長する条件は何か。

保証成長率＝自然成長率

06 現実の成長率は何の成長率に等しいか。

投資

07 投資が総需要と総供給を同時に増やす効果を何というか。

投資の二重効果（投資の二面性）

08 ハロッド＝ドーマー理論における均斉成長は必ず実現するか。

偶然にしか実現しない

09 ハロッド＝ドーマー理論における均斉成長は安定的か。

不安定

4　経済成長のように長期を考える場合、一定の成長の仕方（均斉成長）を長期的な均衡とみなす。この長期均衡（均斉成長）に収束するならば、その長期均衡は安定であり、収束しないとき不安定だという。

過去問 Exercise

問題1 ハロッド＝ドーマーの成長理論に関する記述として、最も適当なものはどれか。

裁判所一般職2016

1 ある経済において貯蓄率が0.1、必要資本係数が5であるとき、ハロッド＝ドーマーの成長理論における均斉成長が維持されている場合の保証成長率は0.02である。

2 ハロッド＝ドーマーの成長理論によれば、投資は有効需要を拡大する効果だけでなく、資本ストックの増加を通じて生産能力を高める二重効果があり、投資が伸縮的調整機能を持つため、非自発的失業は発生しない。

3 ハロッド＝ドーマーの成長理論において、保証成長率とは完全雇用下の成長率であり、自然成長率とは資本ストックが完全利用されているときの成長率である。

4 ハロッド＝ドーマーの成長理論によれば、現実の成長率が自然成長率を上回る場合には、労働市場において超過供給が生じる。

5 ハロッド＝ドーマーの成長理論は、資本と労働の代替関係を前提としており、現実の成長率は必ず保証成長率と一致するものと考えられている。

解説

正解 ❶

---

❶ ○　保証成長率は貯蓄率sを資本係数(必要資本係数) vで割ったものに等しいから、

$$\frac{s}{v}=\frac{0.1}{5}=0.02$$

❷ ×　確かに投資は二重効果を持つが、経済が偶然に均斉成長しない限り、資本ストックについては遊休設備が、労働については非自発的失業が発生しうる。

なお、投資と資本蓄積については、$I=\Delta K$と置くから(加速度原理)、伸縮的加速子(調整速度)は1としている(ΔKの係数)。

❸ ×　保証成長率が資本ストックを完全利用する成長率であり、自然成長率は労働を完全雇用する成長率である。

❹ ×　現実の成長率(投資の成長率)は総需要の成長率と考えられるから、この場合、総需要の増加に総供給(産出量)の増加が追いついていない。つまり、総需要に見合うように総供給を増やすには、労働が不足しているから、労働市場は超過需要(人手不足)となる。

❺ ×　ハロッド＝ドーマーのモデルでは、資本も労働も生産量に対して固定された係数を用いるから、資本と労働に代替性はまったくない。したがって、均斉成長する保証もないから、現実の成長率が必然的に保証成長率と一致することはない。

★★★

3 新古典派成長モデル

前節とは異なり、均斉成長を安定的に実現するとした新古典派の経済成長理論を取り上げます。生産関数を変えるだけで、経済は安定的に均斉成長し、定常状態と呼ばれる状態が実現します。

1 安定的な経済成長

1 新古典派成長理論における生産技術

ソローやスワンは、**資本と労働は代替可能**だと仮定した。例えば、次のコブ＝ダグラス型生産関数を見てみよう。

$$Y=\sqrt{K \cdot L}$$

資本ストックと労働人口の三つの組合せから同じだけ生産される。

$$(K, L)=(18, 2) \rightarrow Y=\sqrt{K \cdot L}=\sqrt{18 \cdot 2}=\sqrt{36}=\sqrt{6^2}=6$$

$$(K, L)=(12, 3) \rightarrow Y=\sqrt{K \cdot L}=\sqrt{12 \cdot 3}=\sqrt{36}=\sqrt{6^2}=6$$

$$(K, L)=(6, 6) \rightarrow Y=\sqrt{K \cdot L}=\sqrt{6 \cdot 6}=\sqrt{6^2}=6$$

つまり、$K \cdot L=36$を満たすどんな資本ストックと労働人口の組合せも財を6単位生産することができる。

三つの組合せについて、資本ストックと生産量の比率を求めると、

$$(K, Y)=(18, 6) \rightarrow \frac{K}{Y}=\frac{18}{6}=3$$

$$(K, Y)=(12, 6) \rightarrow \frac{K}{Y}=\frac{12}{6}=2$$

$$(K, Y)=(6, 6) \rightarrow \frac{K}{Y}=\frac{6}{6}=1$$

となって**資本係数は可変的**である。

同様に、**財1単位に必要な労働投入量もまた可変的**である。

[参考❶]　ハロッド＝ドーマー理論における生産技術

ハロッド＝ドーマー理論では、財１単位当たりに必要な資本ストック(資本係数)や労働投入量は一定と仮定された(固定係数)。言い換えると、**資本と労働の間にはまったく代替性がない**。

例えば、資本係数が2で、生産量１単位当たりの必要労働量が1(労働生産性は1で一定)のとき、

$$\frac{K}{Y}=2,\ \frac{L}{Y}=1$$

と書ける。生産量を10とすると、

$$\frac{K}{Y}=2 \ \rightarrow \ K=2Y=2\cdot 10=20$$

$$\frac{L}{Y}=1 \ \rightarrow \ L=Y=10$$

となり、資本ストック20、労働人口10を使って財を10だけ生産できる。ここで、労働人口が10、資本ストックが実際には25だとすると、5単位の資本ストックが遊休となる。

もし資本と労働に代替性があれば、労働よりも多くの資本を使ってもっと生産することができる(資本より多くの労働を使ってたくさん生産することも可能)。

[参考❷]　レオンチェフ型生産関数

ハロッド＝ドーマー理論におけるマクロ生産関数は、例えば、

$$Y=\min\left\{\frac{K}{2},\ L\right\}$$

のように表される。これをレオンチェフ型といい、右辺の記号min{　}は「{　}のうち小さい方、{　}の最小値」という意味である。

資本ストックが$K=20$、労働人口が$L=10$のとき、

$$Y=\min\left\{\frac{20}{2},10\right\}=\min\{10,\ 10\}=10$$

となり、資本ストックの完全利用、労働人口の完全雇用が成り立つが、資本が$K=25$のときには(他は同じ)、

$$Y=\min\left\{\frac{25}{2},10\right\}=\min\{12.5,\ 10\}=10$$

となり、生産量は10単位になる。このとき、資本ストック5単位が生産に使われない($\because Y=K/2 \ \rightarrow \ K=2Y=2\cdot 10=20$)。

2 市場メカニズム

資本と労働の代替性は、資本や労働の市場が機能している証でもある。財を一定量生産する場合、企業にとって総費用が小さい方がよい(∵利潤最大化、費用最小化)。

例えば、資本ストックが過剰に存在すれば(遊休設備があれば)、資本の価格は下がるだろう。このとき、企業は労働よりも相対的に安価な資本をもっと使って生産することで総費用を抑えることができる。

逆に、非自発的失業が存在すれば(仕事さえ与えれば喜んで働く)、労働の価格(賃金)が下がって、企業は資本に代えてより多くの労働を雇用するだろう。

このように**新古典派成長理論においては価格調整によって財、資本、労働の各市場における需給が一致する(市場メカニズムが働く)。**

翻って、**ハロッド=ドーマー理論においてはどの市場においても市場メカニズムが働かない(価格の調整機能がない)。**

3 安定的な経済成長

上記の市場メカニズム(いつでも市場が均衡する)によって、**経済は安定的に長期的な均衡に収束する。**たとえ均斉成長から外れたとしても、経済は自律的に(市場メカニズムにより)均斉成長する。

[参　考]　ソロー方程式と長期均衡への収束　発展

ソロー方程式とは、一人当たり資本ストックの増加を表す式である。一人当たり資本ストックを$\boldsymbol{k}$、貯蓄率を$\boldsymbol{s}$、一人当たり生産量を$\boldsymbol{y}$、資本減耗率(減価償却率)を$\boldsymbol{d}$、労働人口増加率を$\boldsymbol{n}$とすると、ソロー方程式は、

$$\Delta k = s \cdot y - (n+d)k$$

で表される。

右辺第1項は、一人当たり貯蓄であり、一人当たり資本ストックを増加させる要因である。また、右辺第2項は、一人当たり資本ストックを減少させる要因、労働人口の増加と資本の減耗である。

新古典派成長理論における長期均衡とは、ソロー方程式がゼロとなる状態を指す(詳細は次の「定常状態と均斉成長」を参照のこと)。

$$s \cdot y = (n+d)k \quad \rightarrow \quad \Delta k = s \cdot y - (n+d)k = 0$$

このとき、一人当たり資本ストックの増加量はゼロとなる($\Delta k=0$)。

類推して、

$$s \cdot y > (n+d)k \quad \rightarrow \quad \Delta k = s \cdot y - (n+d)k > 0$$
$$s \cdot y < (n+d)k \quad \rightarrow \quad \Delta k = s \cdot y - (n+d)k < 0$$

が成り立ち、一つ目の場合には一人当たり資本ストックが増加し（$\Delta k > 0$）、二つ目の場合には一人当たり資本ストックが減少する（$\Delta k < 0$）。

一次同次のコブ＝ダグラス型生産関数が仮定されるため、一人当たり資本ストックが増加しても、減少しても、長期均衡（$\Delta k = 0$）に向かっていく（数学的な説明は煩雑なため省略する）。

4 定常状態と均斉成長

経済が長期均衡（均斉成長）に収束すると、生産量、資本ストック、労働人口の成長率は一致する。

このとき、一人当たりの資本ストック（$k = K/L$）は一定の値を取る。これをk^*で表すと、一人当たりの生産量（$y = f(k)$, kの増加関数）もまた一定となる（計算は後述）。

$$k = k^* \text{ (一定)} \quad \rightarrow \quad y = f(k^*) \text{ (一定)}$$

一人当たり変数が一定となるので、この状態を定常的な状態（**定常状態**）と呼ぶ。

経済が定常状態に収束すると、一人当たり資本ストックは一定値になるから、資本ストックと労働人口の成長率は一致する。

$$k = \frac{K}{L} = k^* \text{(一定)} \quad \rightarrow \quad \frac{\Delta K}{K} = \frac{\Delta L}{L}$$

労働人口が一定の値nで成長すると、例えば、$n = 2\%$であれば、定常状態における資本ストックもまた、労働人口成長率で成長する。

$$\frac{\Delta K}{K} = \frac{\Delta L}{L} = 2\%$$

定常状態では一人当たり生産量も一定だから、生産量もまた労働人口と同じ速さで成長する。

$$y = \frac{Y}{L} = f(k^*) \text{(一定)} \quad \rightarrow \quad \frac{\Delta Y}{Y} = \frac{\Delta L}{L}$$

したがって、**新古典派成長理論における定常状態では均斉成長が実現する。**

$$\frac{\Delta Y}{Y} = \frac{\Delta K}{K} = \frac{\Delta L}{L} = n$$

第9章 経済成長

5 一人当たり資本ストックと定常状態

一人当たり資本ストックkを決める要因を考えよう。kは資本ストックKを労働人口Lで割ったものだから、

$$k=\frac{K}{L}$$

で表される。以下、分子と分母、それぞれを決める要因を見ていこう。以下、式の変形を示すが参考程度とする。

① 貯蓄（資本ストックを増やすもの）

新古典派成長理論においても貯蓄Sは貯蓄率をsとして、貯蓄→投資→資本ストックの増加となる。

$$S=s\cdot Y=I$$

② 資本の減耗（資本ストックを減らすもの）

出題傾向から、ここでは資本減耗率d(depreciation)あるいは減価償却率を考慮する(第1章で考えた固定資本減耗に相当する)。

資本減耗率を例えば$d=0.2$とすれば、いま、$K=20$とすると、来年には20%の資本ストックが摩耗・破損によって失われる。

$$d\cdot K=0.2\cdot 20=4$$

③ 資本ストックの増加

資本減耗を考慮する場合、これまでの投資Iを粗投資という。資本ストックは貯蓄を通じて粗投資により増加し、資本減耗によって減少する。

例えば、貯蓄率$s=0.4$、資本減耗率$d=0.2$とすれば、資本ストックの増加ΔKは、現在の資本ストックをKとして、

$$\Delta K=I-\underbrace{0.2}_{d}\cdot K=\underbrace{0.4}_{s}\cdot Y-\underbrace{0.2}_{d}\cdot K$$

両辺をKで割る

$$\frac{\Delta K}{K}=\underbrace{0.4}_{s}\cdot\frac{Y}{K}-\underbrace{0.2}_{d}=\frac{\overbrace{0.4}^{s}}{\underbrace{K/Y}_{v}}-\underbrace{0.2}_{d}=\frac{s}{v}-d$$

ただし、上記で見た通り、資本係数$v=K/Y$は定数ではなく変数である(可変的)。後述の通り、これは一人当たり資本ストックkの関数であるから、上記を、

$$\frac{\Delta K}{K}=\frac{s}{v(k)}-d\cdots(1)$$

と書く。

④ 定常状態における一人当たり資本ストック

定常状態において一人当たり資本ストック$\boldsymbol{k}$が一定になると、資本ストックの成長率と労働人口の成長率が一致する。

$$k=\frac{K}{L}=k^{*} \quad \rightarrow \quad \frac{\Delta K}{K}=\frac{\Delta L}{L}\cdots(2)$$

ここで、資本ストック成長率は(1)であり、労働人口成長率を$\boldsymbol{n}$とすれば、定常状態において、

$$(2)\ \frac{\Delta K}{K}=\frac{\Delta L}{L} \xrightarrow{\text{左辺は(1)}} \frac{s}{v(k)}-d=n \quad \rightarrow \quad \frac{s}{v(k)}=n+d\cdots(3)$$

したがって、定常状態において貯蓄率と資本係数の比率は、労働人口成長率と資本減耗率の和に一致する。

6 一人当たり生産量と定常状態

定常状態においては、一人当たり生産量$\boldsymbol{y}$もまた一定となる。

$$y=\frac{Y}{L}=f(k^{*}) \quad \rightarrow \quad \frac{\Delta Y}{Y}=\frac{\Delta L}{L}=n$$

また、一人当たり生産量の分母子を変形すると、

$$y=\frac{Y}{L}\times\frac{K}{K}=\frac{Y}{K}\cdot\frac{K}{L}\cdots(4)$$

ここで、

$$v=\frac{K}{Y} \quad \rightarrow \quad K=v\cdot Y$$

$$k=\frac{K}{L}$$

だから、一人当たり生産量(4)は、

$$(4)\ y=\frac{Y}{K}\cdot\frac{K}{L}=\frac{Y}{v\cdot Y}\cdot k=\frac{k}{v}$$

ただし、一人当たり生産量$\boldsymbol{y}$は一人当たり資本ストック$\boldsymbol{k}$の増加関数だから、

$$y=\frac{k}{v} \quad \rightarrow \quad v=\frac{k}{y(k)}\ (=v(k))\ \cdots(5)$$

である。これが資本係数$\boldsymbol{v}$が一人当たり資本ストック$\boldsymbol{k}$の関数となる理由である。

(3)に(5)を代入すると、

$$(3)\ \frac{s}{\underbrace{v(k)}_{(5)}}=n+d \ \rightarrow\ \frac{s}{\frac{k}{y(k)}}=n+d \ \rightarrow\ s\cdot\frac{y(k)}{k}=n+d$$

$$\rightarrow\ s\cdot y(k)=(n+d)k$$

定常状態において一人当たり資本ストックは$k=k^*$で一定だから、

$$s\cdot y(k^*)=(n+d)k^*$$

これは、定常状態における１人当たり資本ストックが満たす条件を表している。左辺は、貯蓄率に一人当たり所得(生産量)をかけたものであり、一人当たり貯蓄を表す。つまり、左辺は一人当たり資本ストックの増加要因を表す。

これに対して右辺は、一人当たり資本ストックに労働人口成長率および資本減耗率をかけたもので、どちらも一人当たり資本ストックの減少要因である(一人当たりの資本ストックは、労働者１人が平均的に使用できる資本ストックだから、労働人口が増えるほど、労働者一人当たりの使用可能な機械は減る)。

したがって、定常状態は、一人当たり資本ストックの増加要因と減少要因の大きさがピッタリ一致している状態といえる。

7 生産関数と定常状態

新古典派成長理論は、成長会計と同じように、一次同次のコブ＝ダグラス型生産関数を用いる。

$$Y=A\cdot K^{a}\cdot L^{1-a}$$

ただし、全要素生産性A、資本分配率a、労働分配率$(1-a)$は定数である(成長会計のように全要素生産性Aの成長率を考えればゼロである)。

出題傾向から、ほぼ100%の確率で資本分配率と労働分配率は0.5であり、以下、これを仮定する[1]。

定常状態における一人当たり資本ストックは、次式に一致する。

$$a=0.5 \ \rightarrow\ k^*=\left(\frac{s\times A}{n+d}\right)^2 \cdots(\#)$$

掛け算と足し算の区別が必要だが、上から順に、「サンド(sAnd砂)の２乗」と読める。

また、一人当たり生産量は、

1　定常状態における一人当たり資本ストックの計算は、2009年以降、毎年、どこかの試験で出題されている。このうち、資本分配率と労働分配率が0.5でなかった年はたったの一度である。

$$\frac{Y}{L}=\frac{A\cdot K^{a}\cdot L^{1-a}}{L} \quad\rightarrow\quad y=A\cdot\frac{K^{a}}{L^{a}}\cdot\frac{L^{1-a}}{L^{1-a}}=A\cdot\left(\frac{K}{L}\right)^{a}=A\cdot k^{a}$$

であったから（成長会計参照）、

$$a=0.5 \quad\rightarrow\quad y=A\cdot(\underbrace{k^{*}}_{(\#)})^{0.5}=A\sqrt{\left(\frac{s\times A}{n+d}\right)^{2}}=A\cdot\frac{s\times A}{n+d}$$

となる。これについては、これをそのまま覚えるというよりは、

$$y=A\sqrt{k^{*}}$$

を覚えて上記の「サンドの２乗」で求めた値を代入する方が良さそうだ。

例題9-8　新古典派成長理論について、マクロ的生産関数が次式で示されるとする。

$$Y=2\sqrt{KL}$$

ただし、Yは生産量、Kは資本ストック、Lは労働人口とする。

この経済における貯蓄率が10%、労働人口成長率が3%、資本減耗率が1%であるとすると、定常状態における労働１単位当たりの資本ストックおよび生産量はそれぞれいくらか。

解説

資本分配率と労働分配率はともに0.5だから公式を使う。貯蓄率は$s=10\%(=0.1)$、全要素生産性は$A=2$、労働人口成長率は$n=3\%(=0.03)$、資本減耗率は$d=1\%(=0.01)$だから、

$$k^{*}=\left(\frac{s\times A}{n+d}\right)^{2}=\left(\frac{10\%\times 2}{3\%+1\%}\right)^{2}=\left(\frac{20\%}{4\%}\right)^{2}=5^{2}=25$$

一人当たり生産量は、

$$y=2\sqrt{k^{*}}=2\sqrt{5^{2}}=2\cdot 5=10$$

である。

第9章　経済成長

［参　考］　資本分配率が0.5以外のケース

計算過程は省略する。資本分配率をa、労働分配率を$1-a$として、定常状態における一人当たり資本ストックは、

$$(k^*)^{1-a}=\frac{s\times A}{n+d}$$

で表される（右辺の「サンド」は同じ）。$a=1/2$のとき、前述の公式を得る。

2 定常状態の性質

1 一人当たり資本ストックと一人当たり生産量

定常状態における一人当たり資本ストックは貯蓄率、全要素生産性、労働人口成長率、そして資本減耗率に依存して決まる。

なお、一人当たり生産量は一人当たり資本ストックの増加関数だから、一人当たり資本ストックとともに増加し、また、一人当たり資本ストックとともに減少する（増減が必ず一致する）。

公式をもう一度見てみると、

$$k^*=\left(\frac{\text{貯蓄率}\times\text{全要素生産性}}{\text{労働人口成長率}+\text{資本減耗率}}\right)^2$$

である。ここでは出題のある貯蓄率と労働人口増加率について検討する。

なお、以下では数値の増減だけが問題となり、どれだけ大きくなるかは考えていないので、資本分配率が0.5以外の場合にも当てはまる。

① 貯蓄率の上昇

貯蓄率の上昇は、一人当たりの貯蓄を増加させる。したがって、定常状態における一人当たり資本ストックは増加し、一人当たり生産量も増加する。

$$k^*\uparrow=\left(\frac{\text{貯蓄率}\uparrow\times\text{全要素生産性}}{\text{労働人口成長率}+\text{資本減耗率}}\right)^2\quad\rightarrow\quad y\uparrow=A\sqrt{k^*\uparrow}$$

公式を見れば明らかな通り、分数の分子が増加して、分数自体が大きくなる。

② 労働人口成長率の上昇

労働人口成長率の上昇によって、労働者数の増加が激しくなり多くの労働者で資本ストックを分け合うため、一人当たりの資本ストック、つまり、労働者一人が使用できる資本ストックは小さくなる。よって、一人当たり生産量も減少する。

$$k^*\downarrow = \left(\frac{\text{貯蓄率}\times\text{全要素生産性}}{\text{労働人口成長率}\uparrow + \text{資本減耗率}}\right)^2 \rightarrow y\downarrow = A\sqrt{k^*\downarrow}$$

公式の分母が大きくなるから、分数自体は小さくなる。

2 均斉成長

貯蓄率や労働人口成長率は経済全体の均斉成長にどのように影響するだろうか。定常状態では、一人当たりの資本ストックおよび生産量が一定となるから、このとき、経済は均斉成長する。

$$k = \frac{K}{L} = k^* \rightarrow \frac{\Delta K}{K} = \frac{\Delta L}{L} = n$$

$$y = \frac{Y}{L} = A\sqrt{k^*} \rightarrow \frac{\Delta Y}{Y} = \frac{\Delta L}{L} = n$$

定常状態における資本ストックも生産量も労働人口と同じ成長率nで増加し、このことは労働人口成長率が変わらない限り、これらの成長率も変わらないことを示している。

よって、貯蓄率が変わっても資本ストックと生産量の成長率は変わることがないが、労働人口成長率の上昇によって資本ストックと生産量の成長率が大きくなる。

3 黄金律と偶然性

定常状態において一人当たり消費量が最大になることは、望ましい経済成長のもう一つの指標となる。これが満たされることを黄金律が成立するという。

新古典派成長理論では必ずしも一人当たり消費量は最大にならない。黄金律が成り立つとき、次の条件が満たされる(計算省略)。

貯蓄率s ＝資本分配率a

家計は所得のうち貯蓄率に等しい割合を貯蓄する。その結果、企業が投資を行い、全体でYだけ稼ぐ。このうち、資本分配率aをかけた大きさが資本提供者である家計の取り分となる。行った貯蓄に見合う分配を受け取ったときのみ、一人当たりの消費量が最大となる。

なお、「労働者vs資本家」のような構図はこの理論では生じない。平均的な(代表的な)家計は、資本提供者であり、かつ、労働者である。

例題9-9 新古典派成長理論について、マクロ的生産関数が次式で示されるとする。

$Y=2\sqrt{KL}$

ただし、Yは生産量、Kは資本ストック、Lは労働人口とする。

この経済における貯蓄率が10%、労働人口成長率が3%、資本減耗率が1%であるとすると、定常状態において一人当たりの消費量は最大化されるか。

解説

生産関数から、資本分配率はa=0.5である。これに対して貯蓄率はs=0.1だから、黄金律は成立しない。つまり、定常状態において一人当たり消費量は最大化されない。

3 二つのモデルの比較

ここでは、ハロッド=ドーマー・モデルと対照的な点に絞って比較する。表記の都合上、新古典派成長理論をソロー(=スワン)・モデルとする。

なお、成長会計については、試験に限ればソローによるものしかないので、ここでは割愛する。

	ハロッド=ドーマー	ソロー（=スワン）
学派	ケインジアン	新古典派
生産関数	レオンチェフ型	コブ=ダグラス型
資本係数	固定	可変
資本と労働	代替不可	代替可能
均斉成長	偶然、不安定	必然、安定
市場メカニズム	働かない	働く
偶然成立するもの	すべて	定常状態における 一人当たり消費量の最大化

重要事項 一問一答

01 新古典派成長理論はどのような生産関数を用いるか。

一次同次のコブ＝ダグラス型生産関数

02 新古典派成長理論における定常状態における1人当たり資本ストックはどのように表せるか。資本分配率は0.5とする。

貯蓄率×全要素生産性を労働人口成長率＋資本減耗率で割って2乗する

03 新古典派成長理論における資本と労働の関係はどんなものか。

代替的

04 新古典派成長理論における均斉成長は安定か不安定か。

安定（市場メカニズムにより均斉成長に収束する）

05 新古典派成長理論の定常状態において偶然成立するのは何か。

1人当たり消費量の最大化

過去問 Exercise

問題1 資本Kと労働Lを投入した場合に得られる産出量をYとしたマクロ的生産関数が次のように示されている。

$$Y=4K^{0.5}L^{0.5}$$

また、貯蓄率をs、投資をI、資本の増加分をΔK、労働成長率を$\Delta L/L$としたとき、

$$s=0.1$$
$$\Delta K=I$$
$$\frac{\Delta L}{L}=0.02$$

が成り立つものとする。定常状態における労働者ひとりあたりの産出量$\left(\frac{Y}{L}\right)$として、最も妥当なものはどれか。

裁判所一般職2021

1. 20
2. 80
3. 121
4. 160
5. 400

解説

正解 ②

資本分配率と労働分配率が0.5の基本問題であるから、定常状態における労働者一人当たりの資本は、

$$k^* = \left(\frac{s \times A}{n + d}\right)^2$$

になる。ただし、資本減耗率は与えられていないので $d = 0$ であり、全要素生産性は $A = 4$、労働成長率は $n = 0.02$ である。貯蓄率とともに与件を代入すると、

$$k^* = \left(\frac{0.1 \times 4}{0.02 + 0}\right)^2 = 20^2$$

他方、生産関数を一人当たりで表すと、

$$Y = 4K^{0.5}L^{0.5} \quad \rightarrow \quad \frac{Y}{L} = \frac{4K^{0.5}L^{0.5}}{L} = 4 \cdot \frac{K^{0.5}}{L^{0.5}} \cdot \frac{L^{0.5}}{L^{0.5}}$$

$$= 4\left(\frac{K}{L}\right)^{0.5} = 4\sqrt{k}$$

である。$k = k^* = 20^2$ とすれば、

$$y = 4\sqrt{20^2} = 4 \cdot 20 = 80$$

なお、資本減耗率がゼロだから、定常状態において、

$$\frac{s}{v} = n\left(v = \frac{K}{Y}\right)$$

が成り立つ。この条件に生産関数を代入、変形しても上記と同じになる（省略）。

第9章 経済成長

問題2　ソローの新古典派成長論の枠組みで考える。マクロ生産関数は以下のように示される。

$$Y_t = 4\sqrt{K_t L_t} \quad \left[\begin{array}{l} Y_t：t\text{期の産出量、}K_t：t\text{期の資本ストック} \\ L_t：t\text{期の労働人口} \end{array}\right]$$

労働人口は時間を通じて一定の率で増加し、以下の式で示される。

$$\frac{L_{t+1}}{L_t} = 1 + n \quad [n：\text{労働人口成長率}]$$

一方、資本ストックは、以下の式で示される。

$$K_{t+1} = K_t - dK_t + sY_t \quad [d：\text{資本減耗率、}s：\text{貯蓄率}]$$

また、労働人口成長率が0.02、資本減耗率が0.04、貯蓄率が0.12で、それぞれ一定であるとする。このとき資本・労働比率K_t/L_tが時間の経過とともに収束していく値はいくらか。

ただし、資本ストックと労働人口の初期値は正であるものとする。

国家一般職2019

1. 16
2. 32
3. 64
4. 128
5. 256

解説

正解 3

基本問題だから公式を用いる。時間が経過すると定常状態に収束するから、

$$k^*=\left(\frac{s\times A}{n+d}\right)^2=\left(\frac{0.12\times4}{0.02+0.04}\right)^2=\left(\frac{48}{6}\right)^2=8^2=64$$

なお、条件がすべて記載されているので次のようにして解くこともできる。労働人口の成長率は、

$$\frac{L_{t+1}-L_t}{L_t}=\frac{L_{t+1}}{L_t}-1=(1+n)-1=n\ \cdots(1)$$

である。資本ストックについては、

$$K_{t+1}=K_t-dK_t+sY_t \ \rightarrow\ K_{t+1}-K_t=sY_t-dK_t$$

$$\rightarrow\ \frac{K_{t+1}-K_t}{K_t}=\frac{sY_t-dK_t}{K_t}=s\frac{Y_t}{K_t}-d\ \cdots(2)$$

である。

定常状態においては資本・労働比率が一定となるから、

$$k_t=\frac{K_t}{L_t}=\text{一定}\ \rightarrow\ \frac{K_{t+1}-K_t}{K_t}=\frac{L_{t+1}-L_t}{L_t}$$

つまり、資本と労働は同じ増加率にならなければならない。上記より、

$$\underbrace{\frac{K_{t+1}-K_t}{K_t}}_{(2)}=\underbrace{\frac{L_{t+1}-L_t}{L_t}}_{(1)}\ \rightarrow\ s\frac{Y_t}{K_t}-d=n\ \rightarrow\ s\frac{Y_t}{K_t}=n+d$$

$$\rightarrow\ \frac{s}{n+d}=\frac{K_t}{Y_t}\ \cdots(3)$$

ここで、右辺は生産関数を用いて(ただし、全要素生産性をAとし、以下では時間の添字を省略する)、

$$\frac{K}{Y}=\frac{\overbrace{\sqrt{K}\cdot\sqrt{K}}^{K}}{A\underbrace{\sqrt{K}\cdot\sqrt{L}}_{\sqrt{KL}}}=\frac{1}{A}\cdot\frac{\sqrt{K}}{\sqrt{L}}=\frac{1}{A}\sqrt{\frac{K}{L}}$$

となるから、(3)は、

$$(3)\ \frac{s}{n+d}=\frac{1}{A}\sqrt{\frac{K}{L}}\ \rightarrow\ \frac{sA}{n+d}=\sqrt{\frac{K}{L}}\ \rightarrow\ \frac{K}{L}=\left(\frac{sA}{n+d}\right)^2$$

となって上記と合流する。

したがって、条件が十分に記載され、解答時間が十分ある場合には、定常状態では資本・労働比率が一定という定義から解答することができる。

経済成長に関する次のア～エの記述のうち、妥当なもののみを全て挙げているものはどれか。

ア [illegible]

イ [illegible]

ウ [illegible]

エ [illegible]

1 ア、ウ

2 ア、エ

3 イ、ウ

4 イ、エ

5 ウ、エ

第9章 経済成長

問題3　経済成長に関する次のア〜エの記述のうち、妥当なもののみを全て挙げているものはどれか。

裁判所一般職2018

ア　ハロッド＝ドーマーの成長理論によれば、平均貯蓄性向が0.4で、資本係数が8.0で、減価償却がない場合、保証成長率は0.5である。

イ　ハロッド＝ドーマーの成長理論によれば、毎年の労働人口成長率が0.02で、技術進歩率は0.02である場合、完全労働市場を維持するためには、国民所得が毎年4% 成長する必要がある。

ウ　新古典派の成長理論によれば、ある国の生産関数が $Y = AK^{0.6}L^{0.4}$ で与えられている場合、実質 GDP 成長率が0.05、資本ストックの成長率が0.03、労働量の成長率が0.01のとき、この国の技術進歩率は0.01である。

エ　新古典派の成長理論によれば、減価償却がないと仮定すると、t 期の生産関数を $Y_t = K_t{}^{0.5}L_t{}^{0.5}$、貯蓄率を0.3、労働人口成長率を0.06としたとき、定常状態における１人当たりの資本ストックは25である。

Y：生産量、K：資本ストック、L：労働量、A：技術水準

1. ア、ウ
2. ア、エ
3. イ、ウ
4. イ、エ
5. ウ、エ

解説

正解 ❹

ア × 経済成長理論においては平均貯蓄性向、限界貯蓄性向はともに貯蓄率に等しい。保証成長率は、貯蓄率を資本係数で割ったものだから、

$$\frac{s}{v}=\frac{0.4}{8}=0.05$$

イ ○ ハロッド＝ドーマー・モデルにおける技術進歩率λは労働増加的だから、完全雇用を成り立たせるには、

$$n+\lambda=0.02+0.02=0.04$$

つまり、4%で経済が成長すればよい。

ウ × 成長会計より、

$$Y=AK^{0.6}L^{0.4} \rightarrow g_Y=g_A+0.6g_K+0.4g_L$$

$$\rightarrow g_A=\underbrace{5\%}_{g_Y}-(0.6\cdot\underbrace{3\%}_{g_K}+0.4\cdot\underbrace{1\%}_{g_L})=5\%-(1.8\%+0.4\%)=2.8\%$$

または、技術進歩率を$g_A=1\%$としたとき、実質GDPの成長率が5%にならないことを確認してもよい。

この時点で正解は❹である。

エ ○ 資本分配率が0.5の基本問題だから、定常状態において、

$$k^*=\left(\frac{s\times A}{n+d}\right)^2=\left(\frac{0.3\times1}{0.06+0}\right)^2=5^2=25$$

第9章 経済成長

問題4

新古典派成長モデルを考える。ある国の生産関数が$Y_t = \sqrt{K_t}\sqrt{L_t}$で与えられるとき、労働投入を一定として、資本ストックの蓄積方程式は以下のものとなる。

$$\frac{K_{t+1}}{L} - \frac{K_t}{L} = s\sqrt{\frac{K_t}{L}} - d\frac{K_t}{L}$$

ただし、Yは産出、Kは資本ストック、Lは労働、sは貯蓄率、dは減価償却率、tは時間のインデックスである。

貯蓄率を15%、減価償却率を年率5%としたとき、モデルの定常状態における、労働者１人当たり資本ストックと労働者１人当たり産出量の組合せとして、最も適当なものはどれか。

裁判所一般職2013

	〔労働者１人当たり資本ストック〕	〔労働者１人当たり産出量〕
❶	3	3
❷	3	4
❸	3	9
❹	9	3
❺	9	4

解説

正解 ❹

資本分配率が0.5の基本問題であり、労働者１人当たり資本ストックは平方数（２乗数）、労働者１人当たり産出量はその平方根のA倍になる。定常状態において、

$$k^*=\left(\frac{s\times A}{n+d}\right)^2 \rightarrow y^*=A\sqrt{k^*}=A\sqrt{\left(\frac{s\times A}{n+d}\right)^2}=A\left(\frac{s\times A}{n+d}\right)$$

ここでは$A=1$だから、$y^*=\sqrt{k^*}$であり、❹だけが当てはまる。

実際に解いてみると、労働投入が一定（$n=0$）に注意して、

$$k^*=\left(\frac{s\times A}{n+d}\right)^2=\left(\frac{0.15\times 1}{0+0.05}\right)^2=3^2 \rightarrow y^*=1\cdot\sqrt{3^2}=3$$

問題5

新古典派経済成長モデルにおいて、生産関数が次の式で示されている。

$$Y_t = K_t^{0.5} L_t^{0.5}$$

Y_t：t期の産出量、K_t：t期の資本ストック、L_t：t期の労働人口

ここで、貯蓄率がsで一定、資本減耗率が$\delta = 0.02$であったとき、資本ストックは次のとおり増加するものとする。

$$K_{t+1} - K_t = sY_t - 0.02K_t$$

また、労働人口は次のとおり増加するものとする。

$$L_{t+1} = 1.02L_t$$

資本ストックと労働人口の初期値が正のとき、定常状態における労働人口1人当たり資本ストックはいくらか。

なお、限界消費性向は0.6とする。

裁判所一般職2017

---

1. 25
2. 36
3. 100
4. 144
5. 225

解説

正解 ❸

生産関数が基本形(資本分配率0.5)だから公式を用いる。

$$\boldsymbol{k}^*=\left(\frac{\boldsymbol{s}\times\boldsymbol{A}}{\boldsymbol{n}+\boldsymbol{d}}\right)^2$$

限界消費性向0.6と貯蓄率$\boldsymbol{s}$(限界貯蓄性向)の和は常に1だから、

$$0.6+\boldsymbol{s}=1 \rightarrow \boldsymbol{s}=1-0.6=0.4$$

である。

また、資本減耗率が$\delta=0.02$(公式の$\boldsymbol{d}$)で与えられており、労働人口成長率$\boldsymbol{n}$は、

$$L_{t+1}=1.02L_t=(1+n)L_t \rightarrow n=0.02$$

である。

全要素生産性$\boldsymbol{A}$は、

$$Y_t=\underbrace{1}_{A}\cdot K_t^{0.5}L_t^{0.5} \rightarrow A=1$$

だから、これらの値を公式に代入すると、定常状態における労働人口1人当たり資本ストック$\boldsymbol{k}^*$は、

$$\boldsymbol{k}^*=\left(\frac{\boldsymbol{s}\times\boldsymbol{A}}{\boldsymbol{n}+\delta}\right)^2=\left(\frac{0.4\times1}{0.02+0.02}\right)^2=\left(\frac{0.4}{0.04}\right)^2=\left(\frac{40}{4}\right)^2=10^2=100$$

問題6　新古典派成長理論に関する記述として、妥当なのはどれか。

特別区Ⅰ類2011

❶ 新古典派成長理論では、資本係数が可変的であるため、投入される資本又は労働のどちらか一方だけが2倍になると生産量も2倍になる。

❷ 新古典派成長理論では、1単位の財の生産には一定の量の資本と労働が必要であり、資本係数が可変的であるため、資本と労働との間に代替性は存在しない。

❸ 新古典派成長理論では、企業の投資行動は経済成長を不安定にする傾向があるとし、現実の成長率が保証成長率から離れると企業の投資行動によって、ますます離れていくモデルを構築した。

❹ 新古典派成長理論では、貯蓄率が上昇すると、資本・労働比率が上昇するが、1人当たりの所得は低下する。

❺ 新古典派成長理論では、労働人口の増加率が上昇すると、資本・労働比率は低下し、1人当たり所得は低下する。

解説

正解 5

---

1 × 一次同次のコブ＝ダグラス型生産関数を仮定するから、すべての生産要素を同時に2倍した場合に生産量が2倍になる。例えば、

$$Y=\sqrt{KL} \quad \rightarrow \quad Y=\sqrt{(2K)(2L)}=2\sqrt{KL}$$

であり、資本だけ2倍にしても、

$$Y=\sqrt{(2K)L}=\sqrt{2}\cdot\sqrt{KL}$$

となって2倍未満となる（$\sqrt{2}\fallingdotseq 1.4$）。

2 × 資本係数は可変的であり、1単位の財の生産に必要な資本量は一定ではない（固定されていない）。労働についても同様であり、これは資本と労働の代替性によるものである。

3 × この記述内容はハロッド＝ドーマー理論であり、新古典派理論の場合、何が起きても必ず定常状態に収束する。つまり、経済成長は安定的である。

4 × 定常状態について、資本・労働比率（K/L）は、資本が分子、労働が分母に入る。貯蓄率の上昇は、所得のうち貯蓄に回す割合を増やし、投資が多くなる。投資は資本を増やすから、資本・労働比率の分子が大きくなる。よって、定常状態における資本・労働比率は上昇する。

1人当たりの所得（生産量）は資本・労働比率の増加関数だから、資本・労働比率が大きくなれば、1人当たり所得も大きくなる。

公式を使えば、

$$\boldsymbol{k}^*\uparrow=\left(\frac{\boldsymbol{s}\uparrow\times \boldsymbol{A}}{\boldsymbol{n}+\boldsymbol{d}}\right)^2 \quad \rightarrow \quad \boldsymbol{y}^*\uparrow=\boldsymbol{A}\sqrt{\boldsymbol{k}^*\uparrow}$$

で一目瞭然である。

5 ◯　上記より、

$$k^*\downarrow=\left(\frac{s\times A}{n\uparrow+d}\right)^2 \quad\rightarrow\quad y^*\downarrow=A\sqrt{k^*\downarrow}\left(=A\cdot\frac{s\times A}{n\uparrow+d}\right)$$

となる。定常状態の資本・労働比率の分母が大きくなるから、１人当たりの資本(資本・労働比率）も１人当たりの所得も必ず小さくなる。資本や所得をみんなで均等に分け合う（１人当たり、平均）のだから、この結論は当然である。

索　引

【参考文献】

福田 慎一・照山 博司『マクロ経済学・入門［第5版］』有斐閣（2017）
中谷 巌・下井 直毅・塚田 裕昭『入門マクロ経済学［第6版］』日本評論社（2021）
古沢 泰治・塩路 悦朗『ベーシック経済学 次につながる基礎固め［新版］』有斐閣（2018）
N. グレゴリー・マンキュー（N. Gregory Mankiw）『マクロ経済学Ⅰ・Ⅱ［第4版］』東洋経済新報社（2017-18）
吉川 洋『マクロ経済学［第4版］』岩波書店（2017）
堀内 昭義『金融論』東京大学出版会（1990）
浅子 和美・加納 悟・倉澤 資成『マクロ経済学［第2版］』新世社（2009）
浅子 和美・吉野 直行編『入門・マクロ経済学』有斐閣（1994）
武野 秀樹『GDPとは何か 経済統計の見方・考え方』中央経済社（2014）
伊東 光晴『岩波現代経済学事典』岩波書店（2004）
澤田 康幸『基礎コース国際経済学』新世社（2003）
Friedman, M. "Nobel Lecture: Inflation and Unemployment" *J.P.E.*, Vol. 3, No. 3.（1977）Reprinted in *Milton Friedman. Milton Friedman on Economics: Selected Papers*, The University of Chicago Press, 2007.
Mundell, R. A. "Capital Mobility and Stabilization Policy under Fixed and Flexible Exchange Rates" *The Canadian Journal of Economics and Political Science / Revue canadienne d'Economique et de Science politique*, Vol. 29, No. 4（1963）

【執　筆】
TAC公務員講座講師室
栗原 尚史（TAC公務員講座）

◎本文デザイン／黒瀬 章夫（ナカグログラフ）
◎カバーデザイン／河野 清（有限会社ハードエッジ）

本書の内容は、小社より2022年８月に刊行された「公務員試験 過去問攻略Ｖテキスト ９ マクロ経済学 第２版（ISBN：978-4-300-10092-9）」と同一です。

公務員試験　過去問攻略Ｖテキスト　９　マクロ経済学　新装版

2019年８月15日　初　版　第１刷発行
2024年４月１日　新装版　第１刷発行

編著者　ＴＡＣ株式会社（公務員講座）
発行者　多田敏男
発行所　ＴＡＣ株式会社　出版事業部（TAC出版）
〒101-8383
東京都千代田区神田三崎町3-2-18
電話　03(5276)9492(営業)
FAX　03(5276)9674
https://shuppan.tac-school.co.jp

組　版　株式会社　カイクリエイト
印　刷　日新印刷株式会社
製　本　東京美術紙工協業組合

ISBN 978-4-300-11149-9
N.D.C. 317

公務員講座のご案内

無料体験入学のご案内

3つの方法でTACの講義が体験できる!

教室で体験 迫力の生講義に出席

予約不要! **最大3回連続出席OK!**

1. 校舎と日時を決めて、当日TACの校舎へ

TACでは各校舎で毎月体験入学の日程を設けています。

2. オリエンテーションに参加(体験入学1回目)

初回講義「オリエンテーション」にご参加ください。体験入学ご参加の際に個別にご相談をお受けいたします。

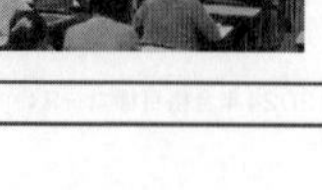

3. 講義に出席(体験入学2・3回目)

引き続き、各科目の講義をご受講いただけます。参加者には体験用テキストをプレゼントいたします。

- 最大3回連続無料体験講義の日程はTACホームページと公務員講座パンフレットでご覧いただけます。
- 体験入学はお申込み予定の校舎に限らず、お好きな校舎でご利用いただけます。
- 4回目の講義前までにご入会手続きをしていただければ、カリキュラム通りに受講することができます。

※地方上級・国家一般職、理系(技術職)、警察・消防以外の講座では、最大2回連続体験入学を実施しています。また、心理職・福祉職はTAC動画チャンネルで体験講義を配信しています。
※体験入学1回目や2回目の後でもご入会手続きは可能です。「TACで受講しよう!」と思われたお好きなタイミングで、ご入会いただけます。

ビデオで体験 校舎のビデオブースで体験視聴

TAC各校のビデオブースで、講義を無料でご視聴いただけます。(要予約)

各校のビデオブースでお好きな講義を視聴できます。視聴前日までに視聴する校舎受付までお電話にてご予約をお願い致します。

ビデオブース利用時間 ※日曜日は④の時間帯はありません。

① 9:30〜12:30 ② 12:30〜15:30
③ 15:30〜18:30 ④ 18:30〜21:30

※受講可能な曜日・時間帯は一部校舎により異なります。
※年末年始・夏期休業・その他特別な休業以外は、通常平日・土日祝祭日にご覧いただけます。
※予約時にご希望日とご希望時間帯を合わせてお申込みください。
※基本講義の中からお好きな科目をご視聴いただけます。(視聴できる科目は時期により異なります)
※TAC提携校での体験視聴につきましては、提携校各校へお問合せください。

Webで体験 スマートフォン・パソコンで講義を体験視聴

TACホームページの「TAC動画チャンネル」で無料体験講義を配信しています。時期に応じて多彩な講義がご覧いただけます。

TAC ホームページ **https://www.tac-school.co.jp/**

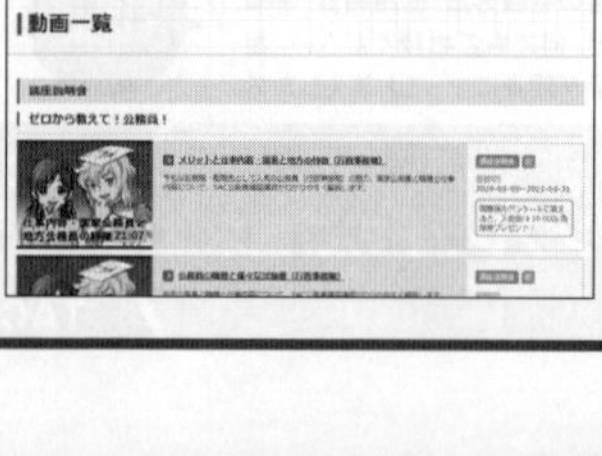

※体験講義は教室講義の一部を抜粋したものになります。

(2021年7月現在)

書籍のご購入は

1 全国の書店、大学生協、ネット書店で

2 TAC各校の書籍コーナーで

資格の学校TACの校舎は全国に展開!
校舎のご確認はホームページにて

資格の学校TAC ホームページ
https://www.tac-school.co.jp

3 TAC出版書籍販売サイトで

CYBER BOOK STORE TAC出版書籍販売サイト

TAC 出版 で 検索

24時間 ご注文 受付中

https://bookstore.tac-school.co.jp/

新刊情報を いち早くチェック!

たっぷり読める 立ち読み機能

学習お役立ちの 特設ページも充実!

TAC出版書籍販売サイト「サイバーブックストア」では、TAC出版および早稲田経営出版から刊行されている、すべての最新書籍をお取り扱いしています。
また、無料の会員登録をしていただくことで、会員様限定キャンペーンのほか、送料無料サービス、メールマガジン配信サービス、マイページのご利用など、うれしい特典がたくさん受けられます。

サイバーブックストア会員は、特典がいっぱい!(一部抜粋)

通常、1万円(税込)未満のご注文につきましては、送料・手数料として500円(全国一律・税込)頂戴しておりますが、1冊から無料となります。

専用の「マイページ」は、「購入履歴・配送状況の確認」のほか、「ほしいものリスト」や「マイフォルダ」など、便利な機能が満載です。

メールマガジンでは、キャンペーンやおすすめ書籍、新刊情報のほか、「電子ブック版TACNEWS(ダイジェスト版)」をお届けします。

書籍の発売を、販売開始当日にメールにてお知らせします。これなら買い忘れの心配もありません。

公務員試験対策書籍のご案内

TAC出版の公務員試験対策書籍は、独学用、およびスクール学習の副教材として、各商品を取り揃えています。学習の各段階に対応していますので、あなたのステップに応じて、合格に向けてご活用ください!

INPUT

『みんなが欲しかった!
公務員
合格へのはじめの一歩』

A5判フルカラー

- 本気でやさしい入門書
- 公務員の"実際"をわかりやすく紹介したオリエンテーション
- 学習内容がざっくりわかる入門講義

・数的処理(数的推理・判断推理・空間把握・資料解釈)
・法律科目(憲法・民法・行政法)
・経済科目(ミクロ経済学・マクロ経済学)

『みんなが欲しかった!
公務員 教科書&問題集』

A5判

- 教科書と問題集が合体!
でもセパレートできて学習に便利!
- 「教科書」部分はフルカラー!
見やすく、わかりやすく、楽しく学習!

・憲法
・【刊行予定】民法、行政法

『新・まるごと講義生中継』

A5判
TAC公務員講座講師
郷原 豊茂 ほか

- TACのわかりやすい生講義を誌上で!
- 初学者の科目導入に最適!
- 豊富な図表で、理解度アップ!

・郷原豊茂の憲法
・郷原豊茂の民法Ⅰ
・郷原豊茂の民法Ⅱ
・新谷一郎の行政法

『まるごと講義生中継』

A5判
TAC公務員講座講師
渕元 哲 ほか

- TACのわかりやすい生講義を誌上で!
- 初学者の科目導入に最適!

・郷原豊茂の刑法
・渕元哲の政治学
・渕元哲の行政学
・ミクロ経済学
・マクロ経済学
・関野喬のパターンでわかる数的推理
・関野喬のパターンでわかる判断整理
・関野喬のパターンでわかる空間把握・資料解釈

要点まとめ

『一般知識
出るとこチェック』

四六判

- 知識のチェックや直前期の暗記に最適!
- 豊富な図表とチェックテストでスピード学習!

・政治・経済
・思想・文学・芸術
・日本史・世界史
・地理
・数学・物理・化学
・生物・地学

記述式対策

『公務員試験論文答案集
専門記述』

A5判
公務員試験研究会

- 公務員試験(地方上級ほか)の専門記述を攻略するための問題集
- 過去問と新作問題で出題が予想されるテーマを完全網羅!

・憲法〈第2版〉
・行政法

地方上級・国家一般職（大卒程度）・国税専門官 等 対応　TAC出版

過去問学習

『ゼロから合格 基本過去問題集』
A5判
TAC公務員講座
●「解ける」だから「つづく」／充実の知識まとめでこの1冊で知識「ゼロ」から過去問が解けるようになる、独学で学習を始めて完成させたい人のための問題集です。

全12点
・判断推理　・数的推理　・空間把握・資料解釈
・憲法　・民法Ⅰ　・民法Ⅱ
・行政法　・ミクロ経済学　・マクロ経済学
・政治学　・行政学　・社会学

『一問一答で論点総チェック』
B6判
TAC公務員講座講師 山本 誠
●過去20年の出題論点の95%以上を網羅
●学習初期の確認用にも直前期のスピードチェックにも

全4点
・憲法　・民法Ⅰ
・民法Ⅱ　・行政法

『出るとこ過去問』 A5判
TAC出版編集部
●本試験の難問、奇問、レア問を省いた効率的なこの1冊で、合格ラインをゲット！ 速習に最適

全16点
・憲法　・民法Ⅰ　・民法Ⅱ
・行政法　・ミクロ経済学　・マクロ経済学
・政治学　・行政学　・社会学
・国際関係　・経営学　・数的処理（上・下）
・自然科学　・社会科学　・人文科学

直前対策

『小論文の秘伝』
A5判
年度版
TAC公務員講座講師 山下 純一
●頻出25テーマを先生と生徒のブレストで噛み砕くから、解答のツボがバッチリ！
●誌上「小論文道場」で答案改善のコツがわかる！
●合格者のアドバイスも掲載！

『面接の秘伝』
A5判
年度版
TAC公務員講座講師 山下 純一
●面接で使えるコア（自分の強み）を見つけられる「面接相談室」で自己分析が進む！
●集団討論のシミュレーション、官庁訪問のレポートも掲載！

『時事問題総まとめ&総チェック』
A5判
年度版
TAC公務員講座
●知識整理と問題チェックが両方できる！
●試験種別の頻出テーマが一発でわかる！

『科目別・テーマ別過去問題集』
B5判 年度版
TAC出版編集部
●試験ごとの出題傾向の把握と対策に最適
●科目別、学習テーマ別の問題掲載なので、学習のどの段階からも使えます

・東京都Ⅰ類B（行政／一般方式）
・特別区Ⅰ類（事務）
・裁判所（大卒程度／一般職）
・国税専門官（国税専門A）
・国家一般職（大卒程度／行政）

TAC出版の書籍はこちらの方法でご購入いただけます

1 全国の書店・大学生協
2 TAC各校 書籍コーナー
3 インターネット　CYBER BOOK STORE　TAC出版書籍販売サイト　アドレス https://bookstore.tac-school.co.jp/

（2023年3月現在・刊行内容、刊行月、表紙等は変更になることがあります／年度版 マークのある書籍は、毎年、新年度版が発行される予定です）

書籍の正誤に関するご確認とお問合せについて

書籍の記載内容に誤りではないかと思われる箇所がございましたら、以下の手順にてご確認とお問合せをしてくださいますよう、お願い申し上げます。
なお、正誤のお問合せ以外の**書籍内容に関する解説および受験指導などは、一切行っておりません。**
そのようなお問合せにつきましては、お答えいたしかねますので、あらかじめご了承ください。

1 「Cyber Book Store」にて正誤表を確認する

TAC出版書籍販売サイト「Cyber Book Store」のトップページ内「正誤表」コーナーにて、正誤表をご確認ください。

CYBER BOOK STORE TAC出版書籍販売サイト

URL:https://bookstore.tac-school.co.jp/

2 1の正誤表がない、あるいは正誤表に該当箇所の記載がない ⇒ 下記①、②のどちらかの方法で文書にて問合せをする

★ご注意ください★

お電話でのお問合せは、お受けいたしません。
①、②のどちらの方法でも、お問合せの際には、「お名前」とともに、
「対象の書籍名(○級・第○回対策も含む)およびその版数(第○版・○○年度版など)」
「お問合せ該当箇所の頁数と行数」
「誤りと思われる記載」
「正しいとお考えになる記載とその根拠」
を明記してください。
なお、回答までに1週間前後を要する場合もございます。あらかじめご了承ください。

① ウェブページ「Cyber Book Store」内の「お問合せフォーム」より問合せをする

【お問合せフォームアドレス】

https://bookstore.tac-school.co.jp/inquiry/

② メールにより問合せをする

【メール宛先 TAC出版】

syuppan-h@tac-school.co.jp

※土日祝日はお問合せ対応をおこなっておりません。
※正誤のお問合せ対応は、該当書籍の改訂版刊行月末日までといたします。

乱丁・落丁による交換は、該当書籍の改訂版刊行月末日までといたします。なお、書籍の在庫状況等により、お受けできない場合もございます。
また、各種本試験の実施の延期、中止を理由とした本書の返品はお受けいたしません。返金もいたしかねますので、あらかじめご了承くださいますようお願い申し上げます。

(2022年7月現在)